O Direito de ser Feliz

O Direito de ser Feliz

psicografado por

Eliana Machado Coelho

pelo espírito

Schellida

LÚMEN
EDITORIAL

O Direito de Ser Feliz
pelo espírito *Schellida*
psicografia de *Eliana Machado Coelho*

18ª edição – junho de 2015

Direção Editorial: *Celso Maiellari*
Revisão: *Adriane Gozzo*
Capa e Projeto Gráfico: *SGuerra Design*
Assistente de Arte: *Renata Uwa*
Fotolitos de Capa: *Megagrafics*
Impressão e Acabamento: *Gráfica Orgrafic*

Dados Internacionais de Catalogação na Publicação (CIP)
(Câmara Brasileira do Livro, SP, Brasil)

Schellida (Espírito).
O Direito de ser feliz / Schellida; (psicografado por) Eliana Machado Coelho – São Paulo : Lúmen, 2002.

1. Espiritismo 2. Psicografia 3. Romance brasileiro I. Coelho, Eliana Machado. II. Título.

02.6568 CDD-133.93

Índices para catálogo sistemático:

1. Romances mediúnicos : Espiritismo 133.93

LÚMEN EDITORIAL
Rua Javari, 668
São Paulo — SP
CEP 03112-100
Tel./Fax: (0xx11) 3207-1353

visite nosso site: www.lumeneditorial.com.br
fale com a Lúmen: atendimento@lumeneditorial.com.br
departamento de vendas: comercial@lumeneditorial.com.br
contato editorial: editorial@lumeneditorial.com.br

2015

ÍNDICE

1	Premonições	7
2	Relutando em crer	15
3	Circunstâncias trágicas	26
4	Um lar para "Bolinha"	36
5	Onde está meu filho?	48
6	Transtornos espirituais	69
7	Pensamentos destrutivos ou depressão?	77
8	Os eleitos de Deus	86
9	Renovando os conceitos	97
10	Acontecimentos inesperados	108
11	Novos pressentimentos	122
12	Uma nova vida	134
13	Súbita mudança	145
14	À procura de soluções	159
15	O Reencontro	174
16	Pensamentos convulsionados	190
17	A verdadeira personalidade	205
18	No mundo real	216
19	Idéias de perseguição	235
20	As exigências da vida	249
21	Experiências amargas	263
22	A dura realidade	281
23	O que a vida nos reserva?	297
24	Mensagem de amor	307

25 A importância do perdão 321
26 Ajuda providencial 336
27 A doença da alma 351
28 Dias conturbados 367
29 Orar é importante, mas não é tudo 379
30 Depressão — o câncer da alma 390
31 Durante o sono 407
32 A vida é surpreendente! 416

1

PREMONIÇÕES

Era o fim de uma tarde fria, algo um tanto incomum na cidade maravilhosa, onde as chuvas fortes e ocasionais prendiam a muitos em seus lares.

Poucos se atreviam a sair de casa, e Fernando era um deles.

Animado, como todo jovem de sua idade, ele não se incomodava com o tempo e se arrumou para ir à casa de um amigo, onde outros colegas também estariam.

Descendo às pressas a larga escada que se estendia curva na bela e bem ornamentada sala principal de sua casa, dominado pela euforia, sem rodeios, Fernando avisou sua mãe:

— Estou indo à casa do Renato — afirmou o rapaz rapidamente com modos simples e virando-se para sair.

Em tempo, a mãe o deteve, questionando:

— Onde é a casa do Renato, filho?

— Ah, mãe! Agora não dá para explicar; estou com pressa, mas não se preocupe, o pai sabe onde é. Tchau!

E, antes que Lídia tentasse dizer algo mais, o filho, resoluto, saiu ligeiro.

Lídia, que tinha em suas mãos um livro de grosso volume, ficou parada quase no centro do ambiente, sem reação alguma. Algo estranho lhe acontecia. Um leve torpor deixou seus pensamentos vazios, e um vago pressentimento de que algo errado aconteceria fez-lhe gelar.

De súbito, o livro que segurava pareceu ter pulado de suas mãos para o chão, fazendo-a voltar à realidade.

Um rápido suspiro, com suave gemido, expressou seu susto, e a bela mulher correu em direção à porta para alcançar Fernando.

Saindo da exuberante casa, correu pela larga varanda esbarrando nas plantas e cadeiras, a fim de poder alcançar o filho.

Descendo os poucos degraus da varanda e chegando na garagem que ficava na lateral da luxuosa mansão, Lídia decepcionou-se ao verificar que Fernando já havia saído com seu carro.

Um gelo correu-lhe pelo corpo, e como última tentativa ela ainda direcionou-se apressada até os portões para tentar vê-lo, mas não teve êxito.

Sem compreender o que se passava consigo, a mulher se viu abalada. Lídia não entendia aqueles sentimentos.

Frustrada, caminhou lentamente de volta à casa, seguindo pela ruazinha no interior do quintal ladeada por um belo jardim. Foi quando ouviu:

— Algum problema, dona Lídia?

Após novo susto, ao olhar na direção da voz que a surpreendeu, Lídia respondeu brandamente, tentando expressar-se com calma:

— Tentei alcançar meu filho, o Fernando. Ele passou agora mesmo por aqui, não foi, Américo?

— Na hora em que a senhora foi para o portão, já fazia uns dez minutos que ele havia saído.

Lídia forçou meio-sorriso, que logo se desfez, e, entoando a voz com bondade, corrigiu o jardineiro:

— Creio que não, Américo. Mal conversei com ele na sala e... Bem, ele fechou a porta e eu saí atrás logo em seguida.

Lídia lembrou-se da estranha experiência que tivera momentos antes, de como seus pensamentos ficaram vazios por alguns segundos até que o livro caíra de suas mãos.

Refletindo rápido, ela se questionou em pensamento: "Será que fiquei em minha sala parada só alguns segundos? Será que não passou mais tempo do que eu imagino? O Américo disse que o Fernando já havia saído há dez minutos. Não fiquei parada na sala tanto tempo assim!"

Enquanto relembrava o que ocorrera, Lídia não se dava conta de que estava parada, em silêncio, e com o olhar perdido no modesto e gentil senhor que trazia o rosto enrugado e queimado pelo sol.

Com olhar generoso, Américo aguardava educadamente sua patroa expressar-se.

Quando o homem esboçou um sorriso simpático e com as mãos trêmulas ofereceu uma rosa a Lídia, ela pareceu despertar.

Mecanicamente, a jovem senhora estendeu a mão e segurou a linda flor, agradecendo, como se estivesse sussurrando:

— Obrigada.

— Dona Lídia — disse o jardineiro esperando que a mulher erguesse o olhar e, ao vê-la encarando-o, prosseguiu —, a senhora parece assustada. Tome um chá para se acalmar e faça uma prece.

Ela sorriu com generosidade e respondeu:

— Estou trabalhando muito, Américo. Deve ser cansaço.

Novamente começou a chover, e Lídia viu-se obrigada a recolher-se rapidamente, despedindo-se do senhor com leve aceno de cabeça e bondoso sorriso.

Já sob o abrigo da confortável residência, ela se sentia insegura e insatisfeita. Não havia a quem pudesse confidenciar seus sentimentos e a experiência que vivera.

Vários empregados estavam na casa, mas a estes nunca compartilhara sua intimidade, seus medos e inseguranças.

Seu sogro, Horácio, já se encontrava em sua suíte e com este Lídia não tinha tanta liberdade; aliás, nenhuma. Horácio era um homem austero, quase arrogante, que não se envergava a assuntos pequenos e corriqueiros; só os negócios lhe importavam.

Os dois filhos mais novos, Kássia e Cristiano, haviam viajado com sua irmã.

Seu marido, um advogado de prestígio e muito influente, assim como o pai, por razões profissionais não estava em casa.

Cedendo aos fortes impulsos que lhe dominavam a alma, Lídia foi para o quarto e, sentindo seu corpo tremer, atirou-se sobre a cama, puxando as cobertas para agasalhar-se, como se nesse envolvimento pudesse afugentar seu medo e sua insegurança.

"Algo está errado! Sinto vontade de chorar! O que será isso?", pensava em aflição.

Lídia não conciliava seus pensamentos atormentados por um medo, por uma sensação que não compreendia e não podia explicar.

As lágrimas fizeram-se presentes, e soluços involuntários demonstravam seus mais dolorosos conflitos de sentimentos. Um choro compulsivo se fez.

* * *

Algum tempo havia-se passado, e, bem distante do bairro onde morava, Fernando procurava pela casa de seu amigo.

Devido ao transbordamento de um córrego, o rapaz precisou desviar-se do caminho que conhecia. Por não estar familiarizado com a região e também por causa da chuva que prejudicava a visibilidade, ele se sentia perdido.

Procurando por uma rua que mal lembrava o nome, o rapaz começou a entrar em vielas e esquinas sem saber onde estava.

Não havia alguém a quem pudesse pedir informações, pois já era noite, e a chuva e o frio inibiam as pessoas de ficarem nas ruas.

Entrando em uma esquina em que não havia pavimentação, o jovem reclamou em voz alta:

— Droga! Rua de terra, ou melhor, de barro! Outra vez!

Há pouco tempo Fernando havia ganhado de seus pais aquele carro que fora tirado novo da loja. Era um veículo de destaque, e poucos rapazes de sua idade possuíam um automóvel daquele.

A visibilidade era pouca, e as condições da rua, muito ruins. Mesmo assim, Fernando resolveu tentar.

* * *

Bem mais tarde, depois de uma viagem que, apesar de curta, fora cansativa, Rodolfo chegou em casa e estranhou ao ver que Lídia não estava à sua espera. Sua esposa era atenciosa e gentil e sempre fez questão de esperá-lo, mesmo quando chegava de madrugada.

Antes de subir para seu quarto, por ser organizado, o marido de Lídia fez questão de ir primeiro ao escritório para deixar os documentos que trouxera consigo.

Perante uma grande mesa, ao tirar de sua valise alguns papéis, o homem pôs-se a examiná-los.

Observando algumas curiosidades que seriam importantes para a defesa de uma nova causa, Rodolfo distraiu-se e não avisou a esposa sobre sua chegada.

Após mais de três quartos de hora terem-se passado, ele escutou um grito de horror.

— Lídia!!! — exclamou ele ao reconhecer a voz da esposa, momento em que, apressado, subiu para sua suíte a fim de ver o que se passava.

— Lídia! O que foi?! — perguntou aflito.

Muito pálida, a mulher já estava sentada na cama, com a respiração ofegante e lágrimas a correr pelo rosto.

Acomodando-se ao lado da esposa, Rodolfo afagou-lhe os cabelos, puxando-a com ternura para um abraço.

Leves batidas na porta do quarto, entreaberta, anunciaram a chegada do senhor Horácio, que também ouvira o grito da nora e queria saber o que se passava.

— O que aconteceu? — interessou-se o pai de Rodolfo. — Está tudo bem?

No abraço com seu marido, Lídia procurava esconder o rosto, enquanto Rodolfo explicava com modos simples o que acreditava ter ocorrido.

— Lídia teve um sonho ruim. Foi isso, pai.

O homem, sério, quase sisudo, ficou olhando-os por alguns segundos; não disse mais nada, retirando-se logo em seguida.

Diante do choro aflito que começou a se fazer, Rodolfo pediu com jeito amoroso:

— Calma. Procure se acalmar. — Ameaçando se levantar, ele avisou: — Vou buscar água com açúcar para...

— Não!... Fi-ca co-mi-go. — pediu Lídia, entrecortando a fala com soluços.

— Você só teve um sonho, Lídia.

— Não, não foi só isso... — Mesmo com a voz quase embargando, ela contou ao marido tudo o que ocorrera na tarde daquele dia.

Ele a ouviu com paciência, mas não sabia o que dizer.

— Foi algo muito forte, Rodolfo — contou a esposa. — Senti um gelo, um arrepio esquisito. Foi como se a morte tivesse passado por mim.

Lídia estava nitidamente abalada.

O esposo a olhava incrédulo. Ele nunca a vira perder o controle das emoções. Sua mulher não era pessoa de mistificar situações ou sentimentos. Deveria ter sido algo muito forte mesmo para impressioná-la tanto.

Lídia amava os filhos, era carinhosa, sempre presente, mas sua atenção e cuidados para com eles nunca fora obsessivo. Sempre fora uma pessoa racional, científica.

Procurando falar com bondade, demonstrando-se compreensivo, ao afagar-lhe o rosto com carinho, Rodolfo argumentou:

— Lídia, fique tranqüila. Não vamos pensar em tragédia. Você está cansada. Trabalhamos muito ultimamente. As investigações para ganharmos a causa das "Empresas Mattoso" custaram-lhe muita dedicação, desgaste físico e emocional. Eu sei o que é isso, vi o quanto se empenhou.

— E o sonho que tive há pouco, como se explica? Meu filho me pedia socorro!

— Você adormeceu preocupada com ele. Provavelmente foi esse o motivo do sonho.

O olhar de Lídia era piedoso, transmitindo uma expressão indefinidamente angustiosa.

— Ele disse que você sabe onde fica a casa do Renato — tornou ela.

— Sim, eu o levei lá uma ou duas vezes para um trabalho da faculdade.

Com os olhos nublados pelas lágrimas teimosas que se faziam, Lídia pediu, quase implorando:

— Vamos até lá?

Rodolfo refletiu um pouco, aproximou-se mais da mulher, acarinhou-lhe o rosto e os cabelos, perguntando com modos meigos:

— Será que é preciso? Não vamos constranger nosso filho?

A mulher silenciou. Uma dolorosa angústia apertava-lhe o peito.

Ela procurou no abraço com Rodolfo um acalento, um conforto para aliviar aqueles sentimentos que a castigavam tanto.

* * *

As horas foram passando, e cada minuto sem notícias do filho deixava aquela mãe mais aflita.

Ela esperou que o marido se deitasse e dormisse para que pudesse levantar e andar pela casa.

Era quase uma hora da manhã quando Rodolfo acordou e sentiu a falta da esposa. Decidido, foi procurá-la.

Ao descer as escadarias, pôde vê-la sentada em uma poltrona olhando pela larga vidraça, onde se podia ver parte da varanda, do jardim e da entrada da garagem.

— Ora, Lídia! Isso já é demais!

— Rodolfo, aconteceu alguma coisa. Eu sinto.

Aproximando-se da mulher, ele respirou profundamente enquanto refletia o que iria dizer.

Antes que falasse algo, o telefone tocou. Ele se virou, atendeu e identificou-se, enquanto Lídia o encarava com olhos arregalados e gestos aflitivos no esfregar das delicadas mãos.

Logo ela ouviu o marido dizer:

— Sim, eu sei onde fica. Estamos indo. Obrigado.

Sem rodeio, Rodolfo a olhou sério e avisou:

— O Fernando está no hospital. Houve um acidente.

2

RELUTANDO EM CRER

Já no hospital, ao lado do filho, Lídia e Rodolfo conversaram com o médico que atendera o jovem.

— Ele não tem nenhuma fratura — explicava o médico —, exceto um "belo" hematoma e um corte na testa. Por ter levado uma pancada muito forte na cabeça ele desfaleceu, e recomendo que fique em observação até amanhã. — Olhando para o moço, completou com sorriso irônico: — Mesmo que ele diga que pode andar e que se sente bem, será melhor ficar aqui.

Verificando as condições do hospital público, Rodolfo decidiu educado:

— Doutor, prefiro levar meu filho para casa. Tenho condições e posso chamar o médico da família, o senhor me entende, não é?

Sem relutar, o médico aceitou:

— Entendo, sim. Porém, preciso que alguém se responsabilize pela alta hospitalar. Não posso, num caso desses, simplesmente liberar o paciente.

— Claro, eu concordo. Faremos tudo como se deve — afirmou o pai.

* * *

Ao chegarem em casa, o senhor Horácio, que não sabia o que ocorrera, estranhou a movimentação, uma vez que o médico da família acompanhava o casal, juntamente com seu neto, que estava muito sujo e machucado.

O jovem foi levado para o quarto a fim de tomar um banho e ser examinado novamente pelo médico, enquanto Rodolfo explicava ao pai o que havia acontecido.

Logo, todos rodeavam Fernando, que ainda se sentia tonto e dolorido.

— Mas como foi que aconteceu isso com você? — perguntou o avô, quase inquirindo.

— Precisei desviar do caminho que conhecia porque um córrego havia transbordado — explicava o moço com a fala mansa e a voz baixa, parecendo não querer contar, mais uma vez, aquela história. Mesmo assim, prosseguiu. — Entrei numa e noutra rua; senti que estava perdido. Acabei entrando em uma que não era asfaltada e lá na frente havia uma descida, quase uma ribanceira — exagerou Fernando —, que parecia puxar o carro! Eu não consegui parar. O carro deslizou sozinho até bater no muro. Fiquei muito tonto, pois bati com a cabeça no vidro. Quando tentei sair do carro, caí no chão e desmaiei.

— Quem o socorreu? — questionou, com modo austero, o senhor Horácio.

— A rua quase não tinha casas. O muro era de uma empresa. Os vigias incomodaram-se com os latidos impertinentes dos cães e foram ver o que estava acontecendo, apesar de chover muito. Eles disseram aos policiais que havia um cachorro do lado de fora da empresa que me rodeava no chão e corria até os portões, parecendo querer chamar alguém, e isso fez com que os outros cães, lá dentro, ficassem loucos. Logo eles me viram e chamaram a polícia. Foi isso.

O avô de Fernando franziu o semblante demonstrando-se insatisfeito com o ocorrido e alertou:

— Você precisa tomar mais cuidado. Tem de ser mais precavido e olhar por onde anda.

O jovem estava descontente, não queria ser advertido.

Lídia, prestativa e amorosa, cobriu o filho para agasalhá-lo e recomendou carinhosa:

— Agora descanse. Vou preparar algo para você comer e pegar o medicamento que o motorista já deve ter trazido.

O médico, que já estava de saída, fez algumas recomendações e logo se foi.

Bem mais tarde, ao se ver a sós com a esposa, Rodolfo perguntou:

— Foi um pressentimento aquele conjunto de sensações que a deixou angustiada?

Lídia ofereceu-lhe meio-sorriso, baixou o olhar repleto de dúvidas e não disse nada.

Intrigado, Rodolfo aproximou-se, segurou-a delicadamente pelo ombro e perguntou:

— O que foi, Lídia? O que está me escondendo?

A esposa calou-se. Seu coração estava envolto em maus presságios, dúvidas e insegurança.

— O que você tem? — insistiu ele.

— Não sei. Sinto um aperto no peito; é como se não tivesse terminado.

— ... não tivesse terminado, o quê?

— Sabe aquela angústia, aquele mau presságio. Não deixei de senti-los. Mesmo agora, vendo nosso filho em segurança, sei que algo está errado.

Soltando-a, parecendo agora estar insatisfeito com a crença de sua esposa, menos amoroso, Rodolfo suspirou fundo e argumentou firme:

— Lídia, você nunca foi pessoa de se deixar influenciar por espiritualidade, por sobrenatural ou coisa assim. Você sabe que eu não gosto disso.

A esposa não queria magoá-lo, mas decidiu revelar questões mais íntimas que a incomodavam nos últimos tempos e, com ternura na voz, perguntou:

— Meu bem, você já pensou por que temos essa condição social? Por que vivemos bem? Por que temos três filhos lindos, perfeitos? Já pensou no que devemos ensinar para eles, não só sobre a vida material, mas, sobretudo, sobre a moral?

Calmo, como sempre, porém insatisfeito e cético, Rodolfo concluiu rápido:

— Lídia, temos essa condição social porque eu estudei muito e ainda estudo para me manter atualizado. Você sabe o quanto me desgasto e luto no trabalho. Vivemos bem porque não somos vagabundos, não vivemos nos divertindo como alguns que não têm responsabilidade, não se esforçam, não pensam no futuro, enchem a casa de filhos e depois colocam a culpa no governo.

Temos três filhos porque somos conscientes, planejamos nossas vidas. Sabemos que, onde comem três, se chegar mais um ou dois a comida tem de ser dividida. Somente os pobres de raciocínio dizem: "onde come um, comem dois". Isso é burrice! Comida dentro de casa só se multiplica quando se tem dinheiro; se não o tiver, a fome, as brigas e as desgraças começam a acontecer.

Nossos filhos têm estudo. Ensinamos a eles que sem estudo não somos nada na vida. Mostramos que temos de ter perseverança, objetivos sólidos, estáveis, e planejar a vida. Ensinamos que as alegrias temporárias não nos dão lucros no futuro. Eu explico a eles que fumar, beber e jogar são prejuízos certos para a saúde e para o bolso. Isso é moral.

Andando vagarosamente de um lado para outro no escritório, logo ele continuou:

— Meu pai conseguiu essa casa com muito esforço e economia. Se não fosse sua luta e trabalho, viveríamos em um bairro pobre e com muita miséria. — Olhando-a nos olhos, Rodolfo concluiu: — Eu me preocupo em ensinar para os meus filhos a realidade da vida. Quero que eles vivam bem.

Naquele instante, Rodolfo mostrou-se um homem que Lídia não conhecia.

— Mas, meu bem... — tentou dizer a esposa.

Interrompendo-a, mesmo educado, o marido reforçou:

— Lídia, eu a amo muito. Sei que você me conhece muito bem. Não gosto do que não posso ver ou tocar de alguma forma. Sempre lhe ofereci tudo aqui em casa. Dou-lhe o mundo se eu puder, mas não me force à religiosidade.

— Você não crê em Deus?

— Creio, mas da seguinte forma: Alguém nos criou, e a Esse todos dão o nome de Deus. Acredito também que Deus é tão inteligente que não dá palpite em minha vida, e por isso eu não emito opiniões para o que acontece no mundo em termos de desastres naturais. Cumpro com minhas obrigações, não vivo pedindo nada a Ele e sobrevivo muito bem. Para mim, isso é o bastante; não me dou a essas ocupações.

Aproximando-se mais da esposa, ele lhe tocou o ombro e puxou-a para um abraço, ao qual ela cedeu mecanicamente. Logo Rodolfo pediu em tom mais educado, quase arrependido por estar usando palavras tão duras:

— Eu não gostaria mais de ouvir falar sobre pressentimentos ou espiritualidade.

— Eu não disse nada sobre espiritualidade.

— Por enquanto. Eu sei que é assim que começa. Você conhece a minha história.

Lídia calou-se. De certa forma, ela se sentia subjugada por viver em condições tão dependentes.

Magoara-se com as colocações do marido, mas não expressava seus sentimentos nem suas idéias; isso era como um castigo, um tributo, uma paga pelas condições luxuosas em que vivia.

Era terrível refrear, reprimir as necessidades íntimas de expor suas crenças, suas opiniões religiosas.

Lídia amava Rodolfo e por seu amor suportava tudo.

* * *

Horas depois, quando se encontrava a sós com o filho, Lídia o avisou:

— Nando, seus amigos telefonaram. Queriam falar com você, mas avisei que estava dormindo e contei sobre o acidente.

— Quem era? O Renato?

— Sim, ele mesmo. Queria saber por que você não foi à casa dele ontem. Ele me pareceu muito surpreso e preocupado. Disse que, se puder, virá aqui mais tarde.

— Que bom! — disse o jovem Fernando, sorrindo satisfeito. Logo, porém, olhou para sua mãe e pediu: — Mãe, vem cá, sente-se aqui.

Lídia aproximou-se do filho e, ao sentar-se, tomou sua mão entre as suas enquanto o olhava com ternura, aguardando que falasse.

Diante do silêncio prolongado, ela sorriu com generosidade e perguntou:

— O que foi, Nando? Algum problema?

Após sorrir, ele afirmou:

— É bom estar em casa, mãe. Fiquei tão assustado ontem. Sabe, após bater com a cabeça, senti-me muito tonto — contava o jovem, com o olhar perdido, como se visse novamente o que aconteceu. — Tive forte impulso de sair do carro, mas foi pior. Não consegui me manter em pé e logo caí no chão, enlameado. Depois de alguns minutos recobrei os sentidos, mas não conseguia reagir, me levantar. — Após breve pausa, prosseguiu: — Comecei a lembrar de Deus, perguntando a mim mesmo se Ele me ouvia naquele instante. Pedi Sua ajuda e... — Fernando sorriu e completou: — Quando vi aquele cachorrinho perto de mim, lambendo o meu rosto, perguntei: Será que é essa a ajuda que mereço de Deus?

Lídia não o interrompeu, e, após alguns segundos, o filho continuou:

— Eu não sabia o que estava falando e jamais acreditei que aquele cão pudesse atrair a atenção de alguém para me socorrer. Será que isso foi ajuda de Deus?

A mulher ficou pensativa, mas logo respondeu:

— Deus age de diferentes modos em nossas vidas, meu filho. Talvez o animalzinho seja mais sensível e obedeça a... — Lídia perdeu as palavras, mas por fim completou sua idéia: — Vamos dizer que para o cachorro seja mais fácil obedecer a uma espécie de inspiração, pois, por ser irracional, ele não pergunta "por quê?" e acaba seguindo seus instintos.

— A senhora acredita nisso?

— Acho que sim. Não tenho outra explicação. Não tenho conhecimento, mas acho que é o mais lógico.

— Após eu ter despertado do desmaio, ainda estava no chão, só que não conseguia reagir. Senti um choque na coluna, algo que adormecia minhas pernas. Sentia-me muito mal e...

— E... — perguntou a mãe diante do silêncio que se fez.

Fernando a fitou sério, depois revelou com algo de emoção na voz.

— Eu me lembrei muito da vovó.

— Minha mãe? — perguntou Lídia, demonstrando-se surpresa.

— É, lembrei-me da vovó Amélia.

— Você era pequeno quando ela faleceu, tinha oito anos! — Admirou-se a mãe, que logo perguntou: — Faz treze anos. Você ainda se lembra?

— Tenho fortes lembranças. Recordo-me de quando ela me ensinava a rezar, só que o pai não poderia saber. Lembro-me de quando ela fazia aqueles doces, contava histórias, lia para nós...

Fernando exibiu uma feição serena, deixando o olhar perdido e os lábios expressando suave sorriso, como se aquelas recordações lhe provessem de sentimentos e sensações agradáveis.

Surpresa e sem perceber que tirava o filho daquele êxtase, a mãe confessou:

— Nos últimos dias tenho me lembrado muito de minha mãe. — Com os olhos trazendo lágrimas que quase rolaram, Lídia, emocionada, revelou: — Ontem eu queria tê-la comigo. Depois senti como se ela estivesse me abraçando, eu...

A voz da jovem senhora embargou e a fez calar-se.

Fernando estava surpreso; nunca vira a mãe falar de sua avó daquele jeito.

Acariciando-lhe a mão e o braço, o jovem pediu:

— Calma, mãe. Não fique assim.

Tomando fôlego, procurando recompor-se ao secar as lágrimas que teimavam em rolar, Lídia advertiu:

— Não comente isso com seu pai. Ele é um homem muito bom, mas... Você sabe.

Suaves batidas na porta do quarto fizeram Fernando responder:

— Entre!

Era Eunice, a empregada, avisando sobre a chegada de dois colegas do rapaz.

Lídia foi recebê-los e, do patamar da escada, pediu para que os dois jovens subissem, enquanto os aguardava com um sorriso.

Era Renato, acompanhado de sua irmã Regina.

Os irmãos formavam um par alegre e descontraído, porém educado.

Bem vestida, a moça possuía um encanto no olhar, algo profundo, inexplicável.

Após as apresentações, foram até o quarto do amigo.

Os rapazes prenderam-se em um assunto, e, após servir um lanche a todos, Lídia sentou-se para conversar com Regina.

— Desde ontem ficamos preocupados com Fernando. Íamos telefonar, mas minha mãe achou que era tarde, que iríamos incomodar.

— Enquanto eu — comentou Lídia — queria ir até a casa de vocês para saber do meu filho. Não sei o que aconteceu comigo, senti uma angústia, um medo. Não havia motivo, mas eu sentia que algo errado poderia acontecer ou estar acontecendo.

— As mães costumam sentir o que envolve os filhos. É como uma transmissão de pensamento, de sentimentos para os quais não encontramos palavras para explicar o que experimentamos.

— Exatamente! — concordou Lídia. — Ontem eu não conseguia dizer o que estava errado, mas sabia que alguma coisa acontecia. Mas sabe, Regina, mesmo vendo-o aqui, agora, sinto algo indefinido. Um medo, como se nem tudo estivesse bem.

— Perdoe a minha pergunta, mas a senhora tem religião?

— Sim. Quer dizer, não.

Ambas riram, e logo Lídia explicou:

— Fui educada aos moldes da Igreja Católica Apostólica Romana. Segui essa doutrina até me casar. Hoje não vou mais à igreja, porém tenho minha fé e faço minhas orações.

— É importante ter fé. Acreditar em Deus e fazer preces nesses momentos de insegurança. Reze e peça a Deus para aliviar seu coração oprimido. Peça que Ele a envolva, que lhe dê forças. Depois, volte-se a trabalhos alegres, produtivos. Acredito que a senhora não deveria se prender a sentimentos de angústia e medo. Isso nos impede de sermos fortes.

— Mas é tão difícil livrar os pensamentos de perturbações como essas.

— Se não tentar, se não fizer preces a Deus, será pior.

Lídia sorriu ao afirmar:

— Tenho muito a agradecer a Deus por meu filho estar bem.

— É importante agradecermos pelo que de bom nos acontece; isso nos liga mais a Deus. Geralmente lembramos Dele só nos momentos de dificuldades.

— É mesmo.

A conversa seguiu um pouco mais, até que Regina chamou seu irmão para que fossem embora. Todavia, Lídia, observando que o filho estava muito animado, parecendo até mais disposto e recuperado com a presença dos amigos, chamou a moça para que a acompanhasse, dizendo que deveriam deixá-los conversar mais.

Para agradar a anfitriã, Regina aceitou e, quando estavam na sala, admirou:

— Que casa linda vocês têm! Que bom gosto!

— Obrigada. Na verdade ela pertence ao meu sogro. Quando me casei com Rodolfo, ele preferiu morar aqui, uma vez que divide o escritório de advocacia também com o pai.

— Seu marido tem mais irmãos?

— Sim. Dois irmãos, só que não moram no Brasil. Um é químico e mora na Suíça. A outra é casada com um italiano, dono de um estaleiro. Eles moram na França. Nenhum deles pensa em voltar para cá.

Sem que Lídia percebesse, a jovem ergueu as sobrancelhas por admiração, mas logo se recompôs.

Sem pretensões, a mãe de Fernando revelou:

— Sou de família humilde. Conheci o Rodolfo quando comecei a trabalhar no escritório de seu pai como datilógrafa. — Após sorrir, ela contou: — Nós nos apaixonamos e nos casamos. Foi tão rápido que nem acreditei. Quando acordei me vi aqui, nessa casa.

— Viver aqui deve ser um conto de fadas! — exclamou a moça, passando os olhos por toda a sala.

Lídia sorriu e discretamente avisou:

— Nem tanto, filha. Nem tanto. Para viver bem no meio da riqueza, o que estranhei muito, precisamos de...

A aproximação de Renato e Fernando no alto da escada interrompeu o assunto entre ambas.

— Filho, não é melhor que se deite?

— Fiquei deitado o dia inteiro, mãe — respondeu o moço enquanto descia vagarosamente os degraus. — Tenho de andar um pouco. — Ao chegar próximo da mãe, perguntou: — A propósito, a tia já não deveria ter chegado de Angra?

— Já, sim. Falei com ela pela manhã, assim que chegamos do hospital, e seus planos eram de voltar no início da noite. Já está na hora.

Virando-se para seu irmão, Regina pediu:

— Vamos!

— Sim, vamos — concordou Renato.

— É cedo! — disse Lídia, que havia gostado da companhia dos jovens.

— Não, dona Lídia — respondeu Regina —, preciso estudar. Tenho prova na semana que vem, e o Renato vai acabar apanhando da namorada — brincou a moça, sorridente.

Virando-se para o amigo, Renato afirmou:

— Então amanhã, sem falta, vou lá com você.

Fernando sorriu e revelou diante do olhar curioso de Regina e de sua mãe:

— Pedi ao Renato para ir comigo até o local do acidente para tentarmos encontrar o cachorro que me ajudou.

Animada, Regina sorriu ao pedir:

— Posso ir?!

— Claro! — concordou o amigo. — Vamos todos.

Lídia sorriu com o entusiasmo dos jovens.

Logo eles se despediram e se foram.

Lídia havia simpatizado com os amigos de seu filho, entendendo por que Fernando falava sobre eles com freqüência. Agora, sentia-se feliz por saber que o filho estava em boa companhia, pois nos últimos tempos, com a desculpa de estudar junto com Renato, Fernando não se afastava, por muitos dias, da casa do amigo e conversava muito com a mãe dele.

Lídia sorriu intimamente, pois começou a acreditar que, na verdade, seu filho poderia estar interessado em Regina, uma bela morena, muito simpática e educada. Mas decidiu não perguntar nada. Saberia aguardar.

3

Circunstâncias trágicas

Era início de noite daquele domingo tão agitado, e Rodolfo, em seu escritório, trabalhava com perseverança e muitos telefonemas.

Sentindo-se só, Lídia foi procurá-lo e, ao vê-lo terminar um assunto que tratava ao telefone, resolveu aguardar.

— Pronto! — disse o marido satisfeito, parecendo ter solucionado algo importante. Olhando para alguns documentos, afirmou: — É só fazer a minuta.

— Os amigos do Nando já se foram.

— Puxa! Nem os vi chegar.

— São excelentes pessoas. Muito educados...

— E o Nando, como está?

— Principalmente depois das visitas, pareceu-me bem melhor, mais animado.

Nesse instante o telefone tocou, e Rodolfo fez um leve gesto para que a esposa o atendesse.

— Pronto! — disse Lídia.

Aos poucos, a mulher empalidecia enquanto olhava estatelada para o marido.

— Como não conseguiu ligar?! — retrucou Lídia, quase gritando.

Rodolfo passara a tarde fazendo várias ligações, e por essa razão sua cunhada não conseguia entrar em contato.

— Meu Deus!!!

— O que está acontecendo, Lídia?! — exigiu o marido.

— Nós vamos agora! — respondeu a mulher e, voltando-se a Rodolfo, explicou:

— O tempo melhorou lá em Angra, na parte da tarde, e o Cristiano foi para a praia com alguns colegas. Até agora eles não voltaram.

Rodolfo não disse nada, saindo imediatamente do escritório para sua suíte a fim de se trocar.

Lídia, adivinhando-lhe os pensamentos, gritou para a empregada:

— Eunice! — Assim que a moça apareceu, ela pediu ligeira: — Diga ao José para preparar o carro. Eu e o Rodolfo vamos para Angra dos Reis, agora.

— Sim, senhora — prontificou-se a moça.

* * *

Quando o casal chegou na casa de Angra, Janete, irmã de Lídia, encontrava-se em desespero.

Rodolfo, inconformado, parecia acusar a cunhada pela irresponsabilidade.

— Mas o tempo não estava bom! — alegava Rodolfo, quase gritando. — Por que o deixou ir?

— Depois do almoço o tempo melhorou, Rodolfo. Os dois coleguinhas vieram chamar o Cristiano e... você sabe como é!

Janete sentou-se e começou a chorar.

Poucos minutos se passaram, e os pais dos outros dois jovens, vizinhos da casa de praia, chegaram.

— E então? — perguntou Rodolfo com grande expectativa.

— Até agora, nada — respondeu um dos senhores, que se chamava Luiz. — Na delegacia, queixa só após vinte e quatro horas. O posto de salvamento foi avisado. Eles estão procurando.

O outro pai, para ser otimista, lembrou:

— Nossos filhos nadam bem. Eles sabem se cuidar.

— Preocupo-me se por acaso eles não foram à praia. Tenho medo de algum tipo de vingança, seqüestro ou outras maldades — falou Rodolfo.

As mulheres retiraram-se para outra sala e lá conversavam.

A noite foi longa, e as horas pareciam não passar.

As três famílias permaneceram reunidas, e mesmo procurando manter as aparências era explícita a angústia pela espera.

Os primeiros clarões da manhã chegavam vagarosamente, e foi sob essas luzes que os pais decidiram sair à procura dos meninos.

Próximo da hora do almoço os corpos de Cristiano e de seus colegas foram encontrados num lugar conhecido como "ponta da praia".

Lídia chorava e gritava em desespero, querendo não acreditar no que acontecia. Passou mal e teve de ser socorrida.

Rodolfo, apesar da dor, teve de se dispor às devidas providências e chamou o pai para ajudá-lo.

Após voltarem para o Rio, Lídia precisou novamente de atendimento médico. Teve de ser medicada com sedativos a fim de evitar tantas crises.

A mãe, sempre carinhosa e presente, não acompanhou o enterro do filho.

* * *

Um dia depois...

Rodolfo estava incrédulo, mas não manifestava as dores de seus sentimentos. Refugiando-se no escritório da magnífica mansão, recusava toda a alimentação oferecida pelas empregadas, que não se viam com liberdade para insistir.

Seu coração fora partido, despedaçado. O pai que sempre fizera tudo pelos filhos agora se sentia impotente; nada poderia fazer. Cristiano, aos dezessete anos, estava morto, e os sonhos de Rodolfo, os belos planos para o filho, transformaram-se em decepção em meio àquele pesadelo.

Lídia, por sua vez, não saía do quarto. Poucos eram os minutos em que seu choro oferecia trégua.

Fernando e Kássia passavam todo o tempo aninhados junto à mãe.

A pobre mulher sentia que faltava um pedaço do seu coração, e o restante era envolto por uma névoa de dor infinita, de tristeza e desespero. Não era fácil aquela mãe se conter.

O senhor Horácio, apesar de muito sentido, não procurava o filho ou a nora. Ele acreditava que, se estavam todos em casa, estavam todos bem.

Quando o começo da noite chegou, Rodolfo foi para o quarto em que estava a esposa e os filhos.

Kássia decidiu ir tomar um banho e saiu. Fernando, com os olhos congestionados, abraçava-se à mãe, inconformado com tudo.

Sentando-se ao lado da mulher, Rodolfo ajeitou-lhe os cabelos e com a voz branda afirmou:

— Você precisa se alimentar, Lídia.

Ela não respondeu e procurou esconder seu olhar choroso.

— Vamos, mãe, vamos sair um pouco desse quarto.

— Não... — sussurrou ela com a voz rouca. — Quero ficar aqui.

Fernando a beijou e se levantou ao ver que os pais precisavam ficar a sós.

Ao ver a porta do quarto fechada, Rodolfo abraçou-se à esposa, e ambos, sem nenhum comentário a respeito da tragédia que invadira suas vidas, choraram juntos por muito tempo.

* * *

Sem saber que o casal Rodolfo e Lídia não queria receber visitas e havia recomendado aos empregados para informar que ninguém estava em casa, na tarde do dia seguinte Regina foi fazer uma visita de condolências à família.

Ao saber da presença da amiga, Fernando acreditou que ela seria uma boa companhia para sua mãe.

— Deixe-a entrar, Eunice. Por favor — pediu o jovem.

Regina, com modos tímidos, depois de ser recebida por

Fernando, adentrou na luxuosa suíte de Lídia após ligeiras batidas na porta.

Ao vê-la, Lídia começou a chorar.

Apesar de tê-la visto somente uma vez, a mulher sentia uma afeição especial, uma afinidade e muita confiança pela moça, sem que houvesse qualquer explicação.

Abraçando-se à amiga de seu filho, que logo se sentou na cama, a mulher chegou ao desespero quando disse:

— Meu filho! Deus tirou meu filho! Por quê?

— Calma, dona Lídia — pediu a moça com voz generosa.

— Oh! Deus! Por quê?! — continuava perguntando aquela mãe aflita, enquanto sua voz era entrecortada por soluços compulsivos.

— Eu sei que é um momento difícil. Como posso dizer para a senhora não chorar? Mas procure controlar-se um pouco, para o seu bem.

— Regina! — exclamou a mulher com olhos espantados e vermelhos. — Eu senti! Eu senti que uma tragédia iria acontecer. Ninguém acreditou em mim. O Rodolfo não acreditou. Se eu pudesse ter conversado com ele... Deus! Por que matou meu filho?

— Dona Lídia, Deus não matou seu filho. Não pense assim — aconselhou a moça com voz branda.

Olhando-a nos olhos, com lágrimas correndo pela face, a mãe em desespero perguntou:

— E pensar o quê? Meu filho não está mais aqui.

Lídia a encarou, aguardando uma resposta.

— Ele está em seu coração, dona Lídia. É uma separação dolorosa, mas seu filho não morreu. Pense que ele está com Deus, e vocês dois não estão separados.

Fugindo-lhe o olhar, a mulher parecia nem ouvir. Que palavras podem consolar uma mãe diante de tão triste e brusca separação?

Abraçada à jovem senhora, Regina a embalou num leve balanço enquanto tecia uma prece silenciosa a Deus, rogando Suas bênçãos e um envolvimento que pudesse acalmar aquela mulher.

Minutos se fizeram, e Lídia estava um pouco mais serena.

Uma empregada serviu chá para ambas, e Regina tentou convencê-la a alimentar-se:

— Precisa ficar forte, dona Lídia. A senhora tem mais dois filhos que precisam da sua força, da sua atenção. Coma um pouco para que não enfraqueça. Pense neles.

Convencida pela moça, Lídia aceitou a proposta e perguntou:

— Como penso nesse filho que se foi?

— Pense nele como se estivesse viajando. Acredite que ele está bem, que está feliz com essa viagem.

— Eu nunca mais vou vê-lo.

— Vai sim. Eu já ouvi dizer que Deus não separa os que se amam. Talvez em sonho ele a visite, mesmo que a senhora não se lembre. Um dia qualquer vai acordar e sentir-se melhor, algo como um alívio. Aí vai saber que ele está bem. Saiba que todos nós nos encontramos após essa vida. Agora é o momento da senhora ter fé. Ore a Deus pedindo o Seu amparo.

Num desabafo, Lídia revelou:

— Não posso falar de religião ou fé com meu marido. Ele não aceita.

— Por quê?

— Casei-me com ele sabendo que esse seria um assunto proibido. Rodolfo é um excelente marido, um ótimo pai. Tenho tudo, menos o direito de tentar convencê-lo a crença alguma. Nunca pensei que isso faria tanta diferença.

— Não tem importância. Ore quando estiver sozinha. Peça a Deus que lhe dê forças, que a envolva em bênçãos de paz, amor e confiança.

— Filha, acho que meu mundo acabou.

— Não! Não diga isso. Desistindo não terá o que oferecer de valores morais e espirituais para os seus filhos.

A chegada de Kássia inibiu a continuação da conversa, bem como o desabafo de Lídia.

A jovem cumprimentou Regina e logo se abraçou à mãe, permanecendo agarrada a ela.

Após poucos minutos, Regina reconheceu que já estava além do tempo e que deveria ir embora.

A filha de Lídia a acompanhou até o patamar da escada, pois Fernando, que aguardava na sala, prontificou-se:

— Já está indo?

— Sim. É tarde — respondeu a amiga ao descer para a sala.

— Você viu como está minha mãe? Nossa, nunca ela se entregou assim!

— Não é por menos, Fernando. A perda de um filho, principalmente em circunstâncias tão bruscas, só pode levar uma mãe ao desespero.

— Ela só chora.

— Como dizer para ela não chorar?

— Você conversou com ela?

— Um pouco. Ainda é cedo para que aceite alguma coisa. No momento ela não tem condições de compreender. Ela tem de viver esse período de luto e, quando estiver serena, será mais fácil para conversarmos.

Fernando, por sua vez, afirmou:

— Gosto da sua filosofia; por isso, se não for pedir muito, gostaria que conversasse outras vezes com minha mãe.

— Claro, assim que puder. Bem, agora preciso ir.

O amigo, sem demora, prontificou-se:

— Meu carro está na oficina, e eu não tenho condições emocionais para dirigir, mas faço questão de acompanhá-la até sua casa. Vou pedir ao José que nos leve.

— Não. Não precisa.

— Faço questão! Além do que eu gostaria de dar uma passada lá no local do acidente para ver se acho aquele cachorrinho.

Fernando deixou Regina sozinha na sala enquanto foi providenciar o carro.

Em poucos segundos, Rodolfo saiu de seu escritório e surpreendeu-se ao ver aquela bonita moça no centro de sua sala.

— Boa tarde! — cumprimentou o dono da casa.

Surpresa, Regina retribuiu o cumprimento estendendo-lhe a mão.

— Boa tarde — disse, ao sorrir com moderação. E logo se apresentou: — Meu nome é Regina, sou colega de faculdade do Fernando.

Retribuindo com meio-sorriso, Rodolfo apresentou-se:

— Prazer. Já ouvi falar de você e de seu irmão. Sou Rodolfo, pai do Fernando.

Com humilde expressão, a moça o cumprimentou:

— Meus sentimentos, senhor.

Fugindo-lhe ao olhar, o homem agradeceu:

— Obrigado. — Para não se prender no assunto, perguntou: — Meu filho sabe que está aqui? Alguém o avisou?

— Sim, senhor. Na verdade eu já fiz uma visita para dona Lídia e estou de saída. Estou só aguardando o Fernando.

— Então sente-se, por favor!

— Agradeço, mas pretendo ir logo.

Regina apresentava-se educada, com simpatia gentil e agradável.

Ela não tirava seus lindos olhos negros do senhor que se mostrava tristonho, apesar de não ter muito assunto no momento.

Os minutos se passavam, e Fernando começou a demorar, na opinião da moça, que começava a ficar preocupada.

Para seu alívio, o moço surgiu, convidando:

— Vamos?

Ao ver o pai, informou:

— Vou levar a Regina em casa, tudo bem?

— Claro.

A moça despediu-se do pai de seu amigo, e ambos se foram.

Rodolfo subiu para ver como estava Lídia, e, ao entrar no quarto, após se sentar na cama e beijar a mulher e a filha, a jovem perguntou, como um desafio:

— Papai, vamos mandar rezar uma missa para o Cris?

Lídia ficou surpresa e temeu pela reação do marido.

Com olhos ávidos, expressando grande expectativa no aguardo de um parecer, Kássia prendia sua visão na figura do pai. Diante da demora, a menina insistiu:

— O que o senhor acha, papai?

Após suspirar, levantando-se imediatamente, o homem respondeu:

— Vocês sabem da minha opinião. Gostaria que a respeitassem.

Como uma afronta, a moça replicou:

— Mas, papai, o senhor já pensou na nossa opinião, nos nossos desejos ou no que queremos crer?

— Filha... — murmurou Lídia, quase sussurrando, ao pôr a mão no braço de Kássia, tentando inibi-la.

Olhando firme para a esposa, Rodolfo perguntou:

— Está havendo alguma cobrança por parte dos nossos amigos ou parentes?

Com a voz expressando profundos sentimentos, Lídia forçou-se a dizer:

— Hoje, pedi que não me passassem ligações e também não quis receber visitas. Não sei da opinião de ninguém. Porém, Rodolfo, acredito que essa seja uma decisão que só nós devemos tomar. — Após breve pausa, ela considerou firme: — Sempre fui católica e acreditei na vida após a morte. Sempre rezei e acreditei que as preces são como alimentos para as nossas almas. — As lágrimas rolaram, mas ela prosseguiu: — Penso que meu filho precisa de preces, e essa é a única coisa que posso dar a ele e vou dar, quer você queira ou não. — Em poucos segundos, concluiu: — Um pai como você, que nunca negou nada aos filhos, não vai negar uma missa agora, vai?

Rodolfo sentiu-se atordoado. A vida lhe dera um rude golpe, fazendo-o rever seus conceitos e opiniões.

Com o semblante sério, ele se virou e respondeu ponderado:

— Por favor, não cobrem a minha participação.

Imediatamente, Kássia questionou:

— Por que, papai?

Procurando ternura na voz, o homem respondeu:

— Filha, agora não é um bom momento para conversarmos sobre isso. Posso contar o motivo dessa minha opinião, mas em uma outra ocasião, está certo?

Kássia se viu contrariada, porém concordou com um aceno de cabeça.

* * *

Enquanto os encarnados tentavam superar o trágico acontecimento, na espiritualidade, longe dali, o espírito Cristiano era envolvido por entidades amorosas e superiores, capacitadas a ampará-lo e mantê-lo em um estado semelhante ao sono, para que não sentisse a brusca mudança de plano, sofrendo com um estado de perturbação muito abalado.

Ele estava tranqüilo, sereno e, até então, não recebia as vibrações lastimosas de seus entes queridos.

4

Um lar para "Bolinha"

Na casa de Regina, dona Glória, sua mãe, fez questão de que Fernando entrasse para conversarem um pouco.

Abraçando com carinho o rapaz, a amorosa senhora dizia, após fazê-lo se sentar:

— Oh, meu filho, fiquei sabendo. Sinto tanto...

Ao ver os olhos do moço encherem-se de lágrimas, com humilde simplicidade ela o puxou novamente, recostando sua cabeça em seu ombro.

— Venha aqui, filho.

Ao ver seu choro, percebendo que ele se sentia envergonhado, a mulher fez um sinal para Regina, pedindo para ficar a sós com o rapaz.

— Está tudo bem, dona Glória — afirmou Fernando ao secar o rosto com às mãos. — É que tudo está muito recente.

— Eu sei, meu filho. Diga, e sua mãe, como está?

— Ela parece que envelheceu vinte anos em dois dias.

— Não é por menos. Nunca perdi um filho, mas acho que ficaria louca. Mesmo sabendo que a vida não termina quando morremos.

Encarando a senhora, Fernando perguntou:

— Será, dona Glória? Não temos religião, meu pai não gosta. Não sei nada sobre a vida após a morte.

— Você é um moço tão estudado, deve acreditar em Deus, não é?

— Sim, eu creio em Deus. Hoje, os próprios cientistas acreditam no princípio de tudo, no Big-Bang, no princípio da Criação e que "Algo" deu origem à vida. Isso em termos simples é Deus, a ação de Deus.

— Não entendo de ciência nem sei dizer nomes difíceis — disse dona Glória, sorrindo com brandura. — Sou uma mulher ignorante, entendo que fomos criados, e esse criador é Deus. Assim, creio que um Criador tão poderoso tem de estar presente em tudo, ter sabedoria e justiça, amor e bondade. Não podemos acreditar que Deus é cruel, vingativo e injusto.

Interrompendo-a com educação, Fernando perguntou:

— Mas por que Deus permite que um jovem tão perfeito, tão saudável, morra assim, tão de repente? Por que esse desperdício? Há no mundo tanta gente sofrendo e até pedindo a morte.

Ela sorriu, respirou fundo e explicou:

— Fernando, não podemos acreditar que essa é a nossa única existência na Terra. Se vivêssemos uma única vida aqui, não conseguiríamos evoluir.

— Como assim?

— Deixe-me ver como posso explicar. Ah! Veja: se nós nascêssemos, vivêssemos só essa vida e durante essa existência fôssemos maus, perversos, e na velhice morrêssemos, é justo nosso Criador acabar conosco e nos destruir? Ou seria justo Ele nos deixar queimando no fogo do inferno? Ou, ainda, nos mandar para um paraíso, para um lugar muito bom?

— Bem, acho que, se fôssemos muito perversos, creio que Deus iria nos decretar um sofrimento, talvez no inferno.

— Mas devemos concordar que Deus é repleto de bondade e justiça, não é?

— Sim — concordou o rapaz.

— Então, como é que Ele poderia admitir um filho sofrendo eternamente no inferno?

— Mas Deus não pode deixar essa criatura perversa sem punição. Isso seria injusto com aqueles que agiram de forma correta, pacífica.

— Mas e se aquela pessoa que foi má não teve a oportunidade de saber o que era bom, não pôde conhecer Deus, nem aprendeu a respeitar seus semelhantes e cometeu muitos crimes por ignorância; essa pessoa merece sofrer no fogo do inferno eternamente? Isso é justo?

— Não há como essa pessoa resgatar, ou melhor, corrigir o que fez de errado. O que já foi feito não podemos mudar.

— Podemos corrigir, sim, meu filho.

Fernando a encarou sério e, diante da demora, perguntou:

— Como podemos corrigir o que fizemos de errado?

— Nascendo novamente. Reencarnando.

— Será que isso é possível mesmo, dona Glória?

— Foi a única forma que Deus encontrou para ser justo e mostrar Sua misericórdia, não nos deixando sofrer eternamente.

— Conheço pouco sobre religiões. Li algo em enciclopédias só para ter uma base. Minha avó, já falecida, lia trechos do Novo Testamento, palavras de Jesus, o qual nos ensinava cultivar a bondade e fazer a caridade. Na minha opinião, Jesus foi uma das mais nobres criaturas que já passou pela Terra e não me lembro de Ele ter falado sobre nascer novamente. Eu acredito em Jesus.

Pacientemente, dona Glória levantou-se com dificuldade, caminhou passos lentos até a estante de livros e apanhou uma Bíblia.

Após pegar seus óculos, que estavam no bolso do avental, a generosa senhora sentou-se novamente ao lado do rapaz, dizendo:

— Vamos ver... — murmurou, enquanto folheava algumas páginas. Ao procurar, explicou: — Sabe, filho, não sou contra nenhuma religião, mas entendo que algumas não têm explicações para trechos do Evangelho de Jesus, por isso quase nunca falam neles, ou, quando falam, as explicações não são tão científicas. Vamos ver... Aqui está: João, Capítulo 3, versículo 1. A história é assim: Um homem chamado Nicodemos foi falar com Jesus e disse que ninguém poderia fazer o que ele fazia se Deus não permitisse, e Jesus respondeu: "Aquele que não nascer de novo não pode ver o reino de Deus". Então esse homem, Nicodemos, perguntou: "Como pode um homem nascer, sendo ele um velho? Porventura, pode ele entrar no ventre de sua mãe e nascer?" Então Jesus disse: "Aquele que não nascer da água e do espírito não pode entrar no reino de Deus. O que é nascido da carne é carne, o que é nascido do espírito é espírito. Não admire de ter dito que é necessário nascer de novo".

— Será que Jesus não se referiu ao batismo? Se a pessoa for batizada, ela renascerá?

Lentamente, tirando os óculos e observando Fernando com bondade, dona Glória explicou:

— Filho, e se pegarmos um homem bem velho, que tenha feito muita maldade, e o batizarmos, e depois disso ele morrer. Esse homem não teve tempo de fazer nenhuma maldade nem coisas boas, muito menos de corrigir o que fez de errado. Será que Deus o perdoará só por causa do batismo? Será que Deus o mandará para o Seu reino, para um lugar bom, só porque ele se batizou, mesmo não tendo corrigido o que fez de maldade? Não seria injusto com um outro homem, que também tenha sido mal, mas não conheceu nenhuma religião que o batizasse por falta de oportunidade, se ele fosse para o inferno?

O jovem Fernando sorriu e respondeu:

— Agora a senhora me pegou. O que Jesus quis dizer com "Aquele que não nascer da água e do espírito não pode entrar no reino de Deus"?

— Lembre-se de que a água é o que alimenta toda a matéria viva.

— Sim, não existe vida sem água. A vida começa na água. O embrião, o feto, necessita de água até estar formado — completou ele.

— Então, Jesus quis dizer que para ver o reino de Deus é necessário que o homem renasça com seu corpo, ou seja, ele tem de voltar à vida material com um novo corpo e seu espírito. Isso é reencarnação. Por isso Ele disse: "O que é nascido da carne é carne, o que é nascido do espírito é espírito".

Temos um corpo de carne, o qual devemos cuidar muito bem de acordo com o que comemos, bebemos e fazemos com ele, e um espírito, que cuidamos com nossos atos, palavras e pensamentos, com nossa boa moral.

O espírito vive sem o corpo quando estamos desencarnados, mas o corpo de carne não tem vida sem o espírito ligado a ele.

— E o que quer dizer "o reino de Deus"?

— Você já ouviu Jesus dizer que "há muitas moradas na casa do Pai"?

— Sim, já.

— Sendo assim, existem mundos melhores, sem guerras, sem problemas; porém, só quem já é elevado, isto é, só quem já corrigiu todas as falhas cometidas e é uma criatura que pratica o bem, é justo, não é egoísta nem reclama do que ocorre pode ir para esses mundos mais felizes. Na época de Jesus, era difícil as pessoas entenderem que existe no Universo mundos melhores, onde o bem sempre triunfa. Vamos dizer que era mais fácil entenderem que Deus mora ou reina num lugar bom, por isso o termo "reino de Deus".

— Sim, entendo isso, mas gostaria que me explicasse as palavras de Jesus quando diz: "Aquele que não nascer de novo não pode ver o reino de Deus". Por que só "quando nascer de novo"?

— É que só podemos ir para mundos melhores se evoluirmos, ou seja, se não praticarmos o mal e fizermos só o bem, e numa vida só não conseguimos fazer isso; é precisso nascermos de novo, quantas vezes forem necessárias, para podermos corrigir o que fizemos de errado e aprendermos a ser bons com os outros. E isso só conseguimos por meio da reencarnação.

Fernando ficou pensativo; nunca ouvira conceitos tão simples e lógicos. Porém, tornou a insistir:

— Então não vamos para o inferno se não tivermos religião alguma?

A simpática senhora riu moderada e gostosamente, respondendo:

— Não, filho. Podemos, depois de desencarnados, ficar em um estado de perturbação, em que nossa consciência fica confusa pela mudança brusca. Quanto mais informações tivermos sobre o mundo espiritual e, principalmente, quanto mais fé tivermos em Deus, em Seu amparo, quanto mais bondosos tivermos sido, mais rapidamente saímos desse estado de perturbação.

— Por que meu irmão morreu? Por acaso ele, em outra vida, afogou alguém e por isso agora teve de morrer afogado? — indagou Fernando com olhar piedoso, como se implorasse uma explicação.

A bondosa senhora pegou-lhe a mão, colocou-a entre as suas e, batendo-lhe vagarosamente, explicou:

— Não podemos acreditar na história de "olho por olho, dente por dente". E se seu irmão se afogou por um ato caridoso? Nós o estaríamos julgando mal, não acha? De repente, ele pode ter tentado ajudar algum amigo que estava em perigo e colocou a própria vida em risco e, por forças das circunstâncias, não conseguiu porque, talvez, o amigo devesse passar por aquilo. Pense comigo: Jesus, elevado como era, precisava passar pela humilhação e pelos maus-tratos por que passou? É lógico que não! Creio que, para nos trazer todas aquelas mensagens de elevação, Ele, Jesus, colocou Sua vida em risco, e, infelizmente, muitos não conseguiram compreendê-Lo e o colocaram na cruz. Jesus disse: "O vento sopra onde quer e ouve sua voz, mas não sabe de onde vem nem para onde vai; assim é todo aquele nascido do espírito".

— O que isso quer dizer, dona Glória?

— Significa que ninguém sabe o que foi nem o que será futuramente; assim é o espírito. Se nosso espírito fosse criado junto com nosso corpo, seria injusto um nascer defeituoso, outro, deformado, debilitado mentalmente, não é? Esse vento seria o espírito, e sua voz é a consciência. O vento sopra onde quer significa que ele, espírito, faz o que quer, mas ouve sua voz, ou seja, sua consciência, que nos faz corrigir o que fazemos de errado. Entretanto, não sabemos, quando encarnados, de onde viemos ou por que sofremos, nem para onde vamos, ou seja, no que vão nos resultar nossas atitudes. Quando nascemos com um problema, normalmente estamos passando por experiências de ajuste, sentindo o que fizemos outros sofrerem. Quando nosso corpo falece em tenra idade, podemos estar sendo resgatados por algo de errado que estamos fazendo; nesse caso, o desencarne é para nos poupar de erros muito graves ou de situações dificílimas. Ainda podemos estar experimentando o que fizemos outros sofrerem. Porém, não podemos nos esquecer de que muitos cometem atos de bravura ou de misericórdia. Jesus disse:

"... não sabe de onde vem nem para onde vai"; assim é o espírito.

Não sei dizer por que seu irmão faleceu, mas tenho certeza de uma coisa: esse acontecimento, mesmo que pareça trágico, ou até monstruoso, foi para auxiliar a evolução dele, a fim de que chegue, mais rápido, em mundos melhores e mais felizes, pois "aquele que não nascer de novo não pode ver o reino de Deus".

Fernando, atento, a olhava, quase sem piscar. A bondosa senhora, com indescritível generosidade na voz, transmitia-lhe uma calma, uma vibração suave e elevada a qual ele não podia descrever com palavras; só sabia que era muito bom se deixar envolver. Isso acalmava seu coração oprimido pela morte do irmão.

Logo ela prosseguiu:

— Filho, sei que a dor de vocês nesse momento é enorme e que não são minhas pobres palavras e explicações que vão aliviá-los de tanto pesar. Sei que todos acreditam que seu irmão estaria bem melhor se estivesse agora ao lado de vocês; porém, Aquele que criou tudo e todos tem a bondade, a justiça e a sabedoria. Ele sabe o que é melhor para todos, mesmo que nossa pequena inteligência e sabedoria ainda não possam compreender. Deus sabe o que é preciso para harmonizarmos nossa consciência, porque é ela quem nos cobra.

— Como assim, "harmonizarmos nossa consciência"?

— Quando cometemos um ato errado no passado, em outra oportunidade de vida, não é Deus quem vai nos castigar e nos punir pelo que fizemos. À medida que vamos passando por novas experiências de vida, nossa consciência vai reconhecendo que fez algo incorreto e que precisa corrigir aquilo. Desencarnados, podemos ter uma consciência muito ampla do que fizemos, e é aí que solicitamos experimentar situações em que possamos nos harmonizar, corrigindo nossas ações do passado. E, muitas vezes, passamos por uma expiação, quando nos recusamos a fazer o que é correto.

— Expiação? — interrompeu Fernando, educadamente.

— Penitência. Podemos solicitar experimentar uma penitência, sofrendo as conseqüências do que fizemos a outros, ou, se formos bem perseverantes e um pouco evoluídos, podemos pedir condições para nos harmonizarmos, corrigindo erros do passado sem sofrimento.

Diante da breve pausa, o rapaz pensou e depois revelou:

— Meu pai diz que sofremos na vida por falta de bom ânimo e perseverança.

— Não vou tirar a razão dele — afirmou a mulher. — Quando nascemos para uma experiência de vida, temos situações praticamente decretadas para enfrentarmos; no entanto, nosso livre-arbítrio, que é o nosso livre poder de escolha, nos direciona a provas mais amargas ou mais suaves, o que só depende de nós.

— Meu pai diz que vivemos bem, que somos ricos porque meu avô pensou, planejou e lutou para concretizar seus objetivos, e ele também, porque fez o mesmo. O que a senhora me diz de famílias que tenham oito, dez, doze filhos e vivem na miséria? Deus quis que eles fossem assim? Ou eles escolheram passar por aquilo?

Sem pensar muito, a mulher explicou, como sempre, gentil:

— Deus nunca quer nosso prejuízo. Ele não nos quer ver na miséria, senão não seria Pai bondoso e justo. Seu pai é um homem rico, teve oportunidade de estudar, pensa em tudo, raciocina com cuidado, observando os prejuízos e os lucros. Mas me diga: se ele tivesse nascido em uma favela, sem condições para estudar, vivesse só acompanhando os crimes, rodeado pela violência, insipiências familiares, se não tivesse ajuda de ninguém, será que teria a posição que tem hoje? Será que viveria como vive ou no estilo e nas condições em que foi criado? Se ele tem uma vida boa, deve agradecer aos estudos que seu avô pôde oferecer e reconhecer que também aproveitou a oportunidade. Mas também deve agradecer a Deus por ter tido o pai que teve.

Sem dúvida seu pai é um homem muito esforçado, perseverante em seus ideais, mas a vida que conheceu desde a infância facilitou sua visão do mundo, dando-lhe condições para observar e planejar o que queria. Mas não é sempre que podemos planejar as coisas.

— E meu avô? Meu avô conta que veio de uma família de classe média baixa. Ele teve de se esforçar muito para ter o patrimônio que é seu hoje.

— Nascemos com o destino mais ou menos traçado. Seu avô aproveitou todas as oportunidades que lhe surgiram na vida. É por isso que ele tem o que tem hoje. Se seu avô houvesse "cruzado os braços", não seria o que é nem teria o que tem. Porém, Fernando, existem pessoas que não tiveram oportunidades boas na vida, mas isso não se dá por culpa de Deus. Hoje, colhemos o que plantamos em uma experiência passada, como sempre ouvimos: "nós somos herdeiros de nós mesmos". Não podemos criticar aqueles que, na nossa opinião, se descuidam e têm famílias grandes. Essa é a forma, é a oportunidade deles se harmonizarem e se corrigirem.

— Que prova ou expiação tem uma família numerosa que vive na pobreza e com inúmeras dificuldades?

A mulher sorriu, como se já esperasse aquela pergunta, e respondeu:

— Cada caso é um caso. Acreditando que Deus é bom e justo, Ele nos oferta oportunidades de aprender o que é certo, nos dá outras para harmonizarmos as insipiências e garantirmos que não vamos mais errar, aprendendo, quantas vezes forem necessárias, por meio das reencarnações. Imagine um grupo de pessoas que viveram próximas, tiveram o poder, cometeram atos indignos para enriquecer ou conservar a riqueza e, para isso, provocaram fome, alastrando a miséria, oprimindo a muitos com agressão e até a morte.

Deus ama a todos os Seus filhos e não vai perder "uma única ovelha desse imenso rebanho". Por isso, não vai condená-los ao inferno ou a qualquer pena perpétua. Ele vai dar a essas pessoas a oportunidade de aprender a não mais fazer os outros sofrerem, possobilitando-os reencarnar juntos e sem muitas prosperidades.

Imediatamente Fernando se lembrou:

— É mesmo! Durante toda a história da humanidade vemos a opressão por parte dos poderosos. A cobrança de impostos, principalmente na Idade Média, trazia torturas, mortes, misérias e pestes. Sabe, nesse período, vemos os reis extorquindo dinheiro nas cobranças de impostos, e, não tão diferente, o clero também tinha suas exigências, trazendo dor e penúria à plebe.

— Filho, não julgue mal somente os reis e o clero. Pense que, se eles foram os mandantes, houve quem cumprisse as ordens com maior rigor, excedendo nos meios, barbarizando os semelhantes. Muitos desses podem ter sido nós.

Para a cobrança de impostos, tanto do rei como da Igreja, havia os grupos de soldados. Eram eles quem maltratavam e oprimiam.

Pense comigo: se o "capitão-da-guarda", ou centurião, não permitisse que seus soldados torturassem e molestassem muitos, deixando-os na total miséria, esses não fariam tanta crueldade.

Existem aqueles que tiram o que é dos outros por prazer. Talvez esse tenha sido o caso.

Por exemplo: aquele que foi "capitão-da-guarda" e permitiu ou exigiu de seus comandados imediatos a opressão dos pobres, tirando-lhes o pouco que tinham e ainda com muita humilhação, hoje voltam juntos. Provavelmente o "capitão-da-guarda" como pai, tendo como filhos alguns de seus subalternos que, no passado, foram mais próximos "fiéis". Agora, todos juntos, sem condições e oportunidade, com pobreza extrema, experimentam o que fizeram outros sofrer, com isso aprendendo.

— É uma filosofia interessante. Pensando assim, podemos deixar de cometer muitas falhas, errando menos.

— Ah! — lembrou-se dona Glória. — Não pense que os que passam por dificuldades de forma coletiva são só aqueles que cometeram crimes bárbaros como esse que citamos. Não fazer o mal é importante, porém deixar de fazer o bem, praticando o desperdício, também nos traz muitos reparos para o futuro.

— Como assim?

— Outro dia eu assistia televisão e vi um grupo de pessoas se empenhando, organizando-se e gastando muito dinheiro para conseguir colocar um carro dentro de um avião. Depois, elas saltaram de pára-quedas junto com o carro, afastaram-se e deixaram o automóvel se espatifar no chão. Isso tudo só por prazer. Todo aquele gasto de tempo e dinheiro foi somente por satisfação, não trouxe benefício a ninguém. Então pensei: se esse dinheiro fosse endereçado à caridade, para obras assistenciais... Se o tempo daquelas pessoas fosse ocupado para ajudar os outros, teríamos menos gente sofrendo. Muitas pessoas pobres e doentes poderiam ser mais felizes e ter esperança se alguns fossem menos egoístas com seus prazeres.

— E a senhora acha que o grupo que desperdiçou tempo e dinheiro, como nesse caso, vai reencarnar junto e com dificuldades.

A mulher sorriu ao responder:

— Eu não disse isso. Só acredito que eles vão aprender, mas a forma como suas consciências vão lhes cobrar o desperdício praticado eu não sei.

— Por que devemos fazer a caridade, já que algumas pessoas têm de passar por dificuldades?

— Para que os irmãos que passam por essas dificuldades tenham esperança, fé e aprendam, com nosso ato, o que uma criatura deve fazer. Além disso, temos nossas cotas de acertos, temos de corrigir atos do passado. Não sabemos de onde viemos nem o que fizemos. Se não tivéssemos contas para acertar, não estaríamos aqui em condições de praticar algo de bom.

A conversa ia-se estender, mas Regina entrou na sala trazendo um suco.

Fernando surpreendeu-se, pois só então se dera conta da hora.

— Puxa! Esqueci-me do José, o motorista!

— Mas eu não! — respondeu a moça, sorridente. — Vocês estavam tão envolvidos na conversa que eu não quis interromper e o chamei para entrar. Batemos o maior papo lá na cozinha. Já demos comida para a Bolinha...

— Que Bolinha?! — estranhou dona Glória.

Com meiguice na voz e jeito mimoso, Regina falou com delicadeza para convencer sua mãe:

— Ah, mãe, sabe, ela é tão bonitinha.

— Quem é bonitinha, Regina? — tornou a mãe.

— É a cachorrinha que chamou ajuda para o Fernando, mãe.

— Mas, filha, por acaso ela vai ficar aqui?

— Eu disse para a Regina que a levaria para minha casa, mas...

— Sabe, mãe, podemos ficar só com ela. Para os dois filhotinhos eu já encontrei donos. Liguei para a Beta, e ela e a prima querem os cachorrinhos, assim que desmamarem, claro.

— Mas...

— Aaah, mãe! Vem ver que coisinha linda! Sei que a senhora vai se apaixonar por ela assim como eu. Vem ver, vem! — Enquanto ia saindo para o outro cômodo, Regina falava para a mãe, que a seguia: — Eu a chamei de Bolinha porque ela é toda redondinha. Coitadinha, estava lá no canto da rua, encostadinha no muro, com os dois filhotinhos...

Dona Glória sabia que não poderia oferecer resistência. Regina amava animais.

Fernando, por sua vez, sentia seu coração melhor, mais leve, depois da longa conversa com a generosa senhora.

5

ONDE ESTÁ MEU FILHO?

O caminho de volta para casa foi feito em silêncio.

Fernando refletia sobre as explicações de dona Glória. Suas palavras foram capazes de agasalhar seu coração antes oprimido. Agora ele conseguia ver explicações lógicas para tantas desigualdades sociais.

Ao chegar em casa, o rapaz foi logo procurar pela mãe.

Lídia estava em seu quarto, largada sobre a cama e chorando muito.

Fernando aproximou-se e, após beijá-la, sentou-se e disse:

— Não fique assim, mãe. A senhora precisa acreditar que o Cristiano está bem, que ele...

— Como posso acreditar se não sei onde ele está? Não sei se sofre, se sofreu... — Em um grito lamurioso, perguntou: — Deus! onde está o meu filho?

"Ouvi dona Glória, que me fez entender muitas coisas, mas o que responder para minha mãe?", questionou Fernando em pensamento.

O estado emocional de Lídia era deplorável. Pensamentos causticantes na dor pela perda do filho não a deixavam refletir de maneira ponderada.

— Eu quero o meu filho! Quero o Cris aqui! — gritava desesperada.

— Mãe, não fique assim — pedia Fernando.

A porta do quarto abriu-se, e imediatamente entrou Rodolfo, acompanhado pelo médico.

O doutor começou a examiná-la, medindo-lhe a pressão arterial e os batimentos cardíacos.

Rodolfo, parecendo nervoso, virou-se para o filho e endereçou-lhe um olhar, chamando-o para o canto do quarto com um gesto de cabeça.

— Como você demorou! Quando preciso de você ou da sua irmã nunca os encontro. A Kássia saiu e nem disse aonde ia.

— Fui levar a Regina, lembra-se? — explicou em baixo tom de voz.

— E precisava demorar tanto? — reclamou o pai.

Sem palavras, magoado, Fernando o olhou firme e deu-lhe as costas, sentando-se novamente junto à mãe, que gemia e lamentava.

Após alguns minutos o médico avisou:

— Dei-lhe um calmante e provavelmente acordará só amanhã.

Rodolfo sentia-se desgastado, não tinha nem o que falar. O estado depressivo e desesperador da esposa o deixava desanimado, infeliz. Sem ter o que comentar, agradeceu:

— Obrigado, doutor.

— Bem, tudo está sob controle. Já vou, mas qualquer coisa...

Quando o médico fez menção de sair do quarto, Rodolfo avisou:

— Vou acompanhá-lo.

Na sala, após fechar a porta para o médico, Rodolfo se surpreendeu com o filho atrás dele.

— Deixou sua mãe sozinha?

— Ela já dormiu.

Quando o pai ia subir as escadas, Fernando falou:

— Pai, sei que tudo é muito recente, que está magoado, triste pelo estado da mãe... Creio que seja difícil aceitar a idéia de não ver mais o Cris e...

— Seja direto, filho.

— Por que você não se senta com a mãe e conversam? Seria bom para os dois.

O homem desceu os poucos degraus que subira e explicou:

— Fernando, podemos não gostar de religião. Podemos ignorar Deus; porém, quando perdemos alguém muito querido, queremos que Deus o envolva, que o recolha, que o proteja. Mas como podemos exigir isso se nunca nos voltamos para Ele? Como queremos ter algum direito, pedindo por nós ou por aqueles que amamos, se não nos dedicamos, se não demos importância à religiosidade. Se eu for conversar com sua mãe, agora, ela vai me cobrar, vai exigir de mim o que neguei e o que não posso dar. Prefiro que ela se acalme primeiro; depois, talvez, conversaremos.

Rodolfo mantinha uma calma aparente, forçando-se a falar manso, mas o filho insistiu, quase exigindo:

— Mas, pai, ela está passando por uma dor muito grande. Vocês devem conversar agora, não deixar para depois.

Com a voz grave, num desabafo quase febril, o homem declarou:

— E eu não estou?! Você acha que eu não sofri? Que não estou sofrendo? — Agora, respirando e tentando acalmar a voz enquanto andava vagarosamente, prosseguiu: — Estou confuso. Nunca me senti assim. — Com a voz embargada e lágrimas prontas para cair, admitiu: — Eu amo vocês. Sempre lutei para o melhor pensando em todos. Agora, como posso dar o melhor para o Cris? As coisas me fugiram ao controle. Nenhum dinheiro, nenhuma fortuna pode trazer meu filho de volta.

O homem colocou as mãos no rosto, pois o choro amargo não pôde ficar represado.

Aproximando-se, Fernando pediu ao abraçá-lo:

— Pai, não fique assim.

— Como não ficar assim? Tenho dúvidas. Será que agi certo? Sou humano também. E ainda tenho de me manter firme; já pensou se todos fizermos como sua mãe? Eu penso que errei, mas o que fazer agora?

— Não, pai, não pense assim.

O silêncio se fez, e Rodolfo afastou-se do filho. Fugindo-lhe o olhar, pediu:

— Por favor, não quero falar sobre isso agora. Vou conversar com você e com sua irmã, mas em outro momento. Agora preciso subir e ficar com sua mãe.

Penalizado com seu pai, Fernando se calou. Não havia o que fazer.

* * *

Os dias foram passando, e a rotina começou a voltar ao normal. Somente Lídia não se conformava. Chorando e sem sair de seu quarto, ela se recusava a falar com as amigas e com a maioria dos parentes nem mesmo se deixava visitar. Somente sua irmã Janete a via com certa freqüência.

— Você tem de sair desse quarto, Lídia — aconselhava a irmã.

— Eu quero meu filho de volta.

— Pense em seus outros filhos.

— Meus outros filhos estão bem, eu quero o Cris.

— Vamos falar com o pastor da minha igreja.[1] Talvez ele possa lhe dar uma palavra de consolo, algo que a faça melhorar.

— Não... eu não quero.

Depois de insistir muito, Janete conseguiu que a irmã fosse conversar com seu amigo. Perante ele, Lídia contou tudo sobre sua vida, encerrando:

— Como o senhor vê, meu marido nunca nos deixou ter religião, por isso eu não podia falar de Deus para os meus filhos.

---

[1] Não é a intenção da espiritualidade criticar ou atacar qualquer religião. Neste livro, estamos somente apresentando os fatos de um acontecimento. Lembramos que as religiões são importantes, pois têm como principal objetivo ligar-nos a Deus. Nenhuma religião pode ser criticada pela opinião íntima dos seus seguidores ou representantes, nem ser responsável pelas conseqüências das ações de seus adeptos, pois toda criatura tem o seu livre-arbítrio e é a única responsável por ele. (Nota da Autora Espiritual.)

O Cristiano tinha dezessete anos e acho que nem sabia rezar. Já que não pode voltar, quero que Deus cuide dele para mim.

Olhando bem para a mulher, o homem argumentou:

— O apego aos bens materiais deixou todos vocês longe do Senhor. Acredito que o Senhor tenha decidido tirar seu filho para que vocês dessem atenção a Ele.

— Isso é crueldade! — reclamou Lídia, indignada.

— Não, não é não. O Senhor sacrifica um para salvar quatro: a senhora, seu marido e os seus outros dois filhos, fazendo com que vocês se arrependam e voltem para Ele.

— Mas e o Cristiano? Como está? Onde está?

— Dona Lídia, cuide de seus outros dois filhos e de seu marido. Faça com que se convertam e se entreguem a Jesus. Libertem-se das amarras dos bens terrenos. Vocês estão amarrados; isso é obra do maligno. O demônio é ardiloso. Ele cegou a todos vocês com o luxo e a riqueza. Jesus tem uma obra a realizar em suas vidas. Atenda a esse chamado.

— Onde está meu filho? — indagou a mãe em desespero.

— Se ele não foi batizado na água que representa a pureza para a renovação, se ele não entregou seu coração ao Senhor — dizia o homem com ênfase —, salve os outros que a senhora ainda tem consigo. Esqueça desse. Peça perdão por ter-se esquecido do Senhor e salve-se.

Lídia sentiu-se aterrorizada e, após raciocinar, gritou:

— Como é que uma mãe pode ter a consciência em paz e viver no paraíso se souber que seu filho está no inferno?! Que Deus é esse, cheio de crueldade, que condena alguém que não teve oportunidade de aprender?!

Seu semblante sofrido pareceu ter-se transformado, e uma expressão de horror figurou-se na pobre mulher.

Ela perdeu as palavras; não tinha mais argumentos para questionar a justiça e a bondade de Deus apresentadas tão erroneamente pelos conceitos pessoais daquele homem.

Aquela colocação infundada a deixou mais desesperada ainda.

Ensurdecida, desfigurada, Lídia foi-se levantando

vagarosamente. A irmã a olhou surpresa, temendo qualquer reação indesejada.

— Lídia... — chamou timidamente Janete, tentando detê-la ao segurar seu braço. — Sente-se, Lídia.

— Não! O senhor quer dizer que o meu filho não teve o perdão de Deus porque não se batizou ou porque não O conheceu? Está errado! Isso tem de estar errado!

— Mas dona Lídia... — tentou argumentar o homem.

— Não! — gritou Lídia com os olhos arregalados e expressão de desespero.

Subitamente ela se virou e saiu correndo.

Janete a seguiu, segurando-a, quando a alcançou na calçada.

— Janete, me larga!

— Calma, Lídia.

— Como calma? Deus não pode ser cruel assim! Algo está errado!

A custo Janete a colocou dentro do carro, levando-a para casa.

Naquela tarde Rodolfo havia chegado mais cedo e só ficou sabendo que a esposa havia saído com a irmã por intermédio dos empregados, que o avisaram.

Minutos após sua chegada, ao ver a esposa descer chorando do carro, ele, que estava na varanda, tentou segurá-la antes que entrasse.

Lídia esquivou-se, fugindo de seu abraço.

Janete correu atrás da irmã, mas já dentro da casa, antes que a cunhada subisse para ver Lídia, Rodolfo exigiu com rigor:

— Janete! O que está acontecendo?

A mulher parou, e ele pôde ver que ela também havia chorado.

— É que...

— O que aconteceu?

— Achei que Lídia estava precisando de algo que a confortasse. Ela não se conforma com a morte do Cristiano e...

— a voz de Janete estremeceu, e suas emoções afloraram-se, calando-a.

Mais calmo, o cunhado perguntou:

— Onde vocês foram?

— Eu a levei para conversar com um amigo.

Rodolfo sentiu-se enrubescer. Era muita ousadia de Janete fazer aquilo, uma vez que sabia de sua opinião.

Enérgico, ele perguntou:

— Quem mandou você fazer isso? Você sabe que eu não gosto dessas coisas. Além do que Lídia está deprimida, sensível; não serão idéias loucas e crenças insanas que irão animá-la.

— Mas eu também estava assim e depois que conversei com ele me senti mais aliviada.

— Aliviada do quê? — perguntou ele, irritado, elevando o tom da voz.

— Comecei a me sentir culpada pela morte de meu sobrinho, por ter pedido a casa, por ter insistido para que ele fosse na viagem comigo, por tê-lo deixado ir à praia naquela tarde, e, quando conversei com esse amigo, ele me confortou quando disse que fui usada como instrumento de Deus para salvar vocês. Somente uma fatalidade dessas faz as pessoas se voltarem ao Senhor, pedir perdão e salvarem-se. O Cristiano pode não estar no reino de Deus, mas vocês têm a chance de se salvarem. Eu fui enviada para...

— Cale-se! — vociferou Rodolfo, quase insano. — Não quero ouvir essas ignorâncias! Quero ver esse homem viver tranqüilo se souber que o filho dele está no inferno. Saia daqui! Vá embora agora, por favor, antes que eu...

— Você tem de me ouvir!

Nervoso, indignado, o cunhado virou-lhe as costas e subiu as escadas para ver a esposa, deixando Janete sozinha na sala.

Ao ver Lídia, Rodolfo verificou que ela estava completamente sem controle.

Rolando de um lado para outro sobre a cama, a mulher gemia e lamentava em pranto:

— Cristiano, onde você está? Deus! Não faça isso com meu filho!

Encarando-o, a mulher falou com voz chorosa:

— Eu perdi tudo. Minha vida acabou.

O marido a envolveu num abraço e a embalou, procurando acalmá-la.

Eunice, a empregada, que durante dias acompanhava o descontrole da patroa, entrou cuidadosa e avisou:

— Seu Rodolfo — disse quase sussurrando —, eu trouxe esse chá. Seria bom para ela se bebesse um pouco.

— Eunice, por favor — pediu o patrão —, pegue aquele vidro ali, o maior. Tire um comprimido e traga aqui. É um calmante.

Cuidadosa, a moça ajudou a mulher a tomar o remédio e o chá que trouxera.

— Obrigado, Eunice — agradeceu Rodolfo, que ainda segurava a esposa.

A empregada percebeu o esgotamento do homem, que se forçava para ser forte. Mas parecia que nada nem ninguém poderia ajudar Lídia.

* * *

Com o tempo, todos esperavam que Lídia melhorasse, retomando sua vida normalmente, mas isso não acontecia.

Kássia começou a não gostar do sofrimento da mãe e afastava-se o quanto podia.

Fernando parecia procurar refúgio na casa do amigo Renato. A companhia de dona Glória o confortava, e a presença de Regina era agradável.

Em desabafo, o rapaz comentava:

— Dona Glória, minha mãe está se deixando abater muito. Já faz oito meses, e ela ainda chora. São poucos os momentos em que a vemos calma.

Vagarosa, a mulher sentou-se ao lado do jovem e falou:

— Sabe, filho, a falta de conhecimento sobre o mundo dos espíritos nos leva ao desespero.

— Eu gostaria tanto que a senhora pudesse conversar com ela.

— Eu?!

— A senhora tem conhecimento e argumentos que podem ajudar minha mãe. Ela está deprimida. Definhou nos últimos dias de tanto chorar; nem a reconhecemos mais. Sabe, ela foi falar com um amigo da minha tia e voltou pior ainda. Às vezes parece que delira e fala coisas sem nexo.

— Você mesmo pode falar com ela, Fernando.

— Eu não tenho tantos argumentos. Entendo o que a senhora diz, acredito, mas não sei falar como a senhora.

Dona Glória levantou-se, foi até o corredor, onde havia uma estante, pegou um livro e voltou, dizendo:

— Aqui está *O Evangelho Segundo o Espiritismo*. No Capítulo V, item 21, fala-se sobre a perda de pessoas amadas e a morte prematura. Você é inteligente, pode estudá-lo e conversar sobre isso com sua mãe.

— Meu pai não gosta de religião e...

— Não fale sobre religião. Nem mostre esse livro em casa. Respeite seu pai. Fale sobre a bondade de Deus, sobre Sua justiça, como conversamos uma vez, lembra-se?

— Claro.

A chegada de Regina e de Renato interrompeu o assunto.

Ao ver Fernando, o amigo logo brincou:

— Vou cobrar aluguel, hein, cara! Você não sai daqui!

— A culpa é da sua mãe; ela é quem me prende aqui.

Eles riram, e Regina logo lembrou:

— É engraçado, "santo de casa não faz milagre". Você fica horas conversando com minha mãe, mas o Renato foge de qualquer assunto aqui em casa. Até a Viviane já reclamou disso. Ela também gosta muito de falar sobre Espiritismo.

— Eh, pronto! Sobrou pra mim. Aliás, falando em Viviane, hoje prometi levá-la ao cinema. Se não cumprir minha promessa, acabo ficando sem namorada. Deixe-me ir tomar um banho.

— E seus pais, Fernando, como estão? — interessou-se Regina.

— Meu pai está mais sério, cada dia mais calado. Minha mãe encontra-se em estado deprimente. Só chora. A Kássia anda meio revoltada. Sai, não diz aonde vai, chega tarde...

— Filha, o Fernando queria que eu fosse conversar com a mãe dele, mas você bem que pode.

— Eu?!

— Sim, Regina! — afirmou Fernando, concordando. — Você pode, sim.

A moça inquietou-se, suspirou fundo e preocupou-se:

— Mas o que eu posso falar?

— Vocês já conversaram uma vez, filha. Vá até lá para fazer outra visita.

Com um gesto singular, Regina aceitou, meio temerosa.

O amigo ficou feliz, agradecendo-a com sinceridade. Porém, dona Glória lembrou:

— Regina, quando conversar com dona Lídia, preste muita atenção no que vai falar. Seja cautelosa, fale sob a luz da Doutrina. As palavras e os argumentos de uma pessoa podem, às vezes, representar sua religião. Existem aqueles que têm aversão ao Espiritismo ou a qualquer outra filosofia só porque receberam conceitos errôneos de alguém que não tinha conhecimento, de pessoas despreparadas.

— Eu sei, mãe.

De repente, ouviu-se a voz de Renato, que vinha de um dos quartos:

— Mãe! Onde está aquela camisa azul-clara?

— Ele não acha nada! — reclamou dona Glória, indo de encontro ao filho.

— Vamos até a cozinha. Vou fazer um café — decidiu a moça, sempre animada.

Enquanto Regina preparava a bebida, ambos conversavam sobre assuntos corriqueiros da faculdade.

— Não sei se na sua sala ele age assim, mas, quando nos dá aula de Metodologia de Ensino em Pedagogia, o Arnaldo é um professor terrível. Sabe...

O rapaz não prestava atenção nas palavras da moça, mas a observava atentamente, admirando-a com satisfação.

Regina, extrovertida e empolgada com o assunto, nem percebeu o olhar maroto do amigo, servindo o café normalmente.

Já havia algum tempo Fernando reparava em seus gestos delicados, sua voz suave e calma, admirando sua pele bem morena que trazia um brilho todo especial deixado pelo sol das praias cariocas.

Interrompendo-a, ele comentou:

— Você é tão bonita.

Um imperceptível estremecimento correu-lhe o corpo, e Regina calou-se.

Confusa, prendeu seu olhar ao de Fernando.

— Rê, estou gostando muito de você, sabia?

Levantando-se ligeira, a jovem não sabia o que dizer e virou-se, disfarçando, ao perguntar:

— Quer mais café?

— Não. Quero falar com você — Fernando disse levantando-se e aproximando-se dela.

Por um instante o rapaz esqueceu-se dos demais que estavam pela casa e junto a ela, num gesto carinhoso, tocou-lhe o rosto, envolvendo-a num abraço e beijando-a com carinho.

Regina, agora trêmula, após alguns segundos, fugiu ao abraço, perguntando:

— Ficou louco?

— Por quê? Não posso gostar de você? Isso é loucura?

O rapaz a segurou pelo braço com carinho, puxando-a para si, beijando-a novamente.

Regina não resistiu; afinal, ela também sentia algo muito forte por Fernando.

Naquele momento, dona Glória entrou na cozinha sem fazer barulho, mas, ao perceber que não fora vista, voltou imediatamente.

Afastando-se, Regina mostrou-se constrangida e confusa e logo argumentou:

— Fernando, pense bem.

— Pensar em quê? Gosto de você. Se você gostar de mim...

— Tenho medo de me machucar. Você... — ela deteve as palavras, mas Fernando adivinhou-lhe os pensamentos.

— Acha que não vai dar certo? Que vai se machucar por causa da minha posição social? Regina, há cerca de três anos, desde que comecei a fazer faculdade com seu irmão, vivo enfiado aqui na sua casa. Converso mais com a sua mãe do que com a minha. Adoro vocês! — Após breves instantes, confessou: — Adoro você.

— Temo que qualquer compromisso entre nós me traga problemas; não quero me machucar.

— Você acha que minha família não a aceitaria? Se pensa assim, está muito enganada. Minha mãe não veio de família rica e posso garantir que ela gostou muito de você.

Certo sobre o que queria, Fernando colocou-se à sua frente e, com largo sorriso, perguntou:

— Você gosta de mim?

Erguendo o olhar, Regina afirmou com voz trêmula:

— Claro que sim.

Ele, como que inebriado, abraçou-a com carinho, beijando-a com amor.

Forte emoção os envolveu. Seus corações palpitavam felizes.

Era o começo de novos planos e lindos sonhos.

* * *

De acordo com o preparo do espírito, conforme sua elevação, conhecimento e merecimento, a mudança para a vida espiritual, pelo desencarne, é bem diferente um do outro.

Por essa razão, Cristiano ficou em estado semelhante ao do sono por alguns meses.

Em poucos momentos, repousando em um leito, ele despertava, fazia longa e serena observação à sua volta, depois tornava a se deixar envolver por um êxtase que o arrebatava.

Na espiritualidade, muitos amigos de outrora, até parentes desencarnados e companheiros de sempre — tarefeiros aplicados —, o assistiam com imenso carinho e dedicação.

Passes constantes, a fim de tranqüilizá-lo e de suprir suas necessidades espirituais, eram aplicados por essas criaturas fiéis e preparadas para que seu estado mental não fosse abalado ou invadido por vibrações tormentosas.

Agora, seu estado de vigília era mais constante, e as primeiras questões se fizeram, devido às observações de Cristiano.

Vendo-se sobre o leito alvo, Cristiano entendeu que estava em um hospital, mas ignorava estar na espiritualidade.

Uma senhora adentrou o quarto em que ele se encontrava e, com largo sorriso, perguntou gentil:

— Que bom vê-lo disposto! Sente-se bem?

— Sim, estou bem — respondeu o jovem desencarnado. — Só não entendo o sono que sinto; é algo forte.

— Ah! É assim mesmo. Isso é efeito do seu estado. Logo vai se sentir normal.

— E os meus pais? Eles sabem que estou aqui? — indagou confuso.

— Em breve receberá visitas. Aliás, todas as vezes em que alguém esteve aqui ansioso para vê-lo você estava dormindo.

Cristiano ia perdendo a vontade de continuar com aquela conversa. Suas pálpebras pesadas anunciavam que novamente se entregaria àquela espécie de sono reconfortante. O que realmente aconteceu.

O Pai da Vida, verdadeiramente, não desampara ninguém, suprindo a todos de suas necessidades básicas e iminentes.

Cristiano havia cumprido uma "curta" existência terrena, onde as experiências vividas não o levaram a conhecer a Bondade, a Onipotência, a Onipresença e a Onisciência de Deus. Ele não teve nenhum conhecimento religioso e não seria esse o motivo de o Pai negar-lhe amparo e socorro por intermédio de bondosos espíritos que trabalham em Seu nome.

Seu estado sonolento era providencial, uma vez que, recém-desencarnado, Cristiano ainda estaria ligado, em pensamento, aos parentes que ainda viviam na crosta da Terra e, pelo fato de alguns desses ainda não aceitarem seu desencarne, em espírito ele receberia e sentiria as vibrações desesperadoras e melancólicas deles, podendo, assim, desequilibrar-se espiritualmente.

* * *

Com o passar do tempo, em uma bela manhã, Cristiano recebeu uma visita especial.

Ele, decidido, levantou-se e, enquanto admirava a bela vista que vislumbrava pela janela, percebeu a chegada de alguém.

Ao se virar, surpreendeu-se.

— Vovó! Vovó Amélia?

Sorridente, a senhora aproximou-se com os braços estendidos e, bem perto, delicadamente, pegou-lhe nas mãos.

Cristiano ficou estático, quase assombrado, e murmurou:

— Deve ser um sonho.

— Não, filho — afirmou a senhora. — Esta é a verdadeira realidade.

— Mas, vovó, a senhora morreu!

Atalhando-o, em princípio sem explicar, ela perguntou:

— Posso lhe dar um abraço?

Os pensamentos de Cristiano fervilhavam de questões curiosas. Quase mecanicamente, ele se entregou ao abraço, mesmo inquieto.

Depois de poucos segundos em que Amélia amainou a saudade com a troca de carinho, eles se afastaram, e ela pediu:

— Vamos nos sentar, pois ficaremos mais bem acomodados.

Acometido de grande surpresa, Cristiano obedeceu sem questionar, pois era dominado pelo carinho profundo que parecia emanar como perfume da querida avó, que sempre o tratou com mimos e cuidados especiais. Apesar do jovem ser bem criança quando Amélia desencarnou, agora, em espírito, essas lembranças vinham-lhe à mente de forma viva e repleta de detalhes.

Sentada ao lado do neto, ela o olhava com ternura, enquanto lágrimas empossavam-se em seus olhos meigos e suave sorriso moldurava-se em seu rosto.

— Estou sonhando? — perguntou ele.

— Não, Cris. Você não está sonhando. — Sem aguardar nova questão, a doce senhora, amavelmente, indagou de forma tranqüila: — Do que você se lembra?

Voltando o rosto em direção à janela, por onde sol invadia o recinto, Cristiano ergueu o olhar, tentando buscar as imagens de fatos que pudessem trazer-lhe alguma recordação.

Em segundos, seus esforços trouxeram-lhe lembranças que, em princípio, se fizeram vagas, mas logo se reforçaram. Foi então que revelou:

— A tia Janete pediu a casa de Angra emprestada para o meu pai e... Bem, ela insistiu para que eu fosse. Eu sabia que ia chover e não queria ir, mas acabei aceitando o convite. — Depois de breve pausa, onde procurava organizar as idéias, Cristiano prosseguiu: — Choveu direto! Só no domingo à tarde o tempo melhorou, mas estava um pouco frio. Mesmo assim eu fui à praia.

— E o que mais?

— Bem, eu e meus colegas fomos nadar, mas o mar estava agitado, revoltado. As ondas nos levavam para longe da praia e...

— E...?

— Eu queria voltar, mas não dava. Comecei a me sentir cansado, sem forças. O Robinson começou a ter cãibras; o Valter estava longe e não conseguia chegar... Tentei ajudar o Robinson a boiar, mas era difícil... Não me lembro de mais nada. Só que acordei aqui.

Sem muito entremeio, a senhora revelou:

— Cristiano, você está vivo, só que sem o corpo físico. Seu corpo físico morreu.

Alguns segundos de silêncio reinaram absolutos. O impacto do primeiro momento diante da revelação fez Cristiano perder as palavras, mas logo lhe veio à mente a vontade de saber mais.

— E meus pais? Meus irmãos?

— Eles vivem encarnados. Estão tristes com o seu desencarne súbito, mas procuram retomar a vida normal.

— Então eu morri!!! — quase gritou, alarmado.

Sorrindo com brandura, tomando-lhe a mão com carinho, ela respondeu:

— Morrer é acabar. Você desencarnou. Vive agora sem o corpo físico.

Um impulso desconhecido o fez perguntar:

— Não estamos vivendo na Terra?

— Encarnados, não. Estamos no plano espiritual, não visível aos encarnados.

Cristiano sentia-se confuso; sem saber o que dizer, perguntou:

— E agora? O que vai acontecer?

— Agora é preciso, da sua parte, muita tranqüilidade e atenção. Você precisará de instrução sobre a espiritualidade, sobre a nova experiência. Em breve haverá de sentir-se seguro, e esses sentimentos de agora irão sumir.

— Que lugar é esse?

— É uma colônia espiritual.

— Colônia?

— Sim. É um lugar, na espiritualidade, não próximo da crosta da Terra, onde grupos de espíritos que possuem quase os mesmos entendimentos, a mesma elevação moral, permanecem juntos para aprender, trabalhar e evoluir, preparando-se, também, para novos reencarnes.

Cristiano a encarava com uma expressão estranha. Compreendendo seu espanto, a senhora argumentou:

— Que falta faz ao recém-desencarnado conhecer algo sobre a espiritualidade. Em pouco tempo, sei que vai compreender melhor, mas para aliviar seu coração oprimido é bom que saiba que a justiça de Deus não nos deixa viver só uma experiência terrena. É preciso vários e vários estágios no corpo físico a fim de aprendermos a não errar mais, fazer o bem e corrigirmos o que fizemos de errado. Quando desencarnamos, não morremos, mas sim passamos a viver realmente. Somos "cegos" no que diz respeito à vida espiritual quando encarnados. Talvez por termos medo ou vergonha de encarar a nós mesmos como somos. A maioria de nós não quer pensar na religiosidade, no fazer o bem, procurando as desculpas mais simplórias. Mas, quando acontece algo, dizemos: "Isso ocorreu porque Deus quis".

Se pensarmos isso, estaremos acreditando em um Deus que se satisfaz com misérias, que se contenta com as tragédias da vida.

Filho, nascemos na Terra como homem ou mulher para nos elevarmos, para melhorar nossa conduta moral, e sofrermos o efeito do que fizemos em outras oportunidades de vida.

— Estou confuso, vó. Não sei o que dizer. Para falar a verdade, é como se eu estivesse sob efeito de remédios e não conseguisse pensar.

A mulher sorriu, pois sabia que realmente Cristiano estava sob efeitos de fluidos medicamentosos para tranqüilizá-lo, evitando assim um choque pelo seu novo estado de consciência.

Amorosa, a senhora propôs:

— Seria bom que descansasse. Teremos muito o que falar. — Levantando-se, ela o chamou: — Venha, deite-se agora. Ficarei aqui ao seu lado para que se sinta seguro.

Cristiano obedeceu sem titubear. Ele sentia vontade de se deitar e de se entregar àquele êxtase que invadia seu ser.

* * *

Alguns dias se passaram, e agora, bem mais consciente sobre seu estado em um novo plano, Cristiano já saía do quarto que ocupava e passeava pelo parque hospitalar.

A seu lado, sempre atenciosa, o espírito Amélia mantinha-se sempre pronta aos seus questionamentos.

Até ali Cristiano já recebera inúmeras explicações sobre o mundo dos espíritos; agora, quase nada o abalava mais, pois ele era uma criatura dócil e atenciosa, um espírito que já há algum tempo procurava evoluir com perseverança. Entretanto, aquele não era o momento de recordar o passado distante de outras experiências, e o esquecimento de algumas situações era conveniente.

Ambos, de braços entrelaçados, caminhavam em silêncio, até que Cristiano argumentou:

— Não imaginava que tudo fosse tão completo depois da morte. Estou em um hospital, recebo assistência, cuidados... Veja esse parque! Essas flores!

— Quando encarnados, vivemos em um mundo que é uma "cópia imperfeita" da espiritualidade. Aqui no plano espiritual a mente da criatura humana, quando elevada a esferas superiores, é capaz de usar seu potencial criador e transformar o "princípio material" de forma mais ou menos simples e muito útil a todos nós. De modo muito organizado, planejado e lógico às nossas necessidades, cria tudo o que vemos.

— Como?

— Com o pensamento.

— Somente com o pensamento?

— Sim — confirmou Amélia. — Jesus, há dois mil anos, nos disse que, se tivéssemos a fé do tamanho de um grão de mostarda e olhássemos para um monte e disséssemos "Passe daqui para acolá", nada nos seria impossível.

Cristiano olhou-a sério, enquanto um sorriso se fez no doce semblante da senhora.

Mais alguns passos, e ela, em silêncio, apontou um banco, indicando para que se sentassem.

Acomodados, um ao lado do outro, Amélia continuou:

— Não são somente os espíritos evoluídos que possuem a capacidade de transformar e criar instalações. Os nossos irmãos menos evoluídos, desvalidos de consciência elevada, também são capazes de manipular e construir, utilizando o "princípio material".[2]

— Como assim, vó?

— Em planos vizinhos da esfera terrena e também em meio aos encarnados, só que invisíveis aos olhos deles, encontram-se irmãos que, quando estavam no corpo físico,

---

[2] Em *O Livro dos Médiuns* – Laboratório do Invisível – Capítulo VIII – item 128, podemos encontrar maiores explicações sobre a manipulação do "princípio material". (Nota da Autora Espiritual.)

cultivavam poucos valores morais e espirituais, além do apego a tudo o que é material, como dinheiro, jóias etc. Quando desencarnamos, não somos diferentes do que éramos quando encarnados. Assim sendo, nosso nível mental e espiritual continua sendo o mesmo. Por isso, agora em espírito, ou seja, desencarnado, a criatura que falava palavrões, que era odiosa, que cultivava uma vida leviana terá, à sua volta, exatamente as extensões potenciais inferiores que cultivou quando encarnada. Toda matéria mental grosseira transforma-se com suas vibrações e ficam em um estado asqueroso, eu diria, bem nojento.

— Mas eu não vejo isso aqui — argumentou Cristiano.

— Claro que não. Se por acaso um irmão desencarnado ou encarnado em desdobramento pelo estado de sono, que tenha pensamentos rudes, de natureza leviana, emanasse suas vibrações aqui, sem controle, em pouco tempo tudo estaria impregnado, e a paz, a harmonia e o bom ânimo estariam ameaçados, juntamente com suas estruturas.

Por essa razão, os espíritos afins se atraem e vivem todos reunidos, formando colônias e organizações com as quais se adaptam.

— Por que vim parar aqui e não fiquei em zonas inferiores? Nunca aprendi nada sobre religião, nunca pratiquei a caridade.

— Nem Deus nem Jesus consagraram qualquer religião. As religiões foram criadas pelos homens, se bem que, a meu ver, elas são necessárias. A justiça do Pai, com relação a cada um de nós, não depende da religião que temos ou deixamos de ter. Seu socorro nos chega quando nossos corações estão prontos para realizar o bem, para desejar o que é bom, e quando nos voltamos para a prática da boa moral. Somos acolhidos quando o orgulho, o egoísmo e a avareza não existem em nossas práticas. Agora, quando você diz que nunca praticou a caridade, será que não se esquece de que estava tentando ajudar seu amigo quando nadavam?

Não foi sua religião que o trouxe para cá, mas seu coração bom e sem ambições.

Independentemente da religião que praticava quando encarnado, o espírito pode situar-se em zonas inferiores pela prática de inúmeras maldades, sejam elas palavras, pensamentos ou atitudes. A avareza, o orgulho, a arrogância, a falta de moral, a promiscuidade e outras inferioridades deixam um espírito sofrer muito.

Sabe, muitos ladrões e bandidos que acreditam em Deus chegam a rezar pedindo proteção antes de realizar um assalto, onde até estão dispostos a cometer homicídios. Pense: é correto receberem a assistência de Deus só porque têm fé?

Por exemplo, uma pessoa religiosa que coloca um companheiro de trabalho em situação difícil e lhe deseja mal será perdoada por Deus quando for orar para Ele?

O respeito ao semelhante é algo muito importante, independente da nossa crença. Aquele que não tem respeito ao semelhante tem pouca elevação espiritual e se encontrará em local condizente com seu nível moral.

— Esses irmãos menos evoluídos sofrem?

— E muito! Padecem pela própria consciência que lhes cobra sem que entendam. Não é Deus quem os castiga. Jesus nos disse: "Deixai ali, diante do altar, a tua oferta e vai reconciliar-te primeiro com o teu irmão, depois vem e apresenta a tua oferta. Concilia-te depressa com teu adversário enquanto estás no caminho com ele, para que não te aconteça que o adversário te entregue ao juiz, e o juiz te entregue ao oficial e te encerre na prisão. Em verdade vos digo que de maneira alguma sairás dali enquanto não pagares o último centil".

Essa prisão de que Jesus nos fala são as reencarnações em que ficamos presos no corpo físico, sofrendo ou expiando o que não reconciliamos ou o que não corrigimos em outras oportunidades.

Cristiano ouvia atento, mas até então estava com o olhar perdido no belo horizonte, cujo céu trazia um lindo emaranhado de cores vibrantes.

Ele se virou e, sorrindo, encarou Amélia, argumentando:

— Nessa minha última reencarnação creio que me livrei de uma das prisões em que cumpria pena, não é?

Amélia sorriu, envolvendo-o em fraternal abraço carinhoso, e silenciou.

Ambos permaneceram juntos, sem palavras, contemplando a indescritível beleza do poente.

6

TRANSTORNOS ESPIRITUAIS

Assumindo o namoro com Regina, Fernando estava mais preocupado com o futuro, com seu profissionalismo.

Passou a rodear o pai, mostrando-se interessado nos negócios.

— Se você estivesse graduando-se em Direito, já poderia estar trabalhando comigo. Mas Administração... — brincava Rodolfo em tom irônico.

— Ora, pai, uma empresa sem um bom administrador e um bom advogado não sobrevive. São profissionais indispensáveis a qualquer negócio.

— Mas seria bem mais fácil — afirmava o pai, sorrindo. Logo, porém, desconfiou: — Por que tanto empenho, Nando? É por causa da Regina? Está levando seu namoro a sério?

— Algum problema, pai?

— Nenhum. Absolutamente nenhum. Gosto muito dela. É uma moça educada, alegre e cheia de vida. Espero que saiba ouvi-lo com atenção e seja compreensiva, generosa. Todo homem que deseja ser bem-sucedido precisa de uma mulher assim. Planejem juntos, desde já, o futuro, viu? Não escondam nada um do outro. Só assim se tem sucesso.

— Às vezes, pai, a vida nos surpreende. Mesmo quando fazemos algo, nem sempre sabemos se poderemos continuar.

Imediatamente Rodolfo lembrou-se do filho Cristiano, que falecera havia alguns meses, e de como sua esposa mudara desde então.

Com uma angústia que lhe parecia doer no fundo da alma, Rodolfo admitiu:

— É, filho, às vezes o destino nos surpreende, mas não podemos nos abater. Veja sua mãe como mudou. Sinto que perdi minha esposa, minha amiga, minha companheira... Cheguei a acreditar que não ia suportar.

— Por que não conversam, pai?

— Sua mãe nunca mais sorriu, foi amorosa, gentil. Quando não está chorando, está triste, deprimida. Na verdade, parece que nós é que morremos para ela. Lídia, inconscientemente, me culpa.

— Como assim?

— Quando tento falar com ela, sua mãe me agride de certo modo. Ela acredita que o Cristiano está em algum purgatório porque não teve religião e diz que isso se deu por minha culpa. Não sei como concebeu esses conceitos; só sei que isso é insuportável.

Fernando ouvia aquele relato com o coração oprimido. Não havia o que pudesse fazer. Não sabia o que falar, mas tentou:

— Pai, nada acontece por acaso. Se temos uma situação complexa em nossa vida, é porque temos a capacidade de resolvê-la.

O pai fitou-o por sobre os óculos que usava e mesmo pressentindo que o filho falaria sobre religião não quis interrompê-lo, como sempre fazia quando esse tipo de assunto se iniciava.

Tranqüilo, Fernando continuou:

— Pai, não somos experiências científicas que, quando não dão certo, serão jogadas fora. Temos vida. Temos uma consciência. Sofremos, choramos, temos sentimentos. Não creio que Deus queira nos ver falidos. Ele nos dá força e oportunidades.

Naquele momento Rodolfo parecia estar flexível para ouvir, mas ambos foram interrompidos por Eunice, que chamou:

— Senhor Rodolfo, é dona Lídia. Venha depressa.

Ao chegar em seu quarto, o marido pôde ver que tudo estava no chão.

Uma crise violenta dominara Lídia, que parecia estar alucinada.

— Mãe! — gritou Fernando. — Pare com isso!

— Eu quero morrer! — gritava a mulher, enlouquecida, enquanto pegava vários objetos, jogando tudo no chão.

Firme, o marido foi segurá-la.

— Calma! Lídia, acalme-se!

Não foi difícil dominar a esposa. Lídia, que mal se alimentava nos últimos tempos, estava muito magra, fraca e bem abatida. Suas forças mirraram pela falta de cuidados consigo mesma. Nem parecia aquela mulher exuberante de tempos atrás.

Chorando e gemendo, Lídia se deixou ficar nos braços do marido.

A falta de conhecimento a fazia crer que o filho desencarnado haveria de estar em um lugar ruim e sofrendo. Vez ou outra ela enlouquecia pensando nas necessidades de Cristiano e o via, em sua tela mental, passando por carência afetiva por não ter alguém que cuidasse dele. Lídia acreditava que o frio ou o calor excessivo o maltratava, e a fome o castigava.

Em suas idéias, quase delirantes, a pobre mãe imaginava o filho como um verdadeiro farrapo humano, um miserável. Isso lhe provocava crises insanas.

Rodolfo não sabia mais o que fazer nem como reagir. Era paciente, amava a esposa, mas Lídia, com todo aquele desespero, não cooperava e não aceitava a realidade, parecendo perder a noção do que fazia.

Enquanto isso, na espiritualidade, Cristiano, um pouco mais recomposto pela brusca mudança, havia-se instalado onde sua avó residia junto com outras duas companheiras.

Foi recebido com alegria e carinho. As orientações eram de atenção e cuidado, pois as notícias dos familiares encarnados eram propositadamente informadas a ele de modo superficial, a fim de poupá-lo de angústias pelo sofrimento de sua mãe.

Entretanto, as vibrações desesperadas de Lídia atravessavam tempo e espaço envolvendo, com sutileza, os pensamentos do filho desencarnado, que corria o risco de desequilibrar-se pelas vibrações recebidas.

Um misto de agonia e de profundo pesar invadiram a tela mental de Cristiano, fazendo-o visualizar acontecimentos grosseiros e tristes. Atordoado, ele pediu ajuda:

— Vó, não me sinto bem...

Preocupada, indo rápido em sua direção, Amélia observou:

— Deve ser a quinta vez que o vejo assim, filho. O que você sente?

— É algo inexplicável. Algo que envolve o meu ser, uma sensação esquisita e desconfortante.

Cuidadosa, passando-lhe a mão sobre a testa, Amélia procurou confortá-lo e pediu:

— Sente-se aqui. Fique em prece. Vou chamar a Maria do Carmo.

Em segundos, Amélia retornou com a amiga, e ambas sentaram-se ao lado de Cristiano.

Olhando-o com mais atenção, Maria do Carmo avisou:

— São vibrações, Amélia. Vibrações aflitivas de encarnados. Deveríamos ficar em prece.

Maria do Carmo era profunda conhecedora do Evangelho. Generosa e paciente, ela, lembrando-se das palavras de Jesus, as repetiu:

— "Vinde a mim todos vós que estais aflitos e sobrecarregados que eu vos aliviarei. Tomai sobre vós o meu jugo e aprendei comigo que sou brando e humilde de coração e achareis repouso para vossas almas, pois é suave o meu jugo e leve o meu fardo". Com essas palavras — explicou —, o Querido Mestre pede que confiemos Nele. Ele nos diz que todo sofrimento encontra explicação e consolação na fé e na esperança. Confiemos na justiça de Deus.

E, olhando bem nos olhos de Cristiano, falou:

— Filho, tudo o que nos acontece é porque temos condições de suportar.

— Sinto-me estranho — afirmou o jovem. — Estou confuso e com vontade de chorar. Ouço, na minha mente, algo como lamentações e desespero... palavras... Lembro-me muito da minha mãe.

Amélia e Maria do Carmo entreolharam-se preocupadas.

— Procure desviar o pensamento dessas imagens mentais e dos sentimentos que o tentam envolver.

Procurando entretê-lo com outro assunto, ela perguntou:

— Existem grupos de jovens, como você, que se reúnem todas as tardes no "Salão do Encontro Fraterno". Você já os conhece?

— Ouvi falar — respondeu Cristiano, não apresentando interesse.

— Eles são alegres e extrovertidos. Estudam para compreender a nova condição, trocam idéias e experiências. Quer conhecê-los?

Após uma pausa considerável, Cristiano respondeu:

— Acho que não é um bom momento. Sinto uma angústia. Aliás, desde quando fui tomando consciência da minha morte, sinto algo diferente acontecer comigo.

— Como assim? — perguntou Amélia, preocupada.

— Eu tenho dezessete anos e...

Imediatamente, Maria do Carmo interferiu com algo um tanto quanto alegre na expressão:

— Você tem muito mais que isso! — E, após rir, concluiu: — Você viveu dezessete anos só nessa última encarnação.

— Pois é, acontece que me sinto mais... mais...

— Não se sente com dezessete anos, é isso?

— Sim, é isso. Parece que a cada dia estou com jeito de pensar mais responsável, maduro. Percebo que falo diferente do que falava, penso e me preocupo de forma diferente.

— Você deve estar recobrando, vagarosamente, sua personalidade como espírito — opinou Maria do Carmo. — Você só amadureceu até a adolescência nessa última experiência terrena. Agora, de forma mais rápida que quando encarnado, a responsabilidade, o amadurecimento e a elevação adquiridos há muito começam a aflorar. São estágios da consciência.

— Eu entendo isso — respondeu ele —, mas me sinto confuso. Sinto um aperto no peito. Às vezes sinto-me desmotivado quando vejo, em minhas idéias, minha mãe se desesperando; chego a ouvi-la.

— Você recebe, em sua tela mental, imagens e vibrações de encarnados e...

Ela ia prosseguir, mas foi interrompida:

— Tenho vontade de sair daqui.

— Não! Não pense nisso! — pediu Amélia de forma quase enérgica.

— É um desejo forte.

— Ocupe seus pensamentos com outras coisas — pediu a amiga. — Sua mente pode situá-lo onde quiser; entretanto, se voltar para a crosta da Terra junto aos encarnados, depois, para voltar a esferas melhores, não é tão fácil assim, tendo em vista seu desequilíbrio pelo que presenciar lá. Desvie o pensamento do lar terreno ou será atraído até ele, e isso agora não é nada bom para você. No futuro será diferente, mas agora, não.

Muitos acreditam que podem suportar ver tudo o que existe no lar após o desencarne. É um grande engano. É muito difícil não querer se envolver com os encarnados queridos, e isso nos desequilibra e nos prende a mente num plano inadequado.

Inúmeros espíritos vagam desorientados e desequilibrados pelo Umbral por serem atraídos à crosta terrestre pelo choro dos entes queridos ou pela simples teimosia em vê-los sem o devido preparo.

— Umbral? — estranhou Cristiano. — O que é isso?

Maria do Carmo sorriu ao ver despertar o interesse do amigo e respondeu:

— Umbral, do latim, significa *portal*, *limiar*, *soleira*, *começo* ou *princípio*, *extremidade inicial*. Umbrático, também do latim, significa *aquele que gosta de sombra* ou *a procura;* pode significar também *enigmático*, *obscuro*, *fantástico*. Sabe, o Espiritismo é a doutrina que melhor nos explica o que nos acontece após a morte e no mundo dos espíritos. Conheci bem as obras da Codificação Espírita quando encarnada e posso afirmar que o nome Umbral nunca foi usado nela, mas isso pouco nos importa, uma vez que os próprios espíritos que nos trouxeram essa doutrina disseram, incontáveis vezes, que os nomes e os termos usados pouco importam. Que, se não tínhamos um nome específico para cada coisa, o mais importante era nos entendermos para termos uma noção.

O termo Umbral foi usado em obras literárias do espírito André Luiz, psicografadas por Chico Xavier, para identificar o estado em que ficam os desencarnados que não se harmonizam com uma consciência elevada, não aceitam o desencarne, têm apego a bens materiais, viveram com orgulho, vaidade, egoísmo, cometeram crimes, e muito mais.

Entende-se por Umbral, como o próprio nome diz, um portal ou limiar entre o mundo dos encarnados e planos espirituais mais elevados, onde o espírito desencarnado que não aceita a nova realidade e também, lógico, não pode mais voltar ao corpo físico, fica preso pelo seu estado consciencial, pois, quando se tem um coração puro, uma consciência tranqüila e humildade, o espírito aceita os desígnios e deixa-se levar para planos melhores. Umbral seria um estado de perturbação onde o espírito revoltado prende-se pelos desejos de vingança, pela falta de fé, pelos apegos aos vícios, pelo ódio no coração, pelas palavras de baixo nível moral, pelas práticas promíscuas, e muito mais.

Não importa o termo usado, o principal objetivo foi alcançado. Quando um espírita ou simpatizante do Espiritismo ouve a palavra Umbral, entende rapidinho que esse é um estado de consciência e, inclusive, um lugar de sofrimento, onde espíritos sem elevação padecem pela própria culpa. Mas esse lugar não é para penas eternas, pois todo espírito, cedo ou tarde, sente vontade de evoluir e de melhorar-se, momento em que é socorrido.

— Então, se eu sair daqui posso entrar nesse estado de perturbação e ficar no Umbral, ou seja, com minha consciência entre dois mundos, preso nessa espécie de portal da consciência?

— Deixando-se envolver por sentimentos tristes, sim, pode. Você ficará revoltado, junto aos encarnados, por algo que não consegue mudar, sofrerá muito e ficará sem evoluir durante o tempo em que estiver lá. Ficará como um Umbrático, viverá nas sombras obscuras, entende?

Cristiano sorriu pendendo com a cabeça positivamente.

— Por isso — prosseguiu Maria do Carmo —, a melhor coisa para você fazer é ocupar-se. Que tal ir visitar aquele grupo do qual lhe falei?

Cristiano passou a animar-se após entender o que sentia e quais as conseqüências que sofreria caso atendesse aos apelos queixosos da querida mãe que sofria com sua falta.

Sem que soubesse, providências no sentido de esclarecer sua mãe aflita eram tomadas, para que Lídia, com suas lamentações, não desequilibrasse Cristiano, que ainda não se alicerçara completamente.

7

Pensamentos destrutivos ou depressão?

Amigos espirituais próximos aos encarnados empenhavam-se com generosa dedicação para não desanimar aqueles que pudessem orientar Lídia.

Certo dia, Lídia estava em prantos. Pensamentos dolorosos dominavam sua mente. A pobre mulher não conseguia manter o controle, e a depressão tomou-lhe conta dos sentimentos.

No quarto do casal, o marido e o filho tentavam consolá-la sem êxito.

A empregada, Eunice, entrou na suíte e com voz baixa avisou Fernando:

— Sua namorada está aí.

Deixando o quarto, ele desceu para receber Regina, que logo o percebeu preocupado.

— O que foi?

— É minha mãe. Teve outra daquelas crises de nervos. — Desanimado, com o semblante sisudo, Fernando reclamou: — Não agüento mais.

— Calma. Não fique assim.

— Você já tentou falar com ela várias vezes e viu, ela não progride, não sai da depressão.

Regina, repentinamente, sentiu uma força interior invadi-la e pediu:

— Posso ver sua mãe?

— Agora? Não iríamos sair?

— Precisa ser agora.

— Vamos lá — aceitou o namorado, com gesto singular, sem acreditar que Regina pudesse fazer algo depois de tantas tentativas frustradas.

Vagarosamente o casal entrou no quarto que estava sob luz bruxeleante pelas cortinas e janelas fechadas em pleno dia.

Rodolfo os olhou com alívio. Ele queria sair dali, mas não desejava que Lídia ficasse só.

Largada sobre a cama, a mulher chorava e não se importava com o que acontecia à sua volta.

O marido levantou-se, cumprimentou Regina com um beijo e, afastando-se para um canto, disse baixinho:

— O médico falou que é um caso de depressão aguda e incapacitante; ela perdeu o sentimento de prazer pela vida, está indiferente a tudo. Os remédios antidepressivos não adiantam e, sinceramente, não sei mais o que fazer.

— Talvez não seja tanta depressão e sim falta de esclarecimento — murmurou Regina.

— O quê? — perguntou o futuro sogro.

— Nada. Foi só um pensamento.

Parecendo esgotado, Rodolfo suspirou profundamente e silenciou.

— Posso ficar com ela um pouco? — pediu a moça.

— Claro — respondeu Rodolfo, parecendo aliviado.

O homem se retirou, e Regina acomodou-se ao lado de Lídia, que se curvava ao peso dos pensamentos terríveis e cruéis que lhe passavam pela mente.

Erguendo o olhar febrilmente brilhante, com o rosto quase cadavérico, pálido e depressivo, murmurou com voz rouca e chorosa:

— Onde está meu filho?

Pegando a gélida mão de Lídia, Regina respondeu com voz generosa, porém firme:

— Seu filho está onde a senhora o colocar com seus desejos e pensamentos.

Fernando ficou surpreso com a afirmação, enquanto Lídia pareceu nem respirar, atentando às palavras da moça.

— Sente-se um pouco, dona Lídia. Vamos conversar — pediu a jovem com modos amorosos, ajudando-a a se sentar.

Após colocar alguns travesseiros para que Lídia se apoiasse, Regina pediu:

— Nando, abra um pouco as janelas.

Quase sussurrando, a mãe pareceu implorar:

— Não! Quero ficar no escuro.

— Vamos abrir só um pouquinho, dona Lídia. Depois a gente fecha novamente. O quarto está abafado, e um pouco de ar nos fará bem.

A mulher sentiu-se dominada pelas palavras e pelo olhar meigo da moça, mas logo reclamou:

— Não agüento essa dor, essa saudade. Quero morrer!

— Dona Lídia, se seu filho não teve religião e oportunidade de aprender sobre Deus, agora ele o faz e recebe o que a senhora lhe endereçar em desejos e pensamentos.

— Não.

— Sim — afirmou a jovem generosamente e convicta. — Após o desencarne — prosseguiu —, o espírito é mais sensível e recebe o que endereçarmos a ele em pensamento, em palavras.

Seu desespero, dona Lídia, poderá deixá-lo confuso e até amargurado. Sua dor e desespero é o que ele recebe como vibrações.

A mulher, com olhos arregalados, pareceu dar atenção, pela primeira vez, ao que Regina falava.

Mesmo assim, tristonha e com a voz embargada, relembrou:

— Mas um pastor me disse que ele não teve salvação porque não conheceu o Senhor, não se batizou.

— Dona Lídia, sei que a senhora é uma mulher inteligente e sensível, então ouça e pense comigo: Sabe aqueles índios que nascem lá no Amazonas e não se batizam, não têm conhecimento nem sabem nada sobre um Deus único ou Jesus? Será que Deus os criou para depois deixá-los morrer sem evolução, sem elevação? Será que Deus é tão mesquinho que criou uma sub-raça, um grupo de pobres coitados que não terão a oportunidade de evoluir nem de viver bem? Pois pense: dificilmente eles terão a oportunidade de se batizarem. Esse Deus seria muito cruel, injusto, e por que não dizer perverso, não acha? — Após breve pausa, perguntou: — A senhora crê em Jesus?

— Creio — respondeu Lídia com a voz rouca.

— Jesus nos revelou um Deus bom e justo, um Pai repleto de misericórdia e amor. Jesus falou que havia "muitas moradas na Casa do Pai". Por ser um Deus bom, Ele jamais deixaria seu filho morrer e perecer eternamente num lugar ruim.

Se o Cristiano não teve religião, isso não importa a Deus; o que interessa é o seu caráter como espírito. Provavelmente seu filho reencarnou disposto a passar por essa experiência terrena tão curta para elevar-se, para crescer como espírito, aprendendo, amadurecendo com o que vivenciou.

— Será que ele sofreu ao morrer?

Sorrindo com doçura, Regina afirmou bondosa:

— Seu filho não morreu. Ele só passou para o outro lado da vida. Ele vive em outro plano. Nascemos e morremos no corpo físico inúmeras vezes. Passamos por incontáveis acontecimentos e provocamos muitos outros, dos quais receberemos os efeitos, bons ou não. Deus não é cruel nem injusto. Sofremos para aprender a não fazer mais aquilo. Assim, harmonizamos o que fizemos de errado no passado. Além disso, seu filho pode ter sido recolhido para a espiritualidade para não cometer algo que prejudicasse sua evolução. Ou então ele pode ter sucumbido ao tentar ajudar alguém. Não creio que isso lhe seria um sofrimento.

— Onde ele está?

— Ele está com Deus. Alguém como Cristiano, que não teve tanto tempo para fazer algo certo ou errado, que não teve tempo para conhecer o lado religioso que devemos buscar, com certeza foi socorrido por misericórdia de Deus. Ele agora deve estar com um grupo de espíritos que se identificam com o mesmo nível de entendimento e elevação moral dele.

— Por que você disse que ele está onde meus pensamentos e desejos o colocarem?

— Porque o choro excessivo e o desespero do encarnado podem chegar, e chegam, como vibrações ao ente querido que desencarnou. Assim, ele se vê envolvido por tristeza, saudade excessiva, dor, revolta, e acaba por não aceitar o desencarne, atraindo-se para junto de nós, encarnados, onde não é o lugar dele agora.

Se ele desencarnou, significa que o seu lugar não é junto a nós, pois aqui ele não terá amparo, condições necessárias e apropriadas para aqueles que vivem em espírito, e assim sofrerá.

Quando desencarnamos e despertamos na espiritualidade, ficamos em um estado de perturbação que pode ter duração longa ou não. Se os encarnados desejam e vibram felicidade, amor, será mais fácil a aceitação para aquele que se foi.

Os pensamentos bons envolvem os desencarnados com ternura, facilitando sua nova experiência em novo plano. Lembre-se de que nossos pensamentos têm vida.

— Então não devo chorar?

— Como dizer para uma mãe que não chore? A senhora deve reverter seus pensamentos. Quando a saudade apertar, não a deixe virar desespero. Diga: "Meu filho, eu estou com saudade, mas tenho certeza de que você está bem. Aceite a orientação dos trabalhadores de Jesus. Esses espíritos luzentes, elevados, vão orientá-lo, ensiná-lo e ampará-lo com carinho, generosidade e brandura". É possível que nesse momento a senhora não detenha as lágrimas, mas não deixe o desespero tomar conta de seus sentimentos.

— Ele vai me ouvir?

— Talvez ouça sim. Ou então algum amigo espiritual certamente levará suas palavras até ele. Mas, se isso não acontecer, seu amor vai transmitir sua mensagem de ternura por meio de pensamentos, de vibrações que ele sentirá. Acredite.

— É uma dor tão grande, Regina.

— Eu imagino. Mas creia que seu filho não morreu. Ele só vive longe, em outro plano. Ele está longe como em uma viagem.

Agora, se não dominar seu desespero e essas crises, a senhora é quem vai estar morrendo, mesmo em vida. E estará maltratando aqueles que a amam, inclusive quem está longe.

Deus confiou outros filhos e um marido aos seus cuidados. Deixe-O envolver o Cristiano com Seus cuidados. Porque a vida espiritual é a verdadeira vida.

Lídia havia parado de chorar. Toda aquela angústia, todos aqueles pensamentos mórbidos pareciam ter dado espaço a raciocínios lógicos trazidos pelas verdadeiras e tranqüilas palavras de Regina.

Mais serena, a mulher pediu:

— Diga-me, ele está bem?

A moça sorriu e respondeu generosa:

— A senhora acredita em um Deus bom e justo?

— Acredito.

— Se Deus é tão bom e justo como Jesus ensinou, Ele está cuidando muito bem de seu filho.

— Onde ele está?

— Como eu disse, seu filho está em um agrupamento de espíritos que se encontram em estágio evolutivo próximo ao dele. Podemos chamar esse grupo de Colônia Espiritual. Com certeza ele está sendo cuidado, orientado e envolvido com amor por algum ente querido que possa ter desencarnado antes dele ou por conhecidos de uma outra encarnação. Mas está sendo envolvido com amor para que aceite sua nova condição. Sempre são criaturas que nos amam verdadeiramente que nos recebem na espiritualidade.

— Eu nunca mais vou vê-lo.

— Quem disse isso? Aqueles que se unem por um amor incondicional sempre ficam juntos. Podem afastar-se por um período, não muito longo, uma vez que temos a eternidade como contagem de tempo.

Agora, dona Lídia, eleve seus pensamentos. Jogue fora aqueles conceitos errôneos e enderece ao seu filho vibrações de amor, de alegria.

Levante-se, expresse sua alegria verdadeira e salutar cuidando de si mesma, pois assim seu filho poderá ver ou saber que a senhora está bem e vai ficar tranqüilo com isso.

— Será?

— Lógico! Pense comigo: se sua mãe estivesse desesperada, torturando-se em choro e lamentações depressivas, sofrendo crises por sua causa, a senhora iria ficar bem?

— Não.

— Assim é com seu filho. Venha, vamos, levante-se. Tome um banho e vista uma roupa bonita, depois daremos uma volta pelo seu jardim, que está bem florido.

Lídia sorriu pela primeira vez em alguns meses.

Fernando, que ficou todo tempo quieto, sentado em uma poltrona, estava incrédulo com o que via. Sem palavra alguma resolveu sair do quarto, deixando ambas a sós.

Ao procurar pelo pai, foi direto ao escritório e, com certa alegria expressa num sorriso que tentava em vão conter, avisou:

— A mãe vai descer para dar uma volta.

— Como?! — perguntou Rodolfo, que pensou não ter ouvido direito.

— A Regina conversou com ela e, depois de tirar algumas dúvidas, convenceu a mãe de que ela deveria se recompor.

— Impossível! Sua mãe vem se deprimindo a olhos vistos. Nem os medicamentos prescritos por psiquiatras adiantaram. Ela não ouve a ninguém.

— Eu também não acreditei, mas vamos aguardar.

Ao longo de uns vinte minutos, Regina e Lídia, de braços dados, desceram a larga escada, chegando ao centro da luxuosa sala principal que fora caprichosamente decorada em branco por ela mesma.

Muito abatida, a mulher trazia os olhos fundos e fortes olheiras que refletiam o sofrimento experimentado meses a fio. Lídia fitou o marido, que foi rapidamente recebê-la.

— Tudo bem, Lídia? — perguntou Rodolfo com cuidado.

— Vou dar uma volta no jardim com a Regina.

— Sim! Claro! — expressou-se rápido, concordando com a idéia.

Tomando ainda o braço da pobre mulher, que no andar vacilante mostrava sua fraqueza, Regina animou:

— Então vamos, dona Lídia. Vamos aproveitar o pouquinho de sol.

Após percorrerem poucos metros para longe da casa, a moça acreditou que seria melhor fazê-la sentar, uma vez que percebeu sua falta de firmeza.

No meio do belo jardim, Regina escolheu um banco que ficava sob uma árvore frondosa e convidou Lídia para que se acomodasse.

Lídia percebeu que o ar entrava em seus pulmões de maneira diferente.

Sentia-se melhor, e daqueles dias terríveis onde se trancara no quarto e experimentava sofrimentos intermináveis não queria se lembrar.

Em seu íntimo, sentia vontade de mudar e de melhorar. Algo acontecia naquele momento para que seus desejos tomassem força.

Seu corpo estava fraco, sentia-se tonta e, por essa razão, curvou-se ao lado, recostando-se no ombro de Regina.

— A senhora está bem?

— Estou.

A moça afagou-lhe o rosto com uma das mãos, enquanto ainda tinha a outra enlaçada em seu braço.

Logo, Lídia argumentou:

— Se é para meu filho se sentir bem, eu vou melhorar.

— Será bom a senhora procurar melhorar e ganhar forças não só para seu filho receber suas vibrações e sentir seus pensamentos saudáveis, o que lhe fará muito bem, mas é importante que fique revigorada para prosseguir com a tarefa à qual se propôs nessa existência, aproveitando a oportunidade da presente reencarnação. Lembre-se de que muitos dependem da senhora.

— Será que vou conseguir?

— Nós somos e fazemos o que acreditamos. A mudança de pensamento, nesse momento, é algo muito importante. Não fique trancada naquele quarto, pois é inútil para a solução de alguma coisa; procure uma atividade.

O Fernando me disse que a senhora trabalhava junto com o senhor Rodolfo, que era sua auxiliar e seu braço direito.

— É verdade. Sempre fui produtiva. Meu tempo era todo tomado.

— Se isso era bom, se lhe fazia bem, retome algumas atividades.

A conversa que preenchia os pensamentos de Lídia com bom ânimo continuou por longo tempo.

A vontade e o pensamento positivo nos alavancam, nos revigoram e nos proporcionam energias novas para prosseguirmos em qualquer situação.

A única coisa capaz de nos destruir são nossos pensamentos, quando negativos e infelizes.

O pensamento é vida; por isso, devemos ser cuidadosos com o que criamos em nossas mentes.

8

Os eleitos de Deus

Depois que Regina conseguiu tirar Lídia do quarto, Rodolfo se inquietou.

As horas que se seguiram causou-lhe surpresa. Ele não acreditava que pudesse ver sua mulher reerguer-se da depressão, dos sentimentos agonizantes que a mantinham naquele estado. Tudo aquilo já lhe causava certa repulsa, por mais paciente que fosse.

Havia meses a esposa não fazia as refeições junto à família, e, nesse dia, Rodolfo ficou extremamente perplexo ao vê-la à sua frente durante todo o jantar e, às vezes, sorrindo, pois Regina, com sua hábil delicadeza, propositadamente fazia a conversa tomar rumos divertidos ao narrar algumas de suas peripécias junto com seu irmão quando eram pequenos.

Rodolfo chegara a ficar intrigado, freqüentemente disfarçando suas perguntas íntimas com sorrisos, pois seus pensamentos estavam longe de deter-se na conversa reinante. Seu desejo secreto de saber o que a moça havia dito a Lídia quase não conseguia esperar. Mas, no fundo da alma, seja como fosse, estava satisfeito.

Após o jantar, Lídia, devido ao seu estado físico comprometido, não resistiu ficar mais tempo entre eles e decidiu retirar-se.

Regina a acompanhou até o quarto e, vendo-a bem, desceu após acomodá-la.

Rodolfo, apesar de contido, impressionou-se profundamente com tudo o que presenciava. Aquela era uma situação, no mínimo, estranha, a qual precisava esclarecer o quanto antes, uma vez que algo poderia ir de encontro ao que ele repelia.

Após Regina retornar à sala de jantar, educado, ele pediu para que todos fossem com ele até o escritório.

Tendo os dois filhos e Regina no recinto, ele fechou a porta e calmamente expôs suas pretensões:

— Quero aproveitar a ausência de Lídia para conversar principalmente com você, Regina. Tenho de agradecê-la. — Após breves segundos, depois de andar alguns passos lentos pelo escritório, prosseguiu: — Não sei, não entendi muito bem o que aconteceu, mas o fato de minha esposa sentar-se conosco hoje para uma refeição, após quase um ano, é algo surpreendente. Médicos e especialistas não conseguiram esse resultado. Obrigado, Regina.

— Não me agradeça de forma alguma.

— Por quê? — perguntou o senhor.

— Não importam os argumentos que eu tenha usado; o que a fez reerguer-se e começar a reagir foram seus próprios desejos e pensamentos.

— Para ser sincero, tenho até medo de perguntar, mas o que você disse a ela?

— A verdade, senhor Rodolfo — simplificou a moça, pois já sabia que o pai de Fernando não gostava de comentários sobre religiões.

— Foi assim, pai... — disse Fernando, que contou tudo o que Regina havia dito à sua mãe, e a moça completou ao vê-lo terminar:

— Esses são os conceitos da Doutrina Espírita.

O dono da casa, andando vagarosamente de um lado para o outro, após ouvir, parou, preocupou-se e perguntou:

— Espero que não tenha prometido a ela comunicações ou qualquer coisa do gênero sobre o meu filho morto.

— Senhor Rodolfo, aquele que é realmente espírita e acredita nos desígnios de Deus, nos conceitos doutrinários, não precisa dessas comunicações e confia no amparo do Pai Celeste. Algumas pessoas, que ainda se sentem inseguras, procuram a confirmação de desencarnados por meio de médiuns que possam trazer-lhes algumas mensagens; no entanto, desconhecem que primeiro o espírito precisa estar em condições de lhes enviar uma comunicação, que espírito e médium precisam ter uma afinidade muito grande. As coisas não são assim tão fáceis. Há casos de o espírito sentir-se perturbado pelas insistências de encarnados que lhe assediam com pedidos de comunicações, de mensagens. Mas, quando ganham confiança e fé, esses entes queridos deixam de solicitar mensagens, compreendendo que aquele que partiu precisa de evolução, de paz, e não o incomodam mais.

Sentando-se atrás da mesa, esfregando o rosto com ambas as mãos, Rodolfo confessou:

— Eu não gosto disso. Sentem-se que vou lhes contar minha história.

Kássia, o irmão e Regina acomodaram-se em cadeiras à frente da mesa, ficando todos na expectativa.

— Eu estudava. Fazia o científico e foi nessa época que comecei a ter problemas. Sentia-me estranho, dores de cabeça freqüentes e muito irritado.

— A vovó era viva nessa época? — interessou-se Kássia.

— Sim, era. Foi ela quem me levou a um centro, e após me consultar com um homem que se dizia "pai-de-santo", que nos atendeu atenciosa e educadamente, e estava incorporado, ele disse que eu era médium e tinha que desenvolver.

Comecei a freqüentar o tal centro — contava Rodolfo, com o olhar perdido, parecendo repugnar as lembranças que lhe vinham à mente. Logo continuou: — Eu incorporava espíritos vis, reles, ordinários, que comiam, bebiam, fumavam e faziam exigências por caprichos pessoais, como se estivessem encarnados.

Na vida comum, no meu dia-a-dia, comecei a me sentir mais perturbado ainda, nervoso e verdadeiramente doente.

Minha mãe foi falar com o homem que se dizia "pai-de-santo", e ele disse que eu tinha de "fazer o santo", que isso era uma exigência dos meus guias. Disse que eu tinha de fazer um trabalho para me equilibrar e ir melhor nos estudos. O homem acabou falando que eu era fraco, e todo o "olho-gordo", todos os "trabalhos espirituais" ou "coisas feitas" que faziam para o meu pai, avô de vocês — completou, olhando para os filhos —, caíam sobre mim. Esses "trabalhos", segundo ele, eram por inveja, ciúme.

Após suspirar profundamente, continuou:

— Pois bem, "fiz o santo", uma experiência que hoje tenho como repugnante, abominável. Na minha opinião, isso é só para criaturas extremamente ignorantes. Fiz e desfiz os tais "trabalhos" e tudo o mais que esse homem pediu. Ele disse que, se eu deixasse de freqüentar o centro e de dar passagem, ficaria louco, verdadeiramente um debilitado mental.

Lá, eles só sabiam pedir coisas, dinheiro e mais dinheiro.

— Por que você acha que era uma prática repugnante? — perguntou Kássia, curiosa.

— Porque havia matança de animais, bebíamos o sangue desses bichos ainda quente, banhávamo-nos nele. Logo, comíamos as vísceras assim que acabavam de arrancá-las dos bichos.

— Credo!!! — repugnou Kássia.

— Vocês não imaginam o que era. Havia também os que freqüentavam os cemitérios e comiam vísceras de mortos recém-enterrados.

— Você fazia isso, pai?! — assustou-se Fernando.

— No cemitério, não. Eu só assisti. Bem, deixe-me continuar. Além de ir lá no centro comigo e de acompanhar tudo, minha mãe era católica e não perdia uma missa, além de assumir outras tarefas na comunidade que freqüentava. Só que, lá na igreja, ninguém imaginava que ela pudesse ir a um lugar como aquele que freqüentávamos assiduamente.

Nessa época não morávamos aqui. Era uma casa tão grande quanto essa, porém com menos luxo. — Rodolfo parou por breves instantes, tomando coragem, depois prosseguiu: — Um dia, encontrei minha mãe dentro da banheira e com os pulsos cortados.

Ela mal olhou para mim e deu o último suspiro.

Em suas mãos havia um terço. Talvez pedisse perdão.

— Deve ter sido uma cena horripilante — considerou Regina.

— E como foi. Ninguém pode imaginar. Todos ficamos abalados. Minha irmã sofreu crises de nervos, agarrou-se à nossa mãe e... — A respiração de Rodolfo estava alterada. Tudo aquilo ainda feria seus sentimentos. Mesmo parecendo abalado, continuou, após recompor-se: — Bem, lembro-me de que fui procurar o padre da paróquia que minha mãe freqüentava e pedi a ele que a abençoasse, que fizesse uma missa de corpo presente ou algo assim. Porém, qual não foi minha surpresa quando ele me disse que suicida não tinha o perdão de Deus. Ele não ia rezar a missa, pois disse que ela tinha-se condenado a uma pena perpétua.

Fiquei louco. Desesperado. Além de perder minha mãe em condições tão difíceis de aceitar, saber que ela ficaria no inferno eternamente era tenebroso. Na minha opinião, naquela época, Deus deveria ser um monstro para deixar isso acontecer.

Rodolfo calou-se por alguns segundos. Seu olhar estava perdido, não queria recordar tudo aquilo. Porém, prosseguiu:

— Dias depois, a empregada encontrou atrás de uma cômoda uma carta de minha mãe. Até então ignorávamos o motivo do suicídio e nessa carta lemos que ela soube, por meio de consulta naquele centro, que meu pai tinha outra mulher, que tinha filhos dele, e que ele a amava muito, e precisariam fazer muitos trabalhos para separá-los. O homem também falou que meu pai só estava com ela por obrigações do casamento assumido; afinal, ele já era alguém de nome e respeito e não poderia assumir uma separação. Ainda afirmou que era essa outra mulher quem fazia os "trabalhos" que pegavam em mim.

Somente quando chegou em casa desconsolado meu pai soube dessa carta, que eu e meus irmãos a havíamos lido.

Ele queria saber onde era o tal centro, quem era o homem, e nos disse que tudo aquilo era mentira. Jurou que nunca havia traído nossa mãe.

Desde então meu pai ficou diferente, calado.

Com os dias, um pouco mais calmo e com os conselhos e a ajuda de colegas, meu pai processou o tal homem. Ele ficou preso por algum tempo, mas nada disso trouxe nossa mãe de volta ou amainou nossos sentimentos.

Olhando firme para Regina e para os filhos, ele afirmou:

— É por isso que não aceito nenhuma religião. É por esse motivo que só acredito no esforço pessoal. O bom planejamento da vida é que nos traz a paz. Eu não gosto de espírito ou coisas assim. Como vocês podem ver, larguei tudo o que fazia naquele centro, e de uma só vez, e nada aconteceu comigo. Não fiquei louco nem desequilibrado, como disseram que eu ficaria.

Fico feliz e satisfeito, Regina, por você ter tirado minha esposa do quarto, fazendo-a, por enquanto, sair do desespero e da depressão, mas me preocupo com as conseqüências disso. — Com um jeito parecendo revoltado, Rodolfo desabafou: — Acredito que deva haver algum Criador, mas sempre me questiono: Que Deus é esse apresentado pelas religiões que nos deixa sofrer? É um Deus partidário? É um Deus preferencialista, que tem os seus eleitos, os seus prediletos?

Só pessoas ignorantes e de seitas ignóbeis podem crer em um Deus que exige sacrifícios, que não compreende a pequenez ou a falta de conhecimento do ser humano, condenando-nos a sofrimentos eternos.

Eu sempre me pergunto: Por que o pedinte de rua, um ser humano que tem as mesmas necessidades emocionais, fisiológicas e afetivas que eu, está carente e na penúria? Será que sou um eleito de Deus? Será que Deus é um sádico por exigir que a grande maioria sofra, deixando que muitos vivam pressionados nos morros, embutidos nas favelas repletas de violências, drogas e crimes?

Cansei-me de ouvir: "Essa é a vontade de Deus". Que Deus é esse?

Por isso, dei um basta a todo tipo de explicações pobres de crenças sem fundamento. O raciocínio lógico nos deixa enxergar mentiras, embustes. Passei então a acreditar que somos ricos ou pobres pelo nosso próprio esforço, pelo nosso empenho e perseverança.

Acredito que o homem sempre teve sua necessidade natural, psicológica talvez, de acreditar no sobre-humano, no sobrenatural, no Todo-Poderoso.

Temos que distinguir o que é natural do que é cultural.

É natural acreditar em um Criador. Eu diria que é até científico crer em um Criador. Mas as religiões foram criadas pelos homens, e cada cultura, cada povo, quis e quer ser superior; todos querem ser o "povo eleito" por Deus devido à religião que seguem, acreditando que só a eles é oferecida a salvação.

Por isso me preocupo. Prometi a mim mesmo não mais aceitar doutrinas vis nem deixar que meus filhos as sigam.

O silêncio reinou após a longa palestra.

Regina suspirou fundo, trocou olhares com o namorado e falou:

— Eu sou espírita, senhor Rodolfo. A Doutrina Espírita é algo completamente diferente do que o senhor relatou como experiência. Os contraditores do Espiritismo fazem objeções, são hostis, porque não têm conhecimento completo sobre ele e fazem julgamentos com precipitações baseadas em outras doutrinas, que, para esses contraditores, são semelhantes ao Espiritismo.

Posso afirmar, com muito conhecimento, que o senhor e sua mãe não foram a um centro espírita.

— Provavelmente era um centro de Umbanda — acreditou Fernando.

— Não, Nando. Nem centro de Umbanda era, porque a Umbanda não sacrifica animais, não alimenta os médiuns incorporados com vísceras ou faz esses banhos com sangue, muito menos faz com que seus seguidores comam vísceras humanas. Ela não realiza os chamados "trabalhos espirituais" voltados para a maldade, para o prejuízo de outrem, ou as chamadas "magias negras". Porém, o Espiritismo é bem diferente de tudo isso.

— O que é o Espiritismo? — perguntou Kássia, interessada.

— O Espiritismo é Jesus. O que Jesus fez e praticou o

Espiritismo, a Doutrina Espírita ensina a praticar.

Para saber o que é essa doutrina, basta observar que Jesus agia com bondade, benevolência e, principalmente, sabedoria. Não havia em Seus ensinamentos qualquer prática mística, supersticiosa ou de idolatria a imagens, apetrechos... Então a Doutrina Espírita é exatamente assim, simples. A fé, as boas práticas morais são seus ensinamentos.

O Mestre Jesus estendia a mão e cedia energia. Assim, aceitamos os passes magnéticos que nada mais são do que a doação de energia.

Os espíritas têm como principal característica o estudo, a aquisição de conhecimento. Jesus disse para conhecermos a verdade e ela nos libertará. A verdade nos liberta do misticismos, nos livra de crendices populares, como muitas superstições. Os livros da Codificação Espírita nos ensinam sobre tudo isso, nos dão muita noção e entendimento do que realmente precisamos para nos elevarmos e termos paz. É o esforço pessoal para o bem, para o pensamento positivo que nos faz evoluir, não o que usamos. Pois, quando partirmos dessa vida, não levaremos nenhum apetrecho.

Tenho certeza de que qualquer pessoa inteligente, que saiba refletir com ponderação e lógica, vai se curvar e dar razão aos ensinamentos da Doutrina Espírita quando ler *O Livro dos Espíritos*. Não há nada nesse livro que possa ser contestado ou que tenha algo contrário à moral, às leis físicas, químicas ou a qualquer outra ciência.

A quem quiser conhecer o Espiritismo realmente convido a ler *O Livro dos Espíritos* e *O Evangelho Segundo o Espiritismo*, e não se basear no que vê ou ouve por aí. A pessoa deve tirar suas próprias conclusões pelo conteúdo desses livros.

O Espiritismo não possui uma pessoa como representante encarnado passível de erros humanos; o que representa essa doutrina são os cinco livros de sua Codificação. Esse é o consolador prometido por Jesus que ficaria eternamente conosco, falando sobre o que Ele nos falou e muito mais. Que consolador poderia ficar eternamente conosco senão os livros?

— Você soube defender muito bem sua tese, Regina — disse Rodolfo. — Eu precisaria de algum tempo e estudo sobre o que argumentou para replicar suas objeções. No entanto, o que mais me preocupa foi o que você prometeu a Lídia em troca de sua animação.

— Eu não prometi nada. Eu disse, simplesmente, que seu filho poderá receber ou sentir suas vibrações, seus pensamentos confiantes, tranqüilos e amorosos ou sentir suas vibrações tristonhas, seu estado depressivo, choroso. Eu disse que ela deve considerar que ele viajou e que receberá o que ela lhe endereçar em pensamento. — Sorrindo e sentindo-se segura, Regina ainda afirmou: — Fique tranqüilo, senhor Rodolfo, não prometi nada duvidoso para dona Lídia.

— Perdoe-me questioná-la tanto, Regina. Como você vê não conheço o Espiritismo; apesar de já ter ouvido falar sobre ele, não me interessei por só ter-me decepcionado com outras crenças. Mas, só por curiosidade e até interesse pessoal, o que acontece com os suicidas segundo o Espiritismo?

— O suicida passa por um período de perturbação muito triste, extremamente doloroso, mas Deus não o condena eternamente; isso nunca! Quando um suicida clama por misericórdia, ele a tem desde que seu coração esteja livre de sentimentos inferiores, como o orgulho, a vaidade, a arrogância, e verdadeiramente arrependido do ato que praticou. Não dá para precisar o tempo de socorro, pois cada caso é um caso, uma vez que o suicida sempre se acha cheio de razão; isso significa muito orgulho, arrogância, além da falta de fé no Criador. Isso varia de pessoa para pessoa.

Porém, as vibrações, os pensamentos dos encarnados quando lhe endereçam bom ânimo, humildade, fé e esperança são muito importantes. Acredito que seja como um conselho.

— Regina — perguntou Kássia —, você acredita que nascemos com uma deficiência por problemas em outra vida?

— Quando perguntaram a Jesus por que um homem era cego, se era por culpa de seus pais, Ele respondeu que ninguém pode sofrer por culpa de seus pais. Com isso Jesus quis dizer que esse homem sofreu por culpa própria; então, se era um cego de nascença, também não poderia ter cometido um pecado no ventre de sua mãe. Desse modo, só explicamos seu problema visual com a existência de vidas anteriores. Não existem "os eleitos de Deus". Eleitos somos todos nós pela oportunidade de vida e pela presente reencarnação.

— Você tem muito conhecimento, Regina. Deveria ser uma advogada de defesa — acreditou Rodolfo, sorrindo.

— Nem tanto — disse a moça sorrindo, meio constrangida.

— Eu gostaria de conhecer melhor o Espiritismo. Gosto de ler. Onde encontro esses livros?

— A princípio, nas melhores livrarias, mas hoje mesmo eu mando o Fernando lhe trazer *O Livro dos Espíritos*.

— Sou muito crítico. Você sabe minha opinião sobre religiões.

— É bom lembrar que às vezes não gostamos de uma religião por causa da apresentação feita por alguma pessoa despreparada para falar sobre ela. Todas as religiões e filosofias têm os seus ensinamentos bons; são alguns homens que desvirtuam tudo.

— Você soube o que um pastor disse à minha esposa. Para que serve uma doutrina se não para consolar alguém diante da perda de um ente querido?

— Veja, ele é um homem comum, passível de erros. Acredito que não esteja preparado para ofertar uma consolação diante da perda de um ente querido. Até porque, se for oferecer uma explicação cabível e lógica, vai acabar se inclinando para doutrinas que ele mesmo combate.

Não pense que no Espiritismo só existem pessoas corretas. Crer nisso é um grande engano. Assim como em muitas outras religiões e filosofias de vida, no Espiritismo existem os que "abrem falência" por subornar, por trair, por não se importar com os filhos, por caluniar, roubar etc., mas terão de harmonizar tudo isso, pode acreditar; e mesmo sendo espírita ninguém pode representar o Espiritismo.

Por esse motivo recomendo que conheça a Codificação Espírita antes de opinar sobre essa doutrina.

— Está bem — disse Rodolfo sorrindo —, você me convenceu. Quero conhecer essa filosofia para tirar minhas próprias conclusões.

Eles conversaram mais um pouco, mas logo Regina decidiu que estava tarde e precisava ir embora.

Rodolfo, sem exibição, ficou ansioso. No fundo, sabia que deveria haver algo que explicasse as diferenças sociais, raciais e tantas outras. Não via a hora de conhecer mais sobre o que Regina oferecera. No íntimo, sentia-se inquieto.

9

Renovando os conceitos

Passado um ano...

Dos bancos delicados e alvos, de onde se divisava uma vista maravilhosa do belo e formoso jardim, Lídia sentava-se ao lado da sobrinha Lorena, recém-chegada da Europa.

Tratava-se de uma jovem fina, com estudo, educação e muito perspicaz. Ela e o irmão, de nome Ian, tinham vindo passar alguns dias de férias no Brasil.

— Ian, meu irmão, gosta muito do Brasil, tia, mas eu não. Na verdade, não gosto do verão daqui; é muito quente e há muito brilho. Essa luz chega a incomodar — comentava a jovem Lorena com leve sotaque, procurando, em gestos e feições, ser delicada, mas parecia bem esnobe.

Lídia não disse nada e somente sorriu.

— Ano passado dei graças quando não viemos aqui. Minha mãe disse que todos estavam deprimidos pelo ocorrido com o Cris e achou melhor que não viéssemos. Venho aqui mesmo para treinar o idioma e para vê-los; afinal, vocês nunca aparecem por lá.

— Creio que não saberia viver fora desse país. Adoro o Brasil, terra abençoada... — afirmou Lídia, por sua vez.

Naquele momento, Fernando se aproximou e, pelas costas, colocando-se entre ambas, curvou-se, cumprimentando-as com beijos.

— Fernando! — saudou a prima, levantando-se rápida, estendendo largo sorriso.

Após circundar o banco, frente à moça, ele se entregou ao abraço, amainando a saudade com alegria.

— Como você está linda!

Um sorriso suave nos lábios finos, levemente pintados, fez brilhar o rosto de Lorena, que rodopiou vagarosamente ao largar das mãos do primo e, logo parada à sua frente, agradeceu:

— *Merci, mon chéri!*[3]

A conversa prosseguiu, e enquanto atualizavam as novidades, na bela sala da mansão, os últimos raios do sol inundavam, com luzes douradas, todo o ambiente alvo, deixando-o com um tom todo especial.

Sentada confortavelmente em um sofá, Regina largara-se tranqüila e de olhos fechados à espera do noivo.

Do outro lado da grande sala, eis que surge um rapaz alto e magro que parecia passear descompromissadamente pela grande residência.

Sorrindo em silêncio ao ver a bela morena quase estendida no sofá, Ian aproximou-se vagaroso e sorrateiro.

Seu rosto, de traços finos regulares e de pele pálida, não exibia muita beleza, mas o sorriso maroto o iluminava.

Deduzindo tratar-se da noiva de seu primo, de quem já ouvira falar, ele decidiu brincar e, indo por trás do sofá, sussurrou com voz amável ao abaixar-se:

— *Le bon après-midi, mademoiselle. Comment est vous?*[4]

Abrindo os olhos, Regina não viu ninguém e recompôs-se rapidamente.

Ian não agüentou e acabou rindo, enquanto Regina, mais séria, forçou um meio-sorriso por não ter achado graça alguma.

Ao dar a volta colocando-se perante a moça, ele se apresentou, estendendo-lhe a mão.

— Eu sou Ian, sobrinho do Rodolfo. E você deve ser a Regina. — falou com forte sotaque.

---

[3] Obrigada, meu querido.

[4] Boa tarde, senhorita. Como vai você?

Levantando-se, ela o cumprimentou e, ao retribuir o aperto de mão, afirmou:

— Sim, sou Regina. Prazer em conhecê-lo.

Ian a olhou de alto a baixo e sem soltar-lhe a mão ficou admirando a moça esbelta, cor de bronze, traços marcantes, com leve sorriso simpático na boca bem delineada de lábios levemente grossos e sensuais.

Os olhos de Regina eram negros, expressivos e chamativos, algo de especial com seus longos cílios bem fechados nos cantos levemente puxados.

— O prazer, realmente, é todo meu — afirmou o rapaz com ênfase. Sorridente, propôs: — Vamos nos sentar. Não quis incomodá-la.

— Não me incomodou. Eu estava esperando o Fernando, que está demorando, e acabei ficando um pouco à vontade. Estou cansada, passamos o dia todo na praia.

— Bem se vê pela sua linda cor. Mas, pela demora do meu primo, creio que encontrou Lorena.

— Mas eles devem entrar logo.

— Admiro o bom gosto do meu primo. Mas, conte-me, como estava a praia hoje?

— Ótima! Adoro ver o mar.

— Eu também. Infelizmente na Europa não podemos contar com tão lindas praias como no Brasil; aliás, nem o clima é propício. A luz excessiva desse país, essa claridade especial que faz todo europeu espremer os olhos me fascina!

Regina sorriu e propôs brincando:

— É só se mudar. O Brasil recebe a todos como o Cristo Redentor, sempre de braços abertos!

— Não brinque! Já pensei muito em vir morar aqui. Mas em que poderia trabalhar, uma vez que trabalho junto com meu pai? Se eu sair da França, haveria de ter que me dedicar a outros negócios e, sinceramente, não gostaria de ser empregado. Porém, quem sabe um dia eu tenha o privilégio de ser feliz aqui. Mas, me diga, você trabalha em quê?

— Formei-me em Pedagogia. Dou aula em duas escolas

particulares e sonho em abrir a minha própria escola. É lógico que seria algo pequeno, uma escola do maternal ao pré. Mas acho que isso ainda vai demorar.

— Por que o Fernando não a ajuda?

Meio sem jeito, sorrindo, ela confessou:

— Não é o momento ainda. Prefiro tentar por mim mesma e...

Nesse instante, os olhares surpresos e curiosos de ambos voltaram-se na direção da porta principal, que dava para a varanda, por causa da conversação e dos risos que se fizeram ouvir.

Logo entraram de braços dados Fernando e a prima, seguidos por Lídia.

Lorena, ricamente vestida, parecia muito feliz e à vontade com sua companhia.

Em Lídia notava-se novamente a exuberância de antes, não parecendo mais aquela mulher deprimida de meses atrás.

Regina sentiu algo estranho que não conseguia explicar. Levantando-se, precisou forçar o sorriso. Algo a estremeceu, incomodando-a profundamente.

A presença de Lorena ao lado de seu noivo a perturbou.

Animado, Fernando aproximou-se, apresentando:

— Está é Lorena, minha prima.

Espremendo o olhar que direcionou de cima a baixo à noiva de Fernando, Lorena estendeu suavemente a mão, mantendo certa distância, além de um sorriso mecânico e treinado, com um leve pender de cabeça.

Regina retribuiu, sentindo-se mal com o ocorrido.

— Vejo que já se conhecem — afirmou Lídia, apontando para Ian e Regina.

Muito à vontade, o sobrinho riu gostosamente e, ao sobrepôr o braço nos ombros de Regina, afirmou:

— Sim! Adorei Regina. — E, olhando-a, completou: — Linda! Como toda brasileira.

Regina sentiu-se encabulada e buscou em Fernando um socorro para que a tirasse daquela situação, mas o noivo estava muito entretido com a prima, que enlaçou novamente seu braço e convidou-o com classe e charme na voz:

— Bem que poderia me servir um refresco gelado, não é, meu primo? Está um calor incrível!

De braços dados, Fernando a conduziu para outro recinto, e Ian, sempre extrovertido, tomou o braço de Regina, enlaçou-o no seu e os seguiu.

Lídia, que parecia não estar satisfeita com algo, solicitou à empregada que os servisse.

Lorena mostrava-se muito feliz enquanto conversavam, e logo a chegada de Rodolfo os surpreendeu.

— Ora! Ora! Que bom tê-los aqui!

— Como vai, tio?! — Alegrou-se a sobrinha, indo ao seu encontro.

Logo foi a vez do rapaz que havia tempos não via o tio.

Rodolfo cumprimentou a esposa com um beijo, deu leves tapinhas nas costas do filho e foi ao encontro de Regina, a quem beijou sob o olhar esgueiro de Lorena, que observou o carinho do tratamento.

Após livrar-se do paletó, Rodolfo acomodou-se próximo de Regina, bem à vontade.

Eles apreciaram um lanche, e o rumo da conversa era variado, até que Lorena se admirou:

— Vejo-a bem melhor, tia! Minha mãe nos disse que quando a viu há mais de um ano estava péssima, abatida e deprimida.

— Foi por isso que ela aconselhou que não viéssemos para cá — confirmou Ian.

— Não foi por menos, gente. Separar-se bruscamente de um filho e ignorar as razões da vida é algo bem difícil — comentou Lídia.

— Imagino — argumentou a sobrinha, somente a fim de complementar. — Deve ter sido horrível e desolador o clima aqui nessa casa.

— E foi mesmo — concordou Rodolfo. — Se não fosse por Regina, que nos trouxe muito entendimento... — completou, olhando para a futura nora.

Regina, por sua vez, sentiu-se aquecer, constrangida talvez.

— Claro! — exclamou Ian. — Uma pessoa nova em casa sempre traz outras atenções aos nossos pensamentos.

— Mas não me refiro somente à presença dela, e sim aos conhecimentos que nos trouxe. Posso dizer que Lídia se refez por conseqüência dos esclarecimentos e esperanças que Regina nos apontou em um momento tão difícil.

— Ora, senhor Rodolfo — interferiu a moça, que não queria elogios. — Não tenho tanto mérito assim.

— Mas é verdade! — afirmou o anfitrião.

— Perdoem-me, por favor — pediu Ian, completando: — Não estou entendendo. O que Regina fez de tão importante assim?

Como se propositadamente quisesse se embrenhar por esse assunto, Rodolfo perguntou:

— Você, um francês, já ouviu falar em Allan Kardec?

— O nome não me é estranho... mas... acho que não me lembro muito bem.

— Ele foi o codificador da Doutrina Espírita.

— Uma religião? — insistiu Ian.

— É mais uma ciência e filosofia de vida. Seu nome verdadeiro é Hippolyte Léon Denizard Rivail. Ele trouxe fundamentos que servem como ideais de adiantamento moral e intelectual, seguros e sãos.

Lorena pareceu não apreciar o assunto, mas seu irmão insistiu:

— Em que época se deu isso, tio?

— Ele nasceu em 3 de outubro de 1804, na cidade de Lião, na França.

— Conheço Lião — afirmou Lorena.

— Para codificar uma filosofia, ele deve ter-se dedicado a esse trabalho a vida toda, não foi?

— Não, Ian. Na verdade, Kardec foi um catedrático. Era de família ilustre. Primeiro estudou na França, depois, na Suíça, com o honrado professor Pestalozzi, do qual foi o mais glorioso discípulo, pois quando Pestalozzi era convocado pelos governos para fundar um instituto, como o de Yverdun, passava os encargos de substituí-lo a Hippolyte Léon.

— O aluno tornava-se mestre! — exclamou Ian, sem pretensões.

— Muitos ouvem falar de Allan Kardec como codificador da Doutrina Espírita e até imaginam que foi um homem qualquer que se dispôs a criar uma nova doutrina.

— E não foi isso o que aconteceu? — indagou Lorena, só para participar da conversa.

— Ih! Vocês foram tocar num assunto... Quando meu pai começa a falar nisso... — reclamou Fernando, levantando-se e caminhando pela sala.

Rodolfo pouco se importou e explicou:

— Allan Kardec não era um homem qualquer que criou uma religião. Ele apresentou o Espiritismo após estudá-lo e comprová-lo científica e filosoficamente. Allan Kardec, ou Hippolyte Léon, nunca aceitou a fé cega, como algumas pessoas que dizem: "isso existe porque alguém quer". Sim, tudo existe porque Deus quer, mas tem de haver um motivo para aquela existência, para aquela ocorrência. Ele estudou e comprovou minuciosamente tudo o que expôs nos cinco livros da Codificação Espírita. Teve cabedal e condições para isso.

A essa altura, Rodolfo via-se empolgado e até capacitado para aquelas explicações e, sem demora, continuou:

— Como eu disse, muitos ignoram as condições intelectuais que Allan Kardec possuía. Ele era bacharel em letras e ciências e doutor em medicina, tendo realizado todos os estudos médicos e defendido, de maneira brilhante, suas teses. Escrevia e falava fluentemente italiano, espanhol, inglês, alemão e conhecia o holandês, além do francês, sua língua natal, é claro. Como Hippolyte Léon Denizard Rivail, escreveu livros de gramática e aritmética, livros de estudos pedagógicos superiores, traduziu obras inglesas e alemãs, entre outras inúmeras coisas.

— Vê-se que ele não foi qualquer um na área acadêmica! — admirou o sobrinho.

— Longe disso — tornou o tio. — Foi membro de várias sociedades sábias e, mais especificamente, da Academia Real d'Arras, onde foi premiado. Consagrou-se como professor de filosofia, astronomia, química e física só no "Liceu Polimático", e seus livros foram adotados pela Universidade da França.

Era um homem muito bem preparado para não ser vítima de reles embustes. Hippolyte era um homem de destaque e não precisava de mais nada para se fazer notar.

— E como ele entrou nessa Doutrina Espírita? — interessou-se Ian.

— Em 1854 ele estudava sobre magnetismo e em contato com o senhor Fortier ouviu falar das "mesas girantes", que não só giravam através do magnetismo, mas também, quando interrogadas, respondiam por meio de pancadas.

Ian riu junto com o tio, que continuou:

— Então, Hyppolyte disse que só acreditaria quando visse e lhe tivessem provado que uma mesa tem cérebro para pensar, nervos para sentir, e que pode se tornar sonâmbula; até então não via nesse assunto senão uma fábula para provocar sono.

Como podemos verificar, ele não se negava a coisa alguma, mas, com bom senso, exigia provas, querendo ver e observar para crer e sempre dizia: "A idéia de uma mesa falante não me entrava ainda no cérebro".

Mas só no ano seguinte, em 1855, ele começou a dar atenção ao caso das "mesas girantes", pois entrou em contato com pessoas as quais considerava respeitáveis e com exaltação falavam-lhe sobre a intervenção dos espíritos. Como só acreditava no que via, acabou aceitando participar de uma reunião e testemunhou o fenômeno das mesas, de modo tal que não era possível duvidar.

Muitos, na época, utilizavam-se dessas "mesas" como diversão, mas ele viu nessa ocorrência algo científico, que necessitava de estudo, e por ter uma metodologia científica para todos os trabalhos decidiu pelo encadeamento lógico de aplicá-la ao caso das "mesas girantes", que lhe pareceu uma nova ciência.

Após inúmeras anotações, como todo homem de ciência, em seus manuscritos observou que as mesas batiam por conseqüência da ação dos espíritos, e que estes eram as almas dos homens após a morte.

Nesse momento, Ian estava com os olhos que traduziam, por seu brilho, uma voracidade de conhecimento. Por isso perguntou:

— Vê-se que ele era um observador científico. Porém, como conseguiu montar a tal Codificação Espírita?

— Verificando que o fato da comunicação dos espíritos revelava a existência de um mundo invisível, ele queria conhecer o estado desse mundo.

Logo seus amigos lhe puseram nas mãos cerca de cinqüenta cadernos com anotações de comunicações, resultado de cinco anos de estudo, e pediram a ele que os colocasse em ordem. A princípio ele não aceitou, devido à falta de clareza, pois tais anotações deveriam ser novamente comprovadas. Além disso, possuía outro trabalho, pois tinha de viver sua vida.

Em uma noite, após a comunicação de seu espírito protetor que se apresentou como Z., Hippolyte animou-se quando soube que aquela era a sua mais importante tarefa e para a qual fora chamado. Esse espírito protetor também disse tê-lo conhecido em uma existência passada, nos tempos dos Druidas, onde ele, Hippolyte, se chamava Allan Kardec.

Após as revelações, Kardec passou a comparecer pontualmente a cada sessão com questões lógicas e preparadas. Eram perguntas metódicas e de filosofia profunda. Desde então, as reuniões tiveram novo caráter, mais sério e sem perguntas fúteis. Foi aí que ele percebeu que tudo tomava proporções de uma nova doutrina para a instrução de todos.

Essas questões deram base ao *O Livro dos Espíritos*, lançado em abril de 1857. Muitos médiuns foram utilizados para a ação dos espíritos que desenvolveram esse fabuloso livro, que há cerca de um ano ganhei de Regina. E foi isso o que ela nos trouxe.

— Por que ele usou o nome Allan Kardec?

— Hippolyte Rivail, naquela época, já tinha um nome muito conceituado na carreira catedrática, possuía livros, era discípulo de Pestalozzi e não queria que seu nome, já famoso, viesse interferir no trabalho da Codificação; por isso, adotou o nome que seu espírito protetor informou de uma reencarnação passada.

— Aqui em casa — argumentou Fernando —, depois que conheceram o Espiritismo, a vida dos meus pais mudou completamente.

— Como o senhor decorou tudo isso, tio? O senhor sempre se disse ateu — perguntou Lorena.

— É que renovei meus conceitos depois que descobri algo novo e sadio; adoro falar sobre a vida de Allan Kardec, procurei saber tudo sobre ele e pretendo fazer exposições, palestras. Mas ainda estou só estudando.

— Certa vez, quando vim ao Brasil, vi uma festa dos espíritas. Era daqueles... como se chama...? — Lorena refletiu um pouco antes de dizer: — Acho que de Cosme e Damião.

Imediatamente Regina ressaltou:

— A comemoração de Cosme e Damião é feita pela Umbanda, uma religião espiritualista, não espírita. O Espiritismo não realiza nenhum tipo de festa comemorativa para os espíritos.

A noiva de Fernando parecia estar tensa, sempre na defensiva com Lorena, e esta, exibindo certo desdém, pouco deu atenção às suas palavras.

Sustentando caráter grave e olhar frio, Lorena a encarava, sem que os outros vissem, com certo desprezo.

A conversa mudou para outros assuntos, e bem mais tarde, quando a hora já havia corrido, o jantar era servido. Exibindo simpatia e exuberância, Lorena, na primeira oportunidade e com modos delicados, entrelaçou seu braço ao de Fernando, que, sem maldade, a conduziu até a sala de jantar, sorrindo.

Verdadeira irritação clamou lugar nos sentimentos de Regina, que não mais disfarçava sua indignação para com os modos arrogantes de Lorena. A antipatia fora imediata desde o instante em que se conheceram.

Observadora, Lídia reparou no semblante de Regina a insatisfação por tudo e decidiu que, assim que possível, falaria com o filho a respeito. Naquele momento, sua preocupação era com Kássia, que sempre arrumava motivos e situações para não estar em casa. Mas ela saberia como resolver.

10

ACONTECIMENTOS INESPERADOS

No dia imediato, Regina não levantou cedo como de costume, e dona Glória, preocupada com a filha, foi até seu quarto.

Vendo-a de bruços, a mulher abriu as cortinas do quarto, deixando os raios do sol repousarem sobre as costas da filha.

Regina virou-se preguiçosa e ergueu os lindos olhos aveludados em direção à mãe.

Serena, a mulher aproximou-se. Quando a moça se afastou um pouco da beirada da cama, dona Glória sentou-se e ao vê-la bem de perto perguntou:

— Você chorou, filha?

Os olhos da jovem ficaram empossados de lágrimas, e, enquanto afagava-lhe os longos cabelos cacheados, a mãe perguntou:

— O Fernando não quis entrar ontem à noite, por quê?

Sem se incomodar com as lágrimas que não conseguia deter, Regina confessou:

— Ai, que raiva, mãe!

— O que foi?

— Os primos do Fernando que moram lá na França chegaram para passar alguns dias e...

— E...?

Com voz chorosa, contou:

— A Lorena, prima dele, é uma metida a besta! Antipática e nojenta! — Após alguns segundos de pausa, onde procurava secar as lágrimas que caíam, ela continuou: — Senti uma coisa quando a conheci. Sabe, mãe, ela ficou o tempo todo agarrada nele, cheia de mimo e nhê-nhê-nhê.... Ai, que ódio!!! — reclamava a moça enquanto chorava.

— Calma, filha! — surpreendeu-se a mãe. — Regina, não estou reconhecendo você.

— É que a senhora não viu! Ele parecia um tonto mostrando os dentes e sendo todo cortês com ela.

— Regina, o que é isso, filha?

A moça secava o rosto no lençol sem a mínima compostura. Estava com o coração fechado a quaisquer argumentos que a mãe pudesse dizer.

Irreconhecível, agora, Regina transformara-se em uma pessoa indignada.

Elas mal se conheciam, mas Lorena, caprichosamente, fez tudo para irritar a noiva de seu primo. A antipatia parecia recíproca.

Acariciando-lhe, a mãe, muito compreensiva, falou:

— Calma, minha filha. O seu noivo está empolgado por causa das novidades da Europa. Daqui a pouco isso passa. O Fernando gosta muito de você.

— Não sei não, viu, mãe. Acabei me sentindo esquecida pelo Fernando. Ele só dava atenção para ela. Eu senti uma coisa!

— Regina, estou surpresa com você, filha, que sempre foi uma moça segura, nunca teve ciúme.

— Não é ciúme, mãe.

— Então o que é?

— Ora, mãe...!

Procurando trazer animação, a mulher levantou-se, dizendo:

— Já são quase dez horas. Levante-se ou vai perder o domingo. A Bolinha — disse, referindo-se à cachorrinha — está pedindo comida. E eu tenho o que fazer.

Regina sentou-se na cama, e assim que sua mãe se foi a cachorrinha entrou no quarto "fazendo festa" para a jovem, que a acariciou com tristeza, sem dar atenção àquela alegria.

Bolinha esfregava-se em seus pés, mas Regina pouco se importava. Não conseguia tirar as sensações angustiantes de seus sentimentos nem compreendê-las. Tentava lembrar de Lorena e queria poder notar-lhe algo bom, algo que superasse os sentimentos de aversão contra a moça, mas não conseguia.

Irritada consigo mesma, levantou-se rápido e olhou no espelho, notando que suas pálpebras estavam bem inchadas. Uma sensação enervante e esquisita a fazia repudiar a prima de seu noivo; era algo muito forte.

Ian, irmão da moça, era mais simpático. Porém, não gostou de seus modos confiados, abraçando-a daquele jeito logo no primeiro dia que a conheceu. Se bem que dele ela não podia reclamar; ele a havia tratado bem.

Renato atalhou-lhe os pensamentos quando pediu:

— Posso entrar?

— Você já entrou!

— Também, a porta estava aberta, né! — E, olhando-a melhor, o irmão perguntou: — Ei! O que foi?

— Nada que seja da sua conta — respondeu Regina, escondendo o rosto.

— Deixa de ser malcriada! Só estou perguntando. Ah! Os primos do Fernando já chegaram? Ele me disse que eles viriam nesse fim de semana.

— Já! — respondeu com modos secos.

Agitado, pois se preparava para sair, ele pediu:

— Empresta aquele creme de cabelo? — Procurando sobre a cômoda, perguntou: — Onde está...?

— Toma. Está aqui.

Enquanto abria o pote, Renato, curioso, perguntava:

— Eles devem ser bem bacanas. O Fernando vive falando neles. Ele disse que a prima dele é muito legal.

— Vai, Renato! Sai logo daqui; tenho de me trocar!

— Ei, Rê, que bicho a mordeu hoje? Dormiu ajoelhada, é?

— Vai! Vai logo! — disse a irmã, empurrando-o porta afora.

— Vem, Bolinha, vem. Isso pega! Daqui a pouco você vai

sair mordendo também — disse ele, enquanto ia pelo corredor brincando com a cachorra.

A mente de Regina fervilhava só de pensar em ter de encarar Lorena novamente, e por conta disso seu dia foi horrível, mas ela imaginava que poderia pedir ao noivo que a levasse para sair; poderiam ir ao cinema ou a uma discoteca.

À noite, porém, Fernando insistiu para que fossem até sua casa, e Regina, mesmo contrariada, aceitou.

Era difícil para a noiva de Fernando olhar Lorena, menos ainda suportar sua voz. Seu riso a incomodava; entretanto, Regina não queria admitir ao noivo sua intolerância; afinal, não havia razões lógicas que justificassem sua implicância.

Ela pensou em tudo o que aprendera sobre tolerância e decidiu suportar a situação sem queixas.

"Seria por ciúme de Fernando?", pensava. "Não!" Afinal, Lorena não tinha nenhuma beleza extraordinária, e, na sua opinião, a personalidade da moça era maquiada. Lorena expunha-se com cautela, pensando muito antes de agir, porém via-se uma certa extravagância, um esnobismo embutido. Ela parecia gostar de mandar e adorava ser obedecida, diferentemente de seus outros parentes tão simples. No entanto, sua classe e educação, com gestos delicados, a fazia ser notada, e quase sempre a atenção de Fernando se voltava para a prima. Mas havia algo errado com ela.

Os pensamentos de Regina eram fustigados pelas impressões recebidas.

Certamente a prima de seu noivo logo partiria, e ela não teria com o que se preocupar, mas enquanto isso durasse...

Na varanda da bela residência, o vento quente e gostoso que soprava do mar, que não era muito longe, acariciava a todos, encantando os visitantes com a fragrância de flores que trazia consigo.

Interrompendo a conversa que se seguia, Lorena virou-se para Fernando e pediu com modos mimosos:

— Eu gostaria de dar uma volta. Você me faz companhia? — Dizendo isso, estendeu-lhe a delicada mão, ficando à espera.

Rápido, o primo aceitou, e, quase de imediato, interrompendo a perplexidade de Regina, que se sentia esquentar, Ian prontificou-se, pedindo:

— Também quero dar uma volta. Você me faz companhia?

A moça sorriu mecanicamente e, ao ver o braço curvo que o rapaz ofereceu para que ela enlaçasse, não teve jeito de negar.

Lídia, que a certa distância só observava, não fez comentários e também não os acompanhou.

Pouco tempo depois, os quatro caminhavam bem à vontade pela praia quase deserta.

O vento quente que soprava do oceano dava um toque especial aos cabelos bem cacheados e longos de Regina, que procurava afastar alguns fios teimosos que lhe embaraçavam no rosto.

Lorena fez questão de conversar sobre algum assunto particular com Fernando, não dando espaço ou oportunidade para que os demais acompanhassem a conversa.

Eles caminhavam lado a lado e à frente de Ian e Regina.

A noiva de Fernando tinha os olhos faiscando de contrariedade, e seus pensamentos ferviam, revoltando-se com o que ela via. Regina nem percebia os passos negligentes na areia fofa, menos ainda as palavras de Ian, que caminhava a seu lado; na verdade, nem o ouvia.

— E então? O que você acha? — perguntou o acompanhante sem perceber que os pensamentos dela estavam voltados para Fernando e Lorena.

Surpreendida com a questão, Regina sentiu-se constrangida quando precisou indagar com jeitinho para não ofendê-lo:

— Desculpe-me. O que foi que perguntou mesmo?

Ian parou à sua frente, sorriu e argumentou:

— Tem razão. Estou sendo inconveniente.

— Não, Ian. Sou eu que...

Antes que ela concluísse a frase, ele, educado, a interrompeu, dizendo meigamente:

— Entendo por que seus pensamentos estavam longe. —

E, após observar que sua irmã e seu primo estavam a uma distância segura, concluiu: — Está preocupada com Fernando por causa de Lorena, não é?

Regina sentiu a garganta ressequida pela inesperada questão e não sabia o que responder.

Vendo-a embaraçada, ele argumentou:

— Também estranho as atitudes de minha irmã. Sei que ela é caprichosa e sempre quer tudo a seu gosto, mas...

— Sabe, Ian, acho que mesmo sendo primos essa troca recíproca de gentilezas e cuidados está indo longe demais. Não estou gostando do que vejo e...

Regina silenciou, e ambos voltaram a caminhar lado a lado, sem palavras.

Agora, um pouco distante, Fernando e Lorena sentaram-se em uma pedra, esperando-os.

Lorena ria e até gargalhava, exibindo-se satisfeita.

Dos belos lábios de Regina nem um sorriso poderia ser admirado.

No caminho de volta, quando houve oportunidade, Ian falou-lhe baixinho:

— Não se preocupe, Lorena não gosta do Brasil. Não para morar.

Regina ofereceu meio-sorriso, como quem ficasse grata pelo consolo.

Bem mais tarde, quando Fernando deixou a noiva em casa, ela reclamou bem firme, quase irritada:

— Nando, você não acha que está dando atenção demais para a sua prima?

— O que é isso, Rê?! — retrucou o moço, admirado. — Ela é minha prima! Além do que nos vemos muito pouco.

— Mas por que não inclui o Ian em suas conversas tão agradáveis?

— Ora, Regina, você está querendo me dominar agora? Quer escolher com que devo conversar? Está reclamando só porque dou atenção para a minha prima? Isso é ridículo! Estou estranhando o seu comportamento.

— Você é meu noivo e nem me deu atenção só por causa da sua prima e...

Uma discussão, um tanto acalorada, onde o tom de voz de ambos se alterou, acabou sendo ouvida por dona Glória, que foi até a área saber o que estava acontecendo.

Interrompendo-os, com cautela e com seu jeito manso de falar, a mulher cumprimentou:

— Boa noite, Fernando — disse mansamente.

O silêncio reinou imediatamente, mas logo ele respondeu, quase sussurrando, enquanto baixava o olhar:

— Boa noite, dona Glória.

— Vamos entrar, filho.

— Não, obrigado. É que já está tarde. Tenho de ir. — Virando-se para Regina, que se mantinha calada, ele pediu: — Amanhã você me telefona, tá?

— Você não vem aqui?

— Não sei. Talvez. — Encarando dona Glória, ele se despediu, estendendo a mão para um cumprimento. Voltando-se para a noiva, deu-lhe um beijo rápido e disse:

— Tchau. Amanhã conversamos.

Regina, com os olhos rasos de lágrimas, virou-se rápida e entrou. Nem deu atenção para a cachorrinha, que parecia feliz ao vê-la, abanando o rabo e pulando-lhe como querendo um carinho.

Abrindo a porta do quarto sem muitos cuidados, provocou forte barulho que chamou a atenção de seu irmão, que foi ver o que era.

— O que aconteceu, Rê?

Jogada sobre a cama, ela escondia o rosto choroso e respondeu com a voz abafada.

— Nada.

Foi nesse momento que a cachorrinha entrou no quarto, e Regina reclamou:

— Vai, passa daqui. Mãe! Chama a Bolinha!

Dona Glória recolheu o animalzinho e não disse nada.

Calmo, o belo rapaz moreno sentou-se ao lado da irmã e falou:

— Acho que o lado afetivo não está muito bom para nós, não. Pelo jeito você brigou com o Fernando também, não foi?

Ainda com o rosto escondido, ela argumentou:

— Estávamos tão bem. Agora, só por causa daquela cretina...

— Devo reconhecer que o Fernando melhorou muito depois que vocês começaram a namorar. Ele era tão mulherengo quando começamos a fazer faculdade...

Virando-se rápida, Regina reclamou:

— E só agora você me diz isso! — Com voz embargada, continuou: — Desmancho esse noivado amanhã mesmo. Não tolero traição. Ainda mais uma debaixo do meu nariz.

— Nossa, Rê! O que deu em você?

— Eu tive uma antipatia imediata por essa Lorena. Não consigo explicar. É algo que foge ao meu controle. Até o irmão dela notou tanta cortesia, tanta coisinha e...

— Quer que eu fale com o Fernando?

— Não! Nem tem cabimento.

— Claro que tem. Sou seu irmão mais velho, lembra?

— Não diga nada. Vou resolver isso sozinha.

Regina, de certa forma, sentia-se mais aliviada por ter desabafado com seu irmão; porém, uma angústia ainda lhe fazia o peito doer. Ela não iria tolerar que seu noivo ficasse tão entusiasmado, tão cheio de gentilezas com a própria prima; isso a agredia, castigava-a intimamente.

A voz de Renato tirou-a da reflexão amarga quando disse:

— Estou sem companhia para ir à festa de fim de ano lá da empresa. Você quer ir comigo?

— Que dia será?

— Sexta-feira. Suas férias começam na quarta, não é?

— O certo seria amanhã, mas tenho de ir à escola até quarta, para ver o dia da reunião.

— Lá terá um churrasco e deve começar por volta das onze horas da manhã, mais ou menos. Só que não tem hora para terminar.

— Tá bem, eu vou sim.

— Combinado! — disse o irmão animado ao se levantar; depois completou: — Não fique sofrendo à toa. Amanhã, isso passa.

— Escuta. Por que você e a Viviane brigaram? Ela não vem aqui faz uns dois dias. Até a mãe já reclamou.

— Olha, Rê, vocês têm a mania de ficar pegando no meu pé porque eu não tenho religião alguma. Ah, eu acho que ainda não chegou a hora. É melhor vocês me deixarem viver assim. Não se preocupem comigo e rezem por mim. Isso já está bom.

Renato se foi, e a irmã sentia que algo muito forte a incomodava com relação à prima de seu noivo. Mas não havia nada que pudesse fazer naquele momento.

* * *

Enquanto isso, na casa de Rodolfo, Lorena arrumava-se para dormir, mas estava atenta a qualquer barulho que denunciasse a chegada de seu primo; afinal, ela pressentia que algo entre Fernando e Regina pudesse não estar bem, e aquele seria um bom momento.

Lorena agora tinha certeza de que seus sentimentos com relação a Fernando iam além da amizade familiar, pensava ela.

Afinal de contas, consangüinamente, Fernando não era seu parente, uma vez que ela era filha do primeiro casamento de seu pai, onde a mãe morrera no parto. Quando ela estava com apenas sete meses, ele resolveu se casar com a secretária, Rebeca, irmã de Rodolfo, conseqüentemente tia de Fernando. Ela se acostumou a tratar Rebeca como mãe, e ninguém dizia o contrário. Na realidade, o grau de parentesco entre ela e a família de Rodolfo era só afetivo e cordial.

Lorena, em sua imaginação, pensava que deveria causar boas impressões a Fernando. Desde pequenos, nunca brigaram, e ela sempre nutriu um prediletismo especial por ele. Lamentava não estarem sempre perto um do outro, vendo-se somente duas ou três vezes ao ano, mas de repente isso deveria ser providencial.

Ficara enfurecida quando soube de seu namoro firme com Regina e mais ainda por ocasião do noivado.

Entretanto, conhecendo agora a noiva de seu primo, verificou que poderia mudar os planos de Fernando, sim. Afinal, um noivado nada significa quando outros interesses podem ser maiores.

Lorena já planejava uma proposta irresistível. Iria oferecê-la a Fernando, que, em conversa, se demonstrava muito preocupado com seu futuro profissional.

Lorena, acreditando-se apaixonada, estava agora disposta a entrar definitivamente na vida amorosa de seu primo. Sempre fora esse o seu sonho oculto, do qual não abriria mão, e ninguém a faria desistir.

O barulho de um carro no interior do jardim a fez perceber que o primo havia chegado.

Inteligente, ela foi rápida.

Vestiu um lindo e longo robe branco, de um acetinado delicado e chamativo. Calculou o tempo que ele demoraria para entrar e, ao ouvir o barulho da porta, deslizou sorrateira pelo corredor, descendo as escadarias da sala principal como se flutuasse, fazendo com que o tecido fino de suas vestes levitasse ao segui-la.

Fernando, como ela queria, percebeu-a de imediato e, no mesmo instante, tirou o semblante sisudo do rosto, iluminando-o com um sorriso ao contemplá-la.

— Ainda está acordada?

— Estou insone. Ouvi um barulho e vim ver se alguém estava tão acordado quanto eu.

— Adoraria fazer-lhe companhia, mas amanhã preciso levantar cedo. — Ao consultar o relógio, ele se corrigiu, dizendo: — Amanhã, não, daqui a pouco.

— Sabe, Fernando, estive pensando se não seria bom para o seu currículo se você fosse um gerente ou um administrador em uma grande empresa internacional.

Sem pensar muito, ele afirmou:

— Isso seria bom para qualquer currículo.

Encarando-o com sorriso suave e olhar expressivo, ela desfechou:

— Você tem essa chance!

— Eu?

— Claro! Você acha que meu pai negaria essa oportunidade ao seu sobrinho predileto? Além do que — falava ao circulá-lo, andando delicadamente, enquanto dizia de maneira mansa — isso não será um favor. Você é capacitado, muito esforçado. — Parando à sua frente, ela completou: — Quando voltar ao Brasil, após um ou dois anos, "lugarzinho" onde sabemos que um bom emprego é tão difícil, não haverá páreo para você. Ou então, se gostar, continuará lá sem o menor problema.

— Ora, Lorena... não sei — titubeou Fernando, pensativo.

— Não sabe o quê?

— Preciso falar com o tio Pepe e ver se ele precisa mesmo.

Imediatamente ela o atalhou, afirmando:

— Eu o vi reclamando de que precisava de um gerente melhor para um dos departamentos. Disse que queria "sangue novo"! E, até eu vir para o Brasil, ele não havia encontrado ninguém para essa vaga.

Os olhos de Fernando brilharam. Essa seria uma oportunidade ímpar em sua carreira. O fato de ter em seu currículo a experiência em uma empresa internacional impressionaria qualquer um e lhe abriria portas, com certeza. Seus pensamentos velozes o fizeram ter imagens imediatas de como seria seu futuro. Nesse instante, não conseguiu disfarçar sua satisfação íntima.

— Será que consigo?!

Incapaz de conter o largo sorriso que se fez, ela afirmou:

— Tenho certeza de que o cargo já é seu! Mas, caso duvide, ligarei para meu pai. Agora na França são...

Rápido, Fernando respondeu:

— Nove horas da manhã. Ele está acordado.

— Venha, vamos!

Ela se animou correndo até o telefone, quando o primo avisou:

— Vamos ao escritório! Se precisar falar alto, fecharemos a porta e ficaremos mais à vontade e sem acordar ninguém.

Fernando ficou inquieto enquanto a prima falava com o pai. Andando de um lado para o outro, ele não disfarçava sua ansiedade e não pensava nas conseqüências do que seria essa oportunidade para seu noivado com Regina.

Lorena, por outro lado, acreditava que não poderia ter idéia melhor e sabia que seu pai, que tanto a mimava e satisfazia seus caprichos, não iria desapontá-la.

— Sério?!!! — exclamou a moça, parecendo bem feliz.

— O quê? O que foi? — sussurrava o primo, enquanto ela lhe fazia um sinal para que esperasse.

— Oh! Ficarei ansiosa, papai. Vamos aguardá-lo.

Após se despedir do pai, Lorena trazia os olhos brilhantes feito pérolas.

Fernando aguardava com grande expectativa, quase sem se conter.

Olhando-o firme, ela revelou:

— Ele disse que não poderia ter recebido notícia melhor. Adorou a idéia de tê-lo a seu lado no Estaleiro. Só para provar isso, virá passar o Natal aqui e, quem sabe, já o levará consigo quando voltar para a Europa.

Alegres, eles se abraçaram, e Lorena, aproveitando a oportunidade, encostando sua face ternamente na dele, disse:

— Estou tão feliz! Você nem imagina!

Imediatamente Fernando sentiu-se estranho; algo indefinível tomava conta dos seus sentimentos.

Afastando-se um pouco do abraço, ele fechou o sorriso e perguntou em voz alta:

— E meu noivado com Regina?

Lorena sentiu-se gelar. Um tremor percorreu-lhe o corpo, mas ela não poderia deixar que o primo percebesse seus sentimentos ou desconfiasse de seus planos.

Fria, ela dissimulou, mostrando-se favorável ao compromisso.

— Um noivado sério merece dedicação e empenho de sua

parte, Fernando. Essa é a oportunidade que você tem de garantir um futuro tranqüilo, bem alicerçado ao lado dela. Se você fosse um homem irresponsável, não iria se empenhar em progredir profissionalmente, a fim de oferecer uma vida melhor para ela.

— Mas ficar longe de Regina... Ela não vai gostar nada, nada.

— Se ela o amar e pensar em uma vida próspera para o futuro, certamente vai compreender e apoiá-lo. Não é? — argumentou Lorena, de forma gentil e delicada.

Foi então que, mais tranqüilo, ele acreditou:

— É verdade, estou fazendo isso para o nosso futuro.

Fernando nem desconfiava de que por trás de toda aquela amabilidade havia um plano para findar seu noivado com Regina.

Em seu íntimo, Lorena alegrava-se febrilmente, pois sabia que agora tudo estava sob seu controle.

Certamente Fernando partiria com ela para a França e, segundo suas idéias, se dependesse dela, jamais voltariam ao Brasil para morar.

* * *

No dia seguinte, durante o desjejum, Lídia ficou estarrecida com a notícia e diante da alegria do filho, que contava seus planos com euforia, quase não tinha o que dizer. Porém, surpresa, argumentou:

— Mas você está trabalhando. Tem certeza de que precisa mesmo disso?

— Claro, mãe! Quando eu voltar, meu currículo vai impressionar muito. Não haverá páreo para mim.

— Mas e a Regina? Vocês vão conseguir ficar um ou dois anos distantes?

— Essa é minha única preocupação. Ela ainda não sabe e creio que não ficará feliz com a idéia.

Ian rapidamente opinou:

— Por que não se casam e vão juntos para a França?

Por um momento Lorena sentiu-se ameaçada. Seus olhos se arregalaram ao olhar contrariada para o irmão. Mas com classe, e procurando manter a voz ponderada, ela opinou referindo-se ao primo:

— Será bom para você ter Regina a seu lado. No entanto, é importante lembrar que terá uma preocupação a mais. Será que ela se acostumará? É outra vida, outro mundo, outro idioma... Seria bem interessante que você não tivesse outras preocupações, pois ela só terá a você para reclamar sobre não ter-se adaptado. Tenho certeza de que Regina é compreensiva e, se amá-lo de verdade, não vai se incomodar tanto.

Surpresa, Lídia repudiou o tom de voz, juntamente com a opinião da sobrinha, mas aquele não era um bom momento para se manifestar. Seria cautelosa e falaria com seu filho depois, em particular. Afinal, Lídia gostava muito de Regina e sabia que seu filho seria feliz se estivesse ao lado dela.

Regina tinha princípios, um bom coração e respeitava Fernando.

Por outro lado, ela percebia que Lorena queria conquistá-lo só por caprichos pessoais, por seus interesses intimamente egoístas.

Seus sentimentos fervilhavam, e ela não via a hora de poder falar com o filho.

Ian também não gostou de ver Lorena praticamente se atirando para o primo e propositadamente provocando Regina. Mas decidiu não falar nada, por enquanto.

11

Novos pressentimentos

Na sexta feira, Regina meio a contragosto acompanhou o irmão ao churrasco que ocorria como festa de despedida da empresa em que Renato trabalhava. Ela estava pouco animada, pois dias antes soubera dos novos planos de seu noivo de ir para a França.

Tão imersa em seus pensamentos, aquietou-se num canto sem se importar com os demais. Afinal, não conhecia ninguém ali.

"Bem que Renato poderia ter trazido a Viviane". Mudando o pensamento, lembrou-se do noivo: "Como Fernando é capaz de não enxergar os planos de sua prima? Meu noivado pode estar acabado. Certamente ele não voltará da Europa".

Antes da chegada de Lorena eles nunca haviam brigado, e, no dia anterior, devido à discussão acalorada pela notícia de sua viagem, ele se foi sem se despedir.

Ela bem poderia devolver a aliança de noivado, julgava. Mas haveria outra oportunidade. Não aceitaria que ele fosse para a França, e, se não mudasse de idéia, tudo estaria terminado.

As lágrimas começaram a brotar nos doces olhos de Regina, que queria fugir daqueles pensamentos tormentosos.

A aproximação de um rapaz a deixou sem jeito, quando ele, bem à sua frente, cumprimentou:

— Olá! Tudo bem?

Sem encará-lo diretamente, respondeu quase sussurrando:

— Tudo bem.

Estendendo-lhe a mão firme, ele se apresentou:

— Meu nome é Jorge, e o seu?

— Regina.

— Você trabalha na Companhia?

— Não. Meu irmão, sim. Ele é encarregado do setor de Recursos Humanos.

— Ah! Seu irmão é o Renato?!

Agora, um pouco à vontade, ela sorriu e afirmou:

— Sim. Você o conhece?

— Quem não o conhece? — Logo perguntou: — Está gostando da festa?

— Sim. Está bem animada.

A conversa estendeu-se. A simpatia de Jorge fazia as idéias de Regina seguirem outros rumos.

Ele era agradável, com uma compostura impecável, sem perder a alegria. Era de estatura média, musculoso e esbelto ao mesmo tempo, deveria ter uns trinta e dois anos. Moreno claro, tinha aspecto jovial em meio aos traços finos. Educado e gentil, Jorge a convidou para que se sentassem próximo a uma mesa e, após acomodá-la, saiu rápido, voltando com refrigerantes e saladas.

— Essa maionese está ótima. — E, sussurrando após se inclinar ligeiramente, confessou: — Sou vegetariano, por isso não encontro nada melhor.

— Sério?

— Seriíssimo! Acho de imenso mau gosto convidar alguém que seja vegetariano para um churrasco de carne.

— Por quê? Existe churrasco de outra coisa? Desculpe-me, mas ignoro.

— Existe churrasco de queijo, de tomate e de outros legumes. E posso garantir que são uma delícia.

Eles riram, e a aproximação de Renato chamou a atenção.

— Oi, Jorge! Como vai?

— Ótimo.

— Vejo que já conhece a minha irmã.

— Com muito prazer.

Batendo-lhe nas costas com um gesto amistoso, Renato aconselhou ao se curvar:

— Seja uma boa companhia. Ela quase desistiu de vir na última hora, e eu disse que valeria a pena.

— Pode deixar.

Renato pediu licença e foi conversar com um grupo de amigos, deixando sua irmã na companhia de Jorge. E foi durante a conversa que se seguia que ele perguntou:

— Você não queria vir, por quê?

Em meio a um sorriso forçado, ela explicou:

— Sou noiva, e eu e ele acabamos nos desentendendo.

— Isso acontece. São essas pequenas discussões que farão vocês se conhecerem e corrigirem-se. Entende?

— O fato não é tão simples. Ele quer ir para a França, alegando que, se trabalhar em uma empresa internacional, terá um currículo mais valoroso.

— Não posso tirar a razão de seu noivo.

— É! Mas acontece que a empresa é do tio dele, e tenho certeza de que sua prima é quem está por trás disso tudo, só para nos separar.

— Como assim?

— Ela vive "dando em cima" dele. Só ele não enxerga isso. Agora, por idéia dela, o Fernando irá trabalhar na França por uns dois anos. Isso significa que o nosso noivado está com aviso prévio.

— Se ele realmente gostar de você, a distância não vai significar nada. Dois anos passam rápido. Veja que, por outro lado, ele está pensando em garantir para vocês dois um futuro melhor.

— Se a prima dele não estivesse envolvida, eu teria certeza disso e não iria me importar. No entanto...

— Conversem. Diga a ele o que você pensa.

— Foi o que fiz, e acabamos brigando.

Jorge sorriu, pois não sabia mais o que aconselhar. Entretanto, em seu íntimo, sentia que não queria que Regina se entendesse com o noivo.

Apesar de vê-la pela primeira vez, percebeu algo estranho envolvendo seus sentimentos.

Regina era encantadora, apesar de estar triste naquele momento. Ele gostaria de conhecê-la melhor, precisava de uma oportunidade que certamente não teria se ela estivesse atada a um noivado.

Além de bonita, ela possuía um jeito meigo, alguém de coração sincero, difícil de encontrar.

Ao final da confraternização, cansado pelo fato de ter andado de um lado para outro, Renato aproximou-se, convidando:

— O que você acha, Rê, vamos embora?

— É cedo! — opinou Jorge.

— Estou no limite — afirmou o amigo.

— Por mim, tudo bem. Podemos ir — disse Regina que, ao se levantar, estendeu a mão para Jorge, agradecendo: — Obrigada pela companhia. Você foi muito gentil.

— Sou eu que agradeço. Espero poder encontrá-la novamente.

Renato também se despediu e acabou convidando Jorge para ir à sua casa qualquer hora.

O amigo sentiu-se satisfeito. Realmente ele gostaria de encontrar Regina novamente e precisava de um motivo.

Havia algo que o encantara. Uma onda de sensações agradáveis o envolvera enquanto conversaram.

Carregando em si uma esperança animadora, Jorge perdia seus pensamentos com planos e idéias agradáveis a ele ao sonhar com Regina.

* * *

Já em casa, ao conversar com o irmão, Regina reclamava:

— Quer apostar que o Nando não virá aqui amanhã?

— Vocês brigaram tanto assim?

— Nem tanto. Parece que o Fernando está cego, enfeitiçado. Ele só pensa em ir trabalhar no estrangeiro — falou caricaturando a voz com desdém sobre a idéia.

Porém, um sentimento de perda e de decepção invadia os pensamentos da jovem. Seu peito apertava como sinal de mau presságio.

— O Jorge é gerente lá na Companhia. É um dos indicados para ficar no lugar daquele diretor que saiu.

— Tão novo e já pode ser diretor de uma empresa tão grande?

— Ele é competente. — Renato riu e após alguns segundos decidiu: — Acho que vou chamá-lo para vir aqui amanhã. Será bom fazer "uma média", jogar conversa fora, assistir um jogo... Estou querendo mudar de departamento; ali no RH — falou, referindo-se ao setor de Recursos Humanos. — estou "travado", não tenho como crescer.

Sem se importar com o que Renato falava, Regina tornou indignada:

— Eu quero matar a Lorena.

Subitamente, o irmão avisou:

— Você sabia que eles não são primos?

— O quê?!! Como assim?

Quando Renato deu por conta, percebeu que a irmã ignorava o fato e achou até injusto o noivo não tê-la avisado.

— Você não sabia que eles não são primos de sangue?

— Claro que não! Conte-me essa história direitinho.

Renato contou tudo sem demora.

Regina sentiu-se aquecer. Era absurdo Fernando tê-la enganado.

— Eu não sabia disso. O Fernando não me contou.

— Creio que ele não lhe tenha contado para você não ficar assim. Além disso, talvez ficasse chato, pois sei que Lorena chama Rebeca de mãe e a considera como se fosse.

— Aquela lá não considera ninguém. Arrogante, orgulhosa e cheia de caprichos...

— Ora, se soubesse que eles não são primos de verdade, mudaria alguma coisa?

— Vou falar agora é com dona Lídia. Ela sim vai me dar razão.

— Não creio que você deva. Lembre-se do que a mãe falou: quem somos nós para forçarmos o destino? E, às vezes, quando o forçamos, damo-nos muito mal.

— Sabe, Renato, tudo aconteceu tão rápido. Primeiro, a prima não vinha para o Brasil havia quase dois anos. De repente, aparece feito uma assombração na minha vida. O Fernando mudou completamente. Nossa vida, nosso noivado, pode, simplesmente, acabar-se por causa dela.

— Vai ver que é para você passar por isso. Talvez algo melhor a aguarde no futuro, longe do Fernando.

— Deixa de ser idiota!

— Ah! Quando repito o que ouço de você e da mãe, o provérbio não serve, não é! O que vocês dizem só é aplicado aos outros!

— Ah! não enche!

Insatisfeita, Regina atirou-se sobre a cama.

Imersa em seus próprios pensamentos e sem dar mais atenção ao irmão, ela começou a chorar.

* * *

O domingo chegou, e um sol radiante alegrava todos, menos Regina, que, na casa de Rodolfo, ficou sabendo que seu noivo e a prima haviam ido à praia pela manhã.

Após a surpresa, Regina, muito angustiada, sentia-se insegura quanto à sua vida. Nervosa, procurava disfarçar a insatisfação.

Atirando-se sobre as almofadas macias que adornavam o sofá, Lorena dizia com certa petulância, sabendo que estava enraivecendo sua rival:

— O mar estava ótimo! Gelado, mas delicioso. É pena não ter vindo cedo para cá. Poderíamos ter ido juntos.

Um ódio indomável despertou em Regina, que retrucou:

— Então foi você quem não deixou meu noivo ir me buscar mais cedo?

— Eu, não! A culpa foi da praia maravilhosa.

Lídia chegou e logo perguntou:

— Onde está Fernando?

— Subiu — afirmou a sobrinha. — Precisou ir passar um creme no rosto. Ele se queimou no sol. Bem que eu o avisei para usar um filtro solar, mas ele disse que estava acostumado.

Virando-se novamente para Regina, Lorena, propositadamente, procurou irritá-la.

— Soube que não ficou feliz com a oportunidade que surgiu para o seu noivo.

Desconfiando tratar-se de uma provocação, Lídia atalhou, antes que Regina respondesse:

— Quem não gostou disso fui eu.

— Ora, tia! É para o sucesso profissional de seu filho.

— Será, Lorena?! — respondeu a mulher, encarando, com olhar firme, a moça audaciosa.

— Como assim, tia? — perguntou a sobrinha mantendo uma sordidez embutida e disfarçando a voz com maciez.

— As pessoas capacitadas não precisam ir buscar sucesso longe. Para essas pessoas o sucesso simplesmente acontece. As oportunidades nos chegam quando Deus quer, desde que estejamos preparados para elas. Por mim, meu filho não iria. Não sei de quem foi essa idéia infeliz — encerrou firme.

Muda, Lorena franziu os lábios, enquanto suspirava insatisfeita.

Sem demora, Lídia opinou contrariada:

— Não sinto que meu filho será feliz em sua vida íntima fora do Brasil. E quem o desviar do caminho será mais infeliz do que ele. Outro povo, outro lugar... Gostaria muito que Regina fosse com ele, mas...

— Não há lugar para ela! — praticamente atacou Lorena.

— Por quê, Lorena? — inquietou-se a noiva de Fernando.

Dissimulada, a moça sorriu cinicamente, respondendo:

— Nem o idioma você domina. Seria bem difícil, você não acha?

— Mas meu filho vai voltar. Se ele for! — retrucou Lídia com firmeza. — Vai voltar e ver que nunca deveria ter saído daqui. Tenho certeza disso.

Alegre, enquanto descia dois degraus por vez, Fernando chamou a atenção de todos.

— Bem! Do que estão falando?

Rápida, a prima avisou, disfarçando a voz com alegria e maquiando o assunto:

— Falávamos da sua felicidade com a mudança.

Lídia e Regina entreolharam-se, e Fernando falou:

— Já estou decidido. Vou ao encontro do sucesso!

Calada, a noiva remoía seus pensamentos. Não agüentava tanta provocação por parte de Lorena, principalmente sabendo de suas tramas.

Algo irrequieto tomou conta de Regina, que decidiu:

— Vamos, Fernando. Vamos logo.

— Aonde vocês dois vão? — interessou-se Lorena.

Imediatamente, sem desconfiança, o primo respondeu:

— Vamos ao cinema. Quer ir?

Aquilo era demais. Sem suportar mais as inconveniências de Lorena, Regina, muito amarga, reagiu:

— Pois bem, Fernando. Se você quer sua prima como companhia, pode ir ao cinema com ela.

Dizendo isso, a moça saiu da sala como se marchasse.

Lídia não sabia o que fazer e quando viu o filho correndo atrás de Regina aquietou-se, mas olhou com censura para Lorena, repreendendo-a ao pender com a cabeça negativamente.

Na varanda, quando alcançou Regina, Fernando a segurou pelo braço, fazendo-a parar.

— Não faça isso.

— Não agüento mais! — disse chorando.

— Regina, deixe de ser boba.

— Chega! Fique com sua prima.

— Você está com ciúme. Não é nada disso que você está pensando. Eu a amo, Rê.

— Se me amasse não iria para a França.

— Não me peça para ficar. É meu futuro.

— Não! É um plano ambicioso, invejoso e egoísta de Lorena para conquistá-lo. Só você não enxerga isso.

— Que absurdo, Regina!

Ela se calou, enquanto ele dava inúmeras explicações que não a convenciam.

Magoada, vendo-se ferida, Regina decidiu pôr à prova os sentimentos do noivo.

Interrompendo-o, ela resolveu muito firme:

— Se você me disser que vai para a França, terminamos nosso noivado agora.

— Já disse. Não me peça isso. Por favor.

Ambos se olharam longamente sem dizer nada.

Regina empalideceu diante do silêncio e, num ato corajoso, tirou da mão direita a aliança que simbolizava o noivado. Baixando o olhar, procurou a mão de Fernando e a pegou, colocando a aliança ao dizer com voz sumida:

— Tome. Sinta-se livre. Mas, caso mude de idéia, sabe onde me encontrar. Posso amá-lo, mas dividi-lo, nunca!

Rápida, ela se virou e correu em direção aos largos portões da luxuosa mansão.

Estático, o rapaz ficou confuso e sem saber o que fazer. Ele acreditava que Regina não entendia o que estava acontecendo, mas mudaria de idéia.

Ao entrar, não mencionou uma palavra, mas seus olhos expressivos diziam o que havia acontecido, e Lídia logo perguntou:

— Onde está Regina?!

Fernando não respondeu, e a mãe saiu correndo, tentando alcançá-la.

Em vão. A moça já havia ido embora.

Imediatamente, Lídia entrou.

Um suor frio começou a aparecer em suas têmporas enquanto sentia a garganta ressequida e a vontade de mudar aquela situação de imediato.

Com voz ponderada e firme, ela encarou o filho e sem se importar com a presença de Lorena pediu:

— Fernando, venha até o escritório. — Enquanto caminhava a passos lentos e firmes na direção do referido recinto, ainda argumentou: — Precisamos conversar. É importante.

Meio contrariado, pois sabia do que se tratava, Fernando obedeceu.

Ao entrar na grande sala, fechou a porta e, ao olhar para a mãe, disse:

— O que é, mãe?

Sem rodeio, Lídia indagou com autoridade de mãe:

— Onde você está com a cabeça, Fernando?

— Mãe, a senhora não entende. Estou pensando no meu futuro profissional. É com esse progresso que vou poder garantir uma vida confortável para Regina, para minha família.

— Eu até concordaria, com o maior prazer, se a idéia disso tudo não tivesse vindo de Lorena.

— Ora, mãe...!

— Escuta, Fernando! — interrompeu Lídia, alterando o tom de voz.

Ele se calou, surpreso. Nunca vira a mãe falar assim. Enérgica, ela prosseguiu:

— Eu já havia dito a você que não gostava da forma como sua prima o tratava, e vice-versa, principalmente perto da sua noiva. Qualquer moça respeitável teria mais dignidade e educação, não se fazendo de dengosa, cheia de mimos e caprichos, chamando tanto a atenção para si, querendo todos os cuidados que você corre para ofertar.

— Mãe...

— Ainda não terminei. Agora você vai me ouvir. — Enquanto dava poucos passos atrás de uma mesa, Lídia prosseguia menos nervosa: — Ela não é nossa parente, se bem que isso não faz diferença, mas vejo que as intenções de Lorena são as de satisfazer caprichos pessoais. Ela quer conquistá-lo.

— Ora, mãe!

— Que "ora, mãe", que nada! Lorena é ardilosa. Essa idéia não passa de um de seus planos. Sempre vi nessa moça, desde menina, uma criatura arrogante e egoísta. Sua prima quer levá-lo do Brasil para deixá-lo longe de Regina. Depois, sabe-se lá o que vai acontecer. — Aproximando-se, afirmou: — Filho, se você não abrir os olhos, sua vida vai virar um inferno nas mãos de Lorena. Pense bem, Fernando. A Regina é uma moça simples, honesta, tem educação e princípios morais valorosos. Essas são qualidades muito visadas por homens que querem uma esposa, não um "cartão de visita" como mulher, que serve só para ser apresentada elegantemente. — Para tentar persuadi-lo, ainda tentou: — Não sei se a Regina vai ficar à sua espera por muito tempo. Pense bem.

— O que a senhora quer dizer?

— Você é inteligente, meu filho. Sabe que todo homem sábio procura uma mulher com as qualidades da sua noiva. No mínimo, fiel. E fidelidade tenho certeza de que você não vai encontrar em Lorena. Porque fiel é a esposa que compreende, que não inquire, que sabe esperar, que o tem como amigo. Lorena será sua amiga?

— Lorena sempre será só uma amiga, mãe.

— Tenho minhas dúvidas quanto ao fato de você ser tão esperto a ponto de deixar que o relacionamento de você e de sua prima fique só na amizade.

Fernando, em pé, apoiava as mãos nas costas de uma cadeira, com o semblante pensativo.

Caminhando para perto dele, Lídia sugeriu:

— Procure a Regina.

O filho ergueu a cabeça, e ela completou:

— Procure-a e conversem.

— Mãe, estou decidido. Quero ir para a França. Ela não vai aceitar.

— Filho, pense bem.

— Não é uma oportunidade como outra qualquer. Preciso ir, quero aprender. Adoro a Regina, mas... Puxa! Ela também precisa ceder um pouco, não acha?

— Eu tenho certeza de que Regina não iria se importar com essa viagem, mas a presença de Lorena, com as intenções que ela deixa emanar...

— Que intenções?

Pensando bem antes de falar, a mulher confessou:

— Acho que Regina, assim como eu, sentiu algo muito ruim na Lorena. É como um pressentimento... Acho que ela é uma ameaça para nossas vidas, para nossa paz. De repente, filho, seu noivado com a Regina pode nem dar certo, vocês podem ter caminhos bem diferentes pela frente, mas eu ficaria muito infeliz se vocês terminassem desse jeito, com a Lorena envolvida. Sua prima é uma moça cheia de extravagância, que esconde suas intenções verdadeiras. Sinto que Lorena é capaz de coisas terríveis.

— Mãe, penso que a senhora está exagerando. Confie em mim, mãe. Dê-me esse voto de confiança; não vai acontecer nada entre mim e Lorena, nada além da amizade que temos. A senhora vai ver.

Com o coração opresso, Lídia silenciou. Não havia como negar ao filho tal pedido. Porém, como última alternativa, solicitou:

— Procure a Regina. Conversem.

Com leve sorriso, ele concordou:

— Pode deixar. Vou atrás dela, sim.

Atendendo ao pedido da mãe, ele procurou a noiva, que não aceitou sua viagem e pediu, com o coração partido, que o compromisso entre ambos deixasse de existir enquanto durasse sua estada na França.

Ele se sentia triste, porém sua felicidade interior com a oportunidade que surgira era maior do que a dor pela separação.

Em pensamento, Fernando acreditava que Regina iria esperá-lo, que aquele não passaria de um momento difícil entre ambos e que, em cerca de dois anos, tudo entre eles estaria melhor. Quem sabe ela não iria para a França também?

12

Uma nova vida

Mesmo com o rompimento do noivado por parte de Regina, Fernando continuou freqüentando a casa de dona Glória.

Quando estava lá, passava todo o tempo conversando com a gentil senhora, que o ouvia e comentava algumas coisas sem interferir no compromisso dele com sua filha.

Regina mal conversava. Sentia-se esgotada, abatida com tudo o que acontecia e recusava-se, terminantemente, a sair com Fernando para passear ou ir à sua casa.

O tempo correu célere, e logo após as festas de fim de ano Fernando foi para a França trabalhar no estaleiro de seu tio.

A incerteza do destino e o medo do futuro deixavam a moça desanimada; seu coração partido estava entregue à decepção.

Lídia foi visitá-la várias vezes, mas não tinha muito o que fazer por Regina.

— Ela vive calada — dizia dona Glória para a mãe de Fernando. — Freqüenta o Centro Espírita, participa de tudo como antes, só que sem aquele ânimo, sem aquele vigor de antes.

— Lamento tanto, dona Glória. A senhora não sabe como considero e estimo sua filha. Sinto tanto o Fernando não ter desistido dessa idéia.

Sabiamente dona Glória, com sorriso meigo, argumentou:

— Quando não se tem remédio, o jeito é mantermo-nos em prece, pedindo luz e entendimento para as consciências de nossos filhos.

— Tem razão. E é o que tenho feito. — Mas, após alguns segundos, perguntou: — Será que Regina vai demorar?

— Acho que não. Daqui a pouquinho ela estará aí. Ficará feliz em vê-la. Minha filha gosta muito da senhora.

— E eu dela.

— Mas não lamente, dona Lídia. Se for para eles ficarem juntos, ficarão.

— Sim, entendo isso, mas é que não estou gostando da maneira como tudo aconteceu. Não vejo com bons olhos as intenções de minha sobrinha. Comecei a sentir uma coisa...

Enquanto conversavam, Regina estava sozinha, imersa em profundos e tristes pensamentos que lhe abatiam o coração.

Sentada em uma pedra de frente para o mar, a moça perdia o espetáculo que o sol oferecia ao se pôr.

Um barco singrava ao longe, na linha do horizonte, onde ela perdia o olhar sem nada ver.

"Lorena foi a vitoriosa!", pensava. Apesar de Fernando dizer o contrário, tinha certeza de que perderia o noivo. Ele se deixaria levar pelos caprichos da prima, que o envolvera ardilosamente sem que percebesse.

Uma onda de tristeza arrebatava os sentimentos da moça que, ao olhar na linha entre o mar e o céu, ficava imaginando que do outro lado daquele imenso oceano estava Fernando.

Até então a jovem não se preocupava com nada à sua volta, mas uma sombra atraiu sua atenção.

Circunvagando o olhar na direção do vulto, ela sorriu mecanicamente ao reconhecer a imagem de Jorge.

Passou as mãos pelos cabelos num gesto simples e natural, prendendo a maior parte, enquanto alguns fios teimosos esvoaçavam livres.

Não disse nada, e Jorge, respeitando seu silêncio, indicou a seu lado, perguntando:

— Posso?

Um balançar de cabeça serviu como consentimento, e o amigo acomodou-se ao seu lado sem dizer mais nada.

O barulho das ondas que arrebentavam nos rochedos não incomodava a reflexão de Regina, e os borrifos de água, em tons cintilantes e coloridos, faziam espetaculosas exibições sem serem notados pela moça.

Ambos ficaram ali, calados, até sem se olharem, por longo tempo.

Havia qualquer coisa no ar que simbolizava o respeito de Jorge pelos sentimentos da moça. Ele entendia sua alma melancólica e saberia esperar.

Bem depois, quando do sol só se podia ver a assembléia de luzes que se misturava no céu em meio a algumas nuvens, Regina, quebrando o silêncio, perguntou:

— Como sabia que eu estava aqui?

— Passei na sua casa. Seu irmão estava lavando o carro, perguntei por você, e ele me disse que havia saído há horas e já estava preocupado. Como estava atarefado, não podia vir atrás de você. Então falei que viria procurá-la, que, se não a encontrasse, voltaria para avisá-lo. Daí o Renato recomendou que a procurasse perto das pedras.

Ela somente o encarou e sorriu. Talvez lhe faltasse coragem para comentários. Regina não queria falar.

Jorge era dono de uma personalidade cativante, era educado.

Logo que no céu começaram a aparecer os primeiros vestígios de escuridão, Jorge aconselhou:

— Já é bem tarde. Não é um bom horário para ficarmos aqui.

Regina suspirou, concordando:

— É verdade.

Ele se levantou, estendeu-lhe a mão para que se apoiasse, e, ao se erguer, Regina o encarou agradecendo, mas logo ele viu em seus olhos as lágrimas teimosas que rolaram.

Puxando-a para junto de si, querendo confortar seu coração oprimido, Jorge a abraçou, recostando-a em seu ombro.

Regina deixou-se envolver e chorou muito.

Nenhuma palavra foi dita, e, depois de algum tempo, um tanto sem graça, ela pediu:

— Desculpe-me, por favor. Eu...

— Ora, Regina, amigos são para isso. Agora vamos.

Cuidadoso para não exibir suas intenções, Jorge passou-lhe o braço sobre os ombros e a conduziu pela areia fofa até chegarem na calçada.

Regina sentou-se na mureta para tirar a areia dos pés, e ele a convidou:

— Vamos tomar um sorvete?

— Agora?

— Claro! Vamos!

Ela aceitou e foi aí que ambos passaram a conversar e conhecerem-se melhor.

* * *

Com o passar dos dias, Regina não se furtava ao sentimento de decepção que assolava sua alma.

Fernando telefonava algumas vezes, mas parecia ser por obrigação, talvez por ela tratá-lo com modos frios.

Quando escrevia ou enviava-lhe postais, só falava do novo emprego, exibindo nas fotos a vista exuberante de onde vivia.

Aos poucos Regina percebia que, apesar das promessas de que não a esqueceria, as palavras de carinho e as expressões de saudade escasseavam-se nas correspondências.

Cauteloso, Jorge, o novo amigo, aproximava-se da moça, tentando conquistar sua confiança e seu amor.

Ele se dizia amigo de Renato e usava essa desculpa a fim de estar sempre presente, principalmente nos finais de semana.

Jorge conversava muito com Regina e com o tempo tirou-a do silêncio melancólico, fazendo-a falar de seu assunto preferido.

Não se deixando prender somente na casa da moça, Jorge sempre surgia com convites de passeios, festas ou almoços.

Tendo Renato como seu aliado, pois o irmão da moça sempre a incentivava a sair com o amigo, Jorge sentia-se satisfeito.

Com o tempo, ela passou a ceder à atenção e ao carinho que recebia dele, que, por sua vez, estava ciente de que Regina trazia ainda o ex-noivo na lembrança, mas não se importava; isso iria passar.

Muito seguro de si, Jorge acreditava que conquistaria seu amor.

Regina o respeitava, era amiga sincera e gostava muito dele.

Com o passar dos meses, começaram a namorar, e Jorge sentia-se o homem mais feliz do mundo.

* * *

Durante alguns meses tudo estava tranqüilo.

Um ano havia-se passado desde que Fernando fora para a Europa e há tempos Regina não tinha notícias dele, pois ele deixara de escrever.

Somente dona Glória, quando conversava com Lídia, perguntava como o rapaz estava, mas, muito consciente, a mulher não ousava tecer qualquer comentário com a filha.

Regina agora estava bem.

Lecionando em duas escolas, só lhe sobrava tempo à noite, horário que reservava para a elaboração de aulas e correção de provas.

Jorge pensava em um compromisso mais sério, o que não demorou a acontecer.

Mas se existia alguém completamente contrária a isso era Lídia, que haveria de se resignar. Ela ainda tinha esperança de ver seu filho reatar o compromisso com Regina, mas, quando soube do noivado da moça, sentiu que nada mais poderia ser feito.

Por outro lado, não a culpava. Sabia tudo o que Fernando estava fazendo.

Para dificultar ainda mais, Fernando, que prometera voltar a passeio no meio daquele ano, não viera e, por telefone, muito sem jeito, anunciou seu namoro com Lorena, avisando que em breve ficariam noivos.

Lídia perdeu horas com o filho ao telefone tentando alertá-lo sobre a personalidade da prima, para não se deixar levar por sua fala pausada e mansa, pois ela, com meticulosidade, calculava as palavras, mascarando suas verdadeiras intenções com sorrisos ensaiados e um tranqüilo tom na voz.

Lorena era geniosa, e Lídia sabia que quando ela exibisse sua autêntica personalidade Fernando seria muito infeliz.

Mesmo contra a vontade dos pais, Fernando acabou se casando com Lorena.

Sem saber do ocorrido, no mesmo mês, Regina e Jorge também se casaram.

* * *

O tempo, incansável, não pára, mesmo quando acreditamos que os anos custam a passar.

E é no final de seis anos, após os últimos acontecimentos, que vamos encontrar Lorena e Fernando de volta ao Brasil e àquela confortável e bela mansão, lar de Lídia e Rodolfo.

Em conversa particular com o pai, Fernando estava admirado com as novidades.

— O senhor me falou, mas não acreditei que levaria isso a sério!

— Tudo aconteceu da seguinte forma — contava Rodolfo sorridente e animado :— quando conheci o Espiritismo, percebi que haveria de acertar contas de tudo o que não fiz corretamente. Analise, Fernando: para conseguir todo esse patrimônio que temos e sustentá-lo, eu e seu avô não fomos tão corretos assim. Então compreendi que deveria fazer algo e pensei: O quê?

Veja, eu sempre critiquei aqueles que não estudam, que não se esforçam, mas comecei a ver que nem sempre lhes são dadas oportunidades, orientações. Sabe, dar esmolas é fácil; sempre haverá os que estão prontos para receber. Contudo, tenho capacidade e até condições de fazer algo melhor.

Lá no Centro que eu e sua mãe freqüentamos, havia cerca de quarenta famílias dependentes de cestas básicas. Nós éramos os que mais colaborávamos para a manutenção dessas cestas. Daí pensei: não posso só "dar o peixe"; tenho de "ensinar a pescar". Na grande maioria dos casos, os assistidos estavam desempregados e por isso recorriam ao Centro Espírita. Como ouvimos dizer: "A Doutrina Espírita não surgiu para fazer caridade, mas ai dos pobres se não fossem os espíritas".

Conversei com um e com outro e surgiu a idéia de abrir uma fonte de trabalho, gerando emprego e trazendo dignidade àqueles assistidos pela área social.

Então, tudo aconteceu. Não foi preciso empregar muito dinheiro.

Hoje temos uma lavanderia, pois descobrimos que ninguém gosta de passar roupa, e ela tem um preço acessível às classes média e média baixa. Algo muito prático e útil àqueles que trabalham fora.

Só nesse lugar geramos quinze empregos. Estamos agora com uma carpintaria que também realiza trabalhos como alguns consertos de alvenaria, como, por exemplo, em calçadas quebradas, muros. Sabe que até móvel planejado eles já começaram a fazer! Só temos um probleminha. Estamos com falta de profissionais devido ao aumento de serviço, pois o preço realmente é acessível. Resumindo: Por termos gerado empregos, só temos duas famílias recebendo cestas básicas, pois nelas há deficientes graves que necessitam realmente de atendimento e acompanhamento integral.

Os mantimentos que antes eram dos assistidos das cestas agora são direcionados a orfanatos e a asilos de pessoas desamparadas.

Ah! Também temos uma creche que funciona para os filhos dos empregados.

Rodolfo, sorridente, calou-se, observando a reação do filho, que parecia perplexo. Ele não acreditava que seu pai pudesse se transformar tanto assim.

— Que incrível, pai! Estou admirado!

— Veja, Fernando, eu poderia me desfazer dessa fortuna fazendo doações, mas elas também iriam acabar nas mãos dos necessitados sem que houvesse um lucro, um retorno a eles mesmos. Achei melhor dar oportunidade de trabalho, ocupação e dignidade. As pessoas sentem-se produtivas, melhores.

— Vejo que não pretende parar aí pelo seu entusiasmo...

— Temos muitos empenhados; não pararemos tão breve. Deus queira que não. Mas, me conta, quais são as novidades. Tanto tempo longe, deve ter muitas.

Fernando sorriu meio sem jeito e, mediante a oportunidade, revelou:

— Quero voltar para o Brasil definitivamente.

Estranhamente o pai não reagiu surpreso; parecia já esperar por aquela decisão.

Sem demora, o filho perguntou:

— O que o senhor acha?

— Maravilhoso! — respondeu o pai que, sem demora, concluiu: — Quando você foi para a Europa, senti como se tivesse perdido outro filho.

Indo em sua direção, Rodolfo o abraçou com carinho, emocionado por sua decisão.

Afastando-se, o pai colocou as mãos em seus ombros e o chacoalhou sem dizer nada e sorrindo, pois as palavras prenderam-se na garganta de ambos. Porém, a troca de olhar dizia tudo.

Fernando baixou a cabeça quase não resistindo às emoções.

Respirando profundamente, caminhando até a mesa do escritório, Rodolfo avisou:

— Tenho grandes contatos, você sabe. Profissionalmente você está amparado, mas...

— Mas...? — interessou-se o filho.

Olhando-o firme, o pai pediu:

— Venha morar aqui. Essa casa é imensa e está muito vazia. Agora, principalmente, ficou pior.

— E o vô, ainda vive trancado no quarto?

— Vive sim. Como sempre, quase não conversa e... Ah! não contei! Ele não vai mais ao escritório. Tudo ficou por minha conta; seu avô simplesmente se aposentou e abandonou tudo. Nem orientações ou conselhos recebo dele.

— E fica em casa?! — admirou-se o rapaz.

— Só em casa. Quando muito, caminha um pouco pelo jardim. Nada mais. Se ainda fosse até o Iate Clube... Sei, lá.

Algumas pancadas fortes e descompassadas na porta do recinto chamaram a atenção de ambos.

Fernando sorriu ao adivinhar que seria Helder, o filho de quase dois anos.

— Espere! — avisou Fernando, indo e direção à porta. — O papai já vai abrir.

Sorridente ao abrir a porta, Fernando o pegou no colo e beijou-lhe a face com carinho.

O rosto rosado e as bochechinhas salientes exibiam a saúde da criança muito ativa.

O menino, bem esperto, apontava para os livros que queria alcançar, balbuciando algo ao mesmo tempo.

Ainda desejoso de informações, pois estava curioso, Rodolfo perguntou:

— E a Lorena, concorda com a mudança para o Brasil?

Respirando profundamente e exibindo certa insatisfação ao espremer os lábios, Fernando respondeu:

— Terá de concordar. Estou decidido.

— Ela ainda não sabe?

— Deixei para dizer aqui.

— Vocês estão bem? — perguntou o pai, exibindo-se receoso.

— Infelizmente, tenho de admitir que vocês tinham razão.

— Como assim?

Fernando, preocupado com quem pudesse ouvi-lo, olhava para fora enquanto falava e balançava o pequeno Helder dando alguns passos.

— Lorena é geniosa, para não dizer diabólica.

— Espere, Fernando. Também não é assim — disse o pai caminhando até a porta, fechando-a para que ficassem mais à vontade.

— Eu pensei que, depois do nascimento do Helder, ela mudaria. Mas não. O senhor não imagina do que ela é capaz, e para não pedir o divórcio de imediato vou voltar para cá. Quem sabe, longe do pai e da tia Rebeca, pois os dois fazem todos os seus gostos e caprichos, ela se sinta mais inibida de fazer o que faz.

O garoto não queria ficar no colo do pai, que o pôs no chão, mas seguia-o de perto, pois as gavetas foram o seu primeiro lugar de ataque.

Rodolfo, querendo saber mais, perguntou:

— Mas o que está acontecendo de tão grave?

— Tudo, pai. Está acontecendo tudo. Eu tenho de satisfazer todos os seus caprichos, seus luxos, como se fosse seu empregado. Ainda escuto gritos e desaforos sempre exigindo algo.

— E você não reage?

— O senhor não imagina o escândalo quando lhe chamo a atenção. — Imediatamente ele reagiu com o filho: — Não, Helder. Deixe isso! Isso corta, é perigoso — avisou ao tirar-lhe das mãos o abridor de cartas. Voltando-se ao seu pai, disse: — Sabe, pai — prosseguiu: —, eu gostaria de começar de novo, de tentar novamente, só que aqui. Perto da família dela sei que não tenho condições.

— Vocês tentaram algum tipo de terapia de casal?

— Não. Lorena não admite.

Vendo que o filho não controlava o garoto que mexia em tudo, Rodolfo apanhou uma lista telefônica antiga, pegou o neto, colocou-o sentado no centro do escritório e disse ao menino enquanto colocava a lista à sua frente com uma caneta junto.

— Olhe, Helder, brinque, mas não rasgue nem risque, viu?

Eles riram, e Fernando perguntou:

— Pai, e a Kássia?

O homem franziu o semblante, fez um gesto singular e respondeu:

— É... — começou desolado —, este assunto está se tornando um problema.

— Ela ainda anda com aquelas companhias?

— Infelizmente, sim. Quando ela chegar, você verá por si mesmo.

— Nunca pensei que a Kássia pudesse se transformar tanto.

Logo, pai e filho voltaram a conversar sobre o retorno de Fernando ao Brasil; afinal, isso era prioridade para o rapaz, que estava decidido e precisava estabilizar-se o quanto antes.

13

Súbita mudança

A chuva que caíra no fim da tarde trouxe um frescor muito agradável ao início da noite, e da sacada do seu quarto Fernando olhava o belo jardim, apreciando a vista, enquanto matava a saudade.

Seus pensamentos perdiam-se embaraçados, sem concentração, sem objetivos.

Lembrou-se da infância feliz que tivera, e uma saudade calou em seu peito quando se recordou do irmão falecido.

Um suspiro fundo, sem ser forçado, emocionou-o, fazendo com que de seus olhos lágrimas brotassem imediatamente.

Sussurrando e com tranqüilidade, Fernando perguntou:

— Cristiano, onde você está?

Fernando não pôde ver, muito menos ouvir, mas naquele exato momento o espírito Cristiano, sorridente, o abraçou, dizendo:

— Estou aqui.

Forte sentimento tomou conta de Fernando, sem que ele pudesse entender o que acontecia.

Cristiano o abraçou, afagou-o e disse:

— Nando, você deveria ter sido menos ambicioso. O egoísmo o levou para longe e com isso você cedeu aos caprichos e às seduções perigosas, das quais não precisava. Agora, Fernando, terá de arrancar, de si mesmo, forças para suportar as dificuldades que arranjou.

Em pensamento, Fernando dizia:

— É, Cris, se você estivesse aqui hoje, poderíamos estar conversando como dois homens. Talvez pudesse me ouvir, me aconselhar, me apoiar, não sei. Acho que errei muito quando fui embora do Brasil. Foi egoísmo querer uma indicação de empresa estrangeira no currículo; foi egoísmo e ilusão. Aqui há coisas ótimas. E com os contatos que o pai tem... Depois, ainda, quando estava lá na França, acreditei que se eu não me envolvesse com Lorena estaria fora, perderia o emprego... Que droga!

Sem que Fernando ouvisse, Cristiano concluiu por ter sentido seus pensamentos:

— Meu irmão, aprendi que se temos a infeliz capacidade de nos envolver em um erro, ou em um problema sério, é porque temos, em nosso interior, forças para encontrarmos uma solução e harmonizarmos a situação. Você tem consciência do que fez. Isso é muito bom. Seja paciente, procure compreender sua mulher. Oriente-a para o bem, pois Lorena precisará muito. Ela é uma alma doente que recusa o amor incondicional, que repele a humildade. Já que decidiu ficar junto dela, conduza-a a uma visão real da vida. Mas, para isso, precisará adquirir conhecimento.

Nesse instante, nos pensamentos de Fernando, surgiu a imagem de quando ele entregou a seu pai *O Livro dos Espíritos* que Regina havia-lhe pedido.

— Nossa! Não pensei que meu pai tinha condições de mudar tanto. Talvez nesse livro eu também encontre algo que me dê ânimo. Dona Glória ou Regina certamente saberiam o que me dizer. E Regina, como estará?

Uma saudade o calou, e ele deteve os pensamentos.

— Isso mesmo, Fernando — insistia Cristiano. — Procure orientação. A mãe é sabia, pode ajudá-lo a experimentar tudo sem dívidas. Não fuja das situações. Amigos espirituais de elevado entendimento haverão de envolvê-lo; assim, se sentirá fortalecido a fim de procurar equilíbrio. Somos o que cultivamos como práticas e pensamentos. Pense em tudo o que vai fazer e falar. Jesus já disse que não é importante o que entra pela boca, mas sim o que sai dela. Por isso, aja com tranqüilidade.

Percebendo a aproximação de Lorena, Cristiano envolveu seu irmão mais uma vez e beijou-lhe a face, afastando-se em seguida.

Nesse instante, a porta do quarto abriu-se, e, ao entrar, Lorena exigiu amarga:

— Quero sair esta noite. Onde podemos ir?

Fernando virou-se e após dois passos saiu da sacada, entrando novamente no quarto. Suspirando, argumentou em tom manso:

— Se quiser sair, sinta-se à vontade. Pode chamar o Ian como companhia. Prefiro ficar em casa.

Caminhando alguns passos enérgicos, Lorena colocou as mãos na cintura e ficou encarando-o. Altiva, com os olhos fixos no marido, querendo inibir sua decisão, ela falou de forma estridente, ordenando ao intimar:

— Você vai comigo! Não sei onde, mas quero me distrair. Não suporto o marasmo dessa casa.

Sereno, Fernando informou:

— Acho bom que se acostume a essa casa, pois é aqui que vamos morar. Não voltarei para a França.

Os olhos de Lorena cresceram; ela se viu ameaçada de alguma forma, pois quando voltou para o Rio de Janeiro acreditou que fosse só a passeio.

Indignada e perplexa, percebia certa firmeza na decisão do marido. Antes que se manifestasse, Fernando prosseguiu:

— Será melhor para nós dois e para o Helder. Acho os costumes daquele país um tanto gélidos, sem amabilidade. Quero que meu filho tenha uma educação mais generosa. É absurdo e abusivo lugares onde não podemos entrar com crianças só por capricho daqueles que não querem ser incomodados por risos ou choros, enquanto nesses mesmos locais e até em muitos restaurantes finos cães são imensamente bem-vindos e permanecem às mesas. Quero ir acompanhado por meu filho a todos os lugares.

Impulsiva, Lorena o interrompeu quase num grito:

— Jamais morarei aqui nesse país de Tupininquins, como diz Rebeca. Se você está pensando...

— Eu já decidi. Não volto mais para a Europa.

Naquele instante a discussão nervosa elevou o tom de voz do casal e de qualquer lugar da casa eles podiam ser ouvidos.

Agora, valendo-se de estar sob o teto de seus pais, Fernando reagia, impondo à esposa o que acreditava ser mais correto.

A única maneira que encontrou para terminar com os gritos de Lorena foi deixando-a sozinha no quarto.

Ao descer as escadas que davam para a sala principal, Fernando deparou-se com os olhares de todos, que pareciam desejosos por explicações.

A voz de Lorena ainda podia ser ouvida, e Ian, parecendo um tanto constrangido pela atitude da irmã, decidiu ir falar com ela.

Com a retirada do sobrinho, Lídia aproximou-se do filho e perguntou:

— O que está acontecendo, Fernando?

Sem rodeios, ele avisou:

— Acabei de dizer a ela que não volto mais para a Europa.

Firme, Rodolfo argumentou:

— Estou escandalizado ao ver em que pé chegou seu relacionamento com sua esposa.

— Ora, pai, ela...

— Ela só, não! Quando a falta de respeito chega a esse ponto, a culpa não é só dela, é sua também.

Irritado, Fernando defendeu-se:

— O que quer que eu faça? Que eu tape a boca de Lorena?

— Você deveria tê-la impedido de gritar desde a primeira vez — disse Rodolfo, enquanto caminhava pela sala exibindo nervosismo. — Onde já se viu isso?

— Vocês não sabem o que eu venho suportando — informou o filho. — Houve ocasiões em que não quis acompanhá-la em algum lugar e, sem que esperasse, Lorena aparecia, no meio do expediente, sem se importar se eu estava ou não recebendo algum cliente, e, na frente de todos, armava o maior escândalo. Ninguém de sua família abria a boca; parecia até que todos eram submissos a ela. Seus caprichos tinham de ser satisfeitos imediatamente.

— Detesto dizer isso, Fernando, mas nós o avisamos — lembrou Lídia muito enérgica. — Quando você foi para a França, falei muito. Como se não bastasse, quando nos informou que iria ficar noivo, falei mais ainda.

— Pensei que ela fosse mudar depois do nascimento do Helder, mas não. Lorena pouco se importa com nosso filho. Ela acredita que duas babás e uma enfermeira suprem as necessidades do menino.

— Por que não disse a ela que pensava em ficar definitivamente no Brasil?

— Ela não viria para cá e criaria o maior problema. Certamente não deixaria que o Helder viesse comigo. Se arrependimento matasse...

Seus pais entreolharam-se sem nada dizer. Sabiam que o filho tinha consciência do que havia feito e agora teria de procurar soluções, o que lhe seria muito difícil.

* * *

Distante dali, Regina e Jorge acabavam de chegar em casa. Ele trazia nos braços Denis, o filho mais velho que estava com três anos, enquanto ela levava a pequena Amanda, de um ano e meio.

— Tenho certeza de que, quando entrarmos, eles vão acordar e ficarão "ligados" pelo resto da noite — acreditava Regina.

Jorge sorriu e, ao entrarem em casa, a previsão de Regina realizou-se.

— Vamos logo dar um banho neles, porque assim vão ficar relaxados e dormirão logo — opinou o marido. — Hoje eles tiveram um dia cheio. Estão cansados. Brincaram o dia todo com a cachorrinha.

— Coitada da "Bolinha"; bem se vê que está ficando velha. Coitadinha, para suportar esses dois...

Animados, o casal trocava algumas palavras, enquanto juntos banhavam as crianças e as preparavam para dormir.

Mais tarde, porém, viram-se a sós e bem mais tranqüilos, pois os pequenos já haviam sido arrebatados pelo sono.

No quarto, abraçado à esposa, Jorge dizia:

— Amanhã haverá uma reunião importante. Estou com receio.

Enquanto lhe acariciava os cabelos, Regina o incentivava:

— Não tema. Você tem muito valor lá na empresa. É capacitado, Jorge.

— Acontece que novos donos, nova presidência, gostam de ser assessorados por aqueles que conhecem. Eles certamente trarão pessoas de sua inteira confiança para alguns cargos.

Ocorria que a Companhia em que Jorge trabalhava, havia alguns anos, fora vendida, e o medo do desemprego o assombrava.

O casal era unido e vivia harmoniosamente.

Regina era uma esposa compreensiva e amorosa, sempre presente de forma ativa e positiva na vida do marido e dos filhos.

Apesar do coração apertado, ela lhe falava de modo sereno e otimista, elevando seu ânimo:

— Não se preocupe. Mesmo que não continue lá, você é capacitado e vai arrumar algo em outro lugar rapidinho. Talvez com uma colocação melhor.

Jorge sorriu e a abraçou com carinho, beijando-lhe os lábios com amor. Ele encontrava na esposa um porto seguro, recebendo a compreensão que todo homem deseja ter.

Jorge a valorizava, além de amá-la muito.

Regina dificilmente se exaltava e conseguia ter agilidade em qualquer situação complicada. Era difícil vê-la nervosa. Agora, mais madura, era dona de grande controle emocional.

* * *

Nos dias que se sucederam, Jorge chegou em casa abatido e sem demora deu a desagradável notícia:

— Fui demitido.

A esposa, surpresa, fez-se de forte para suportar com firmeza o rude golpe. Com o coração opresso, não sabia o que dizer, precisando arrancar, do fundo da alma, palavras que pudessem trazer mais ânimo ao marido.

Indo imediatamente ao encontro do marido, ela o envolveu em um abraço caloroso enquanto dizia:

— Isso não será problema para você. Encontrará coisa bem melhor.

Jorge correspondeu ao carinho, beijou-a rápido e logo se afastou.

Não havia como esconder sua preocupação com o futuro.

Ele não tinha muito o que receber como indenização, uma vez que usara o Fundo de Garantia para a compra daquela casa, que ainda não estava totalmente paga.

Sua preocupação maior era também com os dois filhos pequenos que exigiam cuidados e qualidade de vida. A esposa, por outro lado, não trabalhava fora e não sabia como iria suprir a manutenção da casa.

A situação era difícil.

Vendo-o calado e oprimido, Regina acercou-se mais do marido, passou-lhe a mão nas costas com um gesto de carinho e lembrou com voz terna:

— Posso voltar a dar aulas; afinal, nunca quis parar de lecionar.

Sincero e ponderado, o esposo a encarou e, com fala mansa, lembrou:

— Você saiu do emprego para cuidar das crianças. Não é justo...

— Claro que é! — interrompeu Regina. — É um momento de necessidade. Tenho profissão e vou exercê-la para ajudá-lo a manter nossa casa e nossos filhos.

— Regina, deixe que eu cuido disso. Olha, ainda estou arrasado com tudo o que aconteceu e não consigo pensar direito. — Com o semblante sisudo, ele avisou: — Vou tomar um remédio contra dor de cabeça e depois um banho; estou me sentindo péssimo.

O chorinho de Amanda chamou a atenção de Regina, que precisou atender a filha querida.

Enquanto cuidava da menina, começou a planejar por onde começaria a procurar por um emprego. Primeiro, tentaria entrar em contato com amigas professoras, com as quais já havia trabalhado. Poderia também falar com seu irmão; afinal, Renato conhecia muita gente e poderia ajudá-la. Mesmo que não fosse um emprego para lecionar, ela aceitaria diante da atual situação; não poderia se dar ao luxo de escolher, até porque emprego não é algo fácil de conseguir.

Sua segunda preocupação era com as crianças. Não poderia pagar alguém para ficar com elas; teria de pedir para sua mãe. Isso não a deixava satisfeita, pois sabia que a mãe já tinha certa idade e alguns problemas de saúde, e seus filhos eram bem ativos. Porém, não haveria outro jeito, não tinha a quem mais recorrer.

* * *

No dia imediato, bem cedinho, Regina foi até a casa de sua mãe, não muito longe da sua, e contou tudo o que estava acontecendo.

— Confie em Deus, filha. Se o Jorge não fez nada de errado para ser demitido, é porque tem de ser assim.

Aproximando-se da filha, que, sentada em uma cadeira, apoiava os cotovelos sobre a mesa segurando o rosto com as mãos, dona Glória afagou-lhe os cabelos e puxou-a, para que se recostasse nela. Acarinhando-lhe a face, falou:

— Vai dar tudo certo, Regina. É só uma temporada ruim, filha.

— Mãe, estamos ainda pagando a casa. Só faltam três meses para terminar. Mesmo eu trabalhando, não sei se ganharei o suficiente; temos dois filhos pequenos.

— Mesmo que não ganhe para pagar tudo sozinha, o Jorge vai arrumar outro emprego logo, você vai ver. Quanto às crianças, não se preocupe, elas vão ficar bem comigo. O que recebo da aposentadoria de seu pai é pouco, mas dá. Sempre deu.

— Fico preocupada com o Denis. A senhora sabe que ele não obedece e é muito levado.

Sorrindo, a avó garantiu:

— Deixe comigo. A mim ele atende direitinho. Tudo o que peço com jeitinho ele faz.

— É, talvez a Viviane possa dar uma mãozinha.

— Você sabe, ela vem aqui todo dia e sempre nos ajuda. Pena o Renato não valorizar essa moça como deveria. Seu irmão ainda vai acabar perdendo a Vi.

Regina levantou-se, andou até o fogão e serviu-se de café. Virando-se para a mãe, perguntou:

— E o Renato, como está?

— Como falei, hoje ele levantou bem cedo. Disse que tinha muito trabalho.

— Ontem ele bebeu?

— Ontem não. — Com o semblante preocupado e triste, dona Glória afirmou: — Sábado a Viviane veio trazê-lo. Seu irmão apareceu na casa dela e estava que nem se agüentava em pé.

— Como se não bastasse, ainda temos mais isso — lamentou a filha, insatisfeita, andando até a mesa. — Não dá para entender. Um rapaz bonito, inteligente, que tem um emprego excelente e gosta de trabalhar, mas é só chegar nos finais de semana bebe até cair.

— Não sei como a Viviane ainda o atura.

— O Renato precisa de um tratamento. Alcoolismo é doença.

— Eu sei, filha. Mas vai falar isso para ele. Seu irmão é um excelente filho, educado, e faz tudo para me agradar, mas não aceita o que a gente fala para ele. — Depois de um profundo suspiro, a mãe desabafou: — Você não imagina o que sinto quando o vejo "de fogo". Como é duro para uma mãe encarar esse pesadelo. É uma angústia tão grande.

— Já falei tanto, mãe. Mas não adianta. Ele jura que não vai beber mais, porém...

— Acho que são as companhias. Tem colega que insiste para que ele o acompanhe na hora de beber, e seu irmão não tem opinião.

— Ele tem vergonha de se negar a beber. Os colegas o ridicularizam, e para não ficar por baixo o Renato acaba aceitando.

— Vamos falar com ele quantas vezes forem necessárias. Não vou desistir do meu filho. Se Deus o confiou a nós com esse vício, é porque temos condições de ajudá-lo.

— A senhora também já passou por tantas, hein, mãe!

— Minha maior dificuldade foi quando perdi seu pai. Vocês eram pequenos. Nossa! Como foi difícil! Seu pai deixou de pagar os últimos meses da previdência, e eu não sabia o que fazer com a alfaiataria. Nosso vizinho, o finado senhor Mané, foi quem cuidou de um monte de documento e vendeu a alfaiataria. Passei a receber a pensão e a fazer faxina.

— Demorou tanto para a senhora conseguir se aposentar, né?

— Foi sim. Mas deu para a gente viver. Principalmente quando o Renato começou a trabalhar; tudo melhorou.

— É, mas quando ele resolveu fazer faculdade e eu também novamente ficamos sem dinheiro.

— Mas tudo foi passageiro. Seu irmão arrumou um emprego melhor, e você começou a dar aulas. Acabou tudo dando certo. Hoje, filha, o que você está experimentando também vai passar. Nada é eterno.

Regina sorriu, mesmo sentindo seu coração aos pedaços.

Olhando no relógio, surpreendeu-se:

— Nossa! Preciso ir. O Jorge, após o almoço, precisa ir lá na empresa para ver uma documentação para a homologação.
— Aproximando-se da amável senhora, a filha a beijou e disse:
— Tchau, mãe. À noite venho para falar com o Renato. Agora preciso ir.

Regina se foi, e mesmo sem soluções para os seus problemas sentia-se um pouco melhor.

A conversa com sua mãe a deixara mais segura.

* * *

Jorge tinha dificuldades para encontrar uma colocação de acordo com seu nível. Entretanto, com o passar dos dias, Regina conseguiu um emprego em uma empresa de cosméticos, devido à ajuda do irmão.

Jorge não estava muito satisfeito; todavia, não podia se opor por causa das necessidades da casa e dos filhos.

Ao chegar em casa, Regina procurava falar pouco sobre seu trabalho para não gerar nenhum sentimento indesejável no marido, que, a cada dia, parecia mais preocupado com sua situação.

Ele estava nervoso pelas tentativas frustradas e, mal-humorado, quase não conversava, transformando-se em um homem sem carinho a oferecer e com modo áspero no falar.

Sem gentileza e atenção para com os de casa, Jorge acabava afastando de si aqueles que mais amava, principalmente os filhos.

Regina acreditava que isso seria temporário e que era por conta do desemprego; por isso não dizia nada.

Quando recebeu seu primeiro salário no novo serviço, Regina sentiu-se imensamente satisfeita. Mas, a caminho de casa, a bela jovem preparava-se psicologicamente para lidar com o mau humor do marido; entretanto, para sua surpresa, foi diferente.

Ao encarar Jorge, ela percebeu um brilho diferente em seu olhar. Ele tentava ficar sério, mas seus lábios eram puxados pelo sorriso.

Sem demora, Regina perguntou:

— Tudo bem? Alguma novidade?

Sem demora, Jorge anunciou:

— Recebi uma proposta!

A esposa ficou na expectativa e, sem conseguir deter a curiosidade, perguntou rapidamente:

— Você foi chamado?

— Não. Não é bem isso. Lembra-se da Selma?

— Aquela gerente que trabalhou com você?

— Ela mesma! — afirmou o marido, parecendo entusiasmado. Logo continuou: — Hoje ela veio aqui.

— Como?

— Ela me telefonou, disse que tinha algumas idéias e que precisávamos conversar. À tarde veio aqui me propor um negócio.

Nesse momento Regina fechou o sorriso, pois sentiu algo que não gostava naquela história. Porém, sem comentários, aguardou o desfecho.

— A Selma também foi demitida e pretende abrir uma loja de agasalhos e roupas esportivas. Mas seus planos não páram só aí; se eu entrar de sócio, poderemos, também, fazer as confecções. Não pararemos só nos agasalhos esportivos; podemos entrar num acordo com alguns colégios e fazer uniformes escolares.

Interrompendo-o, a esposa perguntou:

— E para essa sociedade com a Selma você faria uso do que temos guardado no banco, o que restou do que recebeu do Fundo de Garantia?

— É claro! Não posso entrar de mãos vazias numa sociedade. É lógico que serei um sócio minoritário, por entrar com menos investimento. — Tentando convencê-la, ele a rodeou e, animado, avisou: — Olha, no começo pode não ser muito lucrativo, mas como você está trabalhando temos como "segurar as pontas". Além do que seu irmão pode dar uma ajudazinha.

Regina, andando alguns passos em torno da mesa, não dizia nada, mas sentia-se insegura. Algo estranho a deixava temerosa. Seus pensamentos estavam confusos e havia algo suspeito.

Em meio a tudo, a única coisa que falou foi:

— Você confia na Selma?

— Não há com o que se preocupar. Vai dar certo, Regina! — exclamou Jorge, animado, indo abraçá-la. Beijando-a, admitiu: — Sempre quis ter meu próprio negócio, ser empresário. Só não sabia como poderia começar. Agora é o momento.

Conforme a colocação dos fatos, a esposa percebeu que o marido não pedia sua opinião ou o seu consentimento. Jorge estava decidido a entrar para aquela sociedade.

Regina sorriu e tentava afugentar os pensamentos que ameaçavam as novas idéias do marido.

A chegada das crianças os separou do abraço, e a presença de dona Glória, que entrou vagarosamente na cozinha, os fez mudar de assunto.

— Oi, filha! Como foi hoje?

— Oi, mãe. Tudo bem — respondeu Regina enquanto abraçava e beijava seus filhos.

— Tenho novidades, dona Glória! — anunciou o genro, animado.

Depois de contar tudo à sogra, ele ouviu:

— Vai dar certo, sim, meu filho. Claro que vai.

— Eu tenho certeza disso! É a chance de que eu precisava.

Foi nesse momento que Denis, o filho mais velho, chamava pelo pai querendo sua atenção, e Jorge foi até a sala para atendê-lo.

A sós com a filha, dona Glória percebeu algo diferente no olhar da moça.

— O que foi, Regina?

Ela ficou sentada e imóvel por algum tempo; depois, ainda com o olhar perdido em algum lugar do chão, respondeu sem encarar a mãe:

— Não gostei dessa idéia.

— Por quê, filha?

— Não sei, mãe. Senti uma coisa que não sei explicar. Mas se eu falar alguma coisa ele vai dizer que estou implicando com a única chance que ele teve nesse tempo todo em que ficou desempregado. Vai dizer que estou com ciúme da Selma ou coisa assim.

Dona Glória não sabia o que responder. Ela também não havia gostado do plano do genro. Entretanto, decidiu não dizer nada a fim de não deixar a filha ainda mais preocupada.

Decidida, a mulher avisou:

— Eu vou indo.

— Não, mãe, espera.

— Não posso. Preciso ir, pois seu irmão já vai chegar e esqueceu as chaves hoje.

— E o Renato? Como está em casa? Conversei com ele ontem, por telefone, mas não toquei no assunto da bebida.

— É aquilo que falei: ele não bebe faz quase um mês, mas até quando vai agüentar? Seu irmão teria de procurar a ajuda de um médico ou de um grupo de apoio.

— Ele não aceita isso.

— Esse é o problema, Regina. Toda pessoa alcoólatra não admite que o é e acha que pode parar de beber quando quiser. Ou então, acreditando que pode se controlar, só experimenta um gole e depois não pára até cair. — Após pequena pausa, dona Glória desfechou ao dar um beijo na filha: — Bem, deixe-me ir. Amanhã a gente se vê.

Quando a mãe se foi, Regina observou os risos que vinham da sala. Era Jorge e as crianças que brincavam e rolavam no chão.

— Eu estava certa! — pensava, enquanto esboçava um leve sorriso. — O jeito estranho dele era por causa do desemprego. Tudo vai ficar bem agora. Tudo vai mudar.

14

À PROCURA DE SOLUÇÕES

Com os meses, enquanto a vida oferecia harmonia e novas perspectivas para Regina e Jorge, as insipiências ocorriam com mais freqüência e calor entre Fernando e Lorena.

As brigas constantes provocadas pela geniosa Lorena deixavam todos daquela casa angustiados com a situação.

Como se não bastasse, Kássia, a filha mais nova de Rodolfo e Lídia, estava com atitudes e costumes bem estranhos.

Em conversa com a filha, Lídia perguntava:

— Kássia, por que tudo isso?

— Porque é o “maior legal”, mãe! Você não entende!

A moça já vinha se enturmando com companhias muito estranhas havia algum tempo, e os pais pouco podiam fazer.

Consultas a psicólogos não adiantaram, principalmente quando com agressividade, inclusive física, Kássia se recusava a ir.

As roupas escuras e diferentes do comum não eram suficientes para chocar as pessoas. Kássia decidiu fazer tatuagens e colocar *piercings*[5] chamativos no nariz, na língua, e algo bem grande na orelha, que parecia estar deformada.

No começo, foram pequenas tatuagens, até interessantes, em lugares discretos. Porém, agora, com o passar do tempo,

---

[5] *Piercing* é uma espécie de brinco de material metálico, de diversos modelos e tamanhos, como argolas, bolinhas etc., usada pendurada no nariz, na orelha, na língua, no umbigo e em muitas outras partes do corpo.

desenhos de pinturas grosseiras e até macabras, se olhadas com atenção, figuravam-se no colo, nas costas e nos braços da moça, chamando muita atenção.

Os pais não sabiam mais o que fazer.

— Kássia, sente-se aqui. Vamos conversar.

— Olha aqui — dizia a moça com jeito estranho —, se é para você me dar sermão, vamos cortando.

— Filha, vamos conversar. Você sempre foi amorosa, sempre se dedicou aos estudos...

Interrompendo Lídia ao pronunciar algumas palavras de baixo calão, a jovem Kássia ameaçou, impondo-se grosseira e com rebeldia na voz:

— Que coisa!!! Se você não der um tempo, vou-me embora de vez e ninguém vai mais me ver!

Lídia ficou assombrada. Como sua doce menina, agora bem crescida, havia-se transformado naquela criatura?

Seu coração amoroso de mãe dedicada não poderia suportar tudo aquilo.

O vocabulário pobre e a aparência desagradável ofendiam, agrediam àqueles que amavam Kássia.

Ela, por sua vez, parecia agir daquela forma amarga e desdenhosa propositadamente.

Ignorando os princípios de amor que recebera dos pais dedicados, negando-se à excelente oportunidade de vida que tinha, Kássia entregava-se às aflitivas experiências desequilibradoras quando agredia o corpo perfeito que lhe fora emprestado para aquele reencarne com tatuagens e brincos exagerados, atraindo para si débitos comprometedores em futuras experiências de vida.

Negando-se ao estudo oportuno, a uma vida decente, de boa moral, e às responsabilidades a experimentar, a jovem moça ignorava que vivenciaria uma vida plena de tristezas, amarguras, infelicidades e decepções.

São almas especiais, como Lídia e Rodolfo, que recebem a difícil tarefa de procurar instruir espíritos encarnados como Kássia, que só buscam a negatividade.

Espíritos assim, com tanta dificuldade de encontrar o equilíbrio, a integração social, são dotados de muita fraqueza e vícios, que terão de superar e harmonizar; mas, para isso, encontrarão grande sofrimento.

Esses nossos irmãos precisam desenvolver intensa força interior para dominar seus impulsos, seus instintos inferiores, e desenvolver a auto-estima.

O objetivo de todo reencarne é o crescimento, a elevação de cada um como espírito, por isso Deus permite, em muitos casos, que criaturas mais equilibradas tenham a árdua tarefa de instruir e orientar, como entes queridos, aqueles que necessitam sair dos labirintos das tendências íntimas, auxiliando-os, estendendo-lhes misericórdia, amor, orientando-os para o bem.

Porém, é lamentável quando muitos desistem da tarefa. Todavia, há aqueles que buscam as bênçãos do Pai Criador.

Era em momentos de preces que Lídia reunia forças interiores para agir naquela situação.

A chegada de Rodolfo interrompeu a discussão e fez com que Kássia se retirasse da sala com modos arredios.

Após cumprimentar a esposa, com o semblante aborrecido, pois já sabia do que se tratava o desentendimento entre mãe e filha, ele falou:

— Não sei mais o que faço.

— Dessa vez ela passou uma semana fora de casa — contou a mãe e voltou desse jeito aí que você viu.

— Já tentamos de tudo. Desde os melhores médicos até as mais diversas terapias. Tratamentos de assistência espiritual, conversas e mais conversas.

— Se ela fosse às terapias...

Rodolfo não respondeu. Ele calou as palavras, mas, em pensamento, lamentou que conseguia falar e convencer a muitos, inclusive juízes e promotores, mas sua própria filha não o ouvia, não lhe dava atenção.

Aproximando-se do marido, Lídia revelou:

— Estive pensando muito na Regina.

— Por que a Regina? — estranhou o marido.

— Elas conversavam muito, tinham amizade. Sei que a Regina tem um jeito todo especial de falar. — Após pequena pausa, considerou: — Quem sabe?

— Há tanto tempo não ouço falar dela... — disse Rodolfo, esboçando um leve sorriso, enquanto o brilho de seus olhos anunciava uma doce saudade. — Se o Fernando tivesse pensado melhor...

— Acho que vou procurá-la — anunciou Lídia.

— Mas e o marido dela? Creio que ele não vai gostar que Regina venha aqui. Não, Lídia. É melhor pensar bem antes que arrumemos problemas para ela e para nós.

— É a nossa única alternativa, Rodolfo. Não sei mais o que fazer. Não posso abandonar a idéia de recuperar nossa filha.

— Pense bem, Lídia.

— Vou com cautela. Procurarei por dona Glória. Há tempos não conversamos e... bem, vou ver como posso falar. Primeiro explicarei o meu problema.

Apreensiva com a situação da filha, Lídia não tinha mais a quem recorrer; procuraria por Regina. Essas eram suas últimas esperanças.

Com os dias, depois de ter telefonado para dona Glória, Lídia foi fazer uma visita à senhora.

Recebida com muito carinho, pois há tempos não se viam, Lídia conheceu os encantadores filhos de Regina.

Com cautela, a mãe de Fernando explicou a situação e o que a levou até ali querendo falar com a filha de dona Glória.

— Então é isso, Glória. Eu e meu marido já tentamos de tudo. Sem saber mais o que fazer, estou procurando por Regina. Porém, se houver qualquer problema que possa interferir na sua vida de casada, não tem importância, entenderei totalmente.

Sentada à sua frente, paciente e compreensiva, dona Glória argumentou:

— Jorge é um bom marido para minha filha. Eles vivem bem; não creio que haja algum problema. Vou falar com Regina, sim. Sei o que é procurar ajuda para um filho.

Ignorando o que se passava, Lídia falou:

— O Renato é um bom filho, a Regina então...! Nem se fala. Você não tem com o que se preocupar.

Dona Glória ergueu lentamente o olhar, deu meio-sorriso e respondeu:

— O Renato é um bom filho, mas o vício que ele tem, não.

— O Renato?!

— Sim, Lídia. De uns tempos para cá...

A mulher desabafou contando tudo o que estava acontecendo e que Lídia ignorava.

— Mas quando isso começou? — interrogou Lídia.

— Não sei dizer. A bebida alcoólica é algo feito um fantasma. Entra em sua vida antes que você se dê conta. Ela mata em vida nossos entes queridos. Quando bebem, perdem o bom senso, a razão, o amor, a vergonha e entregam-se ao ridículo, à agressividade, à incapacidade e a tudo o que for vil, degenerativo e pobre.

— Já tentou algum grupo de apoio?

— Renato não admite ser alcoólatra. Diz sempre que é a última vez e que vai parar, mas agora está bebendo mais e até durante a semana, o que não fazia. Esses que dizem que podem parar a qualquer momento são os piores doentes do alcoolismo, não desconfiam de que estão indo ao fundo do poço, não procuram ajuda. Porém, minha amiga — disse ao elevar um pouco o tom da voz como quem ganhasse novas forças —, não desistirei do meu filho, não! Assim como você, creio que Deus tenha me dado essa tarefa porque confia em mim. Só me afasto do meu filho no caso de ele se tornar agressivo. Do contrário, mesmo que passe ridículo e tudo mais, vou procurar insistir para que procure ajuda e falar quantas vezes precisar.

— Isso mesmo, Glória. Deus não coloca fardos pesados em ombros frágeis.

— Tenho fé. Acredito que uma hora meu filho vai se reconhecer como doente alcoólatra, procurar ajuda e recuperar-se.

— Glória! E se eu pedir ao Fernando que venha ver o Renato? De repente, os dois conversando... Eles sempre foram muito amigos!

Os olhos de dona Glória brilharam quando respondeu:

— Você não veio só pedir ajuda. Creio que a trouxe também.

— Diga-me uma coisa, Glória, onde está aquela cachorrinha, a "Bolinha"?

— Ah, menina, nem me fala. Ficamos chorando aqui por mais de uma semana quando ela amanheceu morta. A coitadinha estava bem velha. A "Bolinha" fazia parte da família. A Regina chorou tanto!

As duas mulheres, bem esperançosas, conversaram muito a respeito do assunto, tecendo planos para um futuro melhor.

À noite, quando Regina foi pegar os filhos na casa da mãe, esta lhe contou a respeito de Lídia.

A moça ficou pensativa por alguns momentos, depois respondeu:

— Jamais pensei que a Kássia se desse a isso. Estou admirada.

— Você vai falar com ela?

— Sim, vou. Mas antes tenho de conversar com o Jorge. Não quero encrencas com meu marido.

— Claro, filha. Fale com ele. Mas e quanto ao Renato? O que você acha?

— É uma alternativa, né, mãe?

— Que Deus ajude o Fernando a convencê-lo. Não sei mais o que fazer.

Mais tarde, já em sua casa, Regina prestava aos filhos os últimos cuidados do dia.

— Muito bem! Agora que já escovaram os dentinhos, vamos ver quem chega primeiro na cama! — As crianças se prepararam, e ela falou: — Já!

A pequena Amanda, agora com quase dois anos, sempre era a última.

— Eu ganhei! Eu ganhei! — gritava Denis, pulando.

— Viva! O Denis em primeiro e a Amanda em segundo lugar! — animava Regina. — Meus filhos são os melhores!

A pequenina sorria e batia palmas, enquanto o garoto pedia:

— Mamãe, conta uma historinha.

Ela os cobria e dizia:

— Vamos fazer o seguinte: agora a mamãe não consegue se lembrar de nenhuma historinha bonita. Mas sabe, quando estou tomando banho, sempre me recordo de muita coisa. Então a mamãe vai lá para baixo do chuveiro lembrar de uma história, depois venho aqui contar para vocês dois. Está certo?

Um tanto insatisfeitos, eles concordaram.

Regina os beijou com carinho, deixou a luz na intensidade que queriam e saiu do quarto.

Verificando a hora, observou que era tarde e reclamou em pensamento:

— Nossa! Já é essa hora, e o Jorge não chegou! Cada dia é uma coisa diferente. Não sei se isso vai dar certo.

Após tomar um banho relaxante, foi para a cozinha e decidiu jantar. Arrumou também a refeição do marido e foi lavar a louça, quando um barulho denunciou a chegada de Jorge.

Ele entrou sorridente e animado. Mal a cumprimentou e foi logo contando:

— Fechamos negócio com duas escolas hoje! Com exclusividade, vamos confeccionar os uniformes dos alunos.

— Que bom! — alegrou-se a esposa.

— A Selma é ótima! Fez uma oferta irresistível aos colégios. Tudo está indo de "vento em popa".

Depois de terem falado sobre os vários acontecimentos do dia, Regina decidiu falar sobre Lídia, que estava à sua procura por causa da filha.

Ela comentou também sobre o retorno de Fernando e da esposa para o Brasil. Não queria esconder nada do marido.

Jorge ouviu atentamente e argumentou:

— Não é uma tarefa fácil. Mas se você quiser tentar...

— Você não se importa?

— Não. Qual o problema? Se bem que eu não gostaria que essa Kássia viesse se "enfiar" aqui em casa. Sabe, para as crianças não seria um bom exemplo.

— Não a trarei aqui. Lógico que não. — Mudando de assunto, ela lembrou: — Minha mãe está animada para que o Fernando converse com o Renato.

— Seu irmão não ouve a ninguém. Só ele é quem tem razão em tudo. Sempre foi assim.

— Ah, não fale assim — aborreceu-se a mulher.

— É verdade. Quantas vezes já falei com ele, e o Renato não tomou jeito.

— Mas quem sabe...

— Quem sabe nada! Enquanto ele não admitir que precisa de ajuda, tomar vergonha na cara e ir procurar uma associação, o Renato não vai parar de passar pelos ridículos por que passa; isso é safadeza! Olha o que a sua mãe passa por causa dele. Não é vergonhoso ir procurar ajuda e dizer "eu sou alcoólatra". Vergonha é fazer o que ele faz. — Com jeito irônico e desdém no falar, argumentou: — Mas seu irmãozinho é orgulhoso, egoísta.

Com jeito triste, Regina avisou:

— Oh, Jorge. Não fale assim, não. O alcoólatra não é um sem-vergonha nem um safado que enche a cara. É um dependente, sim. É um viciado; sim. Só que a falta de conhecimento e o constrangimento o inibem.

— O Renato tem muito conhecimento, sim. Não venha me dizer o contrário. Se um colega lhe oferecer um aperitivo, ou o chamar para irem a um bar, ele não se recusa, mesmo sabendo qual vai ser o resultado. Seu irmão sempre se acha dono da situação. Nega o que é: um alcoólatra.

Naquele momento, Regina pensava: "Bem, se não fosse o safado do meu irmão para me arrumar um emprego, para nos emprestar dinheiro para pagar a casa e outras despesas, Jorge não estaria tão folgado assim, gabando-se de que os negócios estão dando certo."

Querendo mudar de assunto, ela pediu:

— Vamos deixar isso para lá, vamos?

— Ah! Fechamos negócio com aquela empresa de tecidos. Teremos uma mercadoria de melhor qualidade a um preço menor.

Empolgado, Jorge passou um longo tempo contando à esposa o restante das novidades. A conversa durou muito, até que o sono os arrebatou.

* * *

Alguns dias se passaram, e num final de semana Regina foi à casa de sua mãe. As crianças brincavam no quintal, enquanto ambas conversavam.

— O Jorge foi logo cedo lá para a loja. Alguém ia decorar a vitrine nesse final de semana. Não pensei que tudo isso fosse dar tão certo. O setor de confecções já está funcionando com seis costureiras. — E, observando o semblante triste de dona Glória, perguntou: — O que foi, mãe?

Sem rodeios, a mulher revelou:

— Ontem o Renato chegou "de fogo". Não sei como conseguiu dirigir até aqui em casa. Ele passou mal e vomitou a noite inteira. Nessa semana, não o vi chegar sóbrio em casa nenhum dia.

— Ele está no quarto? — perguntou a irmã ao se levantar imediatamente.

— Está, mas...

— Não se preocupe, não. Vou conversar com ele agora mesmo. Acho que isso já está indo longe demais.

Indo até o quarto do irmão, após leves batidas na porta, Regina entrou sem esperar que ele dissesse algo.

O moço estava de bruços e praticamente largado sobre a cama.

Ela abriu a janela e deixou que o ar fresco invadisse o recinto.

Renato se mexeu um pouco, sentindo-se incomodado com a luz, mas não disse nada.

Sentando-se a seu lado, a irmã passou a mão em sua cabeça, procurando despertá-lo. Vendo-o mexer-se um pouco mais, Regina perguntou:

— Onde você foi ontem?

Com a voz rouca, falando quase balbuciando as palavras, ele respondeu:

— Saí com uns colegas.

— Quer tomar um café?

— Não.

— Quer água?

— Não.

— Você está bem, Renato?

— Preciso dormir.

— Não! Você não precisa dormir coisa nenhuma. Aproveite esse momento em que não está se sentindo bem pela ressaca e veja como a bebida lhe faz mal!

— Ora, Rê...

— Renato! Se tivesse controle sobre o que bebe ou sobre o que deixa de beber, você não estaria assim! Não teria passado mal tantas vezes. — Enérgica, ela prosseguiu depois de certa pausa: — A pessoa que tem controle sobre o álcool sempre diz "Chega! Não quero mais! E não mesmo!" Aquelas que sempre ficam embriagadas e não sabem nunca dizer "chega" são alcoólatras. E o pior alcoólatra é aquele que não admite ser.

Renato remexeu-se e sentou-se na cama.

Esfregando o rosto com as mãos, ficou com o olhar perdido em qualquer direção.

Firme, a irmã continuou:

— Essa não é a primeira vez nem a segunda. Podemos dizer que perdemos as contas de quantas vezes você encheu a cara e só Deus sabe como chegou em casa. É hora de admitir que você não se controla quando bebe!

— Ora, Rê...

— Agora você vai me escutar. A mãe não está mais na idade de agüentar bêbado. E eu acho que você é muito capacitado para ficar assim.

— Quer que eu saia daqui de casa? Quer que eu vá embora e deixe a mãe sozinha?

— Não foi isso o que eu disse. Você é um bom filho, trabalhador, ótimo profissional na sua área, porém é imaturo e orgulhoso quando não admite que precisa de ajuda, que precisa de um tratamento.

Nunca Regina havia sido tão severa com o irmão. Veemente, dizia tudo o que precisava.

Enquanto isso, naquele mesmo momento, na espiritualidade, espíritos inferiores tentavam influenciar Renato, a fim de que ele reagisse contra as colocações da irmã.

Esses mesmos espíritos inferiores, quando encarnados, eram viciados no álcool e praticavam, sob seu efeito, as atitudes mais deprimentes para si e para outrem. Agora, sem o corpo de carne, ainda estavam desejosos, verdadeiramente loucos, para experimentar as antigas sensações que viviam, quando encarnados, sob o efeito de bebidas alcoólicas. Não podendo mais ingerir tais substâncias, ligavam-se a irmãos encarnados que, como Renato, não se dominavam e entregavam-se ao consumo de álcool.

Aquele que ingere bebidas alcoólicas sempre traz consigo, constantemente, companheiros espirituais infelizes, de baixo valor moral, sem evolução.

Por esse constante contato entre encarnado e desencarnado, o nível de pensamento e as vibrações eram de uma só sintonia tanto no caso de Renato como de incontáveis alcoólatras.

E assim os desejos ardentes dos desencarnados que ansiavam vorazmente por bebidas alcoólicas eram direcionados em forma de pensamentos ininterruptos, de maneira frenética, ao encarnado, que aceitava as idéias como se fossem somente suas, sem perceber, sem nem sequer sentir que, naquele seu desejo incontrolável de beber, havia, também, a vontade do desencarnado ignorante, sofredor e talvez até cruel.

Infelizmente, com o passar do tempo, se o encarnado não se limitar e abster-se do vício, terá grande chance de se deixar levar por outros tipos de pensamentos e atitudes de espíritos violentos, praticando atos indignos, imorais, cruéis, irresponsáveis, ou então de acabar se entregando ao total desleixo, chegando à indigência.

É por isso que na grande maioria dos atos violentos e bárbaros o indivíduo está sob o efeito de álcool ou de drogas.

Não que a culpa por um crime hediondo ou violento seja totalmente pelo assédio de espíritos inferiores. O que acontece é que a afinidade do alcoólatra ou do usuário de droga com espíritos cruéis e inferiores é muito grande, e estes certamente tiveram um passado criminoso, em que praticaram barbaridades, e, por estarem desencarnados, têm imagens tenebrosas e constantes do que realizaram.

Assim, esses espíritos começam a passar pensamentos e idéias de seus antigos crimes ao encarnado com quem se ligaram pelo uso incomum do álcool, fazendo-o sentir vontade de realizar aquilo, como se essa prática cruel fosse lhe dar imenso prazer. Ninguém gosta de viver no erro ou sofrendo sozinho. Todavia, o encarnado também tem de ter tendência à violência para obedecer e realizar tais feitos.

Todo encarnado que pratica algo sob o efeito do álcool ou de drogas é responsável, sem dúvida, por tudo o que praticou e terá de harmonizar, de corrigir ou expiar aquele que fez sofrer.

Se um encarnado recebeu vibrações e influências de espíritos extremamente inferiores para praticar seja o que for, podemos ter certeza de que também recebeu vibrações e influências de espíritos mais elevados para que não bebesse ou agisse como agiu. O Pai da Vida é justo e nunca nos desampara.

O alcoólatra é uma criatura que necessita de muita orientação, amor, acompanhamento e apoio para dominar o vício e não se deixar vencer pelos desejos íntimos; precisa criar em si muita força de vontade. Tem de desenvolver a fé para enfrentar os anseios dos irmãos desencarnados que o acompanham.

Não é fácil conviver com alguém que bebe descontroladamente. A princípio, a pessoa perde o amor-próprio, a razão e o respeito.

Dona Glória e Regina tentavam de tudo para convencer Renato a admitir o que era e procurar ajuda, mas o rapaz sempre se negava.

Naquele instante em que a irmã falava, o moço começou a ficar insatisfeito. Era interessante para os irmãos desencarnados o efeito do álcool, e por isso influenciavam-no a reagir contra a irmã.

— Você não acha que já basta, Renato? — dizia Regina. — Pense em como você fica depois. Na vergonha que passa perante os colegas. Você não acha que a mãe já está cansada disso?

Encarando-a sério, o irmão atacou:

— A mãe está cansada é de olhar os seus filhos para você ir trabalhar! Isso sim!

Regina sentiu um gelo correr em todo seu corpo de tão inesperada que fora aquela colocação.

Tentando se defender, revidou, enquanto se levantava.

— Meu caso é diferente. A mãe olha meus filhos por uma necessidade. Ela pode estar cansada de olhá-los, mas não tem vergonha de mim. Não fica preocupada e apreensiva quando me espera chegar. Nunca me viu caída embriagada, vomitando.

— Olha aqui, Regina. Você não mora mais nessa casa. Dá o fora daqui, vai. Antes que eu tome uma atitude.

— Quem vai tomar uma atitude aqui sou eu! — gritou a irmã, bem enérgica. Agora, baixando o tom da voz, intimou firme: — Dou quinze dias para você procurar um médico, uma associação de alcoólatras, ou coisa assim. Se não for, a mãe vai morar comigo. Entendeu? Quero ver quem vai aturá-lo, além de lavar, passar e cozinhar para você!

Renato tinha um brilho estranho no olhar.

Encarando-a e parecendo nitidamente nervoso, ele gritou:

— Sai daqui!

Em baixo tom de voz, ela respondeu:

— Vou sair porque quero, porque já disse tudo o que precisava e porque tenho um compromisso. Mas lembre-se: quinze dias.

Regina virou-se e saiu. Estava abalada, seu coração batia rápido, e suas mãos suavam frias.

Ao deparar com a mãe, percebeu sua apreensão. Preocupada, dona Glória perguntou:

— Filha, o que aconteceu?!

— Não sei, mãe. Senti uma coisa.

— Que coisa?

Suspirando profundamente e procurando acalmar-se, ela avisou:

— Dei quinze dias para o Renato procurar ajuda a fim de parar de beber.

— Filha, o caso dele pode ser espiritual, você sabe.

— Mãe, um espírito inferior pode me dar todas as idéias, mas faço, aceito ou acredito se quiser, se tiver afinidade com ele. — Nervosa, Regina desabafou: — O Renato é um rapaz bem instruído, sabe o que é alcoolismo. Isso é sem-vergonhice. Já estou cheia dessa história. Se ele for a uma associação, nós lhe damos apoio; do contrário... — Após breve pausa, mais tranqüila, informou: — Olha, mãe, eu não estou ameaçando, não. Se ele não tomar jeito a senhora vai morar comigo. Vejo que não está mais na idade de suportar certas coisas. Aliás, nem dos meus filhos era para a senhora estar tomando conta. Até o fim da semana que vem vou encontrar alguém para ficar com eles lá em casa e cuidar das coisas para mim. Além de dar uma folga para a senhora, tenho de admitir que é horrível chegar cansada do serviço e ter de lavar, passar, cozinhar... Vou dormir quase uma e meia da manhã para levantar às seis horas. Não está dando mais.

— Filha, você está nervosa. Fique mais calma, tudo vai dar certo.

— Nada vai dar certo se eu cruzar os meus braços. Temos de agir. — Animada, ela prosseguiu: — Vou deixar as crianças aqui e ir até a casa da Dorotéia ver se ela quer deixar de ser diarista para trabalhar lá em casa. No começo não vou poder pagar muito bem, mas será garantido. Com o tempo dou-lhe um aumento.

— Mas será que vai dar para você pagá-la?

— Vai ter de dar. O Jorge disse que as coisas começaram a ir bem. Ele tem de ver que estou precisando; não é luxo, não!

— Mas você não disse que ia na casa da Lídia?

— Vou mais tarde. Primeiro a solução para os meus problemas. Se eu não estiver bem, não posso ajudar alguém em nada.

15

O REENCONTRO

Regina ficou satisfeita por Dorotéia ter aceitado sua proposta de emprego. Tudo estava dando certo.

Em questão de dias, sua vida estaria mais tranqüila. Se bem que a preocupação com Renato ainda a incomodava. Porém, acreditava que, quando ele se visse sozinho, haveria de procurar ajuda.

Em meio aos planos para o futuro, Regina fez o caminho da casa de Lídia sem perceber.

A mãe de Fernando ficou radiante ao vê-la tão bem.

Aqueles poucos anos não fizeram diferença alguma para Regina. Ao contrário, ela parecia mais bela, mais jovial.

Seu sorriso, sempre belo, parecia ter certo brilho, algo realmente feliz.

O longo abraço provocou emoções fortes em ambas, fazendo-as sentirem a verdadeira amizade.

— Como estou feliz em vê-la! — anunciou Lídia, extremamente satisfeita. — Pensei que nunca mais a veria novamente aqui nessa casa. Acreditei que nem com meu pedido viesse. Quando telefonou avisando, nem acreditei.

— Ora! Por que não viria?

— O Jorge poderia... bem, você sabe.

— Não. De jeito nenhum. Ele é uma excelente pessoa. Nunca escondi nada do meu marido; sempre fomos muito amigos. Quando falei que viria aqui, ele não viu problema algum.

— Não a procurei mais porque fiquei receosa. Não quis causar nenhuma impressão errada. Mas sempre, sempre a tive em meus melhores pensamentos.

Regina sorriu meio encabulada ao responder:

— Creio que não a procurei pelo mesmo motivo. Mas hoje, pensando bem... como fui boba!

Lídia a fez sentar e, segurando em suas mãos, olhando fixamente em seus expressivos olhos negros, revelou:

— Regina, desde quando a conheci, percebi em você uma pessoa, uma alma muito preparada para a vida. Você trouxe esclarecimento à minha vida e aos meus. — Respirando profundamente e ajeitando-se no confortável sofá, Lídia completou: — Não posso negar que desejei muito que fosse minha nora. Porém, temos de reconhecer que a vida nos direciona por caminhos que nem sempre podemos escolher. Todavia, acima de tudo, devemos respeitar os desígnios de Deus. Fico imensamente feliz por saber que você está bem casada e vive com um homem que a trata com carinho.

— Obrigada. É bom saber disso.

— Foi sua mãe quem me disse que seu marido é um homem muito bom. Se não fosse por isso, não iria incomodá-la. Mesmo assim, caso haja qualquer problema por você estar vindo aqui...

— Por favor, dona Lídia — interrompeu, educada. — Não há problema algum.

— Eu só a chamei, Regina, porque estamos com sérios problemas com a Kássia. Como vocês conversavam muito, e ela a admirava, pensei: Quem sabe...?

Em alguns minutos de conversa, Lídia contou o que estava acontecendo.

Regina ficou pasma, mesmo já tendo uma idéia do que acontecia. Não conseguia imaginar Kássia daquela forma.

Para surpresa de ambas, repentinamente a filha de Lídia chegou.

Ao olhar para Regina, seu rosto pareceu se iluminar com um sorriso.

Aproximando-se, ela cumprimentou:

— E aí?!

— Oi, Kássia! — Levantando-se, Regina foi na direção da moça e abraçando-a beijou-lhe o rosto ao perguntar: — Como você está?

— Tô legal. E você?

— Estou bem.

Regina não precisou olhar muito para observar a mudança grosseira que havia ocorrido.

Nesse momento, muito perspicaz, Lídia levantou-se ao dizer:

— Vou buscar um suco para nós. Um momento, por favor. — Propositadamente, ela não voltou.

Ao ficar as sós, Regina observou:

— Você está bem diferente, Kássia.

Com modos agitados, a menina ficava se mexendo muito, sem encarar a amiga e sem nada dizer.

Logo, Regina completou:

— Fico feliz em vê-la. Senti saudade das nossas conversas, e você?

— É, também.

— Sente-se aqui — pediu a visitante. — Vamos conversar. Venha me fazer companhia.

A filha de Lídia aceitou o convite, mas não tinha muito o que falar.

— Diga-me, o que está fazendo de novo? Estudando?

— Não. Dei um tempo.

— E quando pretende voltar?

— Não sei.

Olhando-a firme e com extrema meiguice na voz, Regina perguntou:

— Kássia, o que está acontecendo? Você está diferente demais.

— Eu tô bem.

— Você pensa no futuro?

— Escuta, eu não quero mais saber dessa ladainha de estudo. Se o assunto for esse...

— Não, não. Eu quis perguntar como você se vê no futuro. Como você acha que vai ser o seu futuro?

— Sabe, não tô a fim de pensar nisso; agora, não.

— É uma pena.

— Quero viver o momento, tá!

— Mas é no momento que você prepara o seu futuro. Veja o que fez com você mesma.

— Eu gosto.

— Será? Será que você gosta mesmo ou fez isso e age assim para agredir?

Estranhamente a moça a ouviu. Em circunstâncias semelhantes, Kássia agia agressivamente e não dava atenção a qualquer orientação que recebia.

— É tão gostoso ser sociável, ser normal. É bom sermos observados quando vivemos com harmonia, dentro de um contexto agradável, natural.

— Mas eu tô natural.

— *Piercing*, desse jeito, tatuagens grosseiras e agressivas não são coisas naturais, mas sim primitivas. Tudo bem que você faça um pequeno desenho, mas isso tudo! É normal colocar um brinco, mas argolas e bolinhas desse jeito! Sabe, Kássia, quando alteramos nosso corpo, quando o tatuamos e colocamos esses montes de *piercings*, é sinal de que estamos insatisfeitos com o que Deus nos deu. Estamos mexendo com algo que nos foi emprestado por um tempo.

— Esse papo é bravo, hein! Mas dá licença que o corpo é meu! — respondeu quase agressiva.

— Aí é que você se engana. Se esse corpo fosse seu, você o levaria consigo quando desencarnasse. Mas vai levar somente sua consciência e os valores morais adquiridos. Sei que você pode fazer o que quiser de sua vida, mas lembre-se de que terá de corrigir tudo isso.

— Foi minha mãe que mandou você me dar sermão, não foi?

— Pensei que você fosse madura para conversarmos, como fazíamos antes, e trocarmos uma boa idéia.

— Olha, eu quero ser assim. Não quero que ninguém fique me enchendo para mudar, tá? Esse assunto já tá cariado, e eu não vou ficar aqui envelhecendo!

Dizendo isso, Kássia se levantou e subiu para o quarto.

Percebendo a atitude da filha, Lídia, que ouvia a certa distância sem ser percebida, voltou à sala e, colocando-se ao lado de Regina, esta admirou:

— Nem dá para acreditar.

— Não sei como ela conversou tanto tempo com você! Kássia não participa mais de nada, não quer estudar, não se senta para fazer as refeições conosco e, às vezes, fica dias fora de casa. Houve uma vez que perdi a paciência e dei-lhe um chacoalhão; cheguei a bater-lhe também quando quase me agrediu. Sabe — dizia lamentando e com os olhos em lágrimas —, pensei que talvez uma atitude, um gesto mais agressivo a despertasse, mas... Kássia vem piorando a cada dia.

— Vou procurar vê-la mais vezes. Quem sabe em uma hora ou outra ela me ouve.

Com olhar suplicante, Lídia a encarou, dizendo:

— Você não imagina o que está fazendo por nós.

Foi nesse instante que a atenção de ambas se voltou para a porta principal, devido ao barulho dela se abrindo.

Era Fernando que acabava de chegar com o pequeno Helder.

O garotinho entrou correndo e foi direto para o outro cômodo.

Vagarosamente ele entrou e admirou-se:

— Que surpresa!!! — exclamou ao encarar Regina. — Quanto tempo!

Indo em direção a ambas, ele cumprimentou a mãe e, bem mais próximo da ex-noiva, deteve-se, ficando a contemplá-la com leve sorriso nos lábios.

Estendendo-lhe a mão, ela perguntou:

— Como vai, Fernando? Tudo bem?

Segurando-lhe a mão, ele a puxou para um abraço fraterno, dizendo:

— Dentro do possível, estou bem. — Ao afastar-se, completou: — Mas nossa...! Que bom vê-la aqui. Você está muito bem.

Regina sentiu seu rosto aquecer. Envergonhava-se, agora, ao vê-lo dizer aquilo. Seu coração acelerou, e acabou sentindo-se atrapalhada.

Rápidas lembranças do passado não tão distante vieram-lhe à mente. De certa forma, Fernando não havia terminado o compromisso entre eles com uma satisfação. Tudo ficara estranho entre os dois.

Mas por que esses sentimentos? Afinal, Regina amava o marido. Era bem casada e tinha dois filhos maravilhosos, os quais respeitava. Não podia sentir mais nada pelo ex-noivo. É certo que havia experimentado um amor muito grande por ele, sim, mas aquilo era passado.

Enquanto seus pensamentos corriam céleres, Fernando parecia contemplá-la sem dizer mais nada.

Regina não se sentia à vontade. Acontecia que dois irmãozinhos espirituais que sempre estavam com seu irmão Renato não haviam gostado de sua interferência nos hábitos do irmão a fim de corrigi-lo. Ela exigiu que o irmão procurasse ajuda e parasse de beber, e, se isso acontecesse, esses espíritos não teriam mais de quem "vampirizar" energias sob o efeito de bebidas alcoólicas e, assim, haveriam de procurar outro encarnado afim. Assim, esses irmãos desencarnados sem instrução decidiram que procurariam preocupar a moça com outros assuntos, e, ocupada, ela não implicaria mais com o irmão.

Foi aí que eles, no momento do reencontro, começaram a passar-lhe idéias de seu romance com Fernando, fazendo-a relembrar cenas e sentimentos que houveram entre ambos por conseqüência do noivado.

Lídia, que saiu por alguns segundos, trouxe Helder para conhecer Regina, e esta, quase mecanicamente, beijou e acariciou o menino, depois falou um pouco sobre seus filhos, mas sem estender o assunto. Ela sentia que algo estava errado com seus sentimentos, e isso a embaraçou.

Repentinamente, decidiu:

— Desculpe-me. A conversa está boa, mas preciso ir.

— Não! — disse Lídia. — Vamos tomar um suco. A Eunice já deve ter preparado.

Com meiguice, Regina alegou:

— Deixei as crianças com minha mãe. Coitada! Ela já toma conta delas a semana inteira. Não posso abusar. Da próxima vez fico, mas hoje não dá mesmo.

Subitamente ouviu-se Ian, falando com seu forte sotaque, quase gritando, entusiasmado:

— Regina!!! Não posso acreditar!

Com passos rápidos e largo sorriso, o rapaz esguio aproximou-se do centro da sala, parou, tomou as mãos de Regina e, ao olhá-la vagarosamente de cima a baixo, comentou:

— Linda! Você continua linda!

— Ora, Ian... — encabulou-se a morena ao inclinar a cabeça, exibindo-se constrangida.

Puxando-a para um abraço, ele a embalou com carinho, balançando-a demoradamente de um lado para outro ao dizer:

— Nunca consegui me esquecer de você. — Afastando-se um pouco, completou: — Tenho-lhe um carinho muito especial, apesar do pouco tempo que houve para nos conhecermos.

— E eu por você, Ian — retribuiu Regina enquanto sorria.

Foi nesse momento que Lorena, imponente e orgulhosa, foi notada.

Ela havia chegado junto com o irmão, mas tinha-se atrasado ao entrar na residência devido a algumas instruções que dava ao motorista sobre os cuidados com as compras que ele deveria levar para o seu quarto.

Uma onda de sensações enervantes invadia a sala nesse momento.

Parada a curta distância, a esposa de Fernando trazia o semblante contraído, exibindo nitidamente a insatisfação pela presença de Regina.

Mascarando seus sentimentos íntimos, ela deixou que sua voz soasse tranqüila e cumprimentou:

— Olá. Como vai?

Regina experimentava o coração opresso e acelerado, que só faltava saltar de seu peito.

Tentou disfarçar, mas a própria voz a traiu ao vacilar, quando ela simplesmente dizia:

— Bem. E... e, e você?

— Ótima! — respondeu Lorena austera e com o queixo erguido ao lançar sobre a visitante um olhar faiscante e feroz.

Atrapalhada, Regina voltou-se aos demais e decidiu:

— Como eu já disse, preciso ir.

— Não!!! — alterou-se Ian impulsivo e descontraído. — Vamos conversar. Tenho muitas novidades e quero contá-las a você.

— Desculpe-me, Ian, mas vai ter de ficar para outro dia.

E, sem oferecer trégua a novos convites, Regina despediu-se ligeiramente de todos e se foi.

Ian insistiu em levá-la para casa, mas ela recusou terminantemente. Diante de um sinal discreto de Lídia para o rapaz, ele não insistiu mais.

Lorena, com pensamentos contrariados que fustigavam seus nervos, subiu as escadas sem dizer nada. Ela saberia esperar.

Enquanto Ian lamentava a ida de Regina, Lídia preocupava-se com as conseqüências que poderiam surgir por causa daquela aproximação.

Ela percebeu como o filho pareceu iluminar-se ao ver a ex-noiva e notou o embaraço de Regina.

Aquele encontro não deveria ter acontecido.

Lídia, agora, tinha o coração envolto em maus presságios. Queria ajuda, mas não desejava atrapalhar Regina, a quem considerava tanto.

Fernando foi para o seu quarto. Ao entrar na suíte, constatou que a esposa estava no banho.

Abriu as janelas e largou-se sobre a cama, sentindo a brisa fresca que fazia as leves cortinas brancas levitarem.

Em seus olhos brilhantes, que fixavam o teto em ponto algum, havia uma expressão de saudade quase melancólica.

Começou a acreditar que sentia algo pela ex-noiva, algo muito forte e que havia adormecido pelos seus desejos de sucesso e estabilidade financeira.

Com certeza, se não tivesse ido para a Europa, estaria casado com Regina.

Agora, não era feliz. Havia conseguido tudo o que ambicionara, mas esqueceu-se de incluir em seus planos a paz e a harmonia de viver com alguém simples, com um coração bondoso, esperançoso, paciente, que nada exigisse dele.

Regina estava, como sempre, dócil, bem humorada e nobre de espírito.

Fernando começou a maldizer os momentos em que aceitou as sugestões de Lorena para sair do Brasil.

Ela, cheia de caprichos inferiores, destruiu sua paz. Orgulhosa, negativamente impulsiva, Lorena já estava sendo insuportável.

"Por que fui me casar com ela?", pensava. "Como não percebi seus planos antes...? Um acaso e destruí toda a minha felicidade."

Ao olhar para a porta, Fernando calou os próprios pensamentos ao ver a esposa.

Vestindo um elegante robe longo e trazendo uma toalha presa aos cabelos, Lorena caminhou firme pelo quarto, parou próximo do leito do casal e intimou soberana, mas em baixo tom de voz:

— Nunca mais quero ver essa mulher aqui.

Sentando-se rápido, ele lembrou tranqüilo:

— Essa casa não é nossa. Por essa razão, não podemos exigir nada.

Com uma chama furiosa no olhar, ela avisou:

— Dei um prazo para voltarmos à Europa. Esse tempo está se esgotando.

— Eu já disse, Lorena. Vou morar aqui com meu filho. Já consegui uma boa colocação como gerente em um empresa de considerável nível no país. Ontem mesmo já acertei tudo. Começo a trabalhar na segunda-feira.

— Que empresa? Onde fica isso?

Com leve sorriso desconfiado, o marido falou:

— Não vou lhe dizer. Não quero mais ter surpresas desagradáveis de uma mulher que não se dá o respeito, que não tem princípios, que é exigente e não sabe conter seus instintos primitivos.

Lorena se surpreendeu. Fernando nunca lhe falou assim.

Encarando-a firme, controlando um tom sereno e franco na voz, ele ainda completou:

— Em você, que se diz uma moça rica, elegante e com estudo, só observei um egoísmo inferior, uma exigência pobre e própria de criaturas sem elevação, sem sabedoria. Você se mascarou para mim. Casei-me enganado. Sua doçura era falsa, e por isso estou provando até hoje o fel mais amargo da minha vida. Você, Lorena, se envaidece por ser rica, mas posso afirmar que não encontrei em moças pobres a grossura e a ignorância que descobri por trás da sua elegância. Até seu sorriso é falso, treinado na frente do espelho. — Desfechando, ele ainda falou: — Chega! Para mim, chega! Cansei.

Empalidecida, ela reagiu:

— Você me usou! Usou a empresa do meu pai! Se pensa que vai se livrar de mim tão simplesmente, está muito enganado, Fernando!

Virando-se, sem lhe dar importância, o marido falou com desdém:

— Você é improdutiva, incapacitada. Não é boa mãe, tampouco boa esposa. Suas preocupações e atenções só se voltam para coisas pobres, supérfluas. — Arremedando-a, ele disse: — "Que roupa vou usar?" "A que cabeleireiro vou?" "Que vestido compro?" — Agora, encarando-a com firmeza, anunciou: — Estou farto de você e de suas luxúrias. Viver a seu lado é ver-se envolto por uma névoa de problemas, é ser infeliz. Faça o que quiser. Você pode voltar para a França ou viver aqui no Brasil, mas eu não quero mais estar ao seu lado. Cansei das suas brigas, das suas intimações e gritos. Chega!

Os olhos de Lorena faiscaram. Ela não ia admitir que Fernando a jogasse fora. Acreditava que fora usada, e tudo aquilo não iria ficar assim.

Com o rosto contraído e sisudo, ela falou com os dentes cerrados:

— Você não vai se livrar de mim.

Fernando fez-se de surdo. Virando-se, saiu do quarto, deixando-a só.

Ao descer as escadas e ganhar o andar inferior, sentiu-se aliviado.

Desabafar tudo o que pensava e sentia foi bom, mas dizer que não queria estar ao lado dela era como se ganhasse asas. Sentia-se leve.

Ao encontrar seu pai no escritório, este perguntou:

— O que foi dessa vez? Ouvi vocês discutindo.

Sem rodeios, o filho avisou:

— É definitivo. Quero me separar de Lorena. Fui sincero com ela e disse tudo o que me desagrada e por que estou insatisfeito.

— Pense bem, Fernando. As coisas não são assim.

Nesse momento, Lídia chegou e começou a participar do assunto, a princípio, ouvindo.

— Pai, eu não agüento mais. Para mim, esse casamento terminou.

— Não, senhor! — exclamou a mãe, mostrando autoridade. — Você só pensa em si mesmo? E o seu filho? Como acha que o Helder vai se sentir? Com quem ele vai ficar?!

— O Helder fica comigo, claro! Lorena nunca lhe deu atenção ou carinho. Além do mais, tenho muita vida pela frente e tenho de pensar na minha felicidade. Ele vai entender isso quando crescer.

— Escuta aqui, Fernando — tornou a mãe, firme. — Antes de se casar nós o avisamos. Você não deu atenção e agora pensa que é simplesmente pedir o divórcio? Vai se separar e pronto! — Aproximando-se do filho, ela continuou: — Recebemos do companheiro ou da companheira os reflexos de nós mesmos. Se você teve exaltações pelos objetivos a atingir e não se importou em descobrir quem era realmente sua mulher, se você só levou em conta sua aparência física ou envolveu-se pela beleza, decidindo torná-la sua esposa, lembre-se de que hoje você paga exatamente o preço de sua invigilância.

Se está com ela, é preciso que aproveite e supere todas as situações e crises que surgirem, para que, na ocasião exata e de modo natural, você se desligue dela sem que tenha de repetir, futuramente, essa experiência.

— Não agüento mais a Lorena, mãe! — quase gritou Fernando.

— Se ela o conquistou e o encantou de um jeito ou de outro no passado, e se foi capaz de se ligar a você se transformando nessa criatura problemática que hoje lhe traz infelicidade, certamente, meu filho, ela foi vítima de sua contrariedade, das suas exigências e da sua infidelidade. Hoje cabe a você reverter esse quadro. Se não o fizer, estará, simplesmente, adiando-o.

Fernando sentiu-se esquentar. Não era isso o que queria ouvir.

Onde já se viu ele ser obrigado a ficar casado para corrigir algo que nem sabia o que era e se aconteceu mesmo.

Revoltado, ele perguntou:

— Quer dizer então que devo me obrigar a viver ao lado de alguém que estou começando a odiar? Não tenho o direito à felicidade?

— Eu não disse isso, filho. Se você vive dentro de circunstâncias que vão prejudicá-lo e comprometê-lo mais ainda em débitos amargos para o futuro, como o suicídio, o homicídio ou as agressividades, com certeza a solução é o divórcio. Mas é importante que tenha a consciência tranqüila de que fez de tudo para salvar essa união, que tentou de tudo para melhorar o convívio entre vocês.

— É verdade, Fernando. Sua mãe tem razão — manifestou-se Rodolfo. — Quem sabe agora, depois de ter apresentado à sua mulher tudo o que o incomoda, ela vá refletir e procurar mudar.

— Além do que, meu filho — tornou Lídia —, acredito que tenha sofrido essa crise e dito a verdade para Lorena, o que já deveria ter feito bem antes, porque viu a Regina aqui hoje. Mas quero que saiba que sua ex-noiva vive muito bem e tem um marido excelente. Cuidado com o que tem em mente, Fernando. Sei o que está pensando e nisso você não terá o nosso apoio. Aliás, para dizer a verdade, até me arrependi de ter deixado Regina vir aqui.

Fernando estava contrariado. Mudo, ele simplesmente se virou e saiu do escritório.

Com um gesto enfadado, Rodolfo respirou fundo, fazendo barulho ao soltar o ar.

Lídia, sempre prestimosa, aproximou-se do esposo, abraçou-o pela cintura e recostou-se em seu peito.

Afagando-lhe, o marido beijou-lhe a testa e desabafou:

— Parece que a cada dia tudo fica mais difícil.

— Você acha que ele decidiu pela separação por ter encontrado a Regina?

— Não sei. Creio que talvez a presença dela tenha sido a última gota que faltava para ele decidir pela separação. Quando um homem opta pelo divórcio, não é somente pela presença de outra mulher, mas certamente porque a primeira já não lhe correspondia.

— Tenho medo de ter cometido um erro ao chamar Regina.

— Não tema, Lídia. A vida é surpreendente. Se eles não se encontrassem aqui, seria em outro lugar. De repente, o chamado destino não deseja nossas famílias distantes por algum motivo que não necessariamente o de unir um e outro. Às vezes, necessitamos ajudar ou sermos ajudados.

Rodolfo encontrava na esposa o conforto para suas preocupações. Ela o compreendia e lhe trazia harmonia com suas colocações sensatas e envolvimento agradável.

Longe dali, Regina, que já havia passado na casa de sua mãe, chegava na dela em companhia dos filhos.

Ao entrar e constatar que Jorge não estava, murmurou:

— Puxa! O papai ainda não chegou.

Denis, mais agitado, entrou correndo e pôs-se junto à televisão, que ligou.

Regina foi até o quarto, pegou alguns brinquedinhos para Amanda e a colocou no centro da sala, próxima ao irmão.

Voltando para a cozinha, enquanto preparava um lanche para os pequenos, Regina voltou a se lembrar do que ocorrera.

"Parece que o Fernando ficou feliz em me ver", pensava. "Que coisa estranha! Provavelmente aqueles pensamentos não eram meus. Adoro o Jorge; não há motivos para me interessar por outro homem, muito menos tenho razão para pensar num ex-namorado. Que ridículo!", repreendeu-se.

Após levar os lanches para os filhos, ela voltou, sentou-se à mesa e pensou: "Como seria se Fernando não tivesse ido para a França? Será que estaríamos juntos? Com certeza viveríamos bem, pois ele é um bom homem. Engraçado, desde o primeiro momento em que vi Lorena, sabia que ela ia aprontar comigo. Quem planeja com egoísmo, trama ou atraiçoa nunca é feliz. Certamente eles não vivem bem. Como o Fernando foi idiota. Poderíamos estar tão bem e..." Subitamente ela se corrigiu: "Deus! O que é que estou pensando?! Não tenho nada com a vida dos outros!"

Sacudindo a cabeça como se quisesse afugentar os pensamentos, Regina lembrou: "Tenho um bom marido. Vivo bem e não preciso ficar imaginando como seria isso ou aquilo".

Duelando contra os próprios pensamentos, ela foi para junto dos filhos a fim de entreter-se com eles. Porém, olhando os pequenos, pensou: "Será que se tivesse me casado com ele eles seriam meus filhos?"

Naquele instante Jorge chegou, e Regina não deu mais atenção àquelas idéias.

Indo ao encontro do marido, beijando-o com carinho, ela perguntou:

— Como foi lá?

Entusiasmado, ele se animou ao detalhar tudo o que aconteceu, encerrando:

— A Selma é genial! Se não fosse pelo seu bom gosto...

— É verdade — concordou a esposa —, ela é detalhista, caprichosa. — Lembrando-se de imediato, Regina avisou: — Ah! Sabe, resolvi procurar uma pessoa para vir trabalhar aqui em casa. Não posso ficar usando a minha mãe; ela já tem muito trabalho e há a idade dela também.

— Quem?

— A Dorotéia. Você se lembra dela?

Pendendo com a cabeça ao envergar os lábios para baixo, ele disse:

— Não. Mas a Selma me falou ainda hoje de alguém que precisa de emprego de doméstica.

— Ah... eu já combinei com a Dorotéia. Além do que ela é uma pessoa de confiança, mora aqui pertinho. Nem precisa pegar condução. Amanhã ela vem até aqui para eu explicar tudo. Mesmo assim, na primeira semana, minha mãe virá aqui para acompanhar e ensinar algumas coisinhas.

— Você é bem rápida, hein! Já agilizou tudo.

Regina sorriu gostosamente, respondendo:

— Para a nossa comodidade eu sou mesmo.

Enquanto servia um café para o marido, ele perguntou:

— Você foi lá na casa da Lídia?

— Fui sim. Nossa! Nem conto!

Em rápidas palavras ela descreveu como Kássia se apresentou e, por fim, concluiu:

— Eu não queria estar no lugar da Lídia nem por um minuto. Que situação difícil!

— O Fernando estava lá? — perguntou o marido sem pretensões e de forma simples.

Nesse momento Regina sentiu-se gelar. Uma sensação estranha invadiu seu íntimo, e seu coração palpitou forte.

Um tremor quase denunciou seu sentimento inquieto, mas, procurando ser firme, respondeu:

— Ele chegou depois. O filhinho dele é uma gracinha.

— E a Lorena?

— Apareceu logo em seguida. Como já era de esperar, ela sustentava aquele ar arrogante e orgulhoso. Nem conversamos. Decidi vir embora porque as crianças ficaram com minha mãe e achei que já estava abusando.

— Então, com a Kássia não tem acordo?

— Não. Acho que será difícil ela mudar.

— Ah! Não contei! — lembrou o marido, empolgado. — O decorador que foi lá...

A conversa seguiu normal e em harmonia, repleta de novidades. Ambos ficaram atualizando todos os detalhes do dia por muito tempo.

16

Pensamentos convulsionados

No dia seguinte, ao chegar na empresa em que trabalhava, Regina assumia seu serviço normalmente.

Uma ligeira felicidade estava expressa em seu rosto pelo fato de saber que os negócios de seu marido estavam indo bem e que agora, com a empregada, teria menos tarefas em casa, não sobrecarregando também sua mãe.

Sentada à sua mesa, ela analisava algumas fichas, quando uma colega avisou:

— O diretor, Augusto José, mandou chamá-la para uma reunião.

— Que reunião, Irene?

— Não sei. Mas todos os encarregados estão sendo chamados. E você é encarregada do setor de treinamento, por isso...

Regina ficou na expectativa. Que mudanças poderiam ocorrer? O que havia acontecido?

Ela não poderia imaginar. Tudo estava bem tranqüilo e não havia rumores de mudança. Curiosa, teve de aguardar.

Mais tarde, já em uma sala onde se encontravam cerca de vinte encarregados de diversos setores, o diretor entrou acompanhado.

Os olhos de Regina estatelaram-se fixos, sem piscar.

Sem rodeios, o homem anunciou:

— Este é o senhor Fernando, que a partir de hoje ocupará o cargo de gerente dos Recursos Humanos.

Sem perceber, Regina suspirou rápido a ponto de provocar ruído.

Muito direto, o diretor perguntou:

— Algum problema, dona Regina?

Quase sussurrando, ela murmurou:

— Não. Problema algum.

Fernando também ficou admirado, mas não podia se manifestar. Era impressionante como o destino preparava oportunidades e encontros inesperados.

Ele a olhou, sorriu e não disse nada. Não podia.

Ao longo da reunião, Fernando fez uma apresentação mais detalhada sobre si, apresentou colocações sobre as possíveis mudanças e melhorias no setor e prometeu que, em breve, chamaria um líder de cada vez para conversar sobre as dificuldades individuais de cada encarregado, a fim de buscar soluções para os problemas de cada departamento.

Regina não conseguia prestar atenção no que era dito. Estava atordoada, perplexa demais com o ocorrido, e perdia-se em pensamentos confusos.

De volta à sua mesa, ficou estarrecida e incrédula.

— O que foi?! Parece que viu um fantasma! — questionou Irene, percebendo a palidez da amiga.

— Ai! Que susto, Irene!!!

— O que aconteceu na reunião? Você está tão estranha.

— Ah! Na reunião, nada demais — disfarçou Regina. — Era para a apresentação do novo gerente do RH. Ele assume hoje e está cheio de planos.

— E como ele é?

— Você vai conhecê-lo. Acho que vai passar pelos setores em visita.

Regina falava estranhamente. Suas palavras eram frias e mecânicas. Percebendo, a colega perguntou:

— O que aconteceu, Regina? Você ficou tão esquisita de repente.

— Não é nada sobre o serviço. É que... — Para dissimular, falou: — Sabe, estou com um problema com meu irmão e não consigo parar de pensar nisso. Não sei se ligo para ele agora ou não. Mas deixa, na hora do almoço eu conto, tá? Agora vamos colocar isso tudo em ordem, pois daqui a pouco o homem deve passar por aqui.

Regina sabia que não poderia contar a ninguém que conhecia Fernando, muito menos dizer que foram noivos; poderia haver comentários desfavoráveis sobre eles. Ela deveria silenciar, mas não conseguia disfarçar a surpresa.

Por sua vez, Fernando estava muito satisfeito, além de surpreso por encontrar Regina trabalhando justamente ali. Não podia acreditar no que estava acontecendo.

Em seu íntimo, sabia que deveria ter muita cautela. Ninguém deveria saber que ambos tiveram qualquer compromisso.

Naquele dia, não se viram mais.

Ao chegar em casa, Fernando não resistiu e, ao encontrar sua mãe, contou empolgado:

— Não vai acreditar se eu disser a quem estou gerenciando.

Lídia arriscou dizer alguns nomes de antigos colegas do filho, mas ele a interrompeu, exclamando:

— A Regina!

A mulher arregalou os olhos e perdeu as palavras.

— Mãe, que mundo pequeno! — acreditou ao andar pela sala. — Conversamos aqui em casa e nem perguntei onde ela trabalhava!

Sincera, Lídia revelou:

— Filho, estou preocupada.

Tirando o sorriso do rosto e demonstrando insatisfação pela colocação de sua mãe, Fernando reclamou:

— Ora, mãe! Está me chamando de irresponsável?

— Não. Estou chamando-o para a responsabilidade. Você fez sua escolha e está casado com a Lorena. A Regina também é casada e com um homem muito bom. Eles vivem bem. Nem pense em...

Atalhando-a ligeiro, o filho avisou, irritado:

— Eu e a Regina só estamos trabalhando juntos. Não vou ter nada com ela além de um relacionamento profissional. Pronto! Não se fala mais nisso.

Nesse instante, do patamar da escada que descia até a sala, surgiu Lorena, que pôde ouvir a última fala do marido.

Aquilo foi um choque!

Fernando estava trabalhando junto com a ex-noiva!

"Tudo foi planejado!", pensava Lorena. "Por isso ele quis vir para o Brasil. E para ele dizer que o seu relacionamento com ela será só profissional é porque Lídia o está pressionando para que fique com Regina! Claro! Lídia nunca gostou de mim! Desgraçada!", gritava Lorena em pensamento. "Eu mato essa infeliz que quer me roubar o marido. Ah! Se mato! Meu pai saberá me ouvir e vai me ajudar a dar um jeito nessa situação."

Lorena não se deixou perceber, retirando-se rápida.

Seus pensamentos convulsionados de idéias revoltantes faziam-lhe esquentar.

No quarto, retirou-se a um canto perto da pequena varanda e perdeu o olhar na vista do jardim.

Seus lábios finos contraíam-se, enquanto fazia crescer em si uma grande repulsa.

Passou a mão pela testa escaldante, jogando para trás os ralos e finos cabelos ruivos que pareciam incomodar.

Saberia esperar. A traição planejada por Lídia não iria ficar assim. Era muita sordidez — julgava —, e eles iriam se arrepender. Nada a afastaria de Fernando. Se ele pensava que iria se livrar dela para ficar com Regina estava muito enganado. Ninguém iria tirar o que era seu.

Lorena estava desequilibrada. A jovem esposa de Fernando despertava agora um coração cruel, impiedoso, repleto de ódio e de desejos malignos de vingança.

A partir de então começou a pensar e a ter intenções de liquidar aqueles que estavam em seu caminho, criando, em torno de si mesma, uma atmosfera negativa que atrairia, com certeza, as piores vibrações e, conseqüentemente, espíritos que viveram prazerosamente na crueldade.

A chegada de Fernando ao quarto tirou-a ligeiramente da reflexão.

Ela sorriu para o marido, mas, embora sua feição não figurasse, seu coração estava envolto em névoas densas.

Meticulosa, ela o cumprimentou como há tempos não fazia, com um sorriso e sem reclamações.

Com olhar profundo e penetrante, encarou o esposo e perguntou:

— Como foi seu dia?

Fernando estranhou a amabilidade, porém respondeu tranqüilo:

— Tudo é novo. Hoje só conheci algumas instalações e fui apresentado ao pessoal.

— Tomara que dê tudo certo — replicou a esposa, indo na direção da porta, ameaçando sair do quarto.

Rápido, Fernando argumentou:

— O que deu em você?

Virando-se com gestos delicados e rosto sorridente, Lorena respondeu:

— Nada. Só estou pensando que... Bem, será bom vivermos com mais harmonia.

Num gesto rápido e elegante, ela saiu do quarto sem esperar por outra pergunta e demonstrando-se satisfeita.

* * *

Naquela noite, a notícia inesperada da morte do pai de Lorena chocou a todos.

Ian foi imediatamente para a Europa com a irmã, mas Fernando não pôde acompanhá-los, alegando que isso o prejudicaria no novo emprego.

Lorena ficou nitidamente abalada. A única criatura que a apoiava integralmente era o pai.

Agora, sem ele, enfrentaria situações bem difíceis, pois até seu irmão mostrava-se insatisfeito com seus caprichos.

* * *

Alguns dias se passaram, e ao término do prazo que Regina dera ao irmão foi procurá-lo.

Era um domingo ensolarado, e Renato não se havia levantado.

Entrando no quarto, ela o fez levantar.

— Precisamos conversar.

Mostrando-se enfadado, o irmão perguntou:

— O que é Regina?

— Você procurou um médico, um analista ou um grupo de apoio?

Secamente, Renato respondeu:

— Não. Perdi o emprego.

— O quê?!!!

— Fui demitido.

— Por quê?

— Por incompetência, por ser fraco, por sei lá mais o quê.

Incrédula, Regina se sentou e ficou observando-o por longo tempo. Depois falou:

— Renato, você precisa de um médico, precisa se recuperar. Provavelmente o excesso de álcool interferiu em seu desempenho profissional, na sua produtividade. — Olhando-o nos olhos, completou mais brandamente: — Meu irmão, você precisa se ajudar. Procurar pôr um fim nisso, que o escraviza.

— Não consigo! Não posso... — Como se implorasse, ele pediu: — Regina! Ajude-me, você! Não posso fazer mais nada. Você não sabe como tento resistir. É uma vontade que me foge ao controle. Minha boca saliva, minhas mãos tremem, meu corpo inteiro deseja! — Nesse momento, lágrimas corriam na face de ambos.

Regina tomou-lhe as mãos, e Renato prosseguiu:

— Por um dia eu não bebo. Por uma semana, às vezes, consigo resistir, mas quando a vontade vem... Sabe, é engraçado, todo lugar que vou existem bebidas. Os colegas sempre me chamam e insistem: "Vamos tomar uma geladinha!"

Se eu digo não, eles me forçam, me chamam de anti-social, de estraga-prazer. Em qualquer casa de amigos que vou, me oferecem um aperitivo. Se é um churrasco ou um jantar, o drinque não falta. Agora, pergunto: Adianta eu dizer não se todos insistem para eu dizer sim?

Quando ligamos a televisão no horário nobre, vemos vários atores, galãs e lindas modelos e atrizes nos sugerindo a beber cerveja, cachaça, uísque e muito mais. Induzem até você a pensar que, se não parar de tomar cerveja, seu time não vai fazer gol. — Encarando-a, ele perguntou com voz amarga: — Eu sei que sou um doente. Mas como deixar de ser dependente com tantas ofertas?

Sabe, Regina, fazem tantas propagandas negativas, se bem que muito válidas, contra o uso de entorpecentes, de drogas, mas quando o presidente de outro país visita o nosso a reportagem mostra que ofereceram cachaça a ele. — Renato riu irônico e completou: — Ninguém perguntou se ele pode ou quer tomar aquilo.

A pior droga do mundo é a bebida alcoólica, pois é livre, está em todas as casas, em todos os restaurantes, bares, e é servida para comemorar de forma elegante qualquer ocasião. Você não precisa se esconder da polícia quando vai comprar bebida como se fosse procurar um traficante para comprar entorpecentes. Você entende? Eu não tenho de procurar a bebida como quem vai comprar cocaína; ela vem até mim de graça, como presente, como um mimo. Em grandes hipermercados, homens e mulheres procuram o setor de bebidas e exibem que compram as mais caras, as importadas, destacando o produto sobre os carrinhos de compras, mostrando, assim, sua posição social.

Odeio a bebida, mas sou um fraco. Não consigo parar.

— Calma, Renato — apiedou-se a irmã. — Você precisa de um grupo de apoio, de um analista.

— Analista é muito caro. Agora tenho de economizar.

— Vamos a um grupo de apoio. Eu tenho o endereço de...

— Não vou.

— Por quê?

— Não quero.

— O que você tem a perder? Olha, eu vou com você quantas vezes forem necessárias.

Levantando-se, ele avisou:

— A Viviane já tentou me levar; não deu certo.

— Você foi?

— Não.

Renato escondia o rosto para não ser encarado. Percebendo o motivo, a irmã perguntou:

— Você tem vergonha, é isso?

O irmão não disse nada.

Regina levantou-se, aproximou-se dele e afagando-lhe as costas sugeriu:

— Vamos nós dois só para assistir. Não precisamos falar nada. Só assistir.

Diante do silêncio, ela pediu:

— Por favor, Renato. Faça isso por mim.

Renato suspirou fundo e pendeu com a cabeça positivamente.

Ela o abraçou satisfeita, dizendo:

— Amanhã mesmo eu passo aqui. É à noite. Você vai ver, Renato, será um novo homem.

Animada, Regina saiu do quarto e foi procurar pela mãe. Ao encontrá-la, dona Glória, com seu jeitinho, avisou antes que a filha falasse:

— Filha, sei que você foi falar com seu irmão que eu ia para a sua casa, mas...

— Não, mãe...

— Espera, Regina. Eu não sei o que você resolveu, mas, filha, me desculpe. Não posso deixar meu filho aqui sozinho. Não agora, na hora em que ele mais precisa de mim. Entendo que você quer pressioná-lo só para ajudar, mas se o Renato é meu filho isso significa que tenho capacidade e condições para ajudá-lo, para aconselhá-lo, e não é saindo daqui que vou resolver o problema. Mesmo que não funcione, eu vou, todos os dias, falar e falar até o Renato me ouvir. Mas não vou deixá-lo sozinho. Ele é meu filho.

Regina ficou surpresa com as colocações da mãe. Uma mulher tão simples, mas com nobres decisões.

Sorrindo, ela avisou:

— Ele concordou. Amanhã vamos procurar ajuda.

Mãe e filha abraçaram-se. A situação não era fácil, mas já haviam dado um passo importante para a recuperação da integridade de Renato.

A emoção calava fundo em seus corações apreensivos. Ao se separarem, dona Glória perguntou:

— E lá no seu serviço, como está?

— Tudo bem.

— E o Fernando? — interessou-se a mãe.

— Eu o vejo sempre, porém quase não conversamos.

— A Lídia andou conversando comigo e me contou que ele estava querendo se separar da esposa.

— O Fernando?! — admirou-se Regina, parecendo assombrada.

— É. Disse que a Lorena tem um gênio terrível, é exigente, orgulhosa...

— Bem, creio que ele teve oportunidade para conhecê-la antes de se casarem — disse a filha com um jeito simples e firme. — O Fernando não foi obrigado a se casar; agora, que assuma seus atos.

— Sabe, Regina — argumentou a mãe com jeito desconfiado —, será que o Fernando está pensando em separação porque a encontrou?

— Ora, mãe! A senhora acha que eu...

— Não! Não estou insinuando que você lhe tenha dado qualquer esperança, minha filha. Mas pense bem: se ele vivia mal com a esposa e já se sentia desanimado com o casamento, quando reencontrou você pode ser que se tenha lembrado de quando foram noivos, de como você era, e sentiu-se animado em se ver livre da mulher.

Regina ficou em silêncio, refletindo sobre a suposição da mãe.

Astuciosa e madura pela idade e pelos exemplos de vida, dona Glória alertou com generosidade:

— Sabe, filha, acho que você precisa tomar cuidado.

Com olhos ávidos, Regina a encarou, aguardando que prosseguisse.

— Às vezes, um olhar, um sorrisinho, uma brincadeirinha "boba", uma palavrinha maliciosa podem dar liberdade, podem dar margem a oportunidades, sonhos ou desejos a um homem.

— Como assim, mãe?

Dona Glória deu um sorriso maroto ao responder:

— Ora, Regina. Você sabe muito bem do que estou falando. Sabemos que todo pensamento toma forma e idéias nas mentes despreparadas e sempre há uma entidade correspondente para nos infernizar. Não duvido da sua integridade, da sua honestidade, filha, porém, agora, por estarem trabalhando juntos, pequenos gestos e ações inocentes podem abrir caminhos lastimáveis.

Não negue consideração e educação a ninguém, mas evite envolvimento no campo pessoal.

— Mãe, eu tenho um bom marido e dois filhos lindos! Eu os amo muito!

— É por essa razão que estou lhe dizendo isso. Você vive tranqüila e não deve deixar que sua vida se abale. Não vale a pena procurarmos encrencas. Como se diz: "Se você não se vigiar, vai procurar sarna para se coçar". E cuidado com a mulher dele.

— Por quê?

— Mesmo que não haja nada entre vocês dois, se o casamento dele está abalado, certamente ela vai imaginar que a culpa é sua.

— Deus me livre!

— Regina, nunca despreze nenhuma possibilidade; não sabemos o que os outros pensam, muito menos do que são capazes.

Regina não teve coragem de confidenciar à mãe alguns pensamentos insistentes que lhe invadiam a mente nos últimos tempos. Sabia que poderia se tratar de um assédio espiritual, pois irmãos sem evolução, encarnados ou desencarnados, sempre desejam criar empecilhos a alguém que está na estrada rumo ao sucesso.

Vigilante, ela se colocava em preces constantes, rogando luz para sua consciência, pensamentos elevados e discernimento. Nas palestras evangélicas que assistia no Centro Espírita que freqüentava, atentava-se ao tema, trazendo-o para sua vida, procurando sempre se desviar de deslizes.

Por essas razões, haveria de não se deixar envolver por aventuras que pudessem lhe trazer amarguras, muito menos deixaria que pensamentos inferiores, vibrados por espíritos sem elevação, interferissem em sua vida, induzindo-a a alguma idéia ou decisão.

Com naturalidade, dona Glória perguntou:

— Como vai a loja?

— O Jorge disse que está melhor do que ele imaginava. A Selma é ótima em negócios. Eles estão "fechando" com algumas distribuidoras, agora.

— Que bom, filha. Fico tão tranqüila. Muita gente reclamando dos tempos difíceis e tudo dando certo para vocês.

— É, mãe. Como agradeço a Deus por tudo.

Mãe e filha eram bem unidas. Os diálogos entre ambas exibiam amizade e harmonia. Graças a isso, juntas conseguiam energias salutares para o progresso, a estabilidade e a evolução da família, mesmo em tempos difíceis.

* * *

Os dias foram passando, e Regina estava satisfeita, uma vez que seu irmão passara a freqüentar uma Associação de Apoio ao Alcoólatra e a sentir-se mais confiante, apesar das primeiras dificuldades.

Em seu serviço, algumas situações de rotina pediam muita atenção, onde ela haveria de buscar soluções para várias dificuldades.

— Veja, Regina, o diretor de finanças diz que em seu setor há urgência em atualizar o pessoal ao novo sistema. Um curso para aquela equipe é imprescindível no momento. Precisamos contratar um "terceiro" para dar esse curso — dizia Fernando ao explicar uma situação.

— Mas, Fernando, veja: estou com três turmas no meio de um treinamento. Não posso dispensar um consultor na metade de qualquer um dos cursos e encaixar o pessoal de finanças e, arrumar assim, de um dia para o outro, alguém disponível para dar instrução do novo sistema. Não temos espaço físico para mais nada. Já reclamamos várias vezes sobre isso, e nada foi feito.

Sentado atrás de sua mesa, enquanto se balançava levemente na confortável cadeira, Fernando se preocupava, tentando buscar soluções.

Repentinamente, os olhos de Regina brilharam, e ela disse:

— A não ser que...

— Quê...? — interessou-se o chefe, inclinando-se para a frente.

Ágil, ela pediu:

— Dê-me dois minutos. Eu já venho.

Retornando ao seu setor, ela conversou com um e com outro e, em questão de poucos minutos, pegou o telefone para as últimas providências.

Inquieto, ele aguardou em sua sala. Logo, ela voltou.

— Pode dizer ao diretor que seu pessoal entrará em treinamento amanhã na sala três. Tenho lugar para quinze pessoas. Só que o horário do curso é das quinze às vinte horas. Já temos um instrutor que vem da mesma consultoria do Gonçalves; ele domina aquele sistema.

— Como conseguiu isso?

— O pessoal que está em treinamento naquela sala concordou em entrar mais cedo e sair às três.

Fernando alargou o sorriso e colocou a mão sobre o ombro de Regina, dizendo:

— Você é ótima!

Curvando-se rápido, ele a beijou no rosto.

Regina surpreendeu-se, mas também estava muito animada pela conquista.

— A sorte foi que o instrutor da turma atual concordou em vir cedo — disse a ele.

— Mas até eu concordaria com um pedido seu!

Ela se sentiu constrangida, e ele continuou:

— É uma idéia dividirmos os horários.

— Podemos pensar nisso. Mas agora tenho de ir providenciar o material utilizado.

— Espere, Regina, por favor.

— Algo mais?

Com os olhos injetando amabilidade, cortês e gentil, ele perguntou em baixo tom de voz:

— Você está bem?

Simples, ela respondeu ao sorrir:

— Sim, está tudo bem.

Nesse instante, a moça sentiu que seu coração acelerou. Algo estava acontecendo.

Educado, o chefe pediu:

— Sente-se, por favor.

Acomodando-se à sua frente, Fernando a fitava constantemente, deixando-a sem jeito. Mas logo explicou:

— Sabe, Regina, desde que fui para a Europa nunca mais conversamos direito, e, às vezes, penso muito em tudo o que não terminou entre nós.

Pensando rapidamente, Regina se lembrou dos conselhos que recebera de sua mãe dias antes e imediatamente o interrompeu:

— Espere, Fernando, por favor. Tivemos um compromisso, sim. Você foi para a Europa, mas tudo, exatamente tudo terminou entre nós quando eu me casei com o Jorge, e você, com a Lorena. Creio que não haja nada a ser dito ou esclarecido entre nós.

Sem perder o jeito calmo e educado, ele perguntou:

— Você vive bem?

— Sim. Muito bem. Perdoe-me a franqueza, mas...

Interrompendo-a, Fernando argumentou:

— Não podemos ser amigos?

— Não somos inimigos, concorda? Mas, como eu ia dizendo, perdoe-me a franqueza, mas não creio que seja bom para nenhum de nós ficarmos entrando em assuntos sobre nossas vidas particulares e bem distintas. Trabalhamos juntos, nos damos muito bem aqui no serviço, mas creio que se passar disso...

Sentindo-se um tanto constrangido agora, ele perguntou para mudar de assunto:

— E seu irmão?

— Ah! Graças a Deus o Renato está se conscientizando e ganhando forças interiores para vencer o vício.

— Fico feliz. Conversei com ele um pouco, mas não o suficiente. Acho que vou procurá-lo nesse fim de semana. Quero pegar um currículo dele para enviar a uma empresa conhecida.

Sorrindo, Regina agradeceu:

— Puxa! Muito obrigada por isso. Será muito importante para ele se conseguir um emprego agora. — Após pequena pausa, ela perguntou: — E a Kássia, como está?

Depois de um suspiro junto a um semblante insatisfeito, Fernando admitiu:

— Não há nada que não tenhamos tentado. Você viu.

— Sabe que ainda não me conformei. Como alguém pode mudar tanto. Fico feliz por seus pais manterem o equilíbrio e não desistirem dela. É uma situação difícil, onde muitos abandonam o filho que insiste no erro.

— Obrigado pela força que está nos dando. Minha mãe tem-me contado.

— Não me agradeça pelo que não fiz. Se eu pudesse...

— Só a sua boa vontade em ir lá em casa já é grande coisa. Aliás, é a pedido de minha mãe que não fico em casa quando você vai lá. A dona Lídia — disse irônico — acha que você fica menos constrangida e mais à vontade pelo fato de a Lorena também não estar lá.

— Soube que o pai dela morreu.

— É sim.

— Quando ela volta?

— Já está lá há alguns dias e creio que terá de ficar um pouco mais. O homem tinha vários negócios e determinou um prazo para a abertura e a leitura do testamento.

Após poucos segundos, ela decidiu:

— Bem, preciso ir.

Enquanto se levantava, ele articulou:

— Regina, desculpe-me se...

— Não tem pelo que se desculpar. Acho que você foi verdadeiro, e eu também.

— Obrigado. Se precisar de mim, pode falar.

Ela agradeceu e se foi.

Regina tremia toda, mas Fernando não percebeu.

Voltando para sua sala, não sabia como pôde disfarçar tão bem o seu nervosismo.

Ela amava o marido, respeitava e adorava os filhos; não entendia por que sentia aquilo.

As palavras de Fernando sobre tudo o que não terminou entre eles pareciam ecoar em seus pensamentos.

Teria de afastar aquilo; tais sentimentos lhe doíam o peito, que parecia estar envolto em algo muito denso e em desarmonia com sua índole.

Depois desse dia, em outros momentos, Regina acreditava que Fernando se aproximava muito dela, solicitava sua presença sem necessidade e, sempre que possível, tocava-lhe a mão ou o ombro de um modo que até poderia ser inocente, mas para ela era algo que alardeava seus sentimentos íntimos. Ela se sentia cortejada a distância pelo seu jeito de olhar, mas não haveria nada do que pudesse acusá-lo.

Sentia-se sufocada, e ninguém no serviço poderia desconfiar. Não queria desabafar com a mãe, não poderia contar ao marido; sua intuição dizia que não era necessário Jorge saber; afinal, nem mesmo teria o que dizer; com certeza, era algo que ela sentia.

17

A VERDADEIRA PERSONALIDADE

O tempo passava ligeiro, e os acontecimentos da vida diária faziam nossos personagens guardar algumas idéias no esquecimento, principalmente quando não eram criadas por suas mentes.

Numa manhã, Regina abriu os olhos e sentiu-se preguiçosa; queria ficar na cama.

Ainda bem que era sábado e ela não precisava ir trabalhar. Jorge acordou cedo e já havia ido para a loja.

Largada sob os lençóis macios e perfumados, ela começou a fazer uma retrospectiva de sua vida até chegar nos lindos filhos e no marido, que se estabilizava cada vez mais.

Quanta coisa havia acontecido. Mas ela estava bem! Sentia-se de bem com a vida.

Um brado de alegria quebrou sua reflexão quando os filhos, Denis e Amanda, chegaram em seu quarto.

Denis sempre foi um garoto esperto, e Amanda, agora com quase dois anos e meio, exibia-se meiga, observadora e bem mais recatada, mostrando uma personalidade cautelosa.

— Oi, meus amores! Vocês já acordaram? — cumprimentou a mãe.

O menino já estava sobre a cama, enquanto Regina ajudava a doce menina a subir.

Logo, Denis reclamou:

— O papai não está! Ele disse que ia jogar comigo hoje.

— Filho, ele foi trabalhar. — E, com jeito calmo, explicou: — Se ele não for trabalhar, não teremos dinheiro para a sua escola, para comprar coisas gostosas...

— Ah! Que droga, viu — retrucou o menino, fazendo um biquinho.

Sem dar importância, Regina avisou:

— Vamos levantar e nos arrumar para irmos ao shopping.

— Vamos nos brinquedos!!! Oba!!! — gritou Denis, animado.

Nesse instante, Regina escutou a voz de Dorotéia no quintal, chamando-a.

— ... Mas hoje é sábado. O que será que ela quer? — perguntou, enquanto ia abrir a porta.

— Oi, Regina! — cumprimentou a mulher, logo pegando a pequena Amanda no colo. E completou: — Desculpe-me vir aqui hoje, mas é que sua mãe me pediu.

Surpresa, Regina perguntou:

— Mas por que ela não ligou?

— Parece que seu telefone não está funcionando.

Assustada, a dona da casa interrompeu:

— O que aconteceu, Dorotéia?

Um tanto constrangida, procurando não deixar Regina mais nervosa, a mulher avisou:

— É seu irmão. Parece que ele não está muito bem, e sua mãe pediu para eu vir chamar você. Acho que ela quer levá-lo ao médico.

Rapidamente, Regina lembrou:

— Ah! O Jorge está na loja e...

— Vá logo, não se preocupe. Eu fico com as crianças. Não tenho compromisso hoje. Fique tranqüila.

Sem perder tempo, Regina se trocou ligeira e foi para a casa da mãe.

Lá, em prantos, dona Glória contou-lhe que Renato havia chegado em casa carregado por colegas, o que há tempos não acontecia. Quando os amigos se foram, ele perdeu os sentidos.

— Que horas foi isso, mãe?

— Umas cinco e meia da manhã, talvez seis. Depois de um tempo ele começou a tremer todo, como se estivesse tendo um ataque. Liguei para você, mas só dava ocupado.

— As crianças devem ter tirado o fone do gancho. — Olhando firme para a senhora, Regina disse: — Mãe, acho que ele teve uma convulsão. As pupilas estão dilatadas, e ele está gelado, suando frio.

— Meu Deus!

— Calma, mãe. Vamos chamar um táxi e levá-lo para um hospital.

— Só nós duas, filha? Precisamos de ajuda. E se for grave. Para ir buscar um táxi você vai precisar ir até a avenida.

Regina não tinha opção. Imediatamente, ligou para a loja à procura do marido, mas foi informada de que Jorge havia saído minutos antes na companhia de Selma.

Ligou para a emergência e pediu uma ambulância, que não chegou após vinte minutos.

Nesse ínterim, Renato sofreu outra convulsão.

Dona Glória lembrou-se de Fernando, e sem demora elas ligaram, pedindo ajuda.

Em poucos minutos, Lídia e Fernando chegaram.

A mãe de Fernando ficou com dona Glória, enquanto seu filho e Regina levavam Renato para o hospital.

Fernando fez questão de socorrer o amigo em um hospital particular, assumindo as despesas, uma vez que, desempregado, Renato não possuía plano de saúde.

Na sala de espera do hospital, Regina aguardava aflita.

Sentada, apoiava o rosto com as mãos e os cotovelos nos joelhos, deixando que seus cabelos anelados cobrissem-lhe a face chorosa.

Fernando, atento, a observava comovido. Sabia que ela amava o irmão e queria fazer de tudo para ajudá-lo.

Procurando ser gentil, além de prestativo, diante daquela situação, sentou-se ao lado de Regina e afagou-lhe a cabeça com cuidado, a fim de acalmá-la.

— Vai dar tudo certo, Regina. Não fique assim.

Com a voz chorosa e lágrimas a correr pela face delicada, ela levantou o olhar e desabafou ao encará-lo:

— O Renato estava indo tão bem. O que será que aconteceu para ele regredir?

— Sabe, é comum uma recaída nesses casos. Mas com perseverança da parte dele e apoio da família vai superar tudo.

Em seu olhar melancólico, Fernando viu uma tristeza sem igual.

Regina estava com o coração amargurado. Não havia palavras naquele momento que pudessem afastar sua dor.

O silêncio reinou.

Algum tempo depois um médico chegou ali, e Regina, num impulso, precipitou-se angustiada, olhando-o como se implorasse por notícias.

Com lágrimas que novamente se empoçaram em seus olhos e voz rouca, ela perguntou:

— Como está meu irmão, doutor?

Não havia maneira diferente de dar a notícia; porém, acautelando-se para não deixar Regina ainda mais nervosa, o médico falou com bondade:

— Seu irmão está em um estado de coma metabólico, onde podemos verificar que felizmente o cérebro mantém totais as funções do organismo. Esse estado de coma se deu pelo consumo excessivo de álcool. Já foi feita uma lavagem estomacal e agora ele recebe administração de soro junto com medicamentos apropriados para esse estado. Teremos de aguardar.

Regina ensurdeceu. Paralisada e sem expressões faciais, ficou estagnada, olhando para o médico, que perguntou ao tocar seu braço:

— Você está bem?

Rápido, Fernando passou-lhe o braço sobre os ombros querendo ampará-la e perguntou:

— Regina, você está bem?

As lágrimas represadas rolaram em sua face, e um choro sentido se fez.

Fernando a abraçou, procurando consolá-la.

— Sente-se com sua esposa ali — recomendou o jovem médico, indicando um lugar. Vou pedir para a enfermeira trazer um calmante suave, natural. Faça-a tomar e a leve para casa. Descansem. Aqui só vão ficar mais tensos e não vai adiantar muito. Seu cunhado parece um rapaz forte e foi socorrido logo. A meu ver, ele tem grandes chances.

Fernando não corrigiu o médico diante do engano e fez como ele pediu.

Em casa, Regina abraçou-se à mãe após lhe dar a notícia de que o irmão sofrera um coma alcoólico, e ambas choraram juntas.

Lídia procurava confortá-las.

Fernando, sabendo que Renato estava sem emprego e que a pensão que dona Glória recebia mal cobria as despesas indispensáveis da casa, logo avisou, a fim de deixá-las mais tranqüilas.

— Dona Glória, o Renato está em um ótimo hospital e receberá todos os cuidados que necessitar. Não se preocupe com as despesas. Eu cuidarei de tudo.

— Não podemos lhe dar tanto trabalho, meu filho. Já abusamos muito.

— Glória — interferiu Lídia —, somos nós quem estamos em débito com vocês. As melhores orientações, o melhor carinho que recebi no momento mais difícil da minha vida foi de vocês. Isso não tem preço. Eu não estaria aqui hoje se não fosse pela Regina. Quanto ao Renato, tão amigo do Fernando, é um filho que adotei em meu coração. Apesar da distância, quero-os muito bem.

Regina ofereceu um suave sorriso de agradecimento, enquanto dona Glória afirmou:

— Obrigada, Lídia. Rogo que Deus nos fortaleça e nos ampare.

— Vai dar tudo certo, Glória. Você vai ver — afirmou Lídia.

* * *

Bem mais tarde, Regina decidiu ir embora, pois estava preocupada com as crianças que haviam ficado com Dorotéia e com Jorge, quem ela não conseguiu localizar.

Ela insistiu para que a mãe fosse para sua casa, mas dona Glória não aceitou, preferindo ficar sozinha.

Exausta, Regina chegou em casa um tanto abatida por tudo o que ocorrera naquele dia.

Ao entrar, percebeu que Dorotéia não estava lá e encontrou as crianças ainda sem banho.

Jorge falava ao telefone tranqüilamente, sorrindo vez ou outra, sem lhe dar muita atenção, apesar de tê-la visto.

As crianças faziam muito barulho, e ao disputarem um brinquedo gritaram até que, sentindo-se derrotada, Amanda começou a chorar.

Regina a tomou nos braços, momento em que Jorge terminou a conversa que mantinha, e, virando-se com modos inquiridores, ele perguntou à esposa:

— Onde é que você estava até essa hora?!

Não escondendo em seu semblante um travo de esgotamento, ela tentou explicar:

— Logo cedo a Dorotéia me procurou a pedido de minha mãe. Ela não conseguiu ligar, pois acho que uma das crianças deixou o fone fora do gancho, e quando cheguei em sua casa ela me disse que o Renato havia passado mal.

Sem esperar por maiores esclarecimentos, Jorge contrariou-se, dizendo:

— Já estou farto dos problemas do seu irmão! Ele é um irresponsável, um desequilibrado que compromete a própria vida e a dos outros também! — Menos contundente, ele reclamou: — E você, Regina, por causa dos probleminhas dele não pára mais em casa. Aliás, diga-se de passagem, você não cuida só dos problemas do seu irmão. Passa a semana trabalhando e, quando chega sábado e domingo, se não está na casa da sua mãe, está na de Lídia. — Mais enérgico, ele perguntou: — Você não acha que está na hora de cada um ficar com os seus problemas e você cuidar mais da sua vida?!

— Jorge... — tentou argumentar, mas foi interrompida.

— Nossos filhos estão direto nas mãos da empregada. Acho que você nem sabe o que se passou com eles! Amanhã, por exemplo, tenho certeza de que à tarde você terá de ir pajear a tal da Kássia, que está bem crescidinha. A Lídia que se vire! Está na hora de você cuidar dos seus filhos primeiro.

Sem trégua, a esposa avisou:

— Meu irmão está em coma. Foi internado essa manhã.

Jorge sentiu sua raiva aumentar, mas procurou manter o controle, e ela prosseguiu:

— Minha mãe me chamou porque ele desmaiou. Fui até lá, liguei para você, que havia saído, a ambulância demorou, e minha mãe telefonou para a Lídia. Ela e o filho vieram, e socorremos meu irmão, que agora está internado.

Amanda quis descer do colo da mãe, que a colocou no chão e não disse mais nada.

Jorge passou a mão pelos cabelos num gesto impaciente e murmurou:

— Mais um problema que não é nosso.

— Meu irmão corre risco de morte e...

— Se o Renato está assim, desculpe-me a franqueza, a culpa é totalmente dele.

— Não fale assim, por favor.

— O que é? Você não quer ouvir a verdade? Seu irmão é um homem feito. Se ele encheu a cara e perdeu o controle, foi porque quis. Se diminuiu a própria capacidade intelectual e está se enterrando, é problema dele, não meu!

— Bem que quando você ficou desempregado foi ele quem nos ajudou emprestando dinheiro para pagarmos as últimas prestações da casa. O Renato nunca nos cobrou, e até hoje não pagamos a ele o que devemos — reagiu a esposa, nervosa. Depois concluiu: — O alcoolismo é uma doença em forma de vício, Jorge. O Renato não é assim porque quer! — quase gritou.

— Ah! Não? — criticou, irônico. — Então o pobrezinho bebe porque sou eu quem ponho bebida na boca dele? Beber demais é safadeza, é sem-vergonhice!

Regina sentia-se sem forças para reagir, e ele continuou:

— Sabe por que ele é assim? É por causa do protecionismo que recebe de você e da sua mãe. — Mais brando, falou: — Regina, todo fim de semana você deixa seus filhos e sua casa para cuidar da vida dos outros. Será que não vê que está se prejudicando? Não agüento mais chegar em casa e encontrar a empregada aqui sozinha com eles. Além do que não tem cabimento eu ficar aqui sozinho com a mulher; aí eu a mando embora, e a casa fica esse inferno todo. É bom que isso mude, Regina.

Dizendo isso, Jorge virou-se e foi para outro cômodo.

Após o diálogo tempestuoso, Regina começou a chorar em silêncio. Lágrimas compridas corriam em sua face, enquanto ela, sem refletir, recolhia mecanicamente os brinquedos das crianças.

O pequeno duelo de frases amargas a deixou ainda mais triste e deprimida.

Jorge agora, como uma espécie de punição, não a ajudou naquele momento, como sempre fazia, e voltou a dar alguns telefonemas sem se importar com o que acontecia.

Ele devia estar farto, demonstrando caráter grave, linguagem fria, isenta de sentimentos de tolerância diante de fatos que ela considerava importantes.

Uma sensação de desapontamento dominou Regina.

No momento em que mais precisava do marido ele não estava sendo compreensivo, não oferecia sua amizade e não preenchia, nem com sua presença, aquele instante aflitivo em que ela não tinha com que dividir sua dor.

Estava certo que ela deixara as crianças com ele em alguns finais de semana para ir à casa de Lídia, mas ele não havia se importado no momento e até a incentivou que fosse.

E agora, de repente, "jogava-lhe tudo na cara", com palavras duras e sem se importar com seus sentimentos.

Jorge estava mudado ou então mostrava, somente agora, sua verdadeira personalidade, porque ninguém muda assim tão de repente e sem motivo aparente.

Afinal, seja como fosse, Renato era seu irmão, ela o amava, e aquela não era uma situação corriqueira; precisava ajudá-lo. Tinha de apoiar sua mãe.

Os pensamentos de Regina fervilhavam tristes com tudo o que acontecia.

Ela se conservara calada, mas em seu interior havia muito o que dizer.

* * *

Longe dali, Lídia e Rodolfo conversavam.

— Nossa! O Renato? — lamentou o marido.

— Nem preciso dizer como a Glória e a Regina estão.

— Imagino. Amanhã vou visitá-lo. Você vai?

Mostrando-se desanimada, Lídia admitiu:

— Não sei. Vamos ver.

— Se bem que precisamos ver se há condições para visitas. Não podemos tirar a vez da família. — Passados poucos segundos, perguntou: — E a Lorena? Ela não reclamou quando soube onde vocês foram.

— Estranhamente, não. É curioso, desde quando voltou da França não fez mais nenhum escândalo.

— Talvez esteja tomando jeito de gente.

— Eu duvido, Rodolfo.

— Ora, Lídia! Não podemos julgar assim. Talvez o Fernando tenha agido certo quando a trouxe para cá, longe do pai, e lhe disse toda a verdade. Creio que ela se sentiu ameaçada.

— Desde quando o Nando falou em divórcio, ela vem se segurando. Lorena não admite a idéia da separação. — Ligeira, Lídia observou: — Sabe, há uma coisa no meio disso tudo que eu não gosto.

— O quê?

— A Lorena mantém um jeito calmo, mas lá no fundo percebo que há uma máscara, uma falsidade muito grande, pior do que antes.

— Líiiidia... — advertiu o marido ao alongar seu nome.

— Posso estar caluniando minha nora, mas, perdoe-me a franqueza, acho que há algo muito errado que não consigo definir.

— Quem sabe ela não está tentando melhorar?

Lídia olhou torto para o marido enquanto curvava as sobrancelhas ao dizer:

— Nessa vida essa moça não vai tentar mudar mesmo! Ela é muito má em seu íntimo. Lorena não tem amor por ninguém, nem pelo próprio filho. Eu sinto.

— E o Fernando, como está? Não falou mais em divórcio?

— Não. Ele está levando o casamento, vejo isso. Tenho certeza de que meu filho se casou com a pessoa errada.

— Lídia, isso não existe.

— Quando forçamos o destino a se desviar, pode acontecer, sim.

— Já sei que você vai dizer que ele deveria ter-se casado com a Regina.

— Ela seria uma excelente esposa. Mas não sei. Só acredito que com a Lorena é que não era. O Fernando é simples, gosta de conversar, de passear. Ela é completamente o oposto.

— Isso até pode acontecer. Existem programas reencarnatórios, mas somos criaturas com livre-arbítrio. Essa livre decisão para escolher pode nos levar a cometer enganos desnecessários na experiência vivida. — Explicou Rodolfo, prosseguindo: — Por exemplo, a ambição fez com que Fernando se afastasse de Regina e se casasse com Lorena. Creio que se ele não tivesse sido tão ambicioso não teria se casado com Lorena. Poderia até não estar com a Regina, mas não teria a encrenca que arrumou.

— E os prováveis ajustes que ele deve ter com Lorena? Sim, porque se estão juntos é por terem algo a harmonizar.

— Creio que esse ajuste poderia ocorrer de outro jeito. Poderiam, em outra oportunidade, renascerem como irmãos, como pai ou filho um do outro. Ei, Lídia, vamos parar com esse assunto, vamos. Isso não é coisa para conversar. Diga-me, e a Kássia?

— Está no quarto.

— Kássia e Lorena estão em casa e temos todo esse silêncio? Não ouço som e nenhum grito estridente! — ironizou Rodolfo.

— Há uns três dias Kássia está muito quieta. Conversamos um pouco e a notei um tanto deprimida.

— Tomara que comece a se arrepender. Ela precisa sair dessa experiência macabra. Não há outro termo para denominar esse tipo de vida.

— Tenho certeza de que nossa filha vai melhorar. Creio em Deus.

Olhando melhor para a esposa, ele reparou:

— Lídia, estou achando você meio abatida.

— Não sei o que tenho. Acho que comi algo que não me fez bem. Venho me sentindo estranha. Não sei como isso aconteceu; vigio tanto minha alimentação. Não é qualquer coisa que coloco para dentro, como alguém que conheço.

— Lá vem você! — riu o marido, reclamando. — Isso não é efeito daqueles remédios que você toma?

— Não são remédios. São complementos, produtos fitoterápicos que tomo com orientação médica e que me ajudam muito. — Brincando, ela falou: — Você tem orgulho de ter uma mulher como eu, não tem?

Ele a abraçou, beijou-a e aconselhou:

— É bom você ir ao médico novamente para ver isso, hein! Quero que cuide bem de você para mim.

Lídia sorriu e o beijou com amor, mostrando que, independentemente dos anos, eles se amavam e se queriam muito.

18

No mundo real

Naquela noite Lídia se deitou cedo, enquanto o marido, sentado em uma confortável poltrona no quarto do casal, estudava alguns processos.

Rodolfo não podia ver, mas na espiritualidade amigos queridos os visitavam, entre eles o filho Cristiano.

Enquanto o corpo largava-se adormecido sobre a cama, Lídia, em desdobramento, despertava para o plano que normalmente os encarnados não podem perceber.

Ao reconhecer o filho, Lídia entregou-se a um abraço carinhoso, trocando com ele energias de amor sincero, capazes de, naquele mundo real, expandir claridade que se espalhavam pelo quarto como raios de luzes cintilantes, exibindo a verdadeira vibração de amor.

Na espiritualidade não há como enganar, os sentimentos e pensamentos elevados provocam expressivos brilhos, enquanto as intenções que não estão de acordo com o bem ou a boa moral envolvem seus criadores em densas sombras, as quais exibem seu grau de ignorância ou inferioridade.

Cristiano sorriu, sentindo-se feliz.

Lídia experimentou um conforto indizível.

As emoções também brotaram quando ela observou o espírito Amélia.

— Mãe!

Abraçadas, naquele momento geraram ainda mais vibrações agradáveis e generosas.

— Filha querida, é sempre bom vê-la.

Tomando consciência do estado de sono, Lídia comentou:

— Lamento não lembrar de tudo quando estou acordada. Isso não deveria acontecer.

Antonio, espírito amigo e instrutor que os acompanhava, reconheceu sorrindo:

— Essa sempre é a reclamação dos encarnados. Nunca se lembram do que acontece durante o sono, e muitas vezes a mente lhes prega peças, trazendo para a consciência do estado de vigília situações não muito nítidas, o que chamam de sonho.

Cristiano, que se acomodou ao lado da mãe, alargou o sorriso e a abraçou novamente.

— Você está bem, filho?

— Estou ótimo, mãe.

— Por que não vem mais vezes?

— Estou em curso. Aproveitamos, por estarmos perto dos entes queridos encarnados, para fazer uma breve visita. A vovó quer muito fazer uma recomendação.

Lídia virou-se para sua mãe e ficou aguardando.

Amélia, sempre generosa, acomodou-se, tomou as mãos da filha e perguntou:

— Lidinha, lembra-se de quando, um dia, recomendei para que você e Rodolfo procurassem uma outra casa para viverem suas vidas a dois e com os filhos que Deus lhes confiou?

— Sim, mãe. Eu me lembro. Só que meu marido não quis deixar o pai morando sozinho, uma vez que seus irmãos iam sair do Brasil.

— Mas bem que vocês poderiam ter cuidado disso antes de eles irem. Além do que seu sogro não era uma pessoa doente e que dependia de cuidados. De repente, a solidão poderia até tê-lo feito procurar alguém. E, se ficasse doente, poderia ir morar com um dos filhos.

— É, mãe, eu me lembro de que a senhora me falou isso, mas...

— Mas você não insistiu com o Rodolfo. — Com jeito delicado, Amélia advertiu: — Talvez, filha, você se tenha encantado por essa mansão palaciana.

Lídia baixou o olhar e ficou sem argumentos.

Gentil, Amélia continuou:

— Seria bom, agora, você dar a Fernando uma orientação muito importante.

— Qual, mãe?

— Procurar um lugar para viver sua vida junto com a esposa e o filho.

Quase melancólica, Lídia admitiu:

— Não vou conseguir ficar longe do meu filho. Como posso fazer isso? Já bastam os anos em que ele viveu longe de mim.

— Há de reconhecer, Lidinha, que o amor verdadeiro não amarra, não enclausura, mas sim liberta e ensina. Você precisa afastar a mulher de seu filho dessa casa. Ele precisa assumir maiores responsabilidades sem interferência. Ela, por sua vez, deve procurar outras coisas para dar atenção e, ficando aqui, continuará presa a pensamentos e idéias inúteis e perigosas. É muito importante que essa moça se afaste dessa casa. Algumas coisas você não precisaria enfrentar tão cedo.

— O que vou dizer?

— Você saberá o que dizer e o que fazer. Mas faça logo e insista.

— Por que Lorena deve se afastar dessa casa?

— O coração dessa moça sempre foi repleto de arrogância; criaturas amargas assim acreditam serem donas de tudo e sempre querem forçar o futuro a se desviar, querem mudar os desígnios de Deus e pensam que podem controlar a vida de todos. Além disso, os pensamentos que dão origem a desejos malignos atraem companheiros espirituais que as estimulam para a prática do mal. E você sabe, Lidinha, que aquele que não crê em Deus não respeita ninguém. Julgam que tudo podem fazer.

Em uma outra experiência, quando encarnada, Lorena combateu a existência do Criador e foi julgada pelos Tribunais do Santo Ofício, a Inquisição. Sob suplícios terríveis, um bispo comissário da Inquisição arrancou-lhe abjuração, e mesmo assim esse homem da Igreja confinou todos os seus bens, perseguiu seus parentes e a enviou a um calabouço sob torturas e humilhações das mais terríveis, onde ela acabou sucumbindo pelos tenebrosos meios de corrigenda utilizados.

Tornando-se um espírito revoltado, Lorena nada aprendeu e sempre buscou vingança para o que sofreu naquela época. Desencarnada, perseguiu aquela que a acusou, que a delatou e a enviou para tão terríveis penas.

Hoje, o bispo inquisidor reencarnou como o pai que lhe ofereceu o "céu e a Terra", devolvendo-lhe tudo de bens materiais que lhe tirou no passado. Mas a mulher que a entregou aos Tribunais da Inquisição não teve tempo de se harmonizar com ela nessa vida, tendo em vista que Lorena, como espírito perverso e rancoroso, antes de renascer para essa presente experiência de vida, de tanto persegui-la e obsediá-la levou-a à loucura e à prática do suicídio. Se assim não fosse, elas estariam juntas hoje. Pois a mulher que ela perturbou a esse ponto era a mãe de Rodolfo.

Só que essa moça, Lorena, não aprendeu e ainda não crê no Pai da Vida.

Alguém assim, que só exige com arrogância, orgulho e se diz dona da verdade e de todas as situações, que não se volta para Deus, não agradece e não se contenta com o que tem, se alia à deterioração mental, adoece psiquicamente e não se impõe limites.

— Por quê?

— Porque não teme a Deus. Não crê que Sua principal lei é a de causa e efeito. Lorena não acredita que vai experimentar o efeito exato do mal que causou aos outros.

— Então meu filho corre perigo? — preocupou-se Lídia.

— Não. Fernando não corre perigo. Lorena o tem como um troféu. No entanto, ele tem muito a ensinar a ela. Não precisava ser assim, mas já que tem a oportunidade do matrimônio que aproveite a ocasião que sua ambição proporcionou.

Interferindo, Cristiano lembrou:

— Mãe, cuidado com os seus pertences pessoais, com os seus medicamentos. Fique atenta.

E Amélia completou:

— Lidinha, ficaria aterrorizada se pudesse ter conhecimento dos pensamentos que as pessoas criam junto com suas más tendências. Muitas vezes, dissimuladas com um bom comportamento, essas criações mentais tornam-se vivas e são colocadas em ação, prejudicando a muitos.

— Agora temos de ir, mãe — avisou Cristiano.

— Venham me ver sempre — pediu Lídia com uma expressão generosa em seu semblante, parecendo já sentir saudade.

— Claro que sim. Sempre que pudermos.

Eles se despediram. E, não perdendo a oportunidade, Cristiano aproximou-se de Rodolfo, que nem imaginava o que se passava na espiritualidade à sua volta, envolveu-o com um abraço, beijou-lhe o rosto e afirmou:

— Eu o amo muito, pai.

Sem entender o motivo, Rodolfo sentiu algo agradável. Parou o que estava fazendo, deu um suspiro profundo e sorriu.

Logo que os desencarnados se foram, ele decidiu se deitar, aproveitando aquela inexplicável sensação de paz que o envolvia.

* * *

Na tarde chuvosa e cinzenta do dia seguinte, Rodolfo e Fernando encontraram-se com Regina e dona Glória no hospital em que Renato estava internado.

Após rápida visita ao enfermo, eles se reuniram no grande saguão do hospital para conversar um pouco.

Dona Glória, visivelmente abatida e sensibilizada com o ocorrido, quase não dizia nada, mas lembrou-se de perguntar por Lídia.

— E a Lídia, como está?

— Ela não se sente muito bem hoje — avisou Rodolfo de pronto. — Acho que ingeriu algo que não lhe fez muito bem.

Mas pediu desculpas por não ter vindo e disse que mais tarde ligará para a senhora.

— Nem há pelo que se desculpar, por favor, senhor Rodolfo — interrompeu Regina, completando: — Nós é que temos de pedir desculpas pelo incômodo. Não haverá como retribuir o apoio e a ajuda que vocês estão nos dando.

— Enquanto estiver em nosso alcance, conte conosco — avisou Fernando, demonstrando-se prestativo.

— Tenho certeza de que meu irmão vai se recuperar rápido, e isso vai se dar pela boa qualidade do atendimento que está tendo. Se não fosse por vocês... — Olhando para a mãe, Regina reconheceu: — Minha mãe está cansada, precisamos ir.

— Nós as levaremos em casa — prontificou-se Rodolfo.

— Não se dê a esse trabalho, senhor Rodolfo. O senhor já fez muito.

— Faço questão! Vamos.

Ao chegarem na casa de dona Glória, a mulher insistiu para que entrassem e sem demora foi preparar um café.

Dorotéia havia ficado com as crianças na casa de dona Glória, e assim que Regina chegou educadamente a dispensou e apresentou os pequeninos.

— Como são lindos os seus filhos! — elogiou Rodolfo. — Lindos e cativantes!

— O senhor se esqueceu de mencionar: muito levados! — lembrou Regina, sorrindo amável.

Sem pensar no que dizia, Fernando comentou:

— Pensei que seu marido tivesse ficado com eles.

Gaguejando um pouco, Regina explicou, sem jeito:

— É que... sabe, ele ficou em casa para resolver algumas coisas sobre a loja, por isso não deu para ficar com as crianças nem ir ao hospital. Ele e a sócia tinham projetos de expansão para estudar. A Viviane ia ficar com eles para nós, mas está com dengue há uns três dias. Ela nem levanta da cama.

— O crescimento dos negócios é importante. Ele deve aproveitar.

Em poucos minutos Fernando já estava no quintal da casa jogando bola com Denis, que o conquistou com seu jeito espontâneo e desinibido.

Muito alegre, o garotinho se divertia com a brincadeira.

Após algum tempo, Rodolfo decidiu que já estava tarde e que não queria que Lídia ficasse sozinha por muito tempo, uma vez que a esposa não estava muito bem.

Chamado pelo pai, Fernando precisou interromper a brincadeira, mas prometeu:

— Gostei muito de você, Denis. Qualquer dia vou trazer meu filho aqui para vocês brincarem, ou então, se sua mãe deixar, posso levá-lo lá para minha casa para passarem o dia juntos.

— Quantos anos ele tem? — interessou-se o garoto.

— Três.

— Ah, bom. Pensei que ele fosse bebê. Promete que vai trazê-lo, mesmo?

— Prometo, claro.

— Então quando? — perguntou o menino.

Fernando titubeou e fez um gesto singular ao responder:

— Quando sua mãe deixar. Combine com ela direitinho, me liga e eu venho.

— Vou combinar, sim! Mas, tio, vê se não vai fazer como o meu pai que só promete, promete, promete e não me leva para passear nem quer jogar comigo, viu?

Regina sentiu seu rosto aquecer; para que a situação não ficasse pior, sorriu sem graça e se calou, para que o filho não dissesse mais nada.

Fernando haveria de compreender que as necessidades do dia-a-dia são muito importantes e que as crianças dizem o que sentem sem pensar se está certo ou não.

Assim que pai e filho se foram, Regina verificou se sua mãe não precisava de mais nada e foi para sua casa.

Ao chegar com as crianças, percebeu logo que o marido havia saído.

Ela estava exausta. Aquele fora um final de semana conturbado e desgastante. Mesmo assim, encontrou forças para organizar algumas coisas na casa e preparar um bom jantar.

Decidiu que daria banho nos filhos e os faria jantar e dormir cedo, a fim de que ela e o esposo tivessem mais tranqüilidade.

Regina reconhecia que nos últimos tempos realmente estava um pouco ausente, mas iria reparar isso.

"Se Jorge estava zangado, deveria ter suas razões", pensava.

Bem mais tarde, quando ela colocava os filhos para dormir, o marido chegou.

Indo ao encontro de Jorge, Regina o beijou com carinho, recebendo-o com alegria, esforçando-se para não demonstrar cansaço e não fazer qualquer reclamação.

— Pensei que estivesse na casa de sua mãe — acreditou o marido.

— Há tempos estou aqui. E você, foi dar uma volta? — perguntou a esposa com simplicidade e um leve sorriso.

— Fui — respondeu secamente, sem oferecer muitos detalhes.

Abraçando-o pelas costas, mimando-o com seu jeito meigo de falar, ela sugeriu:

— Então tome um banho bem gostoso. Preparei um jantar especial só para nós dois. As crianças já estão dormindo e, bem, estamos a sós.

— Estou sem fome, Regina. Não quero jantar — avisou Jorge, livrando-se do envolvimento, a fim de ir para outro cômodo da casa.

Seguindo-o, Regina perguntou com simplicidade:

— Aconteceu alguma coisa? Você está diferente.

Com semblante desanimado, ele afirmou:

— Estou cansado. Amanhã tenho de levantar cedo; precisamos preparar algumas entregas e, mais tarde, teremos uma reunião com um possível distribuidor.

— Ainda está zangado comigo?

Rindo, ele se admirou:

— Zangado?! Eu?! Ora, o que é isso?

— Pensei que ainda estivesse magoado por eu ir à casa da minha mãe e...

— Esquece isso, Regina. — Após breves segundos, ele decidiu: — Vou tomar um banho e dormir, pois preciso levantar cedo e estou cansado.

A esposa nada argumentou, mas uma amarga decepção alojou-se em seu peito. Seus olhos expressivos aqueceram-se, provocando um ardor infeliz pelas lágrimas que brotaram, mas temeram rolar pela face cansada.

Regina experimentou um nó na garganta ressequida e em meio a pensamentos fervilhantes que se estendiam a confusas questões reparou que Jorge não perguntara de seu irmão nem como estava dona Glória, a quem parecia respeitar.

Aliás, o marido desprezara o jantar especial que ela anunciara de jeito romântico e provocativo.

Ele não elogiou suas vestes nem os cabelos anelados e compridos que estavam soltos, ajeitados, exatamente como ele gostava.

"Se não estivesse com fome", pensava, "poderia ao menos ter-me feito companhia, dispensado um carinho e um pouco de atenção."

No entanto, sua frase fria quando disse "Estou sem fome. Não quero jantar", parecia dissimular algum outro sentimento.

Regina estava decepcionada, mas decidiu que não procuraria esclarecer nada para não provocar discussões. Jorge deveria estar com algum problema. Ela saberia esperar.

* * *

Na manhã seguinte, bem cedo, um telefonema ofereceu bom ânimo a Regina, que estava imersa em insatisfações e tristezas.

Ela não havia dormido aquela noite refletindo sobre tudo o que estava acontecendo. Mas a notícia de que seu irmão havia saído do estado de coma a deixou radiante.

Jorge ainda estava em casa quando a notícia chegou, mas

manifestou-se com indiferença diante do entusiasmo da esposa.

Não se mostrando participativo, foi para o trabalho como se nada houvesse acontecido.

Ela reparou em seu jeito, mas não deu importância. Ligaria para o serviço avisando que teria de ir ao hospital ver seu irmão. Decidiu que passaria na casa de sua mãe para avisá-la e levá-la consigo.

* * *

Por parte da família de Rodolfo, dona Glória e o filho receberam todo o apoio possível.

Com o passar dos dias, Renato teve alta e encontrava-se em casa recebendo atenção e carinho da mãe e da irmã.

Sem que esperassem, Rodolfo e Fernando chegaram para uma visita, trazendo consigo o doutor Manoel, médico da família havia algum tempo.

Recebido sempre com estima e visível consideração, Rodolfo avisou:

— Sabemos que o Renato tem retorno agendado no hospital, mas pedi ao doutor Manoel, nosso médico de confiança, para que desse uma olhadinha nele; afinal, não podemos descuidar.

Fernando, que havia levado Helder consigo, foi para o quintal a pedido de Denis, que ficou muito animado com o novo colega.

Já no interior da casa, após examinar Renato e observar alguns exames clínicos que estavam em poder da família, doutor Manoel ressaltou:

— O parecer do médico que o atendeu é bem específico. Você sofreu um coma metabólico pelo consumo excessivo de álcool, mais conhecido como coma alcoólico.

Renato baixou o olhar parecendo constrangido, e o médico continuou:

— Bem, o coma é um estado que lembra o sono profundo, mas é patológico, ou seja, é um estado doentio. A princípio, o coma é a perda total da atividade motora, da percepção, da consciência e da capacidade psíquica. Existe também o chamado coma profundo, uma fase mais avançada, o que não foi o seu caso — ressaltou o médico. — No coma profundo a pessoa perde todas as atividades e necessita ser mantida por meio de aparelhos para a atividade pulmonar, além do controle da circulação, batimentos cardíacos etc. Chamamos isso de estado vegetativo.

De qualquer forma, o sistema nervoso central é afetado com maior ou menor gravidade, mas é afetado sempre.

O que o Renato teve em seu favor foi o socorro imediato e as providências mais adequadas por parte daqueles que o atenderam no hospital.

Não há seqüelas aparentes; porém, Renato, não deixe de fazer os exames pedidos pelo outro médico e cuide muito bem da alimentação; faça exercícios físicos e procure ter uma vida mais saudável.

Sentada na cama ao lado do irmão, Regina lembrou:

— O Renato teve uma recaída. Ele está fazendo um tratamento para não beber mais. Freqüenta uma associação.

Sorrindo, sentado em uma cadeira em frente ao rapaz, doutor Manoel falou satisfeito:

— É muito bom saber disso, Renato. Acredito que o homem mais corajoso e psicologicamente mais forte é aquele que admite o vício e quer livrar-se dele. Porém, o mais importante do que assumir o vício é desejar combatê-lo, procurar ajuda quando achar que o desejo é muito forte e que pode haver uma recaída. Antes de tomar o primeiro gole, procure socorrer-se com aqueles que o querem bem.

— Doutor — perguntou o paciente —, por que alguém é alcoólatra?

— Veja, inúmeros fatores influem na dependência alcoólica, como predisposição pela hereditariedade, hábitos alimentares, estado físico e psíquico, e muitas outras coisas.

— Hábitos alimentares influenciam na dependência alcoólica? — questionou Regina, curiosa.

— As pessoas que selecionam o que comem, as que comem vagarosamente, mastigando bem os alimentos, e pensam muito na qualidade, nas proteínas e nas vitaminas que colocam para dentro de si, normalmente não ingerem álcool e, se o fazem, é em pouca quantidade. Quem consome vegetais normalmente se abstém de bebidas alcoólicas. Por outro lado, aqueles que apreciam pratos considerados "pesados", como a feijoada, por exemplo, dificilmente dispensam a famosa "caipirinha" como acompanhamento. Daí essas pessoas correm o risco de começar a apreciar em demasia a bebida.

— Então o alcoolismo pode ser hereditário? — perguntou Renato.

— Sim. E quando temos a disposição caracterológica congênita, o que chamamos de alcoolismo de causa psicopática, se começarmos a beber, vamos adquirir o vício e a dependência mais rapidamente do que possamos imaginar. Existem pessoas com predisposição ao alcoolismo e que nunca beberam, passando a vida toda sem o vício.

Muito simples, dona Glória perguntou:

— O que é essa disposição caracte...

— Disposição caracterológica congênita para o alcoolismo — disse o médico, socorrendo-a da difícil palavra — quer dizer que algum parente, que pode ser a mãe, o pai, o avô, a tia, a avó, o bisavô, era alcoólatra. Vamos lembrar que a hereditariedade é a transmissão das qualidades físicas ou morais que recebemos dos nossos antecessores.

— Seja como for — interrompeu Renato um tanto desalentado —, o mais difícil é enfrentarmos a insistência dos amigos e até da própria sociedade que nos oferece bebidas alcoólicas exibindo, com glamour, seus rótulos, designando que beber isso ou aquilo é sinal de status, nobreza e elegância.

Eu disse outro dia para a minha irmã que o fator mais importante para a destruição da perseverança daquele que quer deixar de beber é a atitude de outros em oferecer bebidas alcoólicas.

— É verdade — concordou o médico que, com o pender de cabeça, demonstrava aprovar o que o rapaz dizia. — A sociedade em que a pessoa vive ocasiona e facilita o acesso ao álcool. Muitos ignoram que é aí que alguém começa a apreciar o sabor da bebida, a gostar do efeito eufórico, alegre, relaxante e anestésico que, em princípio, ela oferece. É a apreciação desses efeitos que leva alguém a experimentar novamente. Então o que acontece? A quantidade que a pessoa consome não mais proporciona esse conjunto de sintomas, de reações que entusiasmam, que inebriam. Desse modo, ela precisa aumentar a dose. E a cada dia quer mais e mais para sentir o efeito.

— O senhor está falando de pessoas que têm predisposição ao alcoolismo? — indagou Regina, interessada.

— Não. Estou falando de pessoas comuns que não têm essa predisposição hereditária. Quanto aqueles que a tem, a oportunidade de consumir álcool vai fazê-los rapidamente, muito rapidamente — reforçou o médico —, transformarem-se em viciados, em dependentes alcoólatras. Aí a situação se complica ainda mais.

— Então, mesmo que alguém não tenha hereditariedade alcoólatra, pode se tornar um? — insistiu Renato, por sua vez.

— Sem dúvida alguma! Como eu disse, a pessoa toma gosto pela bebida, a princípio pelo sabor, pelos efeitos inebriantes, e depois tem de aumentar a dose, sem perceber, para experimentar essas sensações. Daí, por conseqüência de qualquer transtorno, conflitos íntimos, decepções emocionais ou divergências em qualquer lugar e de qualquer nível, ela busca refúgio na bebida, condicionando-se no hábito de beber até que fique totalmente dependente. Quando menos se espera o alcoolismo está instalado.

Os efeitos físicos e psíquicos provocados pela ingestão de bebidas alcoólicas não permitem a ninguém levar uma vida normal, seja no campo profissional, familiar ou no círculo de amigos. Ninguém confia no alcoólatra, mesmo quando está sóbrio.

— Por quê? — questionou Renato, imediatamente.

— Devido às condições que o álcool impõe a qualquer pessoa, e nem preciso dizer por quê. Ninguém, sob o efeito do álcool, é confiável, independentemente da quantidade que tenha ingerido. E, quando sóbrio, percebemos que o alcoólatra tem suas funções intelectuais comprometidas. Com o tempo sua memória, sua percepção e seu senso crítico são afetados e pouco confiáveis.

O efeito do álcool na saúde mental é muito grave. A criatura que bebe, mesmo quando está sem os efeitos do álcool, vive num constante estado de tensão e reage aos poucos, mostrando falta de domínio emocional diante de diversas situações. Não controla o medo, a agressividade ou o desleixo.

— Espera aí, não entendi. O alcoólatra vive tenso, mas pode ser desleixado?

— Sim. Ele fica excessivamente preocupado, porém não faz nada, não toma uma atitude e deixa tudo largado. Com o tempo, o alcoólatra sofre danos psicoorgânicos irreversíveis das funções mentais, como memória e intelecto. Não consegue entender o que lê, pois seu cérebro não mais organiza, tampouco sintetiza e compreende qualquer assunto. Ele não mais registra imagens ou acontecimentos, pois se confunde com facilidade.

Interferindo pela primeira vez, Rodolfo lembrou:

— É por isso que, quando temos uma testemunha importante, precisamos saber de seus hábitos para que, diante de um tribunal, seja considerada idônea e capacitada. Já vi muitas causas serem perdidas quando foi descoberto que a testemunha havia ingerido álcool ao presenciar um caso. Ela não sabe dizer a cor da roupa que alguém usava; diz, por exemplo, que num momento a porta estava aberta, no outro, fechada. Confunde-se em muitas coisas.

Em dado instante, doutor Manoel sorriu e mencionou:

— Já que estou vendo ali na cômoda *O Livro dos Espíritos*, sinto-me à vontade para falar sobre a embriaguez patológica, forma muito especial de intoxicação alcoólica aguda, onde a pessoa entra em um estado de excitação psicomotora, tem alucinações e fabulações.

Regina sorriu, não disse nada, e o doutor continuou:

— Há inúmeros espíritos inferiores, de maior ou menor grau, acompanhando o encarnado que ingere álcool em qualquer quantidade, sem exceção. — Depois de breve pausa, ele considerou: — Estou usando, agora, meus conhecimentos de homem espírita, não somente como médico de corpos humanos. Como sabemos, o espírito desencarnado não é diferente, moralmente falando, do que foi quando encarnado. A diferença agora é que, sem o corpo de carne, ele não pode mais experimentar a metabolização do álcool que ocorre no fígado, onde é oxidado pela ação de enzimas alcooldesidrogenases e que, quando sua ingestão ultrapassa certos níveis de miligramas consumidos, libera energias e reações físicas sentidas, como já mencionado, como euforia, alegria, efeito relaxante ou anestésico, coragem ou agressividade etc. Todo espírito que aprecia o álcool é sem elevação, pois, além de prender-se a coisas materiais, se prende também a efeitos que proporciona, ou proporcionava, qualquer estímulo na matéria física, alterando o comportamento mental.

Agora, como espírito ignorante, ele, para experimentar os efeitos do álcool, começa a se aproximar e a se ligar a um encarnado que goste de apreciar, de saborear qualquer bebida alcoólica.

Vale lembrar que não somente um espírito pode se aproximar de alguém que bebe; o encarnado passa a ter a companhia de muitos espíritos inferiores que vão se ligando a ele, influenciando-o mentalmente, dizendo: "beba mais". Porque, quanto mais o encarnado bebe, mais exala, na espiritualidade, energias, que são sugadas por esses espíritos.

Juntos, encarnado e desencarnados passam a experimentar as sensações que o álcool proporciona. Há então uma simpatia, ou melhor, uma sinergia tão forte entre eles que o encarnado começa a alterar sua afetividade por aqueles que o querem bem, pois quem o ama não quer vê-lo embriagado; então, ele passa a ser egocêntrico, além de ter uma alteração nas funções psíquicas superiores.

Isso é chamado de alcoolismo crônico e representa um dos quadros mais comuns entre os alcoólatras. É fácil ser identificado, pois, quando o alcoólatra crônico fica sem beber, sofre o chamado *delirium tremens*; isso, esclarecendo em sintomas, é ansiedade pela bebida, inquietude, sentimento de desorientação, falta de equilíbrio emocional, como choro, raiva expressada por agressões, alucinações visuais de animais ou insetos monstruosos e repugnantes etc. Também podem ocorrer tremores, sudorese excessiva, onde exala um cheiro semelhante a podre de bebida alcoólica, falta de retenção urinária e muito mais. O alcoolismo leva à morte, ao suicídio, à psicose e à concretização de vários crimes.

— E quando ele bebe os tremores passam? — perguntou Regina.

— Sim. A princípio, sim. Ah! é preciso lembrar que, para ser alcoólatra crônico, não é necessário ter todos esses sintomas juntos. Um ou outro já caracteriza o quadro, clinicamente falando.

Regina deu um sorriso maroto ao perguntar:

— E espiritualmente falando?

— Espiritualmente falando a pessoa está intrinsecamente ligada a espíritos viciosos e inferiores, ou seja, é essencial para eles viverem acoplados no encarnado alcoólatra, exigindo-lhe o consumo de álcool por meio da sintomatologia do *delirium tremens*, tanto que o alcoólatra só experimenta tais sintomas quando fica sem beber.

É bom lembrar que as alucinações e as zoopsias, que são visões de animais e insetos monstruosos, nada mais são do que a apreciação, a visão que o alcoólatra tem do que existe na espiritualidade à sua volta plasmado pelos companheiros espirituais que se ligam a ele.

— Eu não sabia que o senhor era espírita, doutor Manoel — avisou Rodolfo.

O médico sorriu ao pender positivamente com a cabeça.

— O mais difícil é nos encontrarmos diante de um convite insistente e o recusarmos — reclamava Renato, como se a culpa fosse somente de quem oferece bebida alcoólica, não analisando que a maior força de vontade deveria vir dele.

— O tratamento contra o alcoolismo, Renato — disse o médico, orientando-o —, requer a desintoxicação, o acompanhamento clínico para investigar fatores e causas, ou seja, se as causas são biológicas, psicológicas ou sociais. Mas, acima de tudo, a cura vai estar ligada somente à vontade, à perseverança em querer superar o vício. É lógico que recaídas podem ocorrer, mas antes de se entregar a um gole o alcoólatra deve procurar aqueles que o amam e lhe dão apoio. Deve contar o problema a eles, falar com eles, procurar ajuda.

— E quando os colegas nos oferecem um aperitivo?

— Primeiro, se você realmente quer deixar o vício, afaste-se do ambiente que o aproxima do álcool. Pense: que tipo de pessoa freqüenta bares, botecos e tudo o mais que oferece bebidas alcoólicas? Certamente não são essas pessoas que querem seu progresso espiritual, moral, intelectual e profissional. Troque as companhias. Fuja disso tudo. E se mesmo assim você se deparar com um convite insistente não pense que poderá se controlar com um só gole. Não! Isso não vai acontecer. Se beber o primeiro copo, já fracassou. Seja forte e corajoso, diga com convicção: "Sou alcoólatra, não posso e não quero beber. Obrigado". Se houver insistência, vire as costas e vá embora. Foi assim que eu consegui! Somos mais capacitados e mais fortes do que um convite, do que uma vontade. E mais uma coisa: ore. Peça a Deus para que espíritos superiores, sábios e benevolentes o fortaleçam e o acompanhem. A luz desses irmãos elevados há de dissipar os laços que possam haver entre você e os irmãos viciosos. Assim, será mais fácil vencer.

Todos se calaram praticamente incrédulos diante da confissão do médico.

Somente alguém com conhecimento tão profundo das causas e efeitos poderia aconselhar com tamanha superioridade.

Para encerrar, doutor Manoel lembrou:

— Não preciso dizer que, além dos prejuízos mentais irreversíveis, o álcool provoca graves enfermidades, como cirrose hepática, gastrite, úlcera estomacal, problemas cardíacos como a degeneração adiposa do coração, insuficiência circulatória. No aparelho reprodutor masculino ocorre a atrofia dos testículos e conseqüentemente a diminuição e até a perda da potência sexual; nas mulheres pode ocorrer um sério distúrbio hormonal e a amenorréia, entre outros problemas.

— O incrível é que, quando olhamos para um simples copo de bebida alcoólica, não imaginamos o número de prejuízos que teremos se a ingerirmos — opinou Regina.

— Não só prejuízo físico e mental como também moral — completou Renato. — Quando bebemos, acreditamos que somos o máximo, fazemos de tudo, ficamos alegres, topamos todas as brincadeiras, falamos alto, rimos sem razão, e a cada momento vamos nos excedendo, acreditando que os outros não estão percebendo que estamos alcoolizados. Quando bebemos, pensamos que os outros estão nos admirando, porque somos corajosos e dizemos tudo o que pensamos. Acreditamos que os colegas nos têm simpatia porque somos ousados, nada nos detém e fazemos tudo extrapolando todos os limites do bom senso. Só que, depois que o efeito passa, ficamos deprimidos, envergonhados pelo vexame, pela apresentação ridícula que fizemos de nossa pessoa, revelando-nos como criaturas verdadeiramente sem senso crítico, sem autocontrole, sem respeito ou amor-próprio. Enxergamo-nos como uma criatura pobre, medíocre e sem moral.

— Como médico, minha opinião é que as leis brasileiras são muito complacentes quanto ao uso de bebidas alcoólicas. Principalmente no trânsito. Quando ingerisse bebida alcoólica o cidadão deveria ser terminantemente proibido de dirigir. O condutor, quando está sob o efeito do álcool, torna-se imprudente e negligente. Todo aquele que bebe perde o reflexo, sofre alterações psicológicas, emocionais, e suas funções ficam comprometidas, ou seja, o que aprendeu sobre segurança no trânsito é simplesmente esquecido.

Quando conduz um veículo, o motorista que ingere álcool acha-se repleto de razão, geralmente se torna agressivo, valente, e coloca sua vida e a dos outros em perigo.

— Infelizmente — comentou Rodolfo —, ainda ouvimos: "Coitadinho, ele havia bebido e não sabia o que estava fazendo. Por isso bateu o carro, atropelou e matou". Perdoem-me, mas nesse caso não creio que um motorista seja um coitado. Se alguém quer beber, que o faça e prejudique a sua saúde, mas antes deve assegurar-se de que não terá de conduzir um carro e colocar em risco a vida dos outros. Se alguém quer acabar com a própria vida, não tem o direito de colocar a saúde ou a vida de outros em perigo. Quanto a isso minha opinião é muito rigorosa.

A pessoa que ingere bebidas alcoólicas e vai dirigir não é um coitado, é um criminoso em potencial, pois os efeitos do álcool são bem conhecidos.

Renato baixou a cabeça, lembrando-se de quantas vezes chegara em casa embriagado e dirigindo e como poderia ter ferido ou matado alguém. Ele bem poderia se encaixar na pessoa a qual Rodolfo lembrava e relatava de modo tão contundente e quase agressivo.

Nesse instante, o barulho das crianças chamou a atenção de todos.

Junto com os dois pequenos que haviam se dado muito bem, Fernando entrou dizendo:

— Vai cair um dilúvio!

Preocupada, Regina decidiu:

— Deixe-me ir embora antes que ele comece.

Antes que se despedisse a chuva começou a cair sem trégua, e, observando as dificuldades de Regina, Fernando ofereceu:

— Vamos fazer o seguinte, eu a levo em casa com as crianças, depois volto para pegar meu pai e o doutor Manoel.

Não houve outro jeito, e Regina teve de aceitar a proposta, pois a escuridão do céu juntamente com relâmpagos e trovões que pareciam rugidos anunciaram que a tempestade demoraria a passar.

Assim foi feito.

19

IDÉIAS DE PERSEGUIÇÃO

O céu claro, de um azul muito limpo, na manhã seguinte nem de longe fazia lembrar a chuva que caíra na noite anterior e durante a madrugada.

Inquieto, Jorge parecia insatisfeito quando chegou na empresa.

O homem ficou ainda mais irritado quando, de longe, viu Selma abraçando pela cintura um rapaz alto, de boa aparência, vestindo roupa esporte-fino, bem elegante.

Intrigado, aproximou-se sem qualquer sorriso ou gesto amistoso.

Selma, que ria descontraidamente, ao vê-lo apresentou:

— Esse é meu irmão, Dalton, que mora em Nova York. Ele chegou ontem no Rio.

Selma era uma mulher bonita, exuberante e dona de muito bom gosto. Sua vaidade poderia ser notada em pequenos detalhes e caprichos.

Alta, com um corpo extremamente alinhado, o que a deixava cheia de vigor, tendo em vista seu jeito alegre e animado de ser, trazia os cabelos clareados, sempre arrumados, fazendo pose e olhar cativantes por entre os fios levemente puxados que lhe ofereciam um charme quase excessivo.

A maquiagem, sempre suave, onde só o tom forte do batom vermelho ressaltava, dando-lhe um toque especial na boca bonita pelos lábios carnudos e bem delineados, fazia ressaltar seus dentes alvos e a pele clara.

Após aguardar a troca de cumprimentos, ela riu gostoso ao dizer:

— O Dalton veio ver de perto o que estamos fazendo com o dinheiro dele.

— Você disse a ele que o seu investimento está bem empregado? — perguntou Jorge, tentando ficar à vontade.

— É bom saber disso! — disse o rapaz ao sorrir. — Ficamos motivados quando sabemos que os nossos investimentos estão prosperando. — Voltando-se para a irmã, Dalton decidiu: — Bem, agora preciso ir. Mais tarde conversamos.

— Vê se não se perde, hein! — brincou Selma ao beijá-lo.

Após despedir-se de Dalton e aguardar que partisse, Jorge avisou:

— Lembre-se de que Regina não sabe que Dalton está conosco nos negócios. Por isso não gosto que ela venha aqui na loja.

— E de onde ela pensa que está vindo o dinheiro para ampliarmos, crescermos e investirmos nossos negócios? Num país onde os impostos sufocam e massacram as pequenas e médias empresas...

— Não gosto de falar sobre isso com ela — comentou o sócio, sem muito argumentar, virando-se para uma mesa.

Selma percebeu qualquer coisa no tom de voz de Jorge.

Aproximando-se dele, ela o envolveu em um abraço, encostando o rosto em suas costas ao dizer mansamente:

— Está nervoso com alguma coisa?

Virando-se e segurando em suas mãos, ele alertou:

— Cuidado com seu batom na minha roupa.

Agora, de frente para ele, Selma não se afastou do abraço, avisando:

— Sempre tomei cuidado, não foi?

Inquieto, Jorge recomendou, tirando-lhe as mãos de sua cintura:

— Olha os empregados.

— O que deu em você, Jorge? Parece nervoso hoje.

Ele se calou, caminhou até a porta e, após fechá-la, argumentou:

— Você nunca se preocupa, não é, Selma? Há funcionários para lá e para cá.

Com leve sorriso malicioso nos lábios, ela avisou:

— Por mim essa situação já estaria resolvida. Tudo depende de você.

— Tenho dois filhos. Sabe que não posso.

— E daí? — perguntou mansamente. — Seus filhos têm uma boa mãe. Além do que você não vai se separar deles. — Envolvendo-o novamente, ela prosseguiu com voz calma e amável: — Meu bem, pense em você, pense na sua felicidade. Seus filhos terão as oportunidades deles, e você não vai poder se intrometer. — Após breve pausa, perguntou: — Com quantos anos você vai decidir aproveitar sua vida, hein?

Encarando-a bem de perto, Jorge admitiu:

— Não tenho coragem de fazer isso com Regina.

— Você ainda a ama?

— Na verdade, tenho muita consideração e respeito por ela.

— Se você a considerasse não teria declarado seu amor por mim, não é? — dizia sussurrando, sempre com meiguice e afagando-lhe com carinho. — Você se acostumou com Regina. Sabe, penso que ela se casou com você por ter ficado sem o Fernando, como você mesmo me contou. Se deixá-la, sem perder tempo eles vão ficar juntos. Foi o que sempre sonharam e é o que desejam.

— Ontem ela foi visitar o Renato; na volta, o Fernando acabou levando-a até em casa, junto com as crianças, por causa da chuva. Fiquei irritado com isso. Principalmente quando o Denis só ficou falando no pai do Helder, que ele é bacana, que jogou bola, que isso e aquilo.

— Você deveria é dar graças a Deus! A Regina, quando estiver separada, vai se dar muito bem na vida. Talvez seja você quem a iniba de ser feliz. Pense, Jorge, pense!

Jorge respirou profundamente e recostou seu rosto no de Selma.

— Somos felizes juntos. Nascemos um para o outro. Fale com ela, mas não diga nada sobre nós. Comente que há tempos o casamento não está bem e que você quer ter mais liberdade. Peça um tempo.

— Já estive para fazer isso várias vezes nos últimos tempos. Mas me faltou coragem.

— Tenho uma idéia. Por que não faz uma viagem de negócios? Diga que tem de fechar com novos clientes. Ela vai aceitar, você fica uns dias fora e, quando voltar...

Um brilho de malícia se fez nos olhos de Jorge, quando perguntou:

— Eu vou sozinho mesmo nessa viagem?

Confiando no jeito como ele a abraçava, Selma se jogou para trás, rindo ao dizer:

— Oh! Nem depois de morta você se livra de mim! — Erguendo-se, completou: — Nunca vou deixá-lo, nunca!

— Eu a amo, Selma. Amo como nunca amei ninguém.

Eles se beijaram apaixonados sem se importar com o respeito ou a sinceridade que deviam a alguém.

Afastando-se, com sutileza, procurando uma entonação ainda mais suave para a voz, lembrou:

— Antes de viajarmos será bom deixar tudo bem certinho no contador.

— No contador? — estranhou Jorge.

— Meu bem — explicou com generosidade intencional, a fim de não agredir —, Regina é uma mulher nova, bonita, e certamente será considerada capacitada pelo juiz no momento do divórcio. No entanto, além das crianças, é lógico que você deve ajudá-la com as despesas da casa dando-lhe uma pensão. Porém, Jorge, nunca sabemos como tudo vai acontecer exatamente, e como empresário, cuja empresa tem um rendimento considerável, levando em conta que você tem trinta por cento das cotas, pode ser que essa pensão que vai pagar se eleve muito.

Não que seus filhos não mereçam! Muito pelo contrário. No entanto, não é justo que você sustente a Regina caso ela arrume um namorado ou um companheiro.

Pense comigo: vai dar o maior trabalho ficar solicitando ao juiz uma revisão de pensão ou coisa assim. Ela vai alegar que não tem ninguém, que não tem luxo algum e poderá esconder, com muita facilidade, que sustenta outro homem.

— Selma, a Regina não faria isso.

— Será?

— Não creio.

— E a mãe com o irmão? Você acha que ela não vai sustentá-los com o dinheiro dos seus filhos se essa pensão for generosa? Claro que vai! Regina vai ficar com raiva de você e tentará se vingar, fazendo-o sustentar o irmãozinho vagabundo que ela tem. Acredite em mim.

Jorge ficou pensativo, e Selma propôs:

— Preste atenção. O contador faz um adendo, e você passa, só no papel, a ficar com pequena porcentagem das suas cotas. Perante o juiz, por não ter um salário fixo e pouco elevado, você pagará uma pensão bem baixa, até porque a Regina trabalha. No entanto, fora o que for estipulado, você oferece uma quantia maior para que seus filhos fiquem bem. Mas, se perceber que ela não emprega bem o dinheiro, sem ter de ir na justiça, você simplesmente corta parte da ajuda para que ela aprenda. Depois, com o tempo, pega as cotas de volta sem que ninguém saiba.

— Se eu não soubesse que ela vai ajudar o safado do irmão, diria que isso não é necessário. Mas tenho certeza de que vai custear a mãe e o Renato, que está desempregado.

— Como não temos nada agendado para hoje à tarde, vamos dar uma passadinha no contador para saber o que precisa ser feito, certo?

Selma alegrou-se e aproximando-se novamente de Jorge envolveu-o e o beijou rapidamente, acrescentando antes de sair:

— Agora tenho de dar alguns telefonemas. Depois conversamos.

* * *

Distante dali, outra situação se revelava ainda mais ameaçadora.

Em meio a odiosos sentimentos que mascaravam um comportamento educado, Lorena agia cautelosamente, representando legítima generosidade.

Todos acreditaram em sua mudança de caráter. Até o marido atribuiu tamanha alteração de personalidade à morte do pai, que sempre a mimava.

Havia meses, desde que Fernando dissera que queria a separação, pois seu pedido de divórcio se deu juntamente com o falecimento de seu sogro, Lorena, desde então, não mais exibiu suas exigências, tolerando com elegância toda proposta e situação.

Devido ao seu comportamento mais tranqüilo e à orientação dos pais, Fernando não tocou mais no assunto do divórcio, talvez querendo realmente salvar seu casamento.

No entanto, Lorena tinha idéias e concepções falsas quanto à sogra, acreditando que esta quisesse ver seu casamento desfeito.

Sem alucinações, Lorena pensava de forma delirante, achando que Lídia a perseguia e incentivava o filho ao divórcio.

Nas mais simples atitudes de Lídia, Lorena identificava algum prejuízo contra sua pessoa e organizava conceitos e pensamentos de forma tão bem estruturada e lógica que ignorava qualquer idéia que pudesse apontar o contrário do que acreditava.

Diante de sua saudável aparência exterior, raciocínios expressos com normalidade, memória plena e inteligência normal, os que a rodeava não percebiam o quadro doentio de paranóia já instalado.

Lorena fazia de seu ciúme uma psicose e estava silenciosamente disposta a tirar de seu caminho qualquer um que acreditasse poder prejudicá-la com o marido.

Com jeitinho, havia alguns dias, Lídia vinha sugerindo ao filho que a vida do casal seria bem melhor se pudessem contar com mais privacidade.

Fernando ora se fazia de desentendido, ora dissimulava, mas não se encorajava a conversar diretamente com a mãe e esclarecer que a idéia de separação não estava abolida. Ele estava inseguro. Ora queria equilibrar-se com a esposa, ora desejava estar longe dela, mesmo com toda a mudança apresentada.

Quando percebia a opinião da sogra, Lorena passava a ter um véu de ferocidade intrincado em seus pensamentos doentes, esconjurando as sugestões de Lídia sem externar contrariedade.

"Quem ela pensa que é para dizer o que devemos ou não fazer?", questionava a nora em pensamento. "Lídia me paga. A desgraçada me quer longe daqui para que o Fernando, depois que mudarmos, me abandone com o nosso filho e venha para cá. Estou cansada dessa Regina! Ele vive na casa dela e chega a cometer o abuso de levar meu filho até lá com a desculpa de brincar com o moleque que ela tem".

Criando monstruosas idéias frenéticas de vingança, Lorena envolvia-se em densas sombras que auxiliavam sua hostilidade a tudo o que via à sua volta.

Sem conversar amigavelmente com alguém, sem lembrar-se de Deus, a pobre mulher enveredava-se em criações mentais as quais a prejudicariam imensamente.

Suas idéias mais tormentosas surgiram quando, com o passar dos dias, Fernando começou a levar, nos finais de semana, Denis para brincar com Helder por um dia inteiro.

As crianças se divertiam e gargalhavam, trazendo alegria àquela casa que parecia começar a encobrir-se de melancolia pela falta de animação.

"Já estão querendo acostumar o moleque nojento nessa casa!", pensava Lorena. "Acreditam que vão me destruir? Ah! Não vão mesmo! Eu acabo com ele antes."

Sem deixar que sua face alva expressasse qualquer contrariedade, Lorena agia normalmente, sem representar ameaça.

No início da noite, quando Fernando decidiu que levaria Denis para casa, Helder resolveu que iria junto, e quando chegaram na casa de Jorge e Regina o garoto insistiu:

— Tia Regina, deixa ele ir brincar amanhã também?

Sem esperar por uma resposta da mãe, Denis implorou:

— Ah! mãe, deixa! Deixa! Deixa! Deixa!

— Filho, hoje já foi o bastante. Amanhã...

Interferindo, Fernando pediu:

— Amanhã é domingo, não tenho nada para fazer. Posso vir pegá-lo e...

— Desculpe-me, Fernando. Mas será bom que Denis tenha consciência de limites ou então ele vai achar que podemos e devemos lhe dar tudo na vida. Além do que a Amanda já começou a reclamar da ausência do irmão.

— Não tem problema. A Amanda pode vir junto!

Sorrindo meio sem jeito, Regina agradeceu:

— Obrigada, mas será melhor que eles fiquem um pouquinho em casa. Aliás, eu estava mesmo planejando dar um passeio no Jardim Botânico.

Denis, que ouvia a conversa, muito esperto interferiu ligeiro:

— Então o Helder pode vir com a gente, não é, mamãe? E o pai dele também. Isso para pagar a minha diversão na casa deles.

Regina se viu em uma situação embaraçosa, mas procurou se sair bem, dissimulando ao dizer:

— Claro que o Helder pode vir conosco! Se o Fernando não se importar...

— Mas tomar conta dos três não será muito trabalho?

— A Viviane prometeu que irá comigo. Estamos querendo que o Renato vá também. Estamos procurando programas e diversões mais saudáveis.

— Então... — disse Fernando com um gesto singular ao contrair os ombros e sorrir. — Se não for incômodo, eu o trago amanhã cedo e venho buscá-lo no fim do dia.

As crianças gritaram satisfeitas e alegres, saindo correndo para dentro da casa.

Logo, Fernando falou:

— Estou feliz em ver o Renato reagindo. Conversamos quase sempre por telefone e estou achando que ele está bem.

— Mas não está sendo fácil — reconheceu a irmã.

— Ele me contou que teve crises, mas resistiu.

— É verdade. Houve momentos em que o desejo de beber foi tão intenso que ele chegou a perder o controle emocional. Chorou, contorceu-se, gritou, abraçou-se à minha mãe... Tudo isso pela exigência física e psicológica do álcool. É terrível ver um irmão se debatendo e esperneando por um gole de bebida alcoólica. Você não pode imaginar como é isso. Graças a Deus a Viviane está nos dando muita força nesse momento.

— Eles voltaram a namorar?

— Não. Mas são muito amigos. Ela o acompanha nas reuniões da associação, lhe faz companhia. Seu pai também está nos ajudando muito.

— Ora, Regina.

— Nunca vamos nos cansar de agradecer.

— Agradeça a Deus. O trabalho principal nesse tipo de recuperação não é meu ou seu: é dele, que está resistindo.

Desde o início da conversa Regina se exibia um tanto apreensiva, quase nervosa.

Percebendo, Fernando perguntou:

— Está tudo bem?

— Sim, está — respondeu, surpresa.

— É que a notei algo apreensiva.

Sorrindo para disfarçar, respondeu:

— É... talvez um pouco.

— Aconteceu alguma coisa?

— Nada sério. É que o Jorge foi fazer uma viagem de negócios, e senti algo estranho.

— Como assim?

— Não sei explicar. Só não gostei da idéia. Mas ele já telefonou e disse que estava bem.

— Talvez seja porque vai ficar sozinha.

— Sim, talvez seja isso. Mas já pedi para a Viviane vir dormir aqui comigo. Vamos ficar bem.

Após o diálogo, Fernando se despediu, pegou Helder e se foi.

Conforme planejado, o passeio do dia que se seguiu fora ótimo.

Junto com as crianças, ao ar livre e com companhias salutares, Renato sentiu-se bem, mais confiante, pois a cada dia percebia que conseguia ficar mais tempo sem bebida alcoólica. Os afazeres que lhe ocupavam a mente faziam-no esquecer do desejo de beber.

Helder, não acostumado a coisas simples nem a tanta liberdade, ficou fascinado com o passeio e à tardinha, ao chegar em casa, não parou de falar detalhadamente sobre tudo o que vira.

Lídia e Rodolfo ficavam encantados com a desenvoltura do neto. A avó o admirava lembrando que o garoto recordava o filho Cristiano com seu modo de falar e de gesticular.

Somente Lorena não se impressionou nem deu atenção ao que o garotinho relatava. Sua mente, isolada e sombria, entrelaçava-se a sugestões de companheiros espirituais afins.

Freneticamente, Lorena dava espaço a criações mentais convulsionadas de intenções, para ela, lógicas, mas realmente monstruosas e cruéis.

Não afastando de si tais pensamentos, adquiria força e coragem desses companheiros espirituais que a envolviam em vibrações densas, incentivando-a a ações sinistras, de conseqüências hediondas.

Lorena estava mental e espiritualmente enferma, mas ninguém percebia isso, tendo em vista sua aparência normal.

* * *

Logo na manhã seguinte, em seu serviço, assim que organizou suas tarefas, Regina prendeu-se ao telefone até que sua colega Irene aproximou-se, aguardou que terminasse o assunto e, ao vê-la um tanto irritada, perguntou:

— Posso ajudar?

— Preciso marcar um médico com urgência e só consigo uma consulta para quinze ou vinte dias.

— Esse nosso convênio médico é uma porcaria — reclamou a amiga. — Por que não tenta particular?

— Mas não conheço nenhum médico e fico preocupada com o preço da consulta particular.

— Não creio que seja tão caro. Além do mais, vou contar um segredinho: Você liga para o médico que atende pelo convênio e pergunta qual o valor da consulta. A secretária vai pensar que é consulta particular, e assim que ela falar o valor você pergunta para quando há uma vaga. Vai ver como conseguirá uma consulta para amanhã mesmo. Sabe por quê? Porque o convênio paga uma mixaria ao médico pelas nossas consultas. Daí eles sempre deixam uma ou duas vaguinhas reservadas para pacientes particulares.

— Será?

— É sim. Bem — considerou a moça —, não são todos que fazem isso, mais a maioria, sim. Não posso tirar a razão deles. A responsabilidade que um médico tem...

Sorrindo com malícia no olhar, Irene sugeriu:

— Liga. Se não conseguir no primeiro, o segundo vai atendê-la.

Regina telefonou e conseguiu a consulta tão desejada.

Sem comentários, trocou olhares com Irene, que somente sorriu.

Bem mais tarde, ambas almoçavam juntas quando Regina comentou:

— Estou até com medo de não ser atendida como mereço depois do que fiz para marcar essa consulta.

— Não se preocupe. O médico nem vai saber. Já fui secretária em consultórios médicos. Veja, nem todos fazem isso e também não podemos culpá-los. Primeiro que o paciente particular, por pagar à vista, acha que tem de ser atendido imediatamente, e por isso a secretária sempre deixa uma consulta para emergências assim, depois que os planos de saúde abusam demais desses profissionais tão importantes, além de custar uma fortuna para nós.

Regina parecia distante, e a colega percebeu:

— O que foi?

— Estou com minha cabeça fervendo. Descobri um negócio.

— Que negócio?

— Mensalmente, dez dias após a menstruação, faço o auto-exame de mama. No sábado à noite, quando o fiz no chuveiro com o auxílio do deslize pelo sabonete e em frente ao espelho, não percebi nada, mas quando realizei os mesmos movimentos deitada notei algo diferente. Acho que é um nódulo, mas é difícil dizer, não tenho certeza.

— Menina! Faz um século que não faço o auto-exame de mama, sempre esqueço.

— Eu, não. Sempre me lembro. E agora, depois de sentir essa alteração, nossa! Quase não penso em outra coisa. Estou superpreocupada, apesar do conhecimento que tenho. Alguns anos atrás, senti uma vontade imensa e insisti muito para o médico pedir uma mamografia. O homem me achou meio maluca por não haver necessidade, relutou, mas pediu. Fiz e não deu nada.

— Vem cá, você faz o exame embaixo do chuveiro também?

— Claro que faço. Primeiro porque é bem mais fácil de lembrar quando estamos no banho, e depois, com a água e a espuma do sabonete, a pele desliza, e é bem simples de você se massagear. Logo depois, quando vou me secar, na frente do espelho faço a mesma coisa; coloco um braço atrás da cabeça e com a outra mão me examino, dedilhando um e depois o outro lado. Quando chego no meu quarto, deito e repito tudo.

— Nossa, menina, preciso me lembrar de fazer isso.

— Ainda bem que consegui consulta para amanhã. Essas coisas não podem esperar.

— E o Jorge, já chegou de viagem?

— Não. Ele ligou ontem à noite e disse que vai ficar até o fim da semana.

— Ah! Deixe-me contar uma fofoca! — E olhando para os lados meio desconfiada, Irene a encarou novamente e falou baixinho: — Sabe a Matilde?

— Sei.

— Ela e o nosso gerente estão tendo um caso.

Tomada de súbita surpresa, Regina arregalou os olhos negros e sobressaltou-se ao dizer:

— O Fernando?!

— Psiiiiiiu...! — reclamou a colega, pedindo silêncio. — Vê se fala baixo — sussurrou.

— Será que isso é verdade?

— Foi a própria Matilde quem disse.

Regina sentiu-se algo enojada com a notícia.

Certamente Matilde queria ser favorecida. Ela sempre usava roupas chamativas e quase asfixiava, com suas colocações sedutoras, a todos os homens no seu setor de trabalho desde que ocupassem uma posição acima da sua.

"Aquilo era repugnante", pensava Regina com integridade. Não suportava pessoas falsas e traiçoeiras que mentem e fazem qualquer coisa em troca do que desejam.

Admirava-se em ver Fernando envolvido nisso tudo.

Tomada de sensação enervante, procurando disfarçar sua real opinião, Regina considerou:

— Não vamos ficar falando nisso. Nem temos certeza de que é verdade. Sabe, a Matilde pode estar mentindo.

— Não sei, não. Já vi os dois almoçarem juntos.

— É melhor não nos envolvermos, Irene. Se o João Carlos e o Alberto chegarem e pedirem para se sentarem aqui conosco, não podemos dizer não. Eles vão almoçar com a gente e nem por isso estamos tendo um caso com eles.

— Só estou contando a você, viu. Esse assunto deve morrer aqui.

— Que assunto? — perguntou Regina, sorridente.

A conversa sobre Fernando pouco a incomodou. Regina não conseguia parar de pensar em seu problema.

Naquele dia cheio, somente quando chegou em casa na companhia dos lindos filhos conseguiu relaxar e esquecer as preocupações.

Deitada no tapete da sala, Regina ficou à vontade, enquanto os filhos amorosos a beijavam e subiam sobre seu corpo, disputando brincadeiras e carinhos.

Ela os ouvia com atenção e se divertia com eles.

Os risos cristalinos dos três envolviam-nos em alegria salutar e abençoada, fazendo-os aproveitar, realmente, momentos tão importantes na vida .de cada um. Momentos que, infelizmente, a maioria dos pais se negam, tendo em vista a atenção voltada para outros assuntos.

Esses contatos, esse envolvimento com os filhos queridos que Deus nos confiou, além de serem sagrados, são elevados, e somente criaturas superiores são capazes de entender.

Nesses momentos de contato tão importantes com os filhos amados, Assembléias de Espíritos Sábios e Benevolentes voltam sua atenção a esse fato, que parece simples, tão singular aos encarnados. E com olhares generosos em admiração de infinita bondade, repletos de vibrações edificantes, ligam-se então aos encarnados queridos, inspirando-os, valorizando-os e os fortalecendo na experiência do dia-a-dia.

Regina era uma criatura abençoada, uma alma querida, com caridade e entendimento, pois a caridade começa em casa, com o próximo mais próximo, e a alegria salutar, o bom ânimo, o ouvir, o carinho e o sorriso amigo são as maiores caridades que podemos fazer em nossos lares.

20

As exigências da vida

Antes do próximo fim de semana, Jorge retornou de viagem.

Regina ignorava totalmente as intenções do marido e jamais desconfiou de Selma, que, além de sócia e pessoa que ela acreditava generosa e educada, era amiga íntima da família, freqüentava sua casa e até fez visitas a seu irmão Renato dias depois de seu retorno do hospital.

Entretanto, havia qualquer coisa que avultava um sentimento estranho que Regina não sabia descrever em palavras, mas sofria por um pressentimento que parecia avisá-la de algo.

Porém, naquela semana, dormira um sono cheio de sobressaltos, inquieto. Acreditou que isso se dava pela ausência do marido ou por sua visita ao médico, mas em seu íntimo sabia que era o prelúdio de uma situação difícil.

Deixando que Jorge se acomodasse refazendo-se da viagem, ela o cercou e, mesmo notando-o com atitudes sérias, sem carinho e parecendo ter os pensamentos envoltos em sombras, perguntou:

— Como foi a viagem? Deu tudo certo?

Após um suspiro, ele pareceu indiferente e não entrou em pormenores, falando somente:

— Foi tudo bem.

A esposa aproximou-se, e percebendo que seria envolvido por um abraço ele se distanciou.

Regina não compreendeu o significado daquela atitude, mas já que o marido não tinha nada a dizer ela contou sem rodeios:

— Jorge, essa semana fui ao médico. No auto-exame de mama senti algo que poderia ser um nódulo.

Assustado, ele parou e ficou olhando-a, expressando preocupação no semblante sisudo. Rapidamente, perguntou:

— O que ele disse?

— Pediu uma mamografia. Eu já a fiz e só estou aguardando ficar pronta. Volto lá na semana que vem.

— Mas o médico não disse nada? Não deu uma opinião mais precisa?

— Não há como ele saber. Somente a mamografia vai dizer o que é.

Esfregando o rosto e passando as mãos pelos cabelos, Jorge pareceu nervoso, quase irritado. Procurando ajeitar-se em sua poltrona favorita, ligou a televisão e não disse mais nada.

Sério, parecia enfadado e não queria conversar.

Regina sentiu-se muito mal. Algo estava errado, ela sentia.

Dando uma olhada nos filhos que brincavam animados no quarto com um brinquedo novo que Viviane lhes dera, e certificando-se de que ficariam ali por algum tempo, ela foi para o banheiro e, durante o banho, que demorou tempo considerável, chorou muito, sem que alguém percebesse.

* * *

Os planos de Jorge e de Selma precisavam esperar.

Ele se justificava para a amante dizendo que aquele não era um bom momento para dizer que iria embora.

Disfarçando o sentimento de raiva para não levantar suspeitas com sua insatisfação, Selma argumentou, tentando animar:

— Esse exame não vai dar em nada. Sabe, acho que Regina está desconfiada de alguma coisa e querendo ganhar tempo.

— A Regina é muito direita. Ela não faria isso.

Um pouco mais verdadeira e firme, Selma argumentou:

— Seja o que for que acontecer com Regina, vamos ficar juntos. — Rodeando-o, ao esfregar-lhe as costas com as mãos, massageando-o, ainda disse generosa: — Não podemos mais adiar nossa felicidade, Jorge. Os dias que passamos juntos foram um sonho de felicidade.

— E se for algo grave com Regina?

— Se continuar a traí-la ou ficar ao seu lado insatisfeito e infeliz, acha que vai ajudá-la de alguma forma?

Diante do silêncio que reinou exibindo a indecisão do amante, ela insistiu:

— Você tem de falar com ela, Jorge. Tem de dizer que tudo acabou antes de qualquer resultado.

— E os meus filhos, Selma? Estou pensando muito neles.

— E se você não os tivesse? Como seria?

— Seria mais fácil, eu garanto. Mas eu os tenho e acho que precisam de mim.

Mostrando um gesto de insatisfação com o envergar dos lábios para baixo, ela pendeu com a cabeça negativamente, depois resmungou:

— Eles podem morrer amanhã e você vai ficar sem eles. A vida deles não depende de você.

— Não diga isso! — reagiu gravemente, repreendendo-a.

— Estou sendo realista. Assim como você pode morrer amanhã e não fazer nada por eles. Por isso eu digo: aproveite a vida, viva feliz.

— Não é assim, Selma. O Denis, principalmente, é muito apegado a mim. Não sei o que pode acontecer se eu sair de casa.

— Se fosse tão apegado não ficaria elogiando o pai do outro menino.

Encarando-o mais seriamente, ela exigiu firme:

— Você quer terminar comigo?

Jorge pareceu titubear, depois decidiu:

— Não. Claro que não.

— Depois de tudo, Jorge, será difícil, será muito difícil você se desligar de mim.

Vendo-a preocupada, ele a abraçou, dizendo:

— Não pense assim, bobinha. É só uma questão de tempo. Vou resolver tudo.

* * *

Na semana seguinte, Regina, aparentemente tranqüila, viu-se perante o médico que havia solicitado o mamograma bilateral.

Enquanto retirava o exame do envelope, o médico argumentou:

— Recomenda-se a mamografia a mulheres acima dos trinta e cinco ou quarenta anos. Antes, só em caso de qualquer suspeita. Acho interessante você ter uma mamografia de cinco anos atrás. Por que a fez e quem a solicitou?

— Bem, doutor — respondeu a paciente um tanto constrangida —, não sei explicar por que, mas naquela época passei por um medo muito grande de ter qualquer problema na mama. Eu era nova e queria ter filhos, por isso procurei um médico e pedi informações. Falei sobre — ela sorriu ao admitir —, bem, sobre minha "neurose" pelo medo de ter um câncer. Ele não me convenceu de que eu não tinha nada e, por fim, acabou fazendo a guia de solicitação do mamograma. Só fiquei satisfeita quando vi o resultado. Esse médico me ensinou a fazer o auto-exame, o que faço religiosamente, e informou que a amamentação seria muito importante, já que eu queria ter filhos.

— Foi bom ter sido assim. Não só para tranqüilizá-la na época, mas principalmente para fazermos uma analogia, ou seja, compararmos os exames.

Observando minuciosamente o laudo do resultado, o médico explicou:

— Às vezes os radiologistas preferem errar por excesso de zelo em casos assim tão importantes e delicados. Comparando com a mamografia anterior, essa atual nos mostra algo duvidoso que a primeira não apresenta. — Exibindo o exame a Regina, apontando com uma caneta, ele mostrou ao dizer: — Há aqui o que podem ser as chamadas microcalcificações, que podem ser parte da anatomia normal da mama. Há um nódulo um pouco maior, esse que você identificou com o auto-exame, que poderá ser ou não um tumor maligno.

Com generosidade no olhar, o médico encarou a paciente e avisou com delicada brandura:

— Regina, não é nada que deva assustá-la ou assombrá-la; porém, vai exigir de você ânimo e determinação. Vamos pedir uma biópsia desse nódulo maior.

Regina sentiu-se gelar. Ela empalideceu e declarou:

— Estou com medo, doutor. Não esperava por algo assim.

— Veja, Regina, é um exame importante e necessário. Você tem o direito de escolher, mas gostaria de indicar um hospital para que fizesse a biópsia a fim de que seja minimamente invasiva. Com um posicionamento cuidadoso da mama, garantiremos para que haja a remoção da menor quantidade de tecido. Muitas mulheres acabam ganhando uma cicatriz bem feia devido a uma incisão cirúrgica ampla, só para a biópsia. Hoje isso é desnecessário. Atualmente existem técnicas mais modernas, porém alguns lugares ainda não as possuem.

Ela não conseguia disfarçar o tremor. Seus olhos lacrimejaram, e seu rosto transpirava. Com a respiração parecendo interferir em sua fala, Regina perguntou:

— Antes desse exame, o senhor não pode dizer mais nada?

— Minúsculos tumores que aparecem nas mamografias podem desaparecer por conta própria ou crescer lentamente sem serem malignos. Mas você também tem um nódulo de quase dois centímetros de diâmetro. Não é o tamanho desse tumor, mas sim sua biologia, sua formação de células anormais que determina a malignidade que pode ou não existir. É necessário que seja recolhida uma amostra do tecido desse nódulo para termos um resultado garantido e tirarmos qualquer dúvida.

— E se não for maligno?

— Se o resultado for negativo, se não houver um carcinoma, vamos deixá-lo quietinho no lugar, porém acompanhá-lo com excessiva atenção.

— Se for positivo?

— Vou encaminhá-la a um especialista em câncer de mama. Porém, já antecipo que tumores menores são geralmente os mais fáceis de tratar.

Você é nova, já amamentou, não fuma, não bebe... Você tem muito a seu favor, Regina. Mas não vamos nos assombrar. Pensemos no melhor até termos os resultados.

Ao sair do consultório, Regina mantinha uma aparência calma, mas estava perplexa, assustada e com muito medo.

Seus pensamentos eram confusos, algo de muita dor em seus sentimentos, em seu amor-próprio.

Nos últimos tempos, tudo estava sendo difícil.

Havia o problema com seu irmão, a mãe que parecia esgotada, e o marido que estava diferente.

Jorge andava estranho, vivia preocupado sem dividir com ela os pensamentos que o afligiam.

Definitivamente, o marido não era a mesma pessoa que conhecera nem o esposo atencioso, amoroso e companheiro dos primeiros anos de casamento.

Como ele reagirá, agora, quando souber o que o médico lhe disse?

Procurando acomodar-se em um banco de praça por onde passava, Regina esfregou o rosto e sacudiu a cabeça, como desejando afastar aqueles problemas.

Lembrou-se dos filhos queridos que tanto precisavam dela. Do sorriso carinhoso de cada um, misturado aos seus barulhos alegres, dos quais, agora, Jorge reclamava.

Procurou conversar com o marido várias vezes, mas ele se negava, disfarçava a verdade sobre o seu silêncio, sobre a sua maneira de agir, dizendo sempre que era algum problema no serviço.

Regina já havia procurado por Selma, acreditando que ela pudesse ajudar, mas não.

Selma alegou ignorar qualquer mudança de Jorge e prometeu falar com ele, mas de nada adiantou.

A vida já estava lhe exigindo muito. A notícia de uma biópsia, a suspeita de um câncer, o medo de uma mutilação...

— Não vou suportar. Meu Deus! — sussurrou baixinho, enquanto lágrimas copiosas corriam-lhe na face. — Ajude-me. Dê-me forças.

Regina rogava alguém que entendesse sua alma, alguém com quem pudesse dividir a dor, um ombro para recostar sua face e desabafar. Queria carinho, mas não poderia buscá-lo com sua amorosa mãe, não queria lhe dar trabalho, seria mais uma preocupação para ela.

Jorge certamente iria silenciar. Não via como ele poderia confortar seu coração aflito.

Pensou em Fernando, mas não, ela não deveria. Eram amigos, mas não queria se envolver. Além do mais, em que ele poderia ajudá-la?

A sombra de uma pessoa figurou-se a seu lado, e, sem se incomodar com os olhos lacrimosos, Regina virou-se e a olhou.

Era uma senhora de roupas simples e cabelos grisalhos que sorriu docemente, não disse nada e entregou-lhe um pequeno papel, virou-se e se foi antes que ela agradecesse.

Regina acreditou que fosse alguma propaganda, mas, ao baixar o olhar, leu: "Por maior lhe seja o fardo do sofrimento, lembre-se de Deus, que agüentou com você ontem e agüentará também hoje" — pelo Espírito André Luiz, do livro *Sinal Verde*, psicografado por Francisco Cândido Xavier. No verso havia o endereço de um grupo de estudos espíritas.

Ela ergueu o olhar e procurou pela senhora, que já havia desaparecido.

Regina acreditou. Respirou fundo, olhou para o lindo céu azul e pensou: "Eu creio que estais comigo, Senhor. Seja feita a Vossa vontade!"

Ao chegar em casa bem mais cedo do que de costume, foi recebida com beijos e abraços carinhosos dos filhos queridos, o que a encorajou e lhe deu forças para vencer pensamentos causticantes em temores e aflições.

Quando Jorge chegou, a esposa decidiu ser firme, procurando dar-lhe a notícia sem dramaturgia e sem fazer-se de vítima.

Interessado, o marido perguntou:

— E hoje lá no médico, como foi?

— Vou precisar fazer outro exame. Ainda não sei como é; porém, só depois disso o médico terá um resultado mais preciso.

Jorge inquietou-se e não disse nada, como ela esperava.

Regina logo falou sobre outros assuntos, mas o marido parecia não se interessar; somente a ouvia sem qualquer manifestação.

A esposa experimentava uma dor em seus sentimentos. Aquela atitude a castigava indevidamente, mas não exibiu o que sentia.

Já havia tentado conversar com o marido por várias vezes e não obtivera sucesso. Agora, também, não queria se desgastar, não era um bom momento.

A biópsia foi realizada, e diante do resultado Regina, muito amargurada em seu íntimo, porém resignada em atitudes, viu-se perante o oncologista, especialista em câncer, a quem o médico anterior encaminhara.

Esse novo especialista procurava ser agradável e animado, mas é difícil entusiasmar e dar disposição a uma mulher que se encontra agredida por uma doença tão destrutiva.

— Regina — orientava o cirurgião —, a biópsia realizada no tumor de quase dois centímetros da sua mama direita, que você mesma identificou através do auto-exame, como sabe, nos mostra um carcinoma. Teremos de removê-lo por meio de uma cirurgia e verificar se alguma célula carcinoma, ou seja, cancerígena, não se espalhou além do duto lactífero. Esse duto é uma passagem estreita que percorre toda a mama. Geralmente essas células não se espalham além dele, e isso torna a cirurgia e o tratamento muito mais fáceis. Porém, Regina, esse ultra-som de mama mais recente que você fez nos indica uma fileirinha de pequeninos nódulos, que aparece numa formação bem particular de alinhamento. Esses tumores pequeninos, que estão na vizinhança imediata do nódulo maior, terão de ser removidos e examinados, o que faremos no ato da retirada do nódulo maior. Fora isso, teremos de recolher alguns nódulos linfáticos da axila e dos arredores.

Esse procedimento é um exame preventivo, para nos assegurarmos de que o câncer não se espalhou para os nódulos linfáticos. — Após oferecer pequena pausa, ele prosseguiu, explicando: — Os nódulos linfáticos atuam, em nosso corpo, como um sistema, que tira algumas toxinas e resíduos. O câncer que cresce em nódulos linfáticos pode ser muito agressivo e tem maior chance de se propagar para os pulmões, cérebro, fígado e outras partes, formando novos tumores chamados metástases.

O oncologista ofereceu breve pausa, mas a paciente não se manifestou. Diante do silêncio, ele perguntou com generosidade:

— Você está entendendo, Regina?

— Estou, sim, doutor.

— Então, nessa cirurgia, procurarei fazer a mínima retirada de tecido adiposo para não provocar uma concavidade ou deformação. Porém, não posso garantir muito, uma vez que sua mama é pequena; a diferença pode ser considerável, pois pretendo retirar todos esses minúsculos tumores, uma vez que já estaremos em cirurgia. Depois, certamente, faremos uma cirurgia de recomposição da mama.

Engolindo seco, com olhos lacrimosos, ela afirmou:

— Tudo bem, doutor. Quero ter saúde. Faça o que for preciso para não me deixar com a mínima chance de essa doença voltar. Não posso pensar em estética. Preciso viver bem e pensar que meus filhos precisam muito de mim.

— Acho bom que pense assim. Nunca sabemos o que encontraremos durante a operação. Mas, após a cirurgia,

Regina, é preciso que você realize um tratamento. Veja, no caso de tumores pequenos, quando o câncer volta, geralmente isso se dá no local onde foi removido o primeiro tumor. Talvez hoje alguns médicos como eu errem por excesso de zelo, mas é recomendável que se faça uma série de radioterapia, que dura cinco dias por semana, durante seis ou sete semanas, isso no caso de cirurgia minimamente invasiva. Mas, se fizermos a mastectomia radical, que é a amputação completa da mama, a radioterapia não é indicada se não houver nódulos linfáticos afetados entre outras coisas.

Contudo, mesmo que não apresente sinal de ter-se espalhado para os nódulos linfáticos, sempre há a possibilidade de alguma célula cancerosa já ter fugido e escapado para algum lugar do corpo através da corrente sangüínea; é aí que a quimioterapia fará uma diferença considerável, prevenindo futuras surpresas desagradáveis.

— É comum o tumor canceroso voltar?

— Após a remoção de um câncer, independentemente de qual terapia tenha sido empregada, pode haver alterações genéticas e novamente uma célula normal se transformar em maligna. Entretanto, quando houve a remoção de um câncer que não se espalhou para os nódulos linfáticos e foi realizada a radioterapia na mama afetada, a aceitação da quimioterapia pode beneficiar, e muito, na prevenção do reaparecimento da doença. Como eu já disse, se uma célula cancerosa, por meio da corrente sangüínea, escapou do local e se prepara para uma metástase em outro, a quimioterapia, nesse caso, nos traz grande vitória, pois pode impedir o processo. Respondendo à sua pergunta, eu diria: não. Não é comum o câncer voltar quando o paciente se submete à radio e à quimioterapia. A não ser em casos raros, onde a alteração genética já está como "escrita" em seu DNA.

Vemos mulheres que têm câncer galopante e pouco podemos fazer, enquanto outras retiram um, dois, três ou mais nódulos, não fazem quimio nem radioterapia e vão viver até noventa e cinco anos. Cada caso é um caso. Entretanto, submeter-se a um tratamento mesmo que difícil, como é o da quimioterapia ou radioterapia, é ter uma chance acima de oitenta e cinco por cento de viver sem preocupação e bem melhor.

— Não é fácil encarar tudo isso, doutor.

— Eu sei, Regina. Mas precisamos fazer a cirurgia, aguardar o resultado laboratorial dos tecidos recolhidos, decidir qual o melhor tratamento para o caso e só então teremos um parecer que, acredito, no seu caso, será muito satisfatório. Você terá de se munir de força de vontade, ânimo e tenacidade; com isso sim tenho certeza de que tudo dará certo. Há muito em seu favor.

Diante daquelas colocações, Regina animou-se um pouco mais, porém não deixava de ficar preocupada.

— Doutor Lauro, só uma dúvida.

— Todas, Regina. Por favor, vamos tirar todas as dúvidas.

Ela sorriu ao prosseguir:

— O doutor Esidoro, meu ginecologista, encaminhou-me para o senhor, que é oncologista. Eu não teria de ser encaminhada ao mastologista?

— Eu sou oncologista, especialista em câncer, e mastologista também.

— Então é o senhor quem vai me operar?

— Sim, serei eu. Mas o Esidoro diz que quer acompanhar sua cirurgia.

— Agradeço toda a orientação. O senhor me esclareceu bem, me passou muita segurança. Creio que o acompanhamento do doutor Esidoro só vai me fortalecer ainda mais. — Após pensar por poucos segundos, perguntou: — Se for preciso fazer a mastectomia radical, não será preciso ser feita a radioterapia, foi isso o que entendi?

— Tomaremos essa decisão após a operação. Para afirmar isso, vamos ver a análise dos pequenos nódulos, além de sua colocação. O que lhe expus é tudo o que pode acontecer. — Encarando-a com bondade, ele avisou: — A partir de agora você fará exames pré-operatórios. Seria importante que alguém a acompanhasse. No dia da internação, isso será preciso.

— Certo, doutor. Vou falar com meu marido.

Pegando as guias para a realização dos exames pré-operatórios, Regina despediu-se do especialista e se foi.

Ela nunca se sentira tão triste, tão deprimida como naquele momento.

Chegou então a hora de avisar sua mãe, que acreditava até o momento que sua freqüência ao médico era por simples rotina.

Regina fez o trajeto de volta para casa mecanicamente. Sentia-se atordoada e às vezes tinha vontade de gritar.

Ao chegar na casa de sua mãe, foi recebida alegremente por Renato, que a abraçou e beijou com carinho.

Viviane também a cumprimentou, e enquanto aguardavam a chegada de dona Glória, que havia saído, o irmão avisou entusiasmado:

— Fui chamado para trabalhar!

— Que maravilha, Renato! Parabéns!

Animado, o rapaz começou a contar detalhes sobre o novo serviço que fora conhecer naquela manhã. Apesar de o salário não ser tão elevado quanto esperava, era gratificante sentir-se útil e produtivo novamente.

Regina o encarava, mas parecia não estar enxergando o irmão.

Viviane percebeu seu jeito apático e, após aguardar uma oportunidade, perguntou:

— Rê, você está bem?

Não conseguindo suportar mais toda aquela dor, Regina tentou desabafar, mas os soluços fortes não a deixavam falar.

Viviane ofereceu-lhe um copo com água e açúcar, em que Regina, ao beber, mostrava seu nervosismo com o bater dos dentes no vidro.

Dona Glória chegou, e após todos se acomodarem, tomando fôlego, Regina contou o que se passava.

A mãe ficou em silêncio e puxou-a para um abraço.

Parecendo esconder-se no colo de dona Glória, procurando agasalhar-se daquela dor, Regina chorou um pouco mais.

Tirando-lhe os cabelos da face, acariciando-lhe o rosto abatido enquanto a beijava, dona Glória, com lágrimas a correr, disse à filha com voz meiga:

— Deus é Pai, Regina. Sinto no fundo do meu coração que vai dar tudo certo. É lógico que todos nós vamos sofrer, passar por momentos tristes, mas no final teremos certeza de que Deus olha por nós.

Com a voz entrecortada pelos soluços, Regina falou:

— Fico pensando nas conseqüências dessa doença na minha vida. E os meus filhos? E o meu marido?

— Seus filhos serão seu apoio, seu motivo para resistir. Seu marido, que sempre demonstrou bom caráter, vai se ver diante de uma situação onde deva se mostrar amigo, companheiro dedicado e amoroso. Quanto às conseqüências dessa doença, deixe que os resultados dela só durem até o final do tratamento.

— Como assim, mãe?

— Prepare sua mente para experimentar essa doença enquanto durar. Não a sofra, experimente-a. — Após poucos segundos, explicou: — Experimentar é sentir o que a doença provoca, é fazer o que precisa ser feito por mais que isso possa doer. Agora, sofrê-la é experimentar tudo o que ela traz, mas com desespero, sem fé, acreditando que Deus se esqueceu de você. Se pensar na vaidade de um corpo perfeito, de um busto ressaltado e ficar triste porque vai ficar sem ele, é uma coisa. Mas pensar nesse busto bonito e entrar em desespero, em crise depressiva e achar você não será mais a mesma pessoa... querer morrer, isso é sofrer duas vezes a doença.

— O câncer é egoísta, mãe. Ele nos corrói, é uma doença que nos consome e nos tira os pedaços.

— Então não seja egoísta como o câncer. Dê o que ele pede. Dê-lhe os seios, um membro, mas não sua alma. — A mulher falava com uma filosofia simples, em que era preciso refletir muito, e continuou: — Você dá ao câncer sua alma, quando, em desespero alucinante, se contraria e quer disputar com ele algo material, como um pedaço do seu corpo de carne, não querendo que os médicos façam o que é preciso. Por mais que seja difícil e doloroso, faça o tratamento adequado, não peça por menos, pois o tratamento é sua arma material para algo material. E a sua fé será a elevação para que o câncer não atinja sua alma.

— Estou com tanto medo, mãe.

— Medo é responsabilidade, e ter coragem não significa deixar de ter medo. Você pode ter medo de ir para a cirurgia, mas deve ter a coragem de ir. Você pode ter medo de fazer a quimioterapia, mas tem de ter a coragem de ir com medo e tudo. Filha — continuou —, estou triste com tudo isso e sei que ainda vou chorar muito. É lógico que você também terá momentos de dor, de sofrimento e de choro. Você não seria humana se não os tivesse; porém, minha filha, sabemos que Deus não coloca fardos pesados em ombros leves. Chore e sofra, sim, pois não há como ser diferente, mas nunca perca sua fé em desespero. Creia que Deus a faz experimentar algo necessário para sua elevação e que, quando isso tudo terminar, você será uma criatura bem melhor.

— Estamos sempre com você, Regina. Jamais a abandonaremos — afirmou Renato. — Como diz a mãe, é só um período ruim, mas vai passar.

— Conte comigo também, Rê. Confie em mim como a uma irmã. Vou acompanhá-la em tudo, se você deixar, lógico — afirmou Viviane.

— Obrigada. Não sei o que seria de mim sem vocês.

Todos se abraçaram e foi impossível deter as lágrimas que exibiram sensibilidade e dor nos sentimentos.

21

Experiências amargas

A notícia da cirurgia deixou todos chocados no serviço de Regina.

Fernando pareceu ficar incrédulo e, ao chegar em casa, contou para sua mãe tudo o que soubera.

— Meu Deus! — exclamou Lídia. — A Regina?! Você falou com ela?

— Claro. Mas só a ouvi. Diante dessa notícia eu nem sabia o que dizer nem ela entrou em muitos detalhes.

— Acho que vou ligar para ela. Talvez precise de algo e, mesmo se não precisar, terá a minha solidariedade.

— Espere até amanhã, mãe. Ligue no horário em que o marido dela não estiver em casa.

— Por quê?

— Bem, ela não foi muito direta, mas pelo que entendi o Jorge ficou abalado. Será melhor não incomodar. Talvez eles precisem conversar.

— Qualquer um ficaria abalado.

— Mas pelo que entendi ele não disse nada. Não a acompanhou ao médico e parece que é a mãe, ou a Viviane, quem vai acompanhá-la.

— O quê?!

— Ela não disse com essas palavras, até porque, em alguns momentos, não conseguia conter o choro. Mas quando perguntei pelo marido ela me pareceu magoada, como se ele estivesse indiferente.

— Se eu estivesse bem de saúde iria hoje mesmo até a casa dela.

— A senhora também precisa ver o que é isso que sente, não é, mãe?

— Já fui ao médico e não encontraram nada. Os sintomas são de virose. Eles vêm e vão. Porém, o último médico que passei disse que isso é do sistema nervoso. E deve ser mesmo. Preocupo-me tanto com sua irmã.

* * *

Na manhã seguinte, Lídia telefonou para Regina, que, por sua vez, disse estar de saída para alguns exames. Pediu desculpas, mas falou que não poderia se atrasar. Informou que gostaria muito de falar com ela, que estava inclusive precisando de um ombro amigo, mas naquele momento não poderia.

Foi então que Lídia a convidou para ir à sua casa quando retornasse do laboratório.

Bem mais tarde, ambas se encontravam abraçadas no centro da luxuosa sala de estar da casa de Lídia.

O silêncio, com um misto de dor, reinou por longos instantes, e Regina não conseguiu deter as emoções.

Afastando-se um pouco, Lídia tomou-lhe as mãos trêmulas e a levou até o sofá.

Desculpando-se, Regina argumentou:

— Perdoe-me, ainda não consigo ficar sem chorar.

— Oh! Minha filha! — exclamou Lídia, sentida. — Eu sinto tanto!

— Não está sendo fácil, dona Lídia.

— Imagino.

Sem demora, Regina comentou como um desabafo.

— Sabe, o que mais me magoa é a posição do Jorge.

— Por quê?

— Ele fica quieto, não se manifesta, não pergunta nada, não me faz nenhum carinho... — Um choro a fez parar, mas logo prosseguiu entre os soluços: — Estou tão carente, dona Lídia. Preciso tanto de alguém para conversar, chorar... Acho que... preciso chorar para tirar de meu peito essa dor. Queria o meu marido comigo. Não quero um mimo, quero um apoio. Queria que Jorge fosse meu companheiro nesse momento, e, ao contrário, ele me olha como se eu fosse a culpada.

— É lamentável que o Jorge aja assim. Quando estamos perto de alguém diante de uma situação difícil, é porque temos muito a fazer por essa pessoa.

— Na verdade, meu médico está me confortando mais do que meu marido. O Jorge está apático. Sabe, não posso dizer isso a mais ninguém, nem à minha mãe, pois ela já tem muitos problemas; não quero que saiba que meu marido está indiferente.

— Regina, eu queria tanto estar mais perto de você, mas...

— Eu sei. O Fernando me contou que a senhora não está bem. Disse que já ficou até internada.

— Tudo indica que é uma virose, mas creio que está durando muito; um médico suspeita de que seja do sistema nervoso. O doutor Manoel está viajando, mas quando voltar tenho certeza de que vai me ajudar.

— E a Kássia?

Lídia fez um semblante desanimador ao afirmar:

— Estamos sem controle do que ela faz e pensa. Nem sei por onde anda.

— Nossa!

— Não temos mais o que fazer. Estamos em prece constante. Para dizer a verdade, creio que o meu caso seja de nervoso, sim. Há alguns dias encontrei drogas no quarto dela. Creio que agora temos motivos para forçá-la a um tratamento, pensamos em uma boa clínica...

— Mas e se ela recusar?

— Não sei. Não sei o que fazer. Desde quando encontrei as drogas, passamos a ter algumas discussões e depois comecei a me sentir assim. Há momentos em que percebo que ela me ouve, que se refugia no meu abraço. Porém, há dias em que se revolta contra tudo e todos. Parece que está possuída.

— Nem sei o que dizer.

— Mas você não veio aqui para falarmos de mim. Quero saber se você está precisando de ajuda?

Sorrindo, ela avisou:

— Preciso de preces para me fortalecer, de vibrações amorosas para me recompor.

— Isso você já tem. Mas e o hospital em que vai ser operada? E o médico?

— Tudo é muito bom. O médico me passou confiança, por isso não procurei um segundo parecer. Porque também a biópsia teve resultado positivo; não há como ter dúvidas.

— Seus filhos vão ficar com sua mãe?

— Sim. A senhora conhece a dona Glória, ela não abre mão dos netos. Outro dia, implicou com a empregada só por...

Elas conversaram muito, e aquele encontro pareceu ter feito bem a ambas.

* * *

A cirurgia foi marcada com brevidade, e um dia antes de ser realizada Regina foi internada no fim da tarde.

Jorge preencheu toda documentação necessária no hospital, mas não ficou com a esposa.

Dona Glória teve de cuidar dos netos, e Viviane achou melhor que ela, em vez de Renato, devesse ser a acompanhante de Regina no hospital, pois talvez com o irmão a paciente ficasse pouco à vontade.

A noite foi longa, ambas estavam insones, mas Viviane não deixava que a melancolia reinasse.

Conversava mansamente sobre assuntos agradáveis, contava coisas de sua infância, lembranças gostosas que faziam com que Regina se descontraísse e também se recordasse de algumas histórias engraçadas.

Quando a madrugada chegou, vendo que a amiga não tinha sono, Viviane propôs:

— Vamos ler um trecho do Evangelho?

Ao terminar e fazer uma prece, a moça pediu bênçãos a Deus para que envolvesse os médicos, o anestesista e toda a equipe da cirurgia. Rogou que Jesus, com toda Sua plenitude de amor, envolvesse o centro cirúrgico com vibrações revigorantes e curadoras. Que Ele, médico das almas, guiasse as mãos do cirurgião a fim de que ele fizesse o que era preciso para restabelecer a saúde de Regina, envolvendo-a também com a calma e a saúde necessárias para seu estado.

Regina fechou os olhos, e pelos cantos lágrimas escorreram lentamente.

Ela não dormiu, mas ficou calma, aguardando o tempo passar.

Antes da seis horas da manhã, Regina tomou um banho e, sem perceber, antes de vestir a camisola cirúrgica, ficou de frente ao espelho do banheiro olhando-se longamente. Depois, sem dizer nada, respirou fundo e virou-se.

Em seus pensamentos, um turbilhão de idéias a inquietava, mas ela se forçava a lembrar de sua mãe, dizendo, quando se despediu: "Vai dar tudo certo; tenha fé".

Regina se deitou na maca que a levaria ao centro cirúrgico, e enquanto a enfermeira colocava-lhe a touca Viviane aproximou-se e beijou-lhe a testa, exibindo um sorriso e olhos brilhantes. Sua voz embargou ao dizer:

— Você está com Deus. Não tema nada. Todos nós a amamos.

Regina sorriu e chorou.

A enfermeira sabiamente não deixou que as emoções ressaltassem ainda mais e a levou para o centro cirúrgico, onde, ao chegar, Regina foi recebida com alegria por uma outra enfermeira muito simpática que não deixava a tristeza dominar ninguém.

Logo Regina viu o médico que faria sua cirurgia e o ginecologista que queria acompanhar seu caso.

Um sentimento de segurança e paz a dominou verdadeiramente.

Regina, a princípio, acreditou que seriam instantes de tortura, mas, ao contrário, sentia-se envolvida por um bálsamo reconfortante que a tranqüilizava imensamente.

Aproximando-se, um simpático rapaz, de aparência muito nova, sorriu, explicou algumas coisas e disse-lhe por fim que dormiria um pouquinho.

Ela entendeu que se tratava do anestesista, quando se entregou a um sono muito profundo e tranqüilo.

Naquele instante, uma equipe também trabalhava na espiritualidade.

Em desdobramento, envolvida por sua mentora, Regina era literalmente abraçada enquanto recebia fluidos reconfortantes e tratamento perispiritual.

A mentora amiga explicava-lhe com bondade:

— Regina, querida filha, é preciso observarmos nas profundezas da alma que nesse estágio da evolução somos simplesmente aprendizes da vida. Não podemos ser prisioneiros dos corpos físicos, apegando-nos à vaidade de mantê-los belos para o usarmos em conquistas da vida terrena.

Quando não aprendemos que a beleza física é passageira e puramente terrena, quando não aprendemos que a verdadeira beleza deve ser a de elevação moral, de bons princípios e de amor incondicional, podemos experimentar a dor do corpo físico em ruínas.

Por falir em tentativas anteriores diante da beleza corpórea, solicitou a dor da mutilação do corpo físico, mas, querida filha — explicava com inenarrável amor —, por plantar a boa moral com semente de simpatia em vez de severidade, por fé nos desígnios de Deus, atravessa hoje o pântano de sofrimento com resignação e amparo da espiritualidade maior, que se ligou a você por mérito de suas vibrações, desejos e atitudes.

Mesmo casada, teve a oportunidade de forçar o destino a desviar-se, mas não o fez. Poderia ter-se convencido pelo dinheiro, pelo luxo, pelas mordomias, mas não o fez. Respeitou seus queridos e a si mesma.

O cultivo da boa moral é o que nos faz ligar à espiritualidade maior.

Amamos você, filha querida. Terá todos os cuidados que precisar, mas não há prediletos entre os filhos de Deus. Terá sustentação por merecimento e enquanto se firmar em moral absoluta.

Se não desenvolveu e se não desenvolver piores condições em seu corpo físico, é pelo cultivo de bons pensamentos, da boa moral, da resignação e do equilíbrio.

Regina recebia tratamento amoroso e cuidados salutares enquanto aquelas palavras eram registradas.

Em sua mente, ficaria guardado o motivo e a compreensão daquela experiência tão difícil. Por ser uma criatura com resignação e muita fé, curvaria-se diante das evidências, respeitando, sem revolta, o processo natural que a beneficiava na evolução.

É lamentável dizer que não é com todos, dentro de circunstâncias semelhantes, que isso acontece, devido ao grau de valores e práticas morais.

Bem mais tarde, Regina se encontrava em uma sala ampla, onde aguardavam seu despertar da anestesia.

Após tomar consciência, foi levada para o quarto, onde, aflita, Viviane esperava.

A paciente não podia ver como estava. Acordava e dormia em questão de segundos pelo efeito de medicamentos.

Muito tempo depois, quando podia compreender tudo, virou-se para a amiga e perguntou com voz fraca:

— Como estou?

Viviane sentia um nó na garganta, enquanto os olhos ardiam pelas lágrimas que começaram a se formar.

Procurando vencer a forte emoção, pois sabia que a última coisa que Regina precisava era de alguém chorando a seu lado, avisou mansamente:

— O doutor Lauro esteve aqui. Acho que você não se lembra.

— O que ele disse? — sussurrou.

— Ele avisou que encontrou dois nódulos, e não um só, de quase dois centímetros cada. Além disso, encontrou cerca de vinte micronódulos que precisaram ser retirados. Tudo foi mandado para análise. Devido a esses pequenos nódulos estarem bem próximos da axila, não foi possível uma quadrantectomia, ou seja, a retirada parcial da mama.

— Tiraram tudo?

— Por ter encontrado mais um nódulo que não apareceu na mamografia, pois estava muito escondido, e por causa do resultado da biópsia que você fez outro dia em um dos nódulos maiores, ele decidiu pela mastectomia radical.

Regina parecia estática, mas não se manifestou. Somente fechou os olhos e ficou em silêncio. Sentia muitas dores físicas e emocionais.

Na manhã seguinte a enfermeira entrou no quarto e avisou que tiraria o curativo para que ela tomasse um banho.

Regina se sentia um pouco tonta, mas não reclamou.

Seu braço direito não mexia e sentia muita dor no local da cirurgia.

Viviane a ajudou no chuveiro, e, logo após o banho, Regina deparou-se com o mesmo espelho em que se olhou minutos antes da mutilação.

O corte era enorme, do meio do peito até pouco além da axila. Não havia sinal de infecção, tudo estava bem seco, mas era feio.

Sentiu-se deformada, mutilada.

Quanta dor!

Regina não deteve as lágrimas, e a amiga a tirou da frente do espelho. Com a ajuda da enfermeira, que também nada dizia, ela se vestiu, deitou-se novamente na cama e chorou muito.

Viviane afagava-lhe a cabeça e ficava em prece. Não havia o que fazer.

Mais tarde a paciente se sentia melhor e animou-se muito com as visitas que recebia das amigas do serviço, do seu irmão.

Dona Glória ficou por pouco tempo. Havia deixado as crianças com Dorotéia e não queria demorar.

Jorge, apesar de presente, ficou calado e mesmo quando esteve a sós com a esposa nada comentou sobre o ocorrido, nem pediu para ver a cirurgia. Ele nem se deu ao trabalho de perguntar a Viviane se ela queria ir embora para ele ficar com a esposa.

Logo ele se despediu e se foi.

À noite, Regina não suportou e desabafou com a amiga.

— Como meu marido está diferente. Eu não esperava por isso.

— Ele está sofrendo, está abalado. Não dê valor a isso, Regina. Foi um susto para o Jorge.

— Não comentei com você, mas ele mudou muito nos últimos tempos. Sabe, Viviane, às vezes acredito que o Jorge ia me deixar e não o fez por causa de tudo isso que está acontecendo.

— Como assim?

— Ele sempre foi um marido excelente, participava de tudo, tudo mesmo. Até quando eu não trabalhava o Jorge me ajudava com a casa e com as crianças. Há algum tempo isso começou a mudar. Quando ele fez essa última viagem, senti algo muito estranho, como se o nosso casamento estivesse acabado. No dia em que ele voltou, se eu não tivesse falado que havia encontrado um nódulo, creio que ele iria me deixar.

Bondosamente, Viviane opinou:

— Creio que o Jorge esteja preocupado devido à sua nova posição como autônomo. Ele pode estar se concentrando muito com o que tem a fazer. A segurança de vocês, a estabilidade da família depende dele.

— Não, Viviane, acho que não é isso. Muita coisa mudou. O modo como ele está agindo, seu jeito de tratar os filhos, eu...

— Rê, não é um bom momento para ficar pensando nisso.

— Sinto que tenho de me preparar para algo muito difícil de enfrentar.

* * *

Três dias após a mastectomia, Regina recebeu alta hospitalar e foi para casa. Houve necessidade de alguns medicamentos e do uso de um dreno, colocado pouco abaixo da cirurgia.

O tubo tinha de ser lavado e bem higienizado de quatro a cinco vezes ao dia, e era dona Glória ou Viviane que se encarregava disso com primor.

Devido ao incômodo causado pelo dreno, Regina pediu a Viviane que o fixasse com uma tira de esparadrapo mais rente ao corpo, para que não se movesse muito; porém, isso causou muita dor.

Foram dias difíceis. A pele onde o esparadrapo era colocado ficou extremamente sensível, e uma forte assadura surgiu no local; sem fixar o dreno, machucava e doía muito.

Regina sentia que mal podia respirar com medo de movê-lo. Além disso, a saída do local em que o dreno se instalava infeccionou. Não havia o que fazer, e ela suportou tudo sem reclamar, sem desespero, pois sabia que seria passageiro.

Depois de uns quinze dias o aparelho foi retirado, mas houve necessidade de algumas punções no local da cirurgia.

Jorge não suportava vê-la. Passava a maior parte do tempo fora de casa.

As crianças, bem curiosas, queriam participar e olhar tudo. Para que não machucassem a mãe, eram sempre orientadas de que Regina estava se recuperando de uma cirurgia.

A própria Regina, naturalmente, disse a elas que havia um pedacinho doente ali no seu peito e para não ficar ainda mais doente o médico tirou. Depois que cicatrizasse, ficaria ótima e poderia voltar a abraçá-las, e brincariam muito.

Denis, com medo de machucar a mãe, só lhe fazia carinho nos cabelos, embaraçando-os todo.

Amanda era mais tranqüila e se recostava, quietinha, no ventre da mãe.

Era muita dor para qualquer movimento. Mesmo assim Regina não desistia de fazer os exercícios com o braço, conforme recomendaram o médico e o fisioterapeuta.

Para tomar banho, Viviane a ajudava.

Após a retirada dos últimos pontos, o médico alegrou-se com a boa cicatrização; tudo estava bem.

O especialista ainda informou que o laudo laboratorial mostrava que os dois nódulos de quase dois centímetros cada eram cancerígenos, mas os vinte glânglios pequeninos das proximidades e os ninfódolos não estavam afetados pelo câncer.

Passando confiança e ânimo para a paciente, doutor Lauro avisou:

— No momento da cirurgia, quando encontrei o segundo tumor e verifiquei que havia vinte nódulos minúsculos, não pude arriscar. Decidi pela mastectomia radical, amputando-lhe toda a mama. Sei que é uma decisão drástica, mas já havíamos conversado sobre isso, e você me disse que queria ter saúde, que eu deveria fazer o que fosse preciso.

— Creio que o senhor agiu corretamente — afirmou Regina.

— Por não termos feito uma cirurgia minimizada, onde se retira só o nódulo afetado, não houve a possibilidade de ter ficado qualquer célula cancerosa, teimosa, nas imediações dos tumores cancerosos retirados. Como já lhe expliquei, se um câncer volta, geralmente ele o faz próximo ao local em que foi retirado o primeiro tumor; por isso, quando se retira só o tumor, de acordo com o caso, médicos zelosos pedem a radioterapia.

— Não vou precisar fazer a radioterapia?

— Não. Mas apesar de constatar que os nódulos linfáticos não foram afetados vou indicar que faça a quimioterapia.

Regina, sem perceber, franziu o rosto em sinal de desagrado, e o médico prosseguiu:

— Sei que não será agradável, porém não podemos pôr sua vida em risco. E se por acaso uma célula cancerosa escapou pela corrente sangüínea a quimioterapia vai fazer uma grande diferença. Com esse tratamento, vamos impedir uma metástase em outra parte do corpo.

— Farei a quimioterapia, sim, doutor. Sem dúvida.

— Ótimo! Será muito seguro para todos nós.

* * *

Ao retornar para casa junto com Viviane, que a acompanhou, Regina encontrou Jorge irritado com Denis.

Sem nem mesmo perguntar como tinha sido a consulta médica, Jorge recolheu-se ao quarto.

— O que aconteceu, filho? — interessou-se a mãe.

O menino ficou emburrado e não disse nada.

Percebendo que ele havia chorado, ficou desconfiada de que o pai o houvera agredido.

Era temporada de férias escolares, e Denis havia ido ao serviço com o pai. Porém, estavam em casa cedo demais.

Regina, deixando Viviane com Denis, foi à procura do marido para saber:

— O que aconteceu?

— Esse moleque não tem termos.

— O que ele fez?

— Não é nada importante.

— Se não é importante, por que ficou bravo com ele? Agora eu quero saber, Jorge. O que o Denis fez?

Encarando-a sério, ele argumentou:

— Ora, Regina, você tem coisas mais importantes para se preocupar.

— Você bateu nele?

— Sou pai dele, não sou? — respondeu quase agressivo.

Era insuportável ver o esposo tão diferente do homem que conheceu, do homem com quem se casou. Agora Jorge deixava de respeitar o próprio filho. Indignada, Regina perguntou firme:

— O que está acontecendo com você? Vamos sentar e conversar. Por favor.

— Não tenho nada para dizer.

— Como não?! — irritou-se a esposa.

— Não é um bom momento para conversarmos, Regina. Você está se recuperando de uma cirurgia difícil.

— Não queira me poupar por causa dessa cirurgia. Suas atitudes, seu jeito estranho de agir ultimamente estão me maltratando mais do que essa doença. Você está me ignorando, não quer saber como estou, não me oferece sua amizade nem seu ombro ou seu carinho!

Nesse instante os soluços se fizeram presente junto com sua fala, e lágrimas copiosas correram-lhe na face abatida.

— Se a situação é difícil para você — prosseguiu a esposa —, imagine como me sinto diante de seu comportamento hostil. — Com a fala entrecortada pelos soluços, Regina pediu, parecendo implorar: — Pelo amor de Deus, Jorge, vamos sentar e conversar. Vamos chorar juntos se for preciso, mas vamos esclarecer; me conta o que você sente.

Parecendo nervoso, ele passou as mãos pelos cabelos, encarou-a por alguns segundos, virou-se e saiu.

Em pranto, Regina foi-se sentando lentamente. Cobrindo o rosto com as mãos, sentiu-se derrotada, verdadeiramente castigada e infeliz.

Quanta dor! Como a vida lhe estava sendo amarga por aqueles dias.

Aproximando-se, Viviane a amparou num abraço carinhoso, momento em que a amiga adoentada chorou muito.

Solidária e fiel, Viviane praticamente havia-se mudado para a casa de Regina, mas não se envolvia nos assuntos íntimos da família. Somente cuidava da amiga prestando-lhe serviços de enfermagem, pois dona Glória tinha alguns problemas de saúde que limitavam sua agilidade, além de ter idade considerável para ajudar a filha em algumas situações, como no banho, por exemplo, ou servindo-lhe de apoio físico.

Entretanto, sem se queixar, a bondosa senhora supervisionava os netos e fazia comida, mesmo tendo na casa de Regina uma empregada que ajudava muito.

Naquela noite, Jorge não retornou para casa, e, em silêncio, Regina, insone, chorou até amanhecer.

No dia seguinte ela pediu para a amiga que não contasse nada sobre aquela discussão para dona Glória ou Renato, nem mesmo sobre Jorge ter dormido fora de casa. Ela não queria que eles se preocupassem com mais nada.

Lembrando-se de Lídia, Regina telefonou para que

conversassem um pouco; talvez com ela pudesse desabafar mais e ouvir algum conselho, algumas palavras que aliviassem seu coração machucado.

Lídia havia ido visitá-la somente uma vez, pois também estava com alguns problemas de saúde. Agora, quem sabe, mais recuperada, a companheira pudesse ir vê-la.

Por telefone, ao saber que Lídia havia sido internada na noite anterior, Regina pareceu se abater ainda mais. O que teria acontecido?

Apreensiva, ela não suportou a inquietude e telefonou para o serviço de Fernando.

— Ela vem passando mal nos últimos dias, como você sabe. O médico acreditou que fosse uma enterite, mas nem os remédios nem a dieta alimentar a fizeram melhorar — informava Fernando por telefone. — Mas e você Regina, como está?

— Depois que tirei o dreno, sinto-me bem melhor. Mas, sabe como é, há dias que são mais difíceis, talvez pelos meus próprios pensamentos. Mas puxa! Estou preocupada com sua mãe.

— Tudo foi muito de repente para todos nós. Olha, Regina, nós não a avisamos sobre minha mãe, porque não queríamos incomodá-la; já era bem tarde, e achamos que iríamos incomodar. Mas pode deixar que agora vou mantê-la atualizada sobre seu estado.

— Se for visitá-la, diga que mandei um beijo. Estou torcendo por ela.

— Pode deixar que digo sim. Hoje vou vê-la, e se sair cedo do hospital estou pensando em dar uma passadinha aí para visitá-la.

— Claro, Fernando! Venha sim.

Naquela tarde, a visita de Fernando contribuiu para o bom ânimo de Regina. Eles conversaram sobre os colegas de serviço, entre outros assuntos que a distraíram imensamente.

Algum tempo depois, Fernando percebeu uma tristeza infinita no olhar da amiga e perguntou:

— Sei que você é forte, que crê muito em Deus, mas sinto que está muito amargurada, não é?

— Não são somente os problemas de saúde, Fernando.

São atitudes, algumas mudanças que nos castigam mais do que a própria doença. Você não imagina como é importante o apoio das pessoas queridas nesse momento.

Com olhar meigo, ele a encarou e disse:

— É seu marido quem não está colaborando?

Regina suspirou profundamente e sentiu um nó na garganta.

Sem que ela contasse, Fernando entendeu o que estava acontecendo e chegou a sentir raiva das atitudes de Jorge, que talvez não estivesse sendo amigo nem a amparando com bom ânimo.

— Vocês sempre viveram bem, não foi?

— Sim, foi.

— Ele ficou abalado com a cirurgia. Deve ser isso.

— Na verdade, creio que não seja só isso. Há alguns meses ele está bem diferente, mas não houve motivo. Não que eu soubesse.

— Calma. Você está sensível nesse momento. Procure conversar com ele.

— Já tentei de tudo. Ontem mesmo acabamos discutindo. Ele saiu e não voltou até agora.

Fernando não disse nada, mas ficou nitidamente nervoso.

— Regina, sou seu amigo. Quero, mas não sei como posso ajudá-la.

— Você não tem como me ajudar. Já fez muito por meu irmão.

— Eu e minha família temos muita estima por todos vocês; independentemente de qualquer coisa, se pudermos ajudar...

— Agradeço, Fernando. Mas não há como.

Ele se mostrava muito amigo. Regina tirou qualquer impressão negativa que pudesse ter a respeito do ex-noivo, pois, quando começaram a trabalhar juntos, ela acreditou que poderia sofrer assédios pelo fato de ele não viver bem com a esposa.

Nesse momento, Denis entrou correndo ao saber que o pai de seu amigo estava em sua casa.

— Oi, tio! E o Helder?

— Hoje ele não veio. Mas estou pensando em ir fazer um passeio nesse final de semana; você quer ir?

— Claro!!! — gritou o menino, muito alegre.

— Virando-se para Regina, Fernando pediu:

— Posso levá-lo?

— Claro. Agradeço muito se o fizer. Quando temos um doente em casa, o clima fica muito deprimente, e as crianças são as primeiras a serem sacrificadas.

— Aonde vamos, tio?

— Estou pensando em subir a serra e ir até Teresópolis. Você conhece?

— Não. Ainda não.

— Então vai conhecer.

Amanda, mais tímida, aproximou-se da mãe e começou a reclamar:

— Por que só o Denis e eu não?

— É um passeio só de meninos. Você não vai gostar — tentou explicar a mãe.

— Eu até poderia levá-la se fosse alguém comigo, mas... — lamentou Fernando, querendo resolver a situação.

— A tia Vivi pode ir — opinou a menina.

— Sua mulher não vai? — interrogou Regina.

— Não. Lorena nunca passeia comigo e com o Helder. Não gosta. Mas, se a Viviane quiser ir junto, não haverá problemas. Ela fica com a Amanda e eu cuido dos dois moleques — disse rindo ao esfregar a cabeça de Denis, brincando.

Viviane ficou preocupada e lembrou:

— E quem fica com você, Regina?

— Minha mãe, já que as crianças não vão estar.

— Mas você volta no mesmo dia, Fernando? — perguntou Viviane.

— Não. Vamos no sábado bem cedinho e voltamos no domingo à tarde. A casa de Teresópolis é grande, bem confortável. Não precisa se preocupar com nada, temos tudo. Só pegue uma muda de roupa.

Viviane ficou em dúvida, e Regina incentivou:

— Vá com eles, Vi. Será bom para a Amanda e para você também. Precisa passear um pouco, se renovar. Já cuidou muito de mim.

— Está decidido! — resolveu Fernando ao se levantar, demonstrando-se bem alegre — A tia Viviane vai com a gente.

— Mas... — tentou dizer a moça.

— Mas nada. Vamos ter um ótimo fim de semana.

Denis e Amanda começaram a gritar alegres, comemorando o passeio.

Fernando se foi, e ao se ver a sós com o filho, pois Viviane fora acompanhar o amigo até o portão, Regina perguntou:

— Denis, por que o papai ficou bravo com você ontem?

Muito direto, o menino respondeu:

— Porque eu disse a ele que não gosto da Selma. Ela é uma boba, burra, e eu não a quero no seu lugar.

Vendo-se confusa, a mãe perguntou:

— Porque você acha que ela vai ficar no meu lugar?

— Porque ontem, lá na loja, eu estava no corredor e vi pela aberturinha da porta a Selma dizendo para o papai que não vê a hora de eles ficarem juntos.

Regina sentiu-se esfriar. Sentiu-se mal. Verdadeiramente atordoada, não sabia o que dizer.

Percebendo que algo estava errado com sua mãe, o menino disse, de forma inocente, para tentar animá-la:

— Eu acho que ela pensa que você vai morrer, mãe. Mas eu entrei na sala, xinguei ela de burra e de cretina. Disse que não gostava mais dela. Aí o papai falou que ela não disse nada daquilo. Mas eu ouvi! Ouvi, sim! Daí, quando eu falei que ia contar para você, o papai me bateu, dizendo que eu estava mentindo. Mas eu não tô mentindo, mãe.

Regina achou que fosse desmaiar. Quase não ouvia mais a voz do filho.

"Então era isso!", pensava em desespero. "Jorge planejava mesmo deixá-la!"

Recostando-se no sofá, Regina fechou os olhos e largou o corpo.

Um torpor a dominou de tal forma que nem teve forças para falar com o filho.

22

A DURA REALIDADE

Transtornada com tudo o que estava acontecendo, Regina não dizia mais nada.

Viviane, ao observá-la, percebeu seu silêncio, puxou conversa, mas a amiga pouco se pronunciava.

Vendo que Regina emocionalmente não estava bem, decidiu:

— Não acha melhor conversarmos? Seja o que for, se falar vai ser bom para você.

— Não quero incomodá-la ainda mais, Viviane.

Após pentear-lhe os cabelos, a amiga sentou-se à sua frente e comentou:

— Quando eu tinha doze anos, meus pais morreram num acidente de carro. Minha tia quis me levar para o interior, e eu tive de espernear para não ficar longe dos meus três irmãos. Apesar da pouca idade que tinham na época, pois o Osvaldo, meu irmão mais novo, tinha vinte anos, o Paulo, vinte e dois, e o Carlos, vinte e quatro, eles conseguiram se dar bem no mercadinho que era do nosso pai. Lembro-me de que foi dona Glória quem acabou de me criar. — Ela riu e falou: — Sei que se recorda disso, porque teve o maior ciúme na época.

Regina sorriu também, e a amiga continuou:

— Eu só não dormia na sua casa porque você não deixava.

Rindo, e um tanto envergonhada, Regina comentou:

— Puxa! Eu nem me lembrava mais disso. Desculpe-me, Vi.

— Mas você tinha ciúme com razão. Eu estava sem meus pais, carente e vivia, literalmente, agarrada à sua mãe. — Gargalhando gostosamente, Viviane admitiu: — Eu só não chamava dona Glória de mãe porque você acharia ruim, mas tenho de confessar que, muitas vezes, quando eu estava sozinha com ela, eu a chamava, sim.

Após o riso cristalino de Viviane, Regina pediu:

— Ai, Vi! Desculpe-me, por favor.

— Não estou contando isso para que tenha remorsos, não! Não pense assim. Sua atitude, na época, me fez ver a realidade sem criar ilusões, e isso me ajudou a crescer. Lembro-me de que, com o tempo, você se acostumou comigo, não foi?

— Foi sim.

— E até bateu naquela menina lá na escola que me chamou de magrela e me humilhou com brincadeiras ofensivas.

Foi aí que Regina afirmou:

— Eu fiquei uma fera. Lembro-me muito bem disso.

— Você disse que era minha irmã, lembra-se?

— Lembro-me, sim.

— Então, depois disso, tudo o que acontecia comigo eu corria e contava para você. Comecei a me sentir orgulhosa. Eu era uma pessoa privilegiada, tinha duas famílias. Pena é que acabei, durante todos esses anos, incomodando você com meus assuntos, com meus problemas.

— Não! — reagiu Regina. — Não incomodou de jeito nenhum.

— Mesmo?

— Lógico!

— Então por que você acha que seus problemas vão me incomodar agora, Regina?

A amiga a encarou e sorriu timidamente ao dizer:

— Você é mais do que uma irmã, Viviane. Faz tanto por mim...

Ambas se abraçaram, e Regina acabou contando tudo à amiga.

Bem depois, um barulho denunciou a chegada de Jorge.

Discretamente Viviane foi para o quarto e permaneceu lá com as crianças para que o casal ficasse à vontade.

Procurando pela esposa, Jorge acomodou-se a seu lado e, mesmo sem encará-la, falou:

— Sei que você já vinha percebendo antes da cirurgia que o nosso casamento não estava bem.

— Não — corrigiu a esposa —, o nosso casamento não mudou. Foi você quem começou a ficar diferente.

— Eu não sei o que vem acontecendo comigo. Acho que estou cansado. Para ser sincero — feriu-a à queima roupa —, venho pensando, há algum tempo, em me separar de você.

Regina sentiu um torpor. Foi como se uma adaga a estivesse golpeando. Acreditou que não precisava ouvir aquilo de forma tão fria, tão cruel.

Ela ficou em silêncio, e o marido, demonstrando gesto nervoso com as mãos e ainda sem encará-la, continuou:

— O seu problema de saúde e a cirurgia foram coisas que me perturbaram muito. Sei que também não estou sendo amigo, companheiro, nem um bom pai para meus filhos.

— Onde você passou esta noite? — perguntou com modos simples, sem exigir ou impor agressividade na voz.

— Dormi na loja. Precisava pensar.

— Existe outra, Jorge?

— Regina, você é uma mulher maravilhosa. Sempre me apoiou, me compreendeu e me incentivou. É uma mãe exemplar. Não posso me queixar de você. Sempre cuidou bem da casa, das minhas coisas.

— Você não me respondeu. Existe outra?

O marido exibiu-se quase aflito diante da questão direta. Suas mãos esfriavam e suavam enquanto demonstravam inquietude. Com voz trêmula e somente agora a encarando, ele falou rápido:

— Não posso deixar você nem meus filhos num momento desse. Quero que me perdoe por tudo. Sei que está atravessando o momento mais difícil de sua vida, mas preciso que me compreenda, preciso que espere que eu me acostume com tudo. Para mim também foi um choque...

— Você tem outra, não é, Jorge?

Desviando o olhar da mulher, ele afirmou:

— Não tenho mais.

Regina não agüentou tudo aquilo e foi com lágrimas no rosto e tremor na voz que ainda perguntou:

— Você ainda me ama?

— Regina, estou confuso, eu...

— Se me amasse de verdade, não teria me traído. Não quero que fique comigo por piedade. Esse é realmente o pior momento da minha vida, mas não quero que fique comigo por conta de uma doença.

Estou mutilada, sim. Provavelmente, com o tratamento que vou fazer, eu perca os cabelos, fique feia, ou sei lá mais o quê. Vou ter momentos tristes, vou precisar de apoio, mas nunca vou aceitar migalhas de piedade por sentimento de culpa de ninguém.

— Você não pode perdoar um erro meu? Eu me enganei!

— Eu até perdoaria se você fosse honesto e tivesse a dignidade de me contar tudo o que estava acontecendo. Mas você se negou quando eu perguntava por que estava diferente. Acusou-me de ficar muito tempo fora de casa, reclamou por eu ficar muito tempo ao telefone com minha mãe. Mas quando preparei jantares especiais você chegou sem apetite. Quando não telefonei para ninguém e fiquei à sua disposição o futebol era mais importante. Quando eu não estava trabalhando e ficava em casa você tinha de sair e não me levava. Foi então que percebi que muitas vezes eu saía com às crianças, para não ficarmos entediados e presos aqui dentro. E você, Jorge, tentou transferir para mim a sua culpa e não foi sincero, não foi homem para me dizer que estava confuso, que tinha outra mulher na cabeça. Não! Essa coragem você não teve.

— Regina, eu me enganei. Quero ficar com você e participar mais.

— Não. Você não vai conseguir ficar comigo. O que está sentindo é remorso, e quando esse sentimento acabar você vai procurar a outra, sabe por quê? Porque não me ama de verdade.

Além do que, quando um homem procura outra mulher fora de casa, é porque já havia algo errado. Não posso culpar a outra, pois a falta de escrúpulo é sua.

Regina, que havia se sentado na beirada do braço do sofá, apoiou-se num móvel para se levantar.

Nesse momento, demonstrando-se prestativo, Jorge a segurou pelo braço, dando-lhe apoio.

Ela o encarou e disse:

— Não precisa, obrigada. O pior já passou. Quando eu mais precisei do seu apoio, você estava confuso e indeciso. Acostumei-me a ter forças.

Nesse momento ela não mais chorava, apesar de muito magoada.

— Regina...

— Preciso ir tomar um remédio. Com licença.

Escondida de todos, ela chorou muito, enquanto seus pensamentos perdiam-se em dúvidas.

— Será que estou certa? Devo perdoá-lo? Deus! Ajude-me a tomar a melhor decisão.

Todos os problemas pareciam pesar juntos em sua mente. Já estava sendo difícil enfrentar a dura realidade de um câncer; precisava de ajuda, de carinho, mas só encontrava dores e decepções.

Tinha vontade de sumir. Fugir para um lugar bem longe de tudo e de todos.

Ela sempre confiou no marido, nunca imaginou que ele pudesse golpeá-la com tamanha crueldade.

* * *

Na manhã seguinte, com as pálpebras bem inchadas, ela se arrumou para ir ao médico.

Dorotéia, que já sabia de sua necessidade, chegou bem cedo e ajudou as crianças a se arrumarem.

Naquele dia Denis estava impossível e deu muito trabalho para se aprontar.

Quando Regina e Viviane estavam prontas para sair, Jorge avisou:

— Vou com vocês.

Imediatamente, a esposa reagiu:

— Não. Não precisa.

— Vou até a porta do consultório. Por favor — insistiu ele.

— Agradeço, mas já chamei um táxi.

Viviane, meio sem jeito, saiu de perto do casal e foi pegar algumas coisas.

Regina, muito firme, não aceitou a oferta.

Até o hospital, ela não deu uma palavra sobre aquele assunto, e a amiga entendeu sua dor.

Tempo depois, já na clínica, Regina se sentiu decepcionada novamente quando soube que não era o doutor Lauro quem a iria acompanhar na quimioterapia.

O outro médico, que não era muito de se comunicar e com quem à primeira vista a paciente não simpatizou, exibiu um semblante quase sisudo ao atendê-la.

Ostentando um comportamento orgulhoso, talvez pela posição que ocupava, tinha no jeito de falar algo frio, agressivo, e nem parecia estar lidando com seres humanos iguais a si próprio, sem pensar que aquela paciente poderia ser ele mesmo ou algum ente querido.

Expressando-se de modo maldoso, com pouco caso, falou rude ao perguntar:

— Você sabe que precisa fazer uma cintolografia para ver se já tem alguma metástase nos ossos, não sabe?

— Não — respondeu Regina experimentando um medo sem igual devido ao impacto agressivo da notícia.

Sem ao menos examiná-la, sem sequer olhar a paciente nos olhos, continuou:

— Também é preciso um ultra-som da parte superior do abdome para ver se seu fígado está afetado.

O médico era uma criatura hostil, indigno da posição que ocupava e ignorante dos processos evolutivos que a natureza utiliza para nos fazer evoluir como espíritos.

Ele não sabia aproveitar a oportunidade abençoada de refazimento que a vida lhe oferecera e continuava a ferir, só que agora com sentimentos, aniquilando a esperança e liquidando a tranqüilidade íntima.

Infelizmente, por desprezo ou indiferença, para ele era cômodo desconhecer que um dia iria experimentar o que fez outro viver. Pois, como pessoa que teve oportunidade de cultura, ele não queria saber o motivo da vida ou não queria crer em Deus.

Um desespero tomou conta de Regina, tão justamente fragilizada. Exibindo nervosismo, perguntou tímida:

— Então posso estar com câncer espalhado no resto do corpo?

— O outro médico não lhe disse isso?

— Não — respondeu assustada. — O doutor Lauro me falou que esse tratamento iria me recuperar... que... que...

Regina teve uma crise nervosa. Olhou para Viviane, levantou-se rápido e saiu da sala de consulta sem rumo.

Viviane, ligeira, saiu correndo atrás da amiga sem esperar que o médico dissesse qualquer coisa.

Regina, quando alcançada no corredor, descontrolou-se sem se importar com quem pudesse ouvi-la, enquanto a amiga tentava envolvê-la.

— Não! — gritava a paciente. — Eu não vou fazer esse tratamento, sofrer feito uma condenada, para depois morrer. Não vou! Não vou!

— Calma, Regina. Vamos falar com o doutor Lauro. Acho que houve algum engano.

A pobre mulher demonstrava-se quase alucinada, quando uma enfermeira aproximou-se e junto com Viviane conseguiu tirar Regina dali.

Antes de levá-la para outra sala, no corredor, elas deram de encontro com o doutor Esidoro, o ginecologista que pedira os primeiros exames a Regina.

Esse médico, envolvido por amigos espirituais, reconheceu sua paciente em crise nervosa e comoveu-se com a cena.

— O que aconteceu? Por que ela está assim?

A princípio o homem viu-se embaraçado por não se lembrar do nome da paciente, mas ao ouvir Viviane pedir calma à amiga, chamando-a pelo nome, sentiu-se socorrido.

— Regina, o que foi que houve? — perguntou o doutor.

Ela não conseguia falar, mas Viviane contou o que havia acontecido.

O médico a ouviu com atenção e, ao término, decidiu:

— Regina, vamos falar com o Lauro.

— Não! Quero ir embora.

— O Lauro é meu amigo e acredito que não saiba o que está acontecendo; penso que ele deva saber. Veja, você gostou do Lauro, não foi? Acho que ele merece uma consideração — disse o médico olhando-a nos olhos e tratando-a como quem trata uma criança que precisa ganhar confiança e sentir-se amparada, pois ele sabia que alguém que passa por uma situação tão delicada certamente está abalada e precisa de amor. Logo, ele prosseguiu: — Vamos lá conversar com ele, vamos?

Por um momento ela ficou em silêncio, esfregou o rosto com as mãos, depois aceitou.

Ao chegarem na presença do oncologista, alegremente o doutor Esidoro o cumprimentou:

— Como vai, Lauro?

— Tudo bem! E você? — perguntou o amigo, estranhando a presença de Regina, que ainda chorava.

— Tive uma cesariana logo cedo e, quando ia embora, encontrei Regina aqui.

— Está nervosa, Regina? — perguntou doutor Lauro. — Sente-se aqui e conte-me o que houve.

Interferindo, o outro médico avisou:

— Eu a trouxe aqui porque ela queria desistir do tratamento. Tenho certeza de que você saberá o que fazer. Só que preciso ir, tenho pacientes agendadas para agora.

Após a saída do doutor Esidoro, o oncologista perguntou:

— Então vamos, Regina. Conte-me o que está acontecendo.

Regina chorava ao tentar relatar o ocorrido, mas com a ajuda de Viviane, que detalhou o modo hostil como a amiga foi tratada, o médico ouvinte entendeu o que havia acontecido e explicou:

— Regina, lembra-se de quando falei que alguma célula teimosa poderia ter fugido e dado uma escapadinha?

Ela pendeu com a cabeça positivamente, e o médico falou:

— Se essa célula escapou, será com esses exames que vamos pegá-la. — Após breves minutos, argumentou: — Sei que você é uma mulher inteligente e compreensiva, por isso vamos pensar que o meu colega médico não está tendo um bom dia. Ele pode estar cheio de problemas. Por isso, peço desculpas por ele, pela atitude dele. Agora, vamos começar de novo, certo? Como já afirmei, existe muita coisa a seu favor. Você não bebe, não fuma, não freqüenta ambientes de fumantes, tem peso compatível, uma alimentação saudável. Por isso, não temos o que temer. Não creio que haja qualquer problema, até porque você o descobriu bem cedo. E é para preservar a sua saúde que vamos pedir o ultra-som do fígado e uma cintolografia óssea a fim de ficarmos ainda mais tranqüilos, certo?! — finalizou animado e sorridente.

— E se der positivo? E se eu já estiver com alguma coisa?

— Vamos tratar. Mas, se não tiver, ficaremos com a consciência tranqüila.

— Eu não quero mais aquele médico.

— Certo! Você tem todo esse direito. — Depois de vê-la mais tranqüila, perguntou: — E agora, você está bem?

— Estou.

— Bem, eu gostaria de fazer um exame físico bem rigoroso. Você quer fazê-lo hoje ou quer deixá-lo para o fim da semana?

— Hoje.

— Então vamos lá.

Com profissionalismo, respeitando o juramento que fizera, doutor Lauro a atendeu com generosidade e carinho, reconhecendo que aquela pessoa confusa e aflita poderia ser alguém que ele amasse muito e jamais quisesse fosse hostilizada por alguém.

Acreditando que Regina estivesse com deficiência de ferro no organismo, o médico solicitou um exame de sangue para ver se estava com anemia, o que se confirmou, e por isso ele receitou algumas vitaminas, além de duas transfusões de sangue.

Os demais exames realizados acusaram que Regina estava bem, e que nem o fígado nem os ossos tinham sido afetados.

Extremamente abatida e psicologicamente muito abalada, ela se mantinha sempre em silêncio, quase não conversava e pouco sorria.

Jorge também não conversava, e o clima estava cada vez mais sombrio entre o casal.

Um dia antes de iniciar a quimioterapia, Regina largara-se no sofá da sala, procurando se distrair com o que passava na televisão.

O marido se aproximou, olhou-a e afirmou:

— Amanhã vou com você ao hospital.

Calma, falando de modo fraco, a mulher pediu:

— Se não se importa, preferiria que só a Viviane fosse comigo. Não me julgue mal, mas é que...

— Eu gostaria de acompanhá-la, só isso.

Com olhar tristonho, ela o encarou, explicando:

— Jorge, estou machucada, abalada, com muito medo, sofrendo por pensamentos terríveis que invadem minha mente e por mais que eu tente não consigo mudá-los. Sabe, o que mais quero é ficar sem maiores preocupações, sem...

— E se eu acompanhá-la terá mais uma preocupação?

— Para ser sincera, creio que sim.

— Por quê?

— Desde o início você não se interessou, tinha coisas mais importantes para resolver, e agora não precisa mais.

— Regina...

— Olha, Jorge, por favor. Vou fazer oito sessões de quimioterapia, uma a cada vinte e um dias; elas levarão cerca de sete meses para terminar. Sei que vou passar mal, que vou sofrer, que vou me abater... Por favor, não quero conversar com ninguém.

* * *

No dia seguinte, quando se encontrou com Selma, Jorge, após breve cumprimento, se posicionou:

— Selma, preciso que seu irmão me devolva a porcentagem aqui da empresa e também a procuração.

Exibindo-se superior, havia momentos em que ela sustentava um ar de graciosidade.

Aproximando-se dele com delicados gestos, ela avisou:

— O Dalton não está mais no Brasil. Isso vai levar alguns dias. Você entende, não é? — Rodeando-o, enquanto exibia no olhar e no rosto um jeito conquistador e suave sorriso, perguntou com voz macia ao tocar sua mão que repousava sobre a mesa:

— Você está bem?

— Estou preocupado. Confuso.

— Quero que saiba que não tenho nenhuma mágoa. O que aconteceu entre nós foi amor verdadeiro. Sei que você não vai ficar sem mim.

— A Regina precisa muito de mim agora.

— Tenho certeza de que ela vai se recuperar, vai ficar muito bem, e nós ainda seremos felizes juntos. Esse é só um período tempestuoso, onde a sua insegurança não nos permite ficar juntos. Eu entendo e saberei esperar.

— Fico tranqüilo por você me entender, mas não quero que me espere. Não vou conseguir deixar meus filhos.

— Os filhos não são problemas. — Sem deixá-lo perceber sua contrariedade, Selma argumentou sem encará-lo: — Não vamos mais falar sobre isso, está bem? Sempre serei sua amiga, acima de tudo.

Acreditando nas palavras da sócia, Jorge sorriu e solicitou:

— Assim que falar com o Dalton, peça para que ele providencie...

— Sem dúvida! Pode deixar comigo.

* * *

Naquele mesmo dia, na casa de Rodolfo, todos estavam abalados com a internação de Lídia, que agora havia sido transferida para o CTI (Centro de Terapia Intensiva) do hospital devido a complicações em seu estado.

Fernando estava incrédulo. Sentado em um sofá perante seu pai, ele se mantinha em silêncio, absorto demais, tanto que não conseguiu reparar em Lorena, que sustentava leve ar de satisfação, quase cruel.

Rodolfo, por sua vez, mesmo sentindo-se arrebatado, ainda tinha de se preocupar com a filha Kássia, que não aparecia em casa havia alguns dias.

Pelo olhar brilhante de Lorena passavam relampejos de contentamento.

Ela odiava a sogra. Lídia agora não seria mais uma ameaça para o seu casamento.

Sem perceber, enquanto pensava, Lorena esboçava no semblante alvo uma fisionomia de agradável realização.

Poucos metros de todos, o pai de Rodolfo, senhor Horácio, aquietava-se em sua confortável poltrona sem se manifestar; porém, silencioso, ele observava atentamente as expressões de Lorena, que denunciavam, no mínimo, um comportamento bem estranho àquela situação.

Repentinamente, ela se deu conta do olhar vigilante do senhor Horácio e remexeu-se um pouco, procurando se recompor.

Nesse instante a porta principal bateu forte, enquanto os passos rápidos de Kássia avisavam que a jovem subira a larga escada da residência.

Rodolfo imediatamente se levantou e sem pedir licença foi atrás da filha.

Já em frente ao quarto o pai anunciou sua presença com poucas batidas na porta, mas não esperou permissão para entrar.

Kássia atirou-se sobre a cama e pouco se importou com a presença de Rodolfo.

Austero, o pai pediu sem rodeios:

— Kássia, sente-se direito; preciso falar com você.

Virando-se lentamente, a filha fez um gesto desdenhoso ao envergar os lábios e ergueu as sobrancelhas, exibindo-se insatisfeita.

Os olhos da moça estavam injetados, bem vermelhos. Olheiras fundas e bem marcantes no rosto pálido anunciavam noites insones, má alimentação e possível uso de drogas.

Rodolfo percebeu pelo odor que a filha havia dias não tomava um bom banho.

Seus cabelos, antes sedosos, perfumados e macios, agora se acobreavam manchados, com aparência ressequida e aspecto grudento.

As unha sujas traziam restos de esmaltes escuros, tortos e feios.

Sem encarar o pai, Kássia perguntou:

— O que foi agora?

A princípio Rodolfo pensou em brigar. Estava disposto a fazer com que a filha se enxergasse, nem que para isso usasse de força física. Mas naquele momento teve pena daquela jovem, sua filha.

Ele se sentiu envolvido por algo muito brando. Sua voz perdeu a força, e seu semblante ficou mais sereno; tranqüilo, avisou:

— Gostaria que soubesse que sua mãe foi para o CTI. Seu estado de saúde piorou, e os médicos não descobrem o que ela tem.

Por um instante Kássia pareceu preocupar-se:

— Então é sério mesmo?

— Sim, filha — disse o pai, procurando com palavras generosas sensibilizá-la. Acomodando-se ao lado da filha, Rodolfo prosseguiu: — Hoje eu estive com ela. Sua voz quase não pode ser ouvida. Lídia está extremamente fraca, abatida. Ela sempre teve problemas gástricos, mas nunca assim. Emagreceu ainda mais. Ela se preocupa com você, filha.

— Ela não tem de se preocupar comigo.

— Claro que tem. Sua mãe a ama, Kássia. Nós nos preocupamos com quem amamos. Sei que já falamos sobre isso, mas... filha, por que você gosta de viver assim? O que está faltando a você? — perguntou o pai de maneira dócil.

— Eu gosto de ser assim, tá! Isso para mim é liberdade. É independência.

— Independência, para mim, é uma pessoa trabalhar para seu auto-sustento. É poder viver uma vida saudável e normal. Agora, filha, eu só a vejo agredir a si mesma.

— Lá vem você de novo!

Rodolfo se lembrou de que, da última vez que tentara falar com a filha, esta ficara cerca de dez dias longe de casa e sem dar notícias. Ele a amava e sabia que, se Deus lhe havia confiado aquele espírito tão necessitado, era porque tinha forças e capacidade para lidar com aquela situação.

Num assomo para suas forças, pela rogativa de bênçãos, a espiritualidade sábia e benevolente agregou-se a Rodolfo e à filha, naquele momento, a fim de ajudá-los.

O pai amoroso não queria que a filha se afastasse de sua guarda, de sua orientação. Ele procurava, em pequenas doses, passar-lhe orientação e amor, mostrando-se à disposição para apoiá-la no instante em que ela quisesse mudar.

Afinal, como fazem muitos pais, seria fácil mandá-la embora de casa, para que cuidasse da própria vida, bem longe, para não ter com o que se preocupar.

No entanto, Rodolfo sabia que, se assim fizesse, estaria só adiando uma tarefa abraçada.

Quase agressiva, Kássia virou-se, exclamando:

— Daqui a pouco você vai dizer que sou eu quem a deixo assim!

— Não, filha, eu não disse isso. Sua mãe sempre teve sensibilidades gastrointestinais. Mas acho que, se você se arrumasse e fosse lá visitá-la, sua mãe ganharia novas forças para se recuperar. O que você acha de irmos lá amanhã?

Entidades superiores envolviam a jovem com inenarrável amor, a fim de fazê-la ceder ao convite oportuno.

Inquieta, agora andando de um lado para outro, enquanto esfregava as mãos, Kássia respondeu:

— Posso pensar, né?

— Claro. Mas pense que você fará um bem enorme à sua mãe.

— Tá, então. A gente vê isso amanhã.

Rodolfo se levantou, olhou com carinho para a filha e disse num impulso:

— Eu a amo, filha. Amo muito.

Virando-se rápido, ele saiu.

Kássia ficou intrigada. Sempre acreditou que seus pais não a compreendessem, que queriam que ela fosse diferente do que é. Entretanto, eles não a mandavam embora de casa, como acontecera com todos os seus amigos. Ela tinha sempre para onde voltar.

Ao caminhar pelo corredor, Rodolfo encontrou com seu pai que já ia se recolher, mas parecia o estar esperando.

— Quero falar com você.

— O que foi, pai?

— Aquela sua nora está doente.

— Como assim, pai?

— Ela esconde alguma coisa. Precisamos tomar cuidado com pessoas assim.

Rodolfo ficou surpreso e não sabia o que dizer. Pensou que o pai poderia estar começando a ficar decrépito, talvez pela vida improdutiva que escolhera; alguma debilitação mental poderia estar acontecendo.

Tranqüilo, tentou argumentar:

— Ora, pai, a Lorena está quieta daquele jeito porque a Lídia está internada. O senhor sabe disso, não é?

— Olha aqui, Rodolfo — interrompeu veemente —, não pense que estou ficando caduco! Conheço, e muito bem, psicopatas e paranóicos! Não se faça de cego e lembre-se de que Lídia já o alertou.

— Espere, aí, pai. Acho que estou confuso. Não sei do que o senhor está falando.

— Venha cá para o meu quarto — intimou o ancião.

Após entrarem e a porta ser fechada, o senhor Horácio contou sem rodeios:

— Um dia eu ouvi você e a Lídia conversando. Foi sem propósito, mas não pude deixar de prestar atenção quando sua mulher falou que estava achando a Lorena muito estranha. Lídia achava que havia algo errado com sua nora.

A memória de Rodolfo reavivou-se.

— De fato, lembro-me bem disso.

— Não é a primeira vez que vejo um sorriso brilhar nos olhos dessa moça quando Lídia tem sua saúde abalada.

— Não podemos culpar alguém que não tem compaixão. Isso não é dolo.

— Não é isso.

— O que é, então?

— Sou experiente e só acuso quando tenho certeza. Essa moça tem algo a ver com a doença de minha nora.

— Ora, pai...

— Como sempre você tem as evidências e não acredita nelas. Lorena é sombria, fria e calculista. Age sempre com muita normalidade. Ninguém é sempre tão normal assim.

— Não temos nada contra ela.

— Por enquanto. Mas eu vou lhe provar.

— Olha, pai, amanhã ou depois o Ian chega; ele já está vindo. Vou conversar com ele e quem sabe...

— Não tente dissimular!

Rodolfo não sabia o que dizer. Ficou extremamente preocupado. Era difícil acreditar nas suspeitas que seu pai levantara; no entanto, vendo-o como um homem lúcido, de poucas palavras e muito experiente, decidiu ficar atento.

Rodolfo não sabia por onde começar. Porém, ficaria atento.

23

O QUE A VIDA NOS RESERVA?

Na manhã seguinte, com pequenos gestos agitados e inquietos, como se estivesse nervosa, Kássia procurou pelo pai, dizendo:

— Acho que vou lá ver a mãe.

Com largo sorriso no rosto, Rodolfo se aproximou, encarou-a e respondeu:

— Que bom, Kássia! Tenho certeza de que dará grande alegria à sua mãe.

— Então, vamos? — decidiu a moça.

— A visita é só depois do almoço. Façamos o seguinte: vamos almoçar juntos hoje? Só nós dois?

— E o povo daqui dessa casa? Onde ficam?

— Almoçaremos fora.

Kássia, que havia tempos não demonstrava satisfação, esboçou um leve sorriso no rosto pálido, como se estivesse se dobrando àquela forma de carinho. Porém, demonstrando repentina rebeldia, como desejando agredir o pai, informou:

— Só que vou vestida assim!

Sem demonstrar a mínima contrariedade, Rodolfo, rápido, argumentou:

— Sem problemas. Deixe-me só guardar essas pastas e já podemos ir — respondeu ao pensar ligeiro para não perder aquela oportunidade, pois a filha poderia mudar de idéia.

— Não é cedo?

O pai sorriu e avisou:

— Não. Podemos dar uma volta antes de escolhermos o restaurante.

Kássia trajava-se de modo a agredir o convencional. Esperava que o pai a repudiasse por seus trejeitos devido à opção de vida escolhida.

As tatuagens que Kássia possuía atacavam os olhos das pessoas comuns, inclusive os de jovens da sua idade, de modo a insultar, como uma afronta aos bons costumes ou ao tradicional.

Todavia, a moça reparou que seu pai a aceitava como era, sem recriminações.

Rodolfo era inspirado a fazer com que a filha se aproximasse mais dele. Com isso seria "aceito em seu mundo", onde, futuramente, poderia ligar-se mais a ela de forma a fazê-la se aproximar mais dele sentimentalmente. A partir de então a filha provavelmente iria começar a aceitar suas opiniões sobre a vida e sobre a responsabilidade que temos para com o corpo que nos foi confiado.

Pouco depois, num restaurante bem familiar, as pessoas ao redor ficavam inconformadas ao ver aquele alinhado senhor em companhia de uma moça vestida de maneira tão ofensiva.

Kássia fazia gestos e até caretas para aqueles que a olhavam ostensivamente, mostrando inclusive os *piercings* colocados na língua.

Rodolfo agia naturalmente. Na verdade ele se sentia feliz. Havia alguns anos não tinha a filha perto de si por tanto tempo. De alguma forma, sentia-se amparado, acreditando estar fazendo o que era correto para ajudá-la.

Firme em seus objetivos, o pai, preocupado, decidiu que faria de tudo, de forma amorosa e consciente, para recuperar sua filha. Isso o ligava a espíritos amigos e elevados que estavam dispostos a ajudar.

Saindo do restaurante, ambos foram para o hospital visitar Lídia.

Kássia tinha momentos de inquietude, mexia-se de um lado para outro, enquanto ela e o pai aguardavam no saguão o horário de visitas.

Nesse instante uma situação inesperada chamou a atenção de todos.

Uma mulher de meia-idade entrou desesperada pelas largas portas de vidro que se abriram automaticamente. Chorava aflita enquanto pedia nervosamente que ajudassem seu filho.

Rapidamente surgiu uma maca acompanhada de enfermeiros, os quais foram até o carro parado no estacionamento do hospital.

Em pouco tempo a mesma maca retornou com o enfermo, que se retorcia e gritava.

O rapaz tinha os olhos esbugalhados como se fossem saltar das órbitas. Com a respiração ofegante, esfregava o peito com as mãos como se o ar não lhe entrasse nos pulmões.

Em um segundo o rapaz estremeceu-se violentamente, depois parou, e foi nesse momento que alguém gritou:

— Parada cardíaca!

Todos pararam, e sem demora, no mesmo local, um médico que chegou começou rapidamente a fazer a massagem cardíaca.

A situação era bem desesperadora.

Sem obter sucesso, o médico solicitou com veemência para que o levassem para a emergência.

A senhora que o acompanhava foi detida, gentilmente, por uma enfermeira.

Havia muitas pessoas no saguão à espera de liberação para o horário de visita, e todos, sem exceção, ficaram atônitos com a cena.

Enquanto o pai do rapaz socorrido preenchia a ficha, a mãe, chorando muito, foi em direção ao sofá reservado para a espera e acomodou-se num canto, próximo a uma planta e ao lado de Rodolfo e Kássia, que ali aguardavam.

Repentinamente a mulher, com aparência muito sofrida e voz lamuirosa, olhou para Rodolfo e desabafou:

— Meu filho só tem vinte anos!

— O que ele teve? — perguntou o homem.

— Péssimas companhias. Meu filho sempre foi um bom moço. Estudioso... Acabou se envolvendo com uma turma que o tirou do bom caminho.

Rodolfo sabia do que se tratava e, apesar de respeitar os sentimentos dolorosos daquela senhora, acreditou que a situação fosse providencial para que sua filha ouvisse; por isso, perguntou:

— Ele se envolveu em briga?

— Não, moço — esclareceu a mulher. — Os colegas do meu filho mostraram para ele os prazeres da vida, da liberdade, por meio das drogas. Ele se sentia o máximo e achava que poderia largar dessa "coisa" na hora em que quisesse, mas não. — Mesmo com lágrimas a correr pelo rosto, ela prosseguiu: — Para resumir, meu filho largou os estudos porque começou a ficar sem inteligência para guardar na memória o que aprendia na faculdade e também porque começou a precisar de dinheiro e mais dinheiro para comprar drogas. E não pense que isso foi em longo tempo, não. Ontem, quando estava chorando e arrependido de ter começado a usar essa "coisa", meu filho me disse que estava "cheirando" há uns seis meses, só! E em tão pouco tempo virou um escravo, um dependente do terror. Sei que tem gente que demora até menos tempo para ficar "ligado" nessa "coisa". Isso é tão fácil.

— Eu lamento.

— Em pensar que tudo começou com uns coleguinhas chamando-o para ir a alguma festa *Rave* lá em São Gonçalo. Ele passou quatro dias fora de casa dançando e pulando. Achou que isso havia tirado o estresse que ele sofria na faculdade. Eu aconselhei, falei e falei, mas o senhor sabe, né... Os filhos nunca nos ouvem. — Após breves segundos, completou: — Tudo foi tão rápido... Ele começou a usar o dinheiro que era para pagar a faculdade, e quando nós não demos mais nada a ele roubou e fez um monte de coisa errada. Quando virou um farrapo humano, os amigos sumiram. Ele voltou para casa e pediu ajuda, queria parar, mas não conseguia. Ontem nossa televisão sumiu e hoje eu o encontrei tendo esse ataque.

Nesse instante, o marido da senhora se aproximou na companhia de uma atendente, que explicou algumas coisas e pediu para que eles a acompanhassem.

A mulher, sem se despedir de Rodolfo, levantou-se e se foi.

Rodolfo não disse absolutamente nada. Não era preciso. Ele percebeu que a filha estava atenta àquela conversa.

Kássia ficou inquieta, levantou-se, andou de um lado para outro e reclamou da demora.

O pai explicou que tinham de respeitar o horário de visitas do CTI, pois Lídia não estava mais no quarto particular.

Minutos depois, quando acreditaram que poderiam ir ao CTI, o médico responsável pelos cuidados com Lídia chamou Rodolfo e a filha para conversar.

A notícia não poderia ter sido pior. Lídia acabava de falecer.

Kássia, com jeito estranho, saiu às pressas do hospital sem que o pai pudesse fazer ou falar alguma coisa.

Atordoado, ele não esperava por esse golpe doloroso que a vida lhe reservara. Confuso, ligou para o filho, chamando-o ao hospital.

* * *

Ao receber o telefonema sobre o falecimento de Lídia, dona Glória decidiu, junto com Viviane, poupar Regina da lastimosa notícia.

Por ter realizado a quimioterapia, Regina não estava muito bem. Havia dois dias permanecera na cama. Não conseguia comer, pois as náuseas eram terríveis e constantes; ela mal bebia poucos goles de água ou de soro caseiro.

Sem que a filha soubesse, dona Glória foi ao enterro da amiga de tantos anos.

Durante o velório, a tranqüila mãe de Regina teceu silenciosamente suas preces e vibrações de amor.

A pedido de Rodolfo, foi lido um trecho do *Evangelho Segundo o Espiritismo* por uma amiga do casal que, com doces e sábias palavras, trouxe uma dose de conforto aos corações dos presentes.

Lorena recolheu-se a um canto. Silenciosa, sustentava um brilho estranho no olhar, como se em seu íntimo sorrisse.

Dona Glória reparou no comportamento da moça e estranhou. Logo, porém, sua atenção se voltou para Ian, o sobrinho que acabava de chegar da Europa.

Após cumprimentar a irmã, o primo e o tio, Ian observou o corpo que fora de Lídia, fez em silêncio uma oração e acomodou-se ao lado de dona Glória.

Em poucos minutos o rapaz puxou conversa com a educada senhora e não precisou muito para descobrir que se tratava da mãe de Regina.

Após o enterro, a conversa entre ambos se estendeu:

— Minha filha me falou muito de você. Acho que ficará feliz em vê-lo, só que... Sabe, meu filho — explicou —, a Regina está passando por um tratamento muito delicado.

— Eu soube que ela precisou fazer uma cirurgia — contou Ian. — Conversei com minha tia várias vezes, por telefone, antes que ela fosse internada; sempre tive notícias de Regina.

— Minha filha está muito frágil e por conta disso não contei a ela que Lídia morreu. Elas eram muito amigas. Estou esperando uma oportunidade melhor.

— A senhora fez bem. Quando estiver melhor, receberá a notícia com menos choque. Eu queria vê-la, mas acho que seu estado não é bom para receber visitas. Vou esperar que ela melhore. Tenho conhecimento de que os primeiros dias após a quimio são terríveis.

— Agradeço sua compreensão. Mas não deixe de ir, Regina ficará feliz com sua visita. Anote nosso telefone...

Assim que fez a anotação, Ian despediu-se da senhora e foi para casa junto com os demais parentes.

* * *

Ao chegarem na luxuosa mansão, Lorena logo deu algumas ordens às empregadas e à babá de Helder.

Rodolfo sentia-se perdido, confuso e pouco falava. Havia chorado muito pela saudade que sabia iria sentir da esposa que tanto amava. Lídia sempre o apoiou, era sua conselheira, amiga e fiel parceira.

Pelo conhecimento que adquiriu na Doutrina Espírita, tinha consciência de que a morte do corpo físico não era o fim; entretanto, sabia, ou melhor, sentia, que agora, sem a esposa querida ao lado, tudo ficaria mais difícil para ele.

Desde que soube da morte da mãe, Kássia havia sumido e nem para o enterro apareceu.

Rodolfo a procurou por todos os lugares que pudesse imaginar, e nada.

Agora, sentado em um sofá, em seu quarto, Rodolfo pensava que teria de desenvolver mais força para lidar com a filha. Seu tempo era curto devido ao trabalho, às tarefas abraçadas no Centro Espírita.

Pensando em tudo isso, sussurrou com voz rouca:

— Deus! Que falta a Lídia vai me fazer. Mas sei que, se o Senhor acreditou ser melhor assim... Agora tenho de continuar e sei que sem ela será bem difícil. — Mesmo com a voz embargada, prosseguiu: — Dai-me forças, Pai. Se não for pedir muito, fazei com que Kássia, minha filha querida, curve-se à realidade. Fazei com que ela enxergue o mal que está fazendo a si mesma. Peço que minha filha ouça meus conselhos, minhas orientações para o caminho do bem.

Gostaria que, de alguma forma, espíritos de esfera superior envolvam seu coração, fazendo com que me veja como amigo, como apoio. Vou me dedicar à minha filha.

Suaves batidas na porta chamaram sua atenção.

Recompondo-se, Rodolfo esfregou os olhos com as mãos e pediu:

— Entre.

Era Eunice, a empregada, que ainda trazia os olhos vermelhos e inchados. A moça, mesmo abalada com os acontecimentos, não deixava de se preocupar com a família sob seus cuidados.

Procurando controlar a voz, perguntou:

— Senhor Rodolfo, acreditei que seria melhor preparar uma refeição bem leve. Apesar de dona Lorena ter pedido outra coisa, fiz uma sopa e gostaria de saber se o senhor quer ser servido aqui ou...

Educado, ele a interrompeu:

— Agradeço muito, Eunice. Mas estou completamente sem fome.

— O senhor não se alimenta desde ontem.

— Acho que preciso de um bom banho e descansar um pouco.

— Sei que era a dona Lídia quem preparava o seu banho, suas roupas... — a voz da empregada estremeceu, e ela perdeu as palavras.

— Não precisa se preocupar, Eunice. Acho que é melhor eu me acostumar a ficar só desde já. Mesmo assim, obrigado.

— Sim, senhor.

Ao dizer isso a moça saiu do quarto, desceu as escadas, e enquanto se dirigia para a copa Lorena apareceu à sua frente com pose arrogante, ordenando:

— Quero o jantar servido em vinte minutos.

Humilde e com modos quase acanhados, Eunice avisou:

— O doutor Horácio disse que vai tomar uma sopa em seu quarto, o senhor Rodolfo não quer nada, e o senhor Fernando acabou de dizer que não quer jantar; disse que mais tarde vai tomar um chá. E o senhor Ian disse que também não quer nada. Devo servir só a senhora?

— É lógico! Para que você está aqui? — respondeu Lorena com modos agressivos, virando-se em seguida.

Naquele mesmo instante Fernando e Ian conversavam no quarto.

Muito abatido pela morte da mãe, Fernando desabafava.

— Minha mãe sustentava a todos nessa casa. Ela sempre, com sua sabedoria, encontrava uma maneira de nos clarear o entendimento. Não faço idéia de como será agora sem ela.

— É hora de colocar em prática o que ela ensinou. Sabe, Fernando, sempre gostei de ter longas conversas com a tia Lídia. De alguma forma ela era superior a todos. Aprendi muito com ela e lamento não ter tido mais oportunidade.

— Você sabe que meu casamento só durou por causa dela.

— Sim, eu sei.

— Há momentos em que Lorena é insuportável.

Ian sorriu ao admitir:

— Confesso que não sei como foi se casar com minha irmã.

— Minha mãe sempre me alertou sobre o fato de eu ser responsável pelo que faço. Tenho de me harmonizar com minha mulher, começar a passar alguns conhecimentos que ela precisa adquirir. Se bem que Lorena melhorou muito desde a morte de seu pai. Às vezes, quando conversamos, eu a tolero e vejo o quanto precisa crescer.

— Isso é importante. Não adianta você somente ficar casado com ela e manter-se omisso a tudo à sua volta.

— É exatamente isso o que acabei enxergando. Passei a conversar mais com ela, falo que é na simplicidade da vida que encontramos a felicidade. Comecei a ensinar que, quando partirmos desse mundo, levamos exatamente o que trouxemos de material, isto é, nada. Que somente criaturas que cultivam valores morais, pessoas humildes e bondosas são amparadas.

— Vejo que aprendeu muito com Lídia. Você não está só mantendo seu casamento, está procurando elevar sua esposa. Se essa era sua tarefa com ela...

— Mas, você sabe, a Lorena, apesar de estar mais receptiva, às vezes parece uma parede. Ela ouve e não muda, continua arrogante, exigente e caprichosa.

— Isso já é problema dela. Não perca sua oportunidade de oferecer o que há de melhor, ou seja, de "pagar" algo que deva a ela.

Nesse instante, Ian sorriu junto com o primo, que confessou:

— Minha mãe me fortalecia muito com essas orientações. Foi por ela que não me divorciei.

Aproximando-se, Ian comentou:

— Você tem capacidade, Fernando. Vai conseguir cumprir sua parte. Se Lorena não cumpre a dela, isso não é problema seu.

Ao saírem do quarto, eles depararam com Lorena, que os chamou para jantar.

Fernando logo avisou que estava sem apetite e que iria tomar um banho, retirando-se para sua suíte.

Com os olhos faiscantes, exibindo contrariedade, Lorena o seguiu com o olhar até que entrasse no quarto.

Seu irmão, ao se ver a sós com ela, chamou-lhe a atenção:

— Assim que chegamos do enterro vi você dando ordens, pedindo isso e aquilo... Lorena, não acha que está sendo insensível? Todos nessa casa estão sofrendo com o ocorrido. Não é o momento de pensar em jantar, em mesa ou pratos.

Lorena quase sorriu e o encarou de modo estranho, convidando-o ao entrelaçar seu braço:

— Vamos jantar nós dois. Já que eles não querem nos acompanhar...

Experimentando um choque em seus sentimentos, Ian questionou ao afastar-se dela.

— O que deu em você, Lorena? Que atitudes são essas?

Não se contendo, Lorena riu e falou:

— Se você não quer, jantarei sozinha.

Virando-se, a esposa de Fernando caminhou como se deslizasse até as escadas e descendo suavemente degrau por degrau esboçava um largo sorriso de satisfação.

Ian, a certa distância, ficou incrédulo, observando a atitude e o comportamento da irmã, percebendo que algo estava errado com ela.

Ostentando ar vitorioso, Lorena acomodou-se na cabeceira da mesa da sala de jantar e foi servida pela empregada.

24

Mensagem de amor

Com o passar dos dias, depois de refletir muito sobre tudo o que acontecera, Regina, que agora se sentia um pouco melhor, procurou pelo marido a fim de conversarem sobre a situação pendente entre eles.

Afinal, Jorge quis conversar, e ela não se sentia preparada para o assunto; estava muito chocada com seu estado e a surpresa da traição.

Entretanto, agora, sentia-se um pouco mais segura e sabia que não poderia fugir daquele assunto a vida toda.

Aproveitando que as crianças haviam ido com Viviane até a casa de sua mãe, Regina acomodou-se ao lado do marido, que assistia um programa na televisão.

Esperou dele um afago, um olhar atento, mas não houve. Porém, falou:

— Jorge, vamos conversar?

Imediatamente percebeu um ar contrariado no semblante do marido.

Ele pegou o controle remoto, apontou para o aparelho ligado e o apertou, dizendo:

— Pronto. Vamos conversar.

O marido mostrava-se novamente insensível, e Regina, apesar de tudo, queria decidir aquela situação.

Temerosa e insegura, vacilante com as palavras, perguntou:

— Outro dia você disse que queria ficar comigo, que havia-se arrependido do que tinha feito.

— Olha, Regina, estou confuso.

— Confuso com o quê?

— Com o nosso casamento... comigo mesmo.

— Há outra mulher?

Olhando-a firme, ele avisou:

— Houve. Porém sinto que agora não quero ter ninguém. Mas sei que você está doente e precisa de mim.

— Meus problemas não podem obrigá-lo a ficar comigo. Dói muito mais vê-lo assim, frio, apático, do que...

— Eu sei que dias atrás pedi que me perdoasse e que queria reparar o que fiz de errado, mas acho que me vi impelido pela situação, pelo seu sofrimento, entende? Sei que você é uma mulher forte...

Com lágrimas a correr pelo rosto, Regina desabafou, interrompendo-o:

— Você nunca perguntou o que eu sentia. Nunca quis saber como eu estava, nem pediu para ver minha cirurgia. Esperei que viesse me confortar, que me desse carinho... quis seu abraço e não o encontrei.

— Regina, desculpe-me, mas sou fraco para essa situação.

— E fugir é o remédio para você?

— Talvez...

— E se fosse com você mesmo? Como fugiria de você mesmo?

Jorge não sabia o que responder.

Levantando-se, ele caminhou um pouco, exibindo nervosismo, depois perguntou:

— O que você quer que eu faça?

— É você que tem de descobrir o que é capaz de fazer, não por mim, mas por você mesmo.

— Acho que não estou sendo uma boa companhia nesse momento.

— Ao contrário, sou eu quem não sou uma boa companhia nesse momento — respondeu ela, sem conseguir deter as lágrimas. — Creio que o que queria de mim você já teve. Não tenho mais nada para lhe oferecer. Sinta-se livre para fazer o que quiser.

— Você está me mandando embora?

— Não. Você já se retirou da minha vida há tempos.

Regina foi para o quarto, onde se trancou e chorou muito.

A princípio, deparou-se com pensamentos revoltantes e cruéis.

A experiência nessa doença tão cruel ao corpo leva a um alto grau de sensibilidade, insegurança, e infelizmente aqueles que não se vigiam revoltam-se.

O carinho, a compreensão e a atenção dos entes queridos são verdadeiros bálsamos para o alívio das dores físicas e sentimentais.

O amor é o remédio que cura o espírito abalado por qualquer doença do corpo físico. E é no espírito que verdadeiramente toda cura se inicia.

Regina sentia-se carente do remédio do amor e do bálsamo do carinho e da atenção por parte do marido que não lhe fora fiel ao compromisso assumido.

Nunca estamos ao lado de um necessitado por mero acaso. Se isso ocorre, sempre temos o que oferecer e pelo que nos dispor. Negando-nos, acumulamos em nós o negativismo cruel da emoção, perdendo a oportunidade de servir e de harmonizar o que precisamos.

Temerosa, Regina não sabia o que pensar.

Estava triste, sentia-se insegura com o tratamento que iniciava, pensando sempre: "Será que vai dar certo?" Havia momentos em que se fortalecia devido às palavras otimistas que recebia, inclusive de estranhos, os quais encontrou na primeira sessão de quimioterapia.

Mas sua esperança perdia força ao se deparar com a indiferença do marido, que deveria apoiá-la e amá-la.

Regina se lembrou de que, desde quando se olhou no espelho do hospital, depois da cirurgia de mastectomia radical, pensou que nunca mais seria a mesma. E realmente isso estava se confirmando.

"Não mais terei uma vida normal", pensava.

Dias e noites experimentava silenciosamente no íntimo de seu ser o pânico de não ser mais a mesma, de não ser amada, de ser rejeitada.

Chorava escondida, durante o banho, ao observar cada milímetro da cicatriz marcante em seu peito e em sua alma.

Não contava para ninguém sobre suas aflições. Achava que a amiga fiel e sua mãe já tinham trabalho demais com aquela situação toda.

Regina amava a Deus e respeitava os Seus desígnios.

Seus momentos de tortura, de insegurança, que se exibiam em choro doloroso, não significavam falta de fé em Deus.

Um espírito, quando elevado, sensibiliza-se, emociona-se e chora diante de certas ocorrências.

Até Jesus chorou.

Regina, mesmo confusa, buscava, em sua fé no Pai Criador, forças para vencer e superar aquele momento tão difícil.

Atirando-se sobre a cama, chorou e orou:

— Deus, me ajude! Não agüento mais.

Acabou adormecendo. Poucos segundos se fizeram, e Regina, atordoada pelos pensamentos conflitantes, pensou ter ouvido uma voz suave.

Detendo o choro, parou, esperando para ouvir novamente.

Foi quando percebeu que havia alguém ao seu lado.

Ela tirou o rosto do meio dos braços, secou-o rapidamente e olhou onde acreditou ter percebido alguém.

Surpresa, Regina deparou com um rapaz bonito, de aparência nova, que se trajava normalmente, como a maioria dos moços de sua idade.

Ele ofereceu um generoso sorriso e, sentado na cama, exatamente a seu lado, estendeu-lhe a mão para que se apoiasse ao sentar.

Pegando-lhe na mão, Regina se sentou e afastou os cabelos desalinhados do rosto.

Ela mantinha os olhos arregalados, sem piscar, e exibindo espanto perguntou com voz rouca, sussurrando, sem deixar de encará-lo:

— Quem é você? Como entrou aqui?

O jovem sorriu ao dizer:

— Sei que o momento é de tristeza, mas acredito que só sorrimos de verdade depois que choramos tudo o que temos de chorar. O Pai da Vida sempre nos ampara, mesmo quando pensamos que estamos sós e abandonados.

— Eu sei — respondeu temerosa. — Mas é errado querer ter ao lado alguém que nos conforte?

— Não. Nunca é errado querermos algo. No entanto, Regina, é bom pensar que temos força para enfrentarmos qualquer situação, e quando realmente não somos capazes Deus nos socorre.

— Meu marido não consegue conviver comigo assim, doente como estou.

— Será mesmo que ele age dessa forma porque você está nessa condição?

Ela baixou o olhar ao responder:

— Acho que o Jorge me deixaria de qualquer maneira, não é?

— Compreenda que nenhuma união se realiza para terminar em divórcio, em separação. Mas devemos aceitar a pequenez do companheiro que não é equilibrado, que não sabe aceitar, amar, harmonizar... Se ele está perdendo essa oportunidade, não é necessário que você a perca também.

— Como assim?

— Não se escravize na total dependência dele. Infelizmente Jorge não aproveitou o que você ensinou a ele.

— Eu me sinto abandonada. Queria ter ao lado meu marido, meu parceiro, meu amigo. É tão doloroso não ter com quem dividir dúvidas, medos. Queria ter um abraço solidário, carinhoso. Isso é errado?

— Não. Como já disse, não é errado querer isso. Mas pense, Regina: não é correto você cair porque ele declinou.

Não é certo você se entregar ao desânimo se ele se entregou. Vamos dizer que, se era a obrigação de Jorge apoiá-la e não o fez, você não tem de necessariamente se desesperar e desistir. Sabemos que, quando precisamos e quando realmente merecemos, vai aparecer, no momento certo, o amparo, o abraço amigo e carinhoso do qual somos dignos. Se esse abraço, se esse carinho não surgir, é sinal de que tem condições de se sustentar sozinha. — Depois de pequena pausa, comentou: — Lembre-se de que nunca estamos sozinhos. E as companhias que temos são sempre a imagem dos nossos pensamentos.

Ele ofereceu singelo sorriso, e ela lembrou:

— Estou sempre me vigiando para não cair em lamentações e com isso não atrair para junto de mim espíritos sofredores ou zombadores. Mas à vezes é tanta dor, é tanta dúvida que me sinto insegura.

— Deus é capaz de compreender nossos limites humanos. Você sabe disso. Ele não castiga ninguém pela insegurança.

— Eu sei. Mas e se o Jorge se for? E os meus filhos? O que vou explicar para essas crianças? Se eu não estiver bem fisicamente, como vou cuidar deles? Mal consigo ficar com eles. A casa está triste, não saímos mais para passear... Não sei o que faço.

— Viva bem o momento presente. Não importa a quantidade, mas sim a qualidade da sua presença na vida de seus filhos. Lembre-se, Regina: seus filhos são espíritos queridos que Deus lhe confiou aos cuidados. Eles podem estar hoje com você, mas são filhos de Deus. Compreenda que o que lhes acontecer é ou será necessário para a evolução de cada um.

— Eles são apegados ao pai. Vão sofrer muito.

— Talvez isso os faça crescer, não acha?

— Sempre me senti forte, confiante. Agora estou sensível, deprimida e fraca.

— Você, Regina, tem uma grande capacidade dentro de si. Por um instante pode enfraquecer e se abalar, mas em seu âmago existe a fé raciocinada que acredita na reforma, na transformação. Como muito poucos, você consegue enxergar o bem nos supostos males da vida terrena. Haverá momentos difíceis e dolorosos, mas creio que pela sua fé, pelo seu amor, vai conseguir superar e, apesar das lágrimas, sorrirá e se elevará pela esperança, pelo amor, erguendo consigo muitos outros.

— Do jeito em que me encontro hoje é difícil pensar em ajudar alguém. Quando estava bem de saúde, nunca fiz nada por ninguém.

— Você já me ajudou tanto!

— Eu?!

— Sim. Você mesma.

— De onde nos conhecemos?

— Não nos conhecemos. Não que eu saiba. Podemos nos ter encontrado, mas ainda não me foi revelado algo sobre isso. Porém, certa vez eu me sentia confuso, tudo era novo e muito diferente em certo estágio. Sem entender, comecei a receber vibrações que em mim eram algo que se transformava em sentimento de tristeza. Fiquei deprimido. Foi então que você surgiu na vida de minha mãe com a luz do entendimento, confortando o seu coração oprimido.

Suas palavras mostraram a ela um caminho seguro, repleto de instrução, elevação e fé.

Minha mãe passou a se sentir segura, e sua segurança me trouxe alívio, equilíbrio e paz, pois seus pensamentos edificantes me serviram como bálsamo.

Apesar da tristeza e da dor, minha mãezinha se ergueu, renovou-se em atitudes e pensamentos mais salutares.

Você não imagina como sua dedicação com suas explicações me foram úteis.

Se hoje eu e minha mãe estamos bem, devemos a você. Agora ela já está comigo e descansa para se acostumar à nova vida.

Orei a Deus, pedindo que a amparasse, para que nunca precisasse, mas caso fosse necessário, gostaria de estar à altura de poder confortá-la.

Hoje me foi concedido esse abraço que espero lhe sirva como um carinho, como uma mensagem dizendo que os verdadeiros amigos nunca se afastam. Tudo é questão de tempo e de ajuste.

Ao terminar, o rapaz estendeu-lhe as mãos, e Regina entregou-se ao confortável e carinhoso abraço.

Algumas lágrimas de emoção rolaram na face abatida da moça, que por fim falou:

— Você é uma mensagem de amor.

Ainda abraçada, escondendo o rosto em seu ombro, ela disse baixinho:

— Às vezes me pergunto por que passo pela difícil prova do câncer. Desculpe-me, mas essa questão é inevitável.

Bondosamente o rapaz afagou-lhe os cabelos, argumentando:

— Já basta o sofrimento físico. Não torture sua consciência. No dia em que estiver preparada para não sofrer, saberá. Quando não estamos preparados, a memória é o pior de todos os carrascos.

— Fui eu quem solicitou essa prova tão difícil?

— Você acha que foi?

— Acho.

O jovem respondeu com doce sorriso sábio e silencioso.

Regina aquietou-se no abraço revigorante e não mais se desesperava aflita como antes. Sentia-se agora extremamente confiante e calma. E foi naquele silêncio oportuno que ela se renovou com bênçãos salutares.

Ela não marcou o tempo, não sabia há quanto estava ali, mas assustou-se ao se ver deitada sobre sua cama com a cabeça onde deveria estar os pés.

Assustada, Regina procurou pelo rapaz com quem conversou e... nada!

Levantando ligeiramente, foi até a porta do quarto, certificando-se de que estava trancada pelo lado de dentro.

Inconformada, foi até a janela, que também continuava fechada.

Sentando-se novamente na cama, Regina passou as mãos nervosas pelos cabelos, esfregou o rosto e murmurou:

— Meu Deus! Será que sonhei?

Com os doces olhos negros ainda arregalados, não conseguia se tranqüilizar depois do que experimentara.

Um barulho na sala indicou que as crianças haviam chegado. Regina precisava falar com alguém. Apressada, recompôs-se e foi à procura dos seus.

Dona Glória, que estava com o semblante triste, arrumava nas gavetas do quarto das crianças algumas roupas dos pequenos.

Regina, quase afoita, foi ao seu encontro, chamando-a:

— Mãe! A senhora não sabe o que me aconteceu!

Tomando as mãos cansadas da generosa senhora, Regina a fez sentar e, com a voz trêmula, contou-lhe detalhadamente tudo sobre o ocorrido, enquanto algumas lágrimas lhe corriam no rosto.

— O curioso, mãe, é que eu não insisti em saber quem era nem como entrou ali.

Tranqüila diante do relato afoito da filha, dona Glória perguntou:

— Você acha que não foi sonho?

— Tenho certeza de que não foi sonho. Eu estava consciente, peguei em sua mão, abracei-o... Toquei nele!

— E quem você acha que é? — perguntou a mulher com simplicidade generosa.

Detendo-se por alguns segundos, Regina ergueu o olhar e respondeu:

— Mãe, eu não conheci o irmão do Fernando; não sei por que, mas acho que é ele. — Regina experimentou uma forte emoção ao dizer isso, mas prosseguiu: — O estranho foi ele dizer que a mãe estava com ele e descansando para se acostumar à nova vida.

Os olhos de dona Glória ficaram rasos de lágrimas, e ela revelou:

— Sabe, filha, você realizou a primeira sessão de quimio, teve de tomar remédio para enjôo, estava fraca e mal bebia água. Foi pensando em protegê-la que pedi para que ninguém a avisasse.

Imediatamente Regina entendeu a mensagem e perguntou:

— Então a dona Lídia...

— Sonho ou não, filha, você recebeu uma mensagem, um aviso de que Deus e os amigos verdadeiros olham por você.

Regina estava sensível. Logo, abraçou-se à mãe e chorou em silêncio.

Assim que se recompôs, Regina se afastou do abraço e falou:

— Mãe, o Jorge...

Sua voz não saiu, e a mãe completou:

— Eu sei. Ele foi lá em casa e conversamos um pouco no portão. O Jorge nem entrou.

— Então ele já foi?!

— Ele disse que iria para um hotel. Amanhã vem pegar algumas coisas.

Um sentimento de frustração e decepção dominou Regina. Ela estava indignada.

— Algumas coisas, não! Ele vai levar tudo o que é dele. Por favor, mãe, ajude-me a fazer as malas dele agora. Amanhã vou deixar tudo na garagem, o Jorge nem precisa se dar ao trabalho de entrar. E quando ele vier...

— Regina, calma, filha. Você está fraca. Não pode fazer isso.

Sem dar ouvidos ao que sua mãe dizia, Regina reuniu suas últimas forças recolhendo tudo o que era do marido.

Ao terminar, caiu num choro compulsivo e comovente.

A situação era difícil; dona Glória e Viviane não sabiam como agir. O máximo que podiam fazer era ficar presentes, oferecendo carinho, compreensão e palavras confortantes, além de cuidar das crianças, para que não vissem a mãe naquele estado.

* * *

No dia seguinte, antes de ir ver Regina, Jorge procurou pela sogra.

Acreditando estar poupando a saúde da filha, a mulher foi

até sua casa e, sem que Regina percebesse, sinalizou para Viviane que iria pegar as malas na garagem.

— Regina, vamos ligar o rádio? Você se incomoda? — animou-se Viviane.

Muito abatida e desanimada, Regina sorriu ao dizer:

— Como quiser.

— Vamos dançar, mamãe? — pediu Amanda.

— Oh, filhinha, a mamãe está tão cansada. Dance você para eu ver.

Com o som um pouco mais alto, Viviane começou a dançar com Amanda, e com a chegada de Denis, que sempre estava agitado, todos ficaram animados.

Minutos depois, quando percebeu que estava passando na televisão o seu desenho animado preferido, saiu correndo e gritando:

— Desliga! Desliga essa música que eu vou ver meu desenho!

Amanda o seguiu, e Viviane sorriu, desligou o som e sentou-se ao lado de Regina.

— Puxa! O Denis "põe fogo mesmo"! Que energia!

— Viviane, olhe.

Ao dizer isso, Regina puxou vagarosamente farta mecha de seu cabelo e avisou:

— Está caindo tudo.

A amiga se surpreendeu.

Apesar de já esperarem por isso, houve certo choque, uma dor mista a uma sensação de perda.

Viviane não sabia o que dizer, e Regina ainda mostrou:

— Não é só o cabelo, veja as minhas unhas como estão escuras, quebradiças...

Tomada de forte energia, Viviane decidiu:

— Não vá ficar se deprimindo por causa do cabelo. Vamos raspá-lo todo.

Regina, pela surpresa, riu e perguntou:

— Rapá-los?!

— Claro! Aliás, isso está virando moda. Depois daquela

atriz famosa que raspou a cabeça para representar um papel na novela, estou vendo um monte de mulher careca na praia. E não vamos parar por aí! Vamos cortar essas unhas bem curtinhas, pintá-las bem bonitas... Vamos fazer uma maquiagem leve para tirar essa palidez e colocar um par de brincos bem bonitos.

Regina gargalhou, não resistindo aos modos de Viviane.

— Ah! As crianças vão me ajudar!

— Viviane, você enlouqueceu??? — perguntou rindo.

— Não! "Péra" aí que eu já volto.

O que era para ser triste e deprimente acabou sendo tranqüilo e engraçado.

Viviane chamou Denis, que adorou a idéia de ter uma tesoura modelo infantil, ou seja, sem ponta, para cortar os cabelos da mãe como quisesse.

Viviane cobriu Regina com um lençol, e o garoto sentiu-se realizado.

Amanda, a princípio, achou estranho, mas depois também gostou da idéia.

Enquanto isso, Viviane preparava as unhas, que receberiam generosa camada de esmalte para cobrir algumas manchas escuras e ter aspecto melhor.

Depois que as crianças fizeram o que queriam com os cabelos da mãe, Viviane tomou a frente e de posse de uma máquina apropriada fez os retoques finais.

A amiga fez uma suave maquiagem e colocou um belo par de brincos, o que deu um ar todo especial em Regina, que verdadeiramente não conseguia ficar sem beleza.

Regina só ria e aceitava o tratamento como brincadeira.

Viviane pintou suas unhas das mãos e dos pés com muito capricho.

Quando Dorotéia e dona Glória chegaram, surpreenderam-se, mas gostaram do novo visual.

Regina era dona de uma alma bonita, por isso nada a deixava feia.

— Mamãe, agora vamos passear! — pediu Denis.

— É sim, mamãe, vamos! — insistiu Amanda.

Ninguém acreditou quando Regina pediu:

— Só me tragam outro chinelo, ou melhor, aquele tamanquinho branco "de dedo", senão vou estragar as unhas.

Imediatamente os filhos obedeceram, e Regina avisou:

— Só não vamos muito longe porque a mamãe não está bem do intestino.

— Filha...

Antes que dona Glória argumentasse, Regina avisou:

— Estou bem, mãe. Estou viva. Estou vivendo.

Depois disso, Regina tomou as mãos dos pequenos, um de cada lado, e saiu para um breve passeio ao sol.

A energia, a força motriz de cada um vem da motivação daqueles que o acompanham, mas também, e acima de tudo, do seu coração e da sua vontade íntima de melhorar e vencer.

Todos podemos!

E Regina, apesar do físico debilitado, apesar da solidão que enfrentaria com a ausência do marido, sabia que somente sua vontade a faria vencer aquela situação.

A curiosidade dos conhecidos era inevitável. Até os estranhos a olhavam com indiscrição.

Ela teve de enfrentar pessoas maldosas que, com curiosidade aguçada, não diziam nada positivo e sem pensar no que falavam só relatavam as tragédias que viram ou ouviram de outros, como se quisessem determinar que a desgraça ocorrida com outra pessoa, Regina deveria se preparar para experimentar.

Esses irmãos em crescimento moral na escala evolutiva da criação não cultivavam o bom senso e o amor ao próximo e acreditavam que possuíam, em sua pequena sabedoria, recursos para determinar o padecimento infeliz dos outros, sem oferecer votos saudáveis de bom ânimo e esperança.

Mas Regina, apesar do coração machucado, não se importava com esses irmãos menores, procurando realmente usar sua aparência, seu estado, como um alerta para inúmeras mulheres que, ao vê-la e saber de sua situação, procurariam se prevenir e defender-se com antecedência da terrível chaga do câncer.

Regina, literalmente, com seu coração bondoso, usava-se caridosamente como um grande alerta, não se envergonhando da situação que enfrentava.

Normalmente, quando temos vaidade e orgulho, o pior dos males ao crescimento evolutivo, costumamos dizer que "temos vergonha de nos expor", quando, na verdade, deveria ser um ato caridoso de nossa parte alertar os irmãos do caminho.

Regina nunca soube, mas todas — todas! - as mulheres com as quais conversou por breves minutos explicando o motivo de sua perda de cabelos fizeram o auto-exame de mama e procuraram cuidar, digo, vigiar melhor o corpo que lhes fora emprestado por Deus.

Muitos de nós, infelizmente, ainda desejamos por orgulho omitir a verdadeira realidade, quando deveríamos servir de exemplo aos outros, para impedir que muitos enfrentem a mesma situação dolorosa.

O sociólogo Betinho nunca escondeu ser portador do vírus da Aids.

"Estrelas" famosas de teatro, cinema e televisão divulgam que experimentam o câncer, fazendo com isso que muitas mulheres se voltem a determinados cuidados tão importantes e esquecidos.

Todavia, infelizmente, o machismo ainda impede homens de divulgar seus problemas com o câncer de mama — apesar de ser menor entre homens, existe! —, o de próstata etc., oferecendo resistência à divulgação de cuidados necessários.

É algo para refletir.

Quem sabe não será essa a missão de um enfermo em estado grave? Vencer o orgulho e usar-se como mensagem de amor e talvez, quem sabe, por acréscimo de misericórdia Divina, experimentar e não necessariamente sofrer a doença?

25

A IMPORTÂNCIA DO PERDÃO

Naquela noite chuvosa, em que os trovões esbravejavam no céu, a insônia dominou Rodolfo, que se revirava de um lado para outro na cama.

Seus pensamentos corriam céleres; desde a morte da esposa não tivera notícias da filha.

Ele havia contratado, inclusive, um investigador particular para localizar Kássia, mas isso havia-se dado há poucos dias, e o profissional ainda não tinha novidades.

Inquieto, levantou-se e saiu do quarto sem saber o que faria e sem planos de onde ir.

Quando acabou de descer as escadas, deparou com Eunice, que entrava na sala de estar.

A empregada estava com roupas de dormir e exibia seu constrangimento ao prender com as mãos rente ao corpo um robe muito simples.

Surpreso com a presença da moça, Rodolfo franziu o semblante preocupado ao perguntar:

— O que foi, Eunice?

— Desculpe-me, senhor Rodolfo, é que o Américo bateu na minha janela e me acordou para... é que...

Ela estava sem jeito para explicar o ocorrido e gaguejava enquanto tentava pensar.

— O que aconteceu, Eunice? — insistiu o patrão.

— Não se assuste, senhor Rodolfo, mas é que eu achei

melhor que o senhor soubesse.

— Soubesse o quê? — perguntou, procurando não se demonstrar irritado, a fim de não inibir ainda mais a empregada.

— Sabe, ela pediu, implorou para eu não chamar o senhor, mas acho que é preciso.

Eunice torcia as mãos mostrando-se muito nervosa e preocupada.

— Calma, Eunice. Vamos por partes. De quem você está falando?

— Da Kássia, seu Rodolfo.

— Onde ela está? — perguntou ele em baixo tom de voz.

— O Américo abriu o portão para ela, que não quis entrar na casa. Sabe, está muito nervosa. Então o Américo me chamou. Eu e a Lúcia estamos tentando acalmá-la. Bem, daí achei que seria bom chamar pelo senhor. Mas não quero que a Kássia fique com raiva de mim.

— Onde ela está?

— Lá no meu quarto. Olhe, eu saí para fazer um chá. Deixe-me voltar primeiro, depois o senhor vai lá como se não soubesse de nada.

Rodolfo estava surpreso, preocupado demais e mal conseguia raciocinar.

Pendendo com a cabeça positivamente, ele concordou com Eunice e avisou:

— Pode ir. Logo estarei lá.

Passados alguns minutos angustiosos, Rodolfo chegou vagarosamente no quartinho da empregada e, como se não soubesse da nada, chamou:

— Eunice. Poderia preparar algo para mim?

Nesse instante ouviu o choro da filha.

Eunice apareceu à porta com os olhos estatelados e com a voz trêmula perguntou:

— O que o senhor quer, seu Rodolfo?

— Quem está aí com você, Eunice? Ouvi choro.

— É...

A moça gaguejou, e ele, propositadamente, empurrou a porta devagar para olhar.

Kássia estava jogada sobre a cama. Lúcia, a cozinheira, acariciava-lhe, procurando consolá-la.

Meigo, em baixo tom de voz, Rodolfo se aproximou e agachou-se ao lado da cama, dizendo:

— Filha, o que aconteceu?

Kássia estava molhada; ao erguer o rosto, via-se que a bela menina havia-se transformado em uma moça feia, maltratada e sofrida.

Por um instante Rodolfo sentiu vontade de agitá-la, talvez de estapeá-la para que tomasse consciência do que estava fazendo consigo mesma e com sua família. Mas não. Respirou fundo e pensou: "Essa idéia de agressão não é minha. Amo minha filha, e isso só a afastaria de mim. Vou demonstrar-lhe o meu amor".

Falando com bondade, pediu:

— Venha, filha. Vamos para o seu quarto. A moça precisa dormir.

Kássia agarrou em seu pescoço e chorou muito.

Logo depois, ao levá-la para o interior da luxuosa residência, Rodolfo pediu delicadamente:

— Tome um banho quente. Troque essas roupas por outras mais confortáveis. Isso vai fazer você se sentir melhor.

Kássia ficou parada por alguns instantes como se estivesse em choque.

Logo, circunvagou o olhar por todo o seu quarto e não disse uma única palavra.

Eunice chegou à porta trazendo uma bandeja com uma xícara de chá, dizendo:

— É de cidreira. É bom para ela se acalmar.

Rodolfo, tomando-lhe a bandeja das mãos, agradeceu e pediu:

— Eunice, parece que a Kássia está um pouco nervosa. Você poderia ajudá-la com algumas roupas e com um banho?

— Claro, seu Rodolfo!

— Não. Não precisa. Sei tomar banho sozinha — respondeu a moça em tom brando e sem agressividade nos modos.

— A Eunice vai preparar sua cama e pegar algumas roupas confortáveis, só isso — reforçou o pai, sinalizando a Eunice que não queria que a filha ficasse sozinha.

Feito isso, saiu e fechou a porta do quarto.

Indo até a sua suíte, Rodolfo sentou-se na cama, aguçando os ouvidos para identificar qualquer barulho vindo do quarto de Kássia. Ele não queria que a filha fosse embora novamente.

Em silêncio, o pai amoroso orou muito.

Após alguns minutos, Eunice, que saía do quarto da moça, encontrou-se com Rodolfo, que ia na sua direção.

— Ela está deitada, seu Rodolfo. Só não quis beber o chá.

— Obrigado, Eunice. Muito obrigado e... desculpe-nos por tudo.

— Ora, o que é isso, seu Rodolfo.

A empregada se foi, enquanto ele entrou no quarto da filha para observá-la.

Kássia, deitada na cama, estava encolhida.

Agora ele podia perceber melhor que seu rosto estava inchado, havia um corte em sua boca e em seu nariz. Certamente Kássia havia brigado e apanhado muito.

Ajeitando as cobertas sobre seus ombros, como quem agasalha um filho pequeno, Rodolfo curvou-se e a beijou no rosto com imenso carinho.

Erguendo-se, perguntou:

— Não quer mesmo tomar um pouco de chá?

Ela mexeu com a cabeça dizendo que não, e ele não insistiu.

— Você está bem?

— Estou — sussurrou.

— Quer conversar?

— Não — respondeu sem demora.

— Então vou me deitar. Tudo bem?

A filha não respondeu, e ele ia saindo quando Kássia pediu:

— Pai...

Imediatamente Rodolfo voltou, e ela pediu:

— Pode ficar aqui?

— Claro. Eu fico.

Procurando pela confortável poltrona que havia no quarto da filha, ele, antes de se ajeitar, apagou a luz.

Logo, ela pediu:

— Pai? Incomoda-se de acender o abajur?

— Não. — Levantando-se, ele acendeu a lâmpada de fraca iluminação e perguntou:

— Está bom assim?

— Está.

Apesar de ver a filha querida naquelas condições deploráveis e sofrida, Rodolfo, em seu íntimo, experimentava uma estranha satisfação. Sabia que alguns espíritos endurecidos precisavam colher o mal para valorizar o bem, e Kássia infelizmente preferiu viver as mazelas da existência humana e não atender às recomendações morais que recebia com amor e agora, para enxergar o que era bom, sofria.

* * *

Naquele mesmo dia, enquanto o céu cor de chumbo estava longe de exibir o sorriso do sol, Ian determinou-se a visitar sua amiga.

Procurando por dona Glória na casa simples da senhora, ele queria saber mais sobre Regina antes de vê-la.

— Oh, meu filho! — sorriu a bondosa mulher ao vê-lo em seu portão. — Entre um pouquinho para gente conversar antes de irmos lá ver a Regina.

Sorridente, Ian aceitou o convite e depois de oferecer um carinhoso abraço entrou na casa.

— E aí, dona Glória? — perguntou o jovem sempre com o forte sotaque. — Como a Regina está?

— Ela é forte, ainda está sentida, mas vai ficar bem.

— Quero pedir desculpas por não ter vindo antes. É que estou querendo mudar para o Brasil definitivamente. Estou pensando em abrir um negócio aqui.

— Mas você é francês, e isso dá trabalho, não é?

— Minha mãe é brasileira, por isso não terei dificuldades. É que, com a morte do meu pai, precisamos estabelecer muitas coisas. Como sócios de um estaleiro, precisamos nos desfazer das cotas dele, dividir a herança e tudo o mais. Ele deixou um testamento e... não me sobrou muito; por isso quero pensar bem antes de me entregar a um investimento.

— Mas o Rodolfo vai ajudá-lo.

— Sim! Já está me ajudando. Mas, me diga, como estão as coisas?

— Estão indo, meu filho. Estamos nos esforçando ao máximo para não desanimar.

— Imagino que não seja fácil. Mas a senhora contou para Regina sobre minha tia?

— Ela já sabe. Ficou muito triste. Ela e Lídia eram bem amigas.

— A senhora me parece triste. Está acontecendo algo.

Sem rodeios, dona Glória avisou:

— O Renato, meu filho, é alcoólatra. Passou por uma série de problemas, quase morreu por excesso de álcool e depois de muito insistirmos começou a fazer tratamento. Melhorou bastante e... A Regina nem sabe, eu não contei para preservá-la.

Diante da pausa, ele perguntou com certo receio:

— Seu filho teve uma recaída?

— Uma não... Sabe, Ian — prosseguiu com certa tristeza —, não quero que minha filha saiba disso porque não há nada que ela possa fazer. Regina já tem problemas suficientes e...

— Se não podemos dizer coisas boas e que eleve o ânimo de um enfermo, devemos nos calar completamente.

— Isso mesmo, filho. Não quero que minha filha se torture. Mas, enfim, o meu filho Renato teve umas recaídas; depois, por causa de uns conhecidos que o aconselharam, ele decidiu virar evangélico.

— Dona Glória, nos últimos anos venho estudando um pouco sobre religiões e entre isso estudei sobre a filosófica Doutrina Espírita.

A mulher, depois de servir um café, sentou-se à frente do rapaz, ficando muito atenta, e ele prosseguiu:

— Sei que a senhora é espírita e tem muita sabedoria. Então há de concordar comigo que algumas linhas religiosas são necessárias para algumas pessoas, tendo em vista o grau de evolução que elas têm. A Doutrina Espírita não proíbe alguém de fazer qualquer coisa, mas sobretudo alerta a respeito do que teremos de refazer, consertar ou harmonizar. De repente, a religião protestante pode ajudar seu filho. — Após pequena pausa, explicou: — Veja, o protestantismo surgiu na Idade Média com Martinho Lutero, um padre católico que fez protestos contra a Igreja Católica Apostólica Romana, por isso recebe esse nome. Esses protestantes começaram a chamar a si próprios de evangélicos porque seguem o Evangelho de Jesus. Eu, particularmente, não concordo com isso, porque os católicos, os espíritas e outros também seguem o Evangelho de Jesus, mas isso não importa. O interessante é que os dogmas que eles, protestantes, têm podem auxiliar uma criatura em evolução que precisa desse tipo de imposição em sua vida. A senhora não acha?

— Sim. Claro que concordo com você. Tem gente que só faz o que é certo quando está sob pressão, sob ordens ou sob medo. Mas o problema não é esse. É que de um mês para cá o Renato começou a ficar como... um fanático. Diz que eu e minha filha seguimos a religião do demônio, que a Regina experimenta a prova do câncer porque Deus a está castigando. Depois de fazer orações alucinantes, ele expulsa os demônios daqui de casa.

Estou sendo paciente, mas até meus livros ele queimou, e isso já está indo longe demais. Peço forças a Deus, mas sinto que devo reagir, pois creio que devemos nos respeitar antes de mais nada e meu filho não está me respeitando.

Ian respirou profundamente e refletiu alguns segundos, depois perguntou:

— Já tentou conversar com ele?

— Muitas vezes. Para meu filho equilibrar-se e deixar de beber, eu freqüentaria com ele a igreja em que vai. Mas não deixaria de ter os meus princípios morais, religiosos. Sei que de alguma forma sou eu que vim nessa existência para amá-lo, compreendê-lo, ampará-lo no que é bom, mostrar-lhe o caminho certo e tudo o mais; porém, não posso doar minha vida para satisfazer os seus caprichos, sejam quais forem, e os meus princípios, as minhas crenças são a minha vida.

Estou muito nervosa, Ian. Tenho de ser firme, e esse "ser firme" vai exigir uma atitude muito enérgica, muito radical. Você não imagina que há dois dias, depois de fazer as orações dele aqui dentro de casa junto com alguns companheiros e até um pastor, esses irmãos de doutrina recomendaram que ele fechasse a porta e não me deixasse entrar depois que eu viesse do Centro Espírita.

— E ele?! — perguntou Ian, assustado.

— Fechou a porta mesmo, depois de ter queimado até a minha Bíblia, que disseram ser manuseada para o mal.

— E a senhora?

— Dormi aí na área. Não quis ir lá para a casa da minha filha. Ela iria ficar mais nervosa ainda.

— O que a senhora fez?

— Ainda não fiz. Mas, estou vendo que o Renato não precisa mais de mim. Sempre me dediquei, o apoiei, o amei e o respeitei. Mas agora não posso apoiá-lo. Meu filho está me tratando como um inimigo. Falta a ele a capacidade de ver, com olhos de amor, que sou o próximo mais próximo que Jesus ensinou. Isso ele não aprende lá na igreja em que vai, né?

— A senhora falou com ele?

— Não gosto de resolver as coisas de cabeça quente. Além do que ele está meio violento. Quando bebia nunca agiu assim.

— Violento com a senhora?

— Trancar-me fora de casa não é violência? Olha a minha idade! Queimar os meus livros não é violência? O que mais vou esperar? Que ele me bata para expulsar o demônio de mim?

— A Regina não está sabendo, não é?

— O irmão não vai mais visitá-la. Ela está sentindo algo errado nisso. A Viviane não conta nada.

— A senhora vai falar para Regina?

— Não sei como, mas tenho de contar.

— O que a senhora pretende fazer?

— Vou ter de achar um jeito de dizer ao meu filho que ele é independente e não precisa mais ficar aqui nessa casa se sacrificando ao meu lado ou se torturando por me ver em outro tipo de filosofia de vida.

— Se eu puder ajudar em alguma coisa, dona Glória, por favor...

— Sabe, Ian, apesar de nos conhecermos tão pouco, acho que vou precisar de você, sim, meu filho. É difícil eu pedir a ajuda de alguém; não gosto de incomodar os outros.

— Se estiver ao meu alcance, vou ajudá-la, sim.

— Além de uma imensa dor pelo que vou fazer, tenho lá no fundo um certo medo. Por isso, pediria que você e Viviane estivessem presentes quando eu for falar com meu filho. Não precisam interferir. Não quero que se compliquem. É o suficiente que estejam por perto.

— Conte comigo.

Ian sentiu-se inquieto com o pedido, pois pouco conhecia dona Glória e Renato. Como se envolver num problema daquele? Mas, por outro lado, entendeu o medo que ela sentia e viu que ninguém mais poderia ajudar.

Logo, ambos decidiram ir até a casa de Regina, e por ser perto Ian deixou seu carro em frente à casa da bondosa senhora, e foram caminhando vagarosamente.

Quando já estavam quase em frente à casa de Regina, Viviane surgiu preocupada. Após apresentar-se ao rapaz, explicou:

— Dona Glória, eu ia mesmo até a casa da senhora. Liguei, mas acho que já tinha saído.

— O que foi, filha?

— Minha cunhada não está bem e meu irmão não está em casa. A Dorotéia teve algumas coisas para resolver e não veio trabalhar à tarde. Eu ia pedir para a senhora pegar as crianças na escola e depois dar uma olhadinha na Regina, porque acho que vou até o hospital levar Dalva.

Interferindo, Ian ofereceu-se:

— Eu levo você até sua cunhada para socorrê-la.

Pensando rápido, Viviane opinou:

— Não. Seria melhor você ficar com Regina. Ela está muito deprimida. Uma visita lhe cairia bem. Não me agrada deixá-la sozinha.

— É verdade. Regina está muito deprimida ultimamente — concordou a senhora.

— Eu vou dar uma corridinha lá na minha cunhada. Não deve ser grave. Quando a vizinha me ligou, disse que ela estava com muita tontura, ânsia. A Dalva está no segundo mês de gestação e creio que isso seja normal.

Decidida a situação, dona Glória foi para a escola, Viviane seguiu para ver sua cunhada, e Ian foi até a casa de Regina.

Perante o portão, após tocar a campainha, ficou aguardando.

Regina surgiu no fim do corredor, aguçando o olhar para reconhecê-lo.

— Ian!!! — alegrou-se. — Que bom vê-lo!

Após trocarem beijos e um forte abraço, os olhos dela ficaram rasos de lágrimas de emoção.

Brincando, o amigo passou a mão sobre sua cabeça e disse:

— O novo corte lhe caiu bem!

Regina riu e convidou:

— Vamos entrar. Estou tão feliz por estar aqui! Mas como sabe onde moro?

O rapaz explicou, e logo ambos estavam acomodados na sala, um em frente ao outro.

— Como você está, minha amiga? — Enquanto ela tomava fôlego para responder, ele exigiu com ironia e seu sotaque firme: — Não aceito dissimulações. Quero a verdade, hein!

A anfitriã sorriu sem jeito e disse:

— Ainda estou me recompondo. A verdade é que nunca pensei em ver meus "cacos" espalhados assim.

— Seus "cacos"? Perdoe-me, não entendi.

Regina riu novamente, mas havia certa tristeza escondida, e explicou:

— Essa doença me fragmentou e outros acontecimentos espalharam os meus pedaços. Entende?

Erguendo as sobrancelhas, envergando a boca para baixo enquanto pendia positivamente com a cabeça, exibindo admiração, Ian reconheceu:

— O câncer não é fácil para ninguém. Mas acho você uma pessoa muito forte, Regina. Tenho certeza de que vai superar tudo isso.

— Sei que é uma fase ruim, mas está demorando tanto a passar.

Ian a contemplou por alguns segundos. Doía-lhe vê-la tão fragilizada. Logo perguntou:

— A cirurgia foi bem? O que os médicos disseram?

— Meu médico tem grandes perspectivas. Apesar de ter enfrentado problemas tristes com o dreno, tirei os últimos pontos com vinte dias. Já fiz uma sessão de quimio, que me fez perder praticamente todos os cabelos. — Ela riu e contou: — Alguns dias após a primeira sessão de quimioterapia, quando os cabelos começaram a cair, fiquei chocada, mas meus filhos se realizaram.

— Por quê?

— Para eles não ficarem deprimidos por ter uma mãe careca, a Viviane os chamou, deu-lhes uma tesoura e disse que podiam cortar meu cabelo como quisessem.

— E eles?! — questionou Ian, rindo.

— Eles se divertiram. Depois que a Viviane passou a maquininha, quiseram ir passear comigo na rua. Você tinha de ver.

Ele riu gostosamente e lembrou:

— Ainda bem que você tem seus filhos e quem a apóie sem transformar esses momentos em algo trágico.

Friamente, Regina avisou:

— Meu marido foi embora de casa.

— O quê?!

— É isso mesmo. O Jorge me deixou.

Ian ficou incrédulo e não resistiu:

— Por causa da doença?

— Creio que não. Eu...

Regina não resistiu e começou a chorar.

Deixando o lugar que ocupava, Ian levantou-se e sentou-se ao lado dela, amparando-a.

— Calma, Regina.

— É difícil não ficar assim. Sinto-me sem forças, sem vontade de me erguer. Sempre me julguei tão forte, mas agora...

— Regina, toda adaptação sempre é difícil.

— Sinto-me sozinha. Não posso, não consigo conversar com minha mãe; sei que ela está com problemas e penso que é com meu irmão. Sabe, o Renato não vem mais me visitar, isso já faz alguns dias. A Viviane também está preocupada com algo. Elas não me dizem, mas sei que é com meu irmão.

— Por que não pergunta?

— Porque tenho medo. Quero fugir dos problemas; acho que não suporto mais. Por outro lado, não posso ficar me queixando, ainda mais para elas que estão me sustentando em tudo. Agora, no momento em que mais preciso do meu marido... Eu julgava ter no Jorge um amigo, um parceiro, mas...

— Será que algum dia o teve como parceiro?

— Sim. O Jorge sempre me apoiou, me ajudou. Ele mudou muito.

— O que os parentes dele dizem dessa mudança?

— Ele não tem parentes.

— Como não?

— Ele conta que os pais morreram há alguns anos. Ele tem um irmão, com o qual não se dava muito bem, e depois que ele veio para o Rio de Janeiro disse que nunca mais o viu.

— Que estranho!

— Sempre pedi para que procurasse o irmão, mas esse era o único assunto que Jorge não admitia. Ele sempre foi muito bom para mim e para as crianças. Nunca pensei...

— Regina, é comum quem experimenta um problema de saúde sério ficar triste, sentir-se perturbado e deprimido.

Ela o encarou, fixando seus olhos nos dele, e Ian continuou:

— Não estou dizendo para você não sofrer. É impossível passar por um sofrimento sem sofrer. Mas a postura mental nos faz adquirir resistência e imunidade psíquicas. Ela nos faz minguar e sucumbir. Então, lembre-se: é você quem escolhe sua postura mental. Sofra, mas com fé e esperança. Nós, muitas vezes, não escolhemos o sofrimento, mas sim nossa postura diante dele. Como podemos resolver nossos problemas fugindo deles? Se você está doente, fique triste por isso, sim. Mas procure os melhores tratamentos ao seu alcance para se recuperar, para se restabelecer.

Se você está doente, deita e chora, será difícil se curar. Se tem tristeza e se sente sozinha, ficar deitada e chorando não vai lhe trazer companhia nenhuma. Levante-se, mesmo triste, e saia em busca de níveis elevados de amizade.

— Tenho muitos amigos. Recebi várias visitas, e companheiros maravilhosos me deram forças, ânimo. Todos estiveram solidários a mim.

— Ótimo! Isso mostra que você é uma pessoa querida. Afaste pensamentos corrosivos que podem fazê-la perder as referências, perturbando-a e deprimindo-a.

— Estou com medo. Tenho a próxima quimio para fazer e... é tão duro.

— Sei que nesse momento você queria ter um parceiro para dividir esse peso. Mas não pense na falta de alguém, mude o foco. Pense que talvez não seja tão difícil quanto a outra, mas com certeza será para sua recuperação. Esse tratamento serve para garantir sua cura.

— Às vezes acordo à noite e não durmo. Fico pensando: Será que há outras metástases espalhadas pelo meu corpo? Como será que vou descobrir? Quando? Aí choro. Choro muito.

Após pequena pausa, ela recordou:

— No banho, quando me vejo, estou feia. Sem um amor, sem meu marido que nunca viu como fiquei depois da cirurgia. Estou mutilada...

— Mas viva! — lembrou o amigo, imediatamente. — Você está viva, Regina. Lance mão de todos os recursos ao seu alcance. Existem grupos de apoio a mulheres... como chama mesmo?

— ... mastectomizadas — respondeu.

— Isso! Existem grupos de apoio a mulheres mastectomizadas, terapias, medicamentos homeopáticos antidepressivos. Elabore, pense, planeje alternativas de vivência que a ajudem a viver melhor, a equilibrar essa mudança. Isso é possível, e você sabe. Assim que cheguei ao Brasil, ouvi pelo rádio uma frase, não sei de quem, mas era assim: "Pense no bem, e o bem estará com você. Pense no mal, e o mal seguirá seus passos". É você quem escolhe suas companhias.

Encarando-a, ele afirmou sem imposição.

— Você está sofrendo porque não perdoou nem desculpou seu marido. Você se deprime porque não perdoou nem desculpou o câncer.

— Você tem razão — concordou ela com semblante triste.

— Você é inteligente, Regina. Não só isso; tem sabedoria. Use sua sabedoria. Perdoe, desculpe o câncer, deixe que ele fira só o seu corpo, não a sua alma. Trate-o com carinho; pense que ele, o câncer, é doente; por isso, com muito, com imenso amor, dê-lhe o remédio adequado e deixe só o corpo sofrer, não o seu pensamento. Isto é, se você, por acaso, tiver ainda alguma metástase no corpo. Pense: Amanhã estarei melhor, muito melhor. Somente assim ficará mais saudável.

Tocando-lhe o queixo, erguendo-lhe o rosto, ele completou:

— Perdoe e desculpe o seu marido; não se destrua em pensamentos torturantes, lamentando sua ausência, querendo saber como ele está vivendo sem você ou desejando que ele sinta sua falta e passe por dificuldades só por estar sem você. Desculpe-o pela pequenez, pela pobreza de sua alma fraca. Deseje-lhe felicidade, sucesso, ou então vai ter de estar ao lado dele para que atinja o sucesso e a felicidade que você não lhe desejou.

Regina lembrou:

— Jorge é vítima dele mesmo.

— Rogue a Deus por ele, mas que não seja só da boca para fora. O Pai Celeste ouve nossos pensamentos e conhece nossos mais íntimos desejos e segredos. Do fundo de seu coração, perdoe e desculpe seu marido. Você só será feliz e se realizará quando conseguir pensar assim.

De repente ela esboçou suave sorriso e argumentou:

— Ian, você não era assim. O que aconteceu? Está falando e pensando diferente.

— Ah! minha amiga, nunca deixei de pensar em você.

— Por quê?

— Desde que a vi na casa do meu tio, pela primeira vez, jamais me esqueci daquela conversa e decidi sair em busca de inúmeras respostas de que precisava. Por exemplo: Quem sou eu? Para que estou aqui? Por que nasci? O que é Deus?

— E você encontrou tais respostas?

— Li *O Livro dos Espíritos* e me apaixonei por ele. Li também o restante dos livros da Codificação e obtive todas as respostas para as perguntas que sempre havia formulado. Desde então mudei minha vida e minha visão da vida. A existência humana é muito mais do que vemos e sabemos. É lamentável muitos se negarem às explicações que esses livros nos oferecem.

Ian e Regina conversaram muito.

Sem livrar-se dos desafios da existência, Regina sentia-se melhor pelas colocações sábias do amigo, decidindo assim mudar seus pensamentos, a origem de suas aflições.

26

Ajuda providencial

Com o passar dos dias, na casa de Rodolfo, nem tudo estava tranqüilo.

A ausência de Lídia criava situações difíceis, pois a mulher sempre coordenava com harmonia pequenos detalhes que não eram percebidos e agora se ressaltavam.

A presença de Kássia não era suficiente para a tranqüilidade de Rodolfo.

Ele procurou pelo filho e avisou:

— Fernando, é difícil lhe pedir isso, mas tenho de ser bem direto.

— O que foi, pai?

— Gostaria que pedisse a Lorena que não interferisse, ou melhor, que não implicasse mais com nenhum empregado. Eles estão acostumados a prestar serviços conforme sua mãe explicou, e Lorena agora quer interferir e... Já tenho muitos problemas. A posição dela não está agradando a ninguém.

O filho viu-se contrariado com a mulher. Sabia que seu pai tinha razão, mas não queria ser ele a falar com Lorena.

— Pai, por que o senhor não...

Atalhando-lhe a frase, Rodolfo argumentou:

— Às vezes penso que você não é capaz de dizer um "não", e é isso que o prejudica na vida.

Fernando sentiu-se contrariado, acreditando que seu pai havia sido rude.

Sem esperar por qualquer resposta, Rodolfo, parecendo nervoso, retirou-se para o escritório.

Logo, porém, o senhor Horácio foi procurá-lo.

— Rodolfo, preciso falar com você.

— Pai, por favor. Podemos deixar para depois. Eu tenho de...

Antes que o filho concluísse, o senhor Horácio falou:

— Estou pensando em entrar com o pedido de exumação do corpo de Lídia. Acho que ela foi assassinada.

Rodolfo ficou atordoado, perdeu as palavras e nem sabia o que pensar.

"Aquilo era demais!", acreditou. "Seu pai deveria estar esclerosado."

Tomando fôlego e procurando ser cauteloso ao falar, argumentou:

— Pai, a Lídia não morreu de uma hora para outra. Ela ficou muito doente, teve assistência médica até o último minuto, que foi no hospital. O senhor acha que o médico poderia tê-la assassinado?

— Não — respondeu o senhor com ar arrogante enquanto andava pelo escritório. — Foi algo que lhe ministraram aos poucos. Um exame toxicológico deveria ter sido realizado.

— Pai, se usaram alguma toxina para envenenar Lídia, o senhor acha que isso foi feito no hospital? Aqui em casa? E, se foi aqui, onde colocaram essa droga? Na alimentação? Essa droga não teria algum sabor, odor, cor? E mais, é estranho mais ninguém ter sido envenenado, não acha?

Encarando o filho, o senhor Horácio falou:

— É pena vê-lo acreditar que sou um velho caduco.

— Pai, estou com uma filha que não quer sair do quarto, não admite um médico e não quer falar com ninguém. Estou com um casal de empregados, o Américo e a mulher, que querem ir embora por causa da minha nora. A Eunice, hoje, pediu demissão; o meu filho quer passar para mim a responsabilidade de falar com a mulher dele e eu tenho de ir trabalhar; afinal de contas, alguém precisa fazer isso nessa casa; nossas economias não são tantas assim. Agora o senhor quer procurar problemas onde não existem?! Estou cansado, não sei o que faço e... — Diminuindo o volume da voz, quase sussurrando, desabafou: — Não tenho mais a Lídia para me ajudar, para me apoiar.

Nesse instante a empregada entrou ligeira no escritório e avisou:

— Senhor Rodolfo, venha depressa, é a Kássia.

Rodolfo saiu correndo em direção ao quarto da filha.

Eunice havia surpreendido Kássia tentando se enforcar com uma peça de roupa.

Depois de praticamente lutar com a moça para livrá-la do garrote que estava em seu pescoço, Eunice, vendo-a em choro compulsivo, chamou por Rodolfo.

Kássia ainda chorava, e o pai agasalhou-a num abraço.

O senhor Horácio espiou o episódio e saiu do quarto.

Passados alguns minutos, Kássia estava mais tranqüila.

Bem firme, Rodolfo pediu:

— Filha, não pode mais ficar assim. Isso já foi longe demais. Você quase não come, não conversa e agora isso. Estou providenciando um psiquiatra. Creio que precisa de tratamento.

— Eu não quero sair daqui! — disse enquanto chorava.

— Eu quero o seu bem, Kássia. Como posso confiar em você agora. Não há condições de ficar com você vinte e quatro horas. Eu a amo! Não quero que lhe aconteça algo.

O silêncio reinou.

Passados alguns minutos, Rodolfo se levantou, esfregou o rosto com as mãos e murmurou:

— Deus, me ajude.

Ian entrou repentinamente no quarto e perguntou:

— Eu estava no banho e escutei um alvoroço. O que aconteceu?

— A Kássia não está bem.

Aproximando-se da prima, o rapaz perguntou:

— Ora, menina, o que houve? — Sentando-se na cama, ele lhe afagou o rosto, dizendo: — Você tem tanto pela frente, não deveria perder tempo presa aqui nesse quarto.

Percebendo que Kássia se agitava nervosamente de modo anormal, Ian propôs:

— Não é melhor chamar um médico?

— Liguei para o doutor Manoel, nosso médico há tempos. Pedi para ele me indicar um psiquiatra.

Observando que seu tio estava arrumado para sair, Ian ofereceu-se:

— Quer que eu fique com ela? Se o médico chegar, explico tudo. Não vou sair, pois estou aguardando alguns telefonemas sobre aquele negócio que pretendo e posso fazê-lo aqui.

— Tenho uma reunião e uma audiência muito importantes hoje. Não posso faltar. Vou precisar de você, sim, Ian.

— Conte comigo. Não vou deixá-la só. Pode confiar, tio.

— Obrigado, Ian.

Rodolfo saiu do quarto e encontrou com Eunice no corredor. A empregada ostentava uma bandeja com chá e torradas. Olhando bem para o patrão, com simplicidade, a moça avisou:

— Seu Rodolfo, não se preocupe, não. Eu fico tomando conta da Kássia. Não vou mais pedir minhas contas. Fico mais um tempo até as coisas se acalmarem por aqui.

— Por mim você jamais iria embora. Pedi a meu filho para falar com a esposa e só lhe peço um pouco mais de tempo. Vou resolver isso.

Baixando o olhar, a moça explicou:

— Quando falei com o senhor de manhã, eu estava nervosa. Agora estou pensando melhor, estou me lembrando de tudo o que o senhor e a dona Lídia já fizeram por mim. Não posso deixar essa casa só por alguns modos malcriados da dona Lorena.

— Agradeço sua consideração. Só lhe peço um tempo. Vamos dar um jeito nisso.

— Eu tô levando isso aqui para a Kássia. Quem sabe ela se acalma.

— Obrigado, Eunice.

— Por nada. Tenha um bom dia, seu Rodolfo.

Ele sorriu e falou:

— Espero.

No quarto de Kássia, Ian procurava conversar um pouco com a prima, mas não tinha muito sucesso, apesar de vê-la mais calma.

Com a chegada de Eunice, a moça se sentou e tomou um pouco do chá.

Observando-a bem, o primo notou que seus pensamentos confusos prendiam-se a fortes medos, talvez macabros.

Envolvido por amigos espirituais, o rapaz, num impulso, perguntou:

— Você está com medo desses desenhos no seu corpo?

Kássia arregalou os olhos muito assustada. Percebendo só então o impacto de sua pergunta, Ian falou:

— Calma, Kássia. Eu não quis...

— Por que você falou isso? — interrompeu.

— Não sei... — argumentou, encolhendo os ombros. — Desculpe-me.

— Você também viu? — tornou ela.

— Vi, o quê?

— Viu... viu... você sabe?

Ian tentava pensar rápido para não perder a oportunidade que tivera, pois acreditou que acertara o alvo dos problemas da prima.

— Kássia, me diz melhor o que você vê?

— Tenho medo.

A jovem estava abalada; seu modo inquieto, seu olhar agitado exibiam grande falta de equilíbrio.

Tranqüilo, Ian argumentou:

— Se guardar esse medo, sempre ficará com ele.

— Como assim?

— Se você procurar esclarecimento, não terá medo. Não temos medo do que conhecemos. Como eu disse a uma amiga esses dias atrás, jamais resolveremos nossos problemas somente pensando neles. Temos de agir e reagir.

— Não sei como.

— Então aceite ajuda.

— Ajuda?

— Sim! Claro. Aceite ajuda profissional, ajuda daqueles que a amam. Só que para ajudá-la temos de saber por onde começar. Por exemplo, conte-me o que se passa com você, e poderemos buscar uma solução para o que a aflige.

Após alguns minutos, ela revelou, exibindo-se temerosa:

— Eu vejo figuras feias em meus pensamentos. Vocês não podem tirar o que está na minha mente.

Rápido, Ian respondeu:

— Claro que não podemos tirar algo de seus pensamentos, mas podemos colocar idéias novas. — Quase brincando, ele lembrou: — A primeira lei de Newton diz que "dois corpos não podem ocupar o mesmo lugar no espaço ao mesmo tempo". — Depois de rir, explicou: — Temos de fazer essa sua mente pensar diferente. Você sabe que "mente vazia é oficina do diabo". Então ocupe seus pensamentos com coisas boas e não terá idéias ruins.

— E se eu não conseguir?

— Você nem tentou. Procure coisas novas para fazer. Saia desse quarto...

— Aqui me sinto segura.

— Segura do quê?

Kássia não soube responder, e o primo perguntou:

— Você usa drogas?

— Já usei. Mas foi muito pouco. Apesar de eles insistirem, não usei como eles. Eu não preciso delas.

— Sente falta dos seus amigos?

— Não! Claro que não! Nem quero vê-los.

— Ótimo. Então aceite a proposta que vou lhe fazer.

— Qual é?

— Vamos procurar novos amigos, novas oportunidades. Vamos esquecer o que passou.

— Não consigo. Fico lembrando.

— A lembrança é viva quando não temos coisas novas e diferentes para ver. Aceite a ajuda de um médico, aproveite essa oportunidade. Vamos procurar fazer uma terapia.

— Por que você fala "vamos"? Por acaso você vai junto?

— Se quiser, eu vou.

Kássia ficou pensativa. Ela parecia começar a aceitar a idéia.

Depois de algum tempo, Ian perguntou:

— Eu queria ir visitar uma amiga hoje. Quer vir comigo? É a Regina, lembra-se dela?

— A Regina?

— É. Ela está se recuperando de uma cirurgia. Está fazendo quimio.

— Não quero sair.

— Tudo bem. Iremos outro dia.

Nesse momento o doutor Manoel chegou para ver Kássia. Ele explicou que não havia conseguido falar com o colega e ficou preocupado com a filha de Rodolfo, decidindo ir vê-la.

O médico e Ian conversaram muito com Kássia para animá-la e fazê-la reagir.

* * *

Com o passar dos dias, Jorge e Selma conversavam.

O sócio exigia seus verdadeiros direitos, e ela exibia então um lado que Jorge desconhecia.

— Você não pode exigir as cotas do meu irmão. Afinal, tudo foi adquirido licitamente por Dalton. Temos advogados, o contador recebeu ordens suas para fazer aquele adendo. Temos testemunhas, você assinou aqueles documentos porque quis.

— Não brinque comigo, Selma! — gritou Jorge. — Até a minha casa...!

— Sua casa?! — desdenhou Selma, rindo com ironia. — Você me deve muito mais do que aquela casa, Jorge. Só está pagando o que me fez sofrer. Se tivesse ficado comigo...

— Passei a casa para o seu nome para que no divórcio a Regina não ficasse com ela. Sua ordinária!

Selma, exibindo elegância, levantou-se, pegou sua bolsa e com gestos provocantes, trazendo no olhar um jeito irônico, avisou:

— Meu irmão vem para o Brasil daqui alguns dias. Quando ele chegar, terminaremos legalmente com essa sociedade.

Num impulso, Jorge foi rapidamente em sua direção. Descontrolado, segurou na garganta de Selma, apertando-a com firmeza.

Alguns objetos que estavam sobre a mesa caíram no chão, provocando um barulho violento, e um grito rouco de Selma atraiu a atenção dos funcionários, que entraram às pressas na sala e seguraram Jorge.

Após largá-la, o homem estava desequilibrado. Os funcionários assustaram-se e mesmo sob o clima nervoso acomodaram Selma, que estava tonta.

Jorge andava de um lado para outro como uma fera enjaulada.

Seus olhos brilhavam. Com os dentes cerrados e o dedo em riste, avisou:

— Selma, se não devolver o que é meu, eu a mato.

Mesmo assustada com o ocorrido, trazendo a respiração ofegante, ela revidou, quase sussurrando:

— Mas antes acabo com você e seus bastardos.

Ele não esperou mais e, virando-se, se foi.

* * *

Na casa de Rodolfo, o senhor Horácio não se dava por vencido. Começou a interrogar os empregados sobre o comportamento de Lorena quando Lídia estava viva.

Acreditando que aquela não era uma atitude normal, Eunice procurou por Rodolfo e contou o ocorrido.

— Meu pai...?

— Desculpe-me por eu estar trazendo isso ao senhor, mas acho que a dona Lorena escutou, pois quando fui ao seu quarto hoje ela começou a me especular sobre o que o senhor Horácio queria.

— Ela a está tratando melhor? Não jogou mais nenhum prato de comida em você ou no chão?

— Não! Ela não fez mais isso, não. Mas eu a acho muito estranha.

— Como assim?

— Várias vezes a vi falando sozinha, rindo...

— Ora, Eunice, eu também falo sozinho. Você já me viu fazendo isso.

— Mas o senhor é diferente. Ela age como se estivesse... Ah! Eu não sei. Ela tem jeito de pessoa louca. Depois que ela vê a gente, corrige-se rapidinho e fica elegante de novo.

Rodolfo, num relampejo de idéia, lembrou-se de que Lídia havia dito que algo estava errado com Lorena, mas não sabia explicar.

— Puxa, Eunice! Eu sinceramente não sei o que fazer.

— Não estou querendo trazer problemas. Estou só avisando para o senhor saber o que está acontecendo.

— Agradeço. Você me ajuda muito, Eunice.

— Ah! A Kássia aceitou o tratamento, não foi? Achei isso tão bom.

— Ela vai para uma clínica de repouso. O primo a convenceu.

— Vão tratá-la bem?

— Sem dúvida! Kássia não vai ficar presa a uma cama, dopada por remédios. Vai fazer parte de reuniões, da terapia, de passeios e exercícios... É um lugar muito bom para quem decide se recuperar. Receberá assistência médica e psicológica...

— Onde dona Lídia estiver, vai estar feliz. E que moço bom esse seu sobrinho, né?

— Ian surgiu da densa neblina européia para socorrer a todos nós! — brincou Rodolfo ao ver o rapaz se aproximando.

— Estão falando de mim?

— Estávamos falando bem! — afirmou Eunice que, se retirando, pediu licença e se foi.

— Comentávamos sobre Kássia ter aceitado o tratamento. Devemos isso a você.

— Ora, tio!

— Bem, não vou ficar aqui massageando o seu ego. Tenho de ir.

— Tio?

Rodolfo se virou, e Ian perguntou:

— Há algo errado com meu avô?

— O senhor Horácio sempre teve suas manias e sua autoridade também. Mas por que me pergunta isso?

— Eu o observei esses dias e o vi vasculhando, procurando, pensando... Ele se compenetrava tanto no que fazia, e pensando que fosse algo sério perguntei e... Bem, ele me disse que estava investigando um assassinato.

— Ele disse isso, foi?

— Foi. Ele está bem?

— Não sei, Ian. Mas, a propósito, você parece que está ficando muito tempo em casa. Não deveria estar atrás...

— É por pouco tempo, tio — respondeu sorrindo.

— É pena ser por pouco tempo. Queria alguém para me ajudar a supervisionar essa casa. Tudo aqui dá trabalho demais. Agora tenho de pensar até no que vai ser servido. Pode?

— Todos temos o que resolver. Sabe, fui visitar dona Glória esses dias e creio que não esteja sabendo que ela pediu para o filho sair de casa.

— O Renato?!

— É. Ele mesmo. Eu estava lá quando dona Glória disse que o filho não precisava mais dela e que deveria procurar outro lugar. Ele, a princípio, ficou bravo, mas se inibiu logo porque eu e a Viviane estávamos lá.

— Mas por que isso?

Ian contou tudo o que sabia. Quando terminou, Helder entrou correndo, e Rodolfo abaixou-se perto do menino, o beijou e o abraçou com carinho, mas logo, inquieto, ele se livrou do abraço e foi para perto do tio.

— Ei, garotão! Como vai?

— Mais tarde conversamos, Ian. Estou em cima da hora, e o trânsito deve estar uma loucura.

— Até mais, tio — despediu-se Ian.

* * *

No dia anterior, Regina havia realizado uma outra sessão de quimioterapia e não estava se sentindo nada bem.

Ela pediu para que a mãe levasse as crianças para sua casa e a empregada para ficar com eles, pois não queria que os filhos a vissem daquele jeito.

De joelhos no banheiro, Regina praticamente debruçou-se no vaso sanitário enfrentando as náuseas e o terrível mal-estar. Até o remédio que tomava contra aqueles sintomas não parava em seu estômago.

Viviane, paciente e prestativa, ficava a seu lado, amparando e literalmente sustentando a amiga.

Regina lembrou-se do amigo Ian, que lhe dizia para tratar a doença com amor, doando-lhe o medicamento e pensando que amanhã estaria melhor.

Em voz alta, Regina rogou:

— Deus, dê-me forças. Já estou ficando melhor.

Viviane não entendeu, mas não disse nada.

Levantando-se com dificuldade e com o apoio da amiga, Regina voltou para a cama.

Após se deitar, sentia-se esvaída de forças físicas, mas olhou para Viviane, que arrumava os lençóis, e falou:

— Acho que fiz tanta força que minha cirurgia está doendo.

— Regina, não force esse braço. Você sabe...

— O Jorge ligou?

— Que eu saiba, não.

— Já estamos ficando sem alguns mantimentos. A despensa está vazia.

— Não se preocupe com isso, Rê.

Sussurrando, Regina reclamou:

— Como não me preocupar? O Jorge não aparece. Será que não se lembra que os filhos precisam de provisões? Afinal de contas, eles comem, vestem-se... O que estou recebendo nem dá para os remédios.

— Descanse, Regina. Você precisa poupar suas energias.

— E o Renato? Ele não veio mais aqui.

— Ele está trabalhando muito. Parece que resolveu fazer um curso.

— Se meu irmão ao menos me ajudasse.

— O que o Renato pode fazer?

— Ir atrás do Jorge e resolver para mim essa situação.

— Calma, o Jorge sabe de suas obrigações. Ele vai aparecer.

— O dia do pagamento da Dorotéia está chegando.

A campainha soou estridente, e Regina fechou os olhos cansados. Parecia não querer ver ninguém. As drogas que lhe eram ministradas na sessão de quimioterapia judiavam de seu corpo, provocando intenso mal-estar e dores.

Viviane, ao ir atender à campainha, preparou-se gentilmente para avisar que Regina não estava passando muito bem. Ela se preparava mentalmente para que, com delicadeza, pudesse fazer entender que aquele não era um bom dia para a amiga receber visitas.

Parado em frente ao portão, Ian aguardava pacientemente para ser atendido.

Ao reconhecê-lo, Viviane se desarmou e alegrou-se, lembrando que Regina havia ficado bem animada todas às vezes que o vira.

Depois dos cumprimentos, Viviane pediu que ele entrasse e muito educada avisou:

— Hoje a Rê não está muito bem. Fez uma sessão de quimio ontem.

— Ah, então eu nem deveria entrar.

— Por favor, entre só um pouquinho. Toda vez que o vê ela se anima. Sua visita lhe faz bem.

Ao chegarem no quarto, que se encontrava numa leve penumbra, Viviane avisou:

— É o Ian.

Regina virou-se lentamente e logo sorriu. Via-se nitidamente que não tinha muito ânimo, e as forças também lhe faltavam.

— Não se force para sentar, Regina — pediu o rapaz, curvando-se para cumprimentá-la.

Estendendo-lhe algumas flores e uma caixa embalada com delicado requinte, ele ofertou:

— As flores são para alegrá-la. Mas creio que os chocolates terá de guardar para outro dia.

— Obrigada, Ian. Você é muito gentil.

— Não pretendo ficar muito tempo — avisou o moço. — Vejo que você não está bem para receber visitas. Devo ser educado.

— Não se preocupe. É bom ter companhia quando se está na cama — avisou a paciente.

Virando-se para Viviane, ele perguntou:

— As crianças e dona Glória estão bem?

— Sim. Estão bem. Dona Glória os levou para Regina ter um pouco de silêncio. Eles são terríveis!

Voltando-se para Regina, Ian perguntou:

— Está precisando de alguma coisa?

Ela sorriu e agradeceu:

— Obrigada, Ian. Tudo está sob controle.

— Ótimo! Fico feliz em saber. Mas agora preciso ir.

— Não! — reclamou Viviane. — Fique um pouco mais, vou fazer um café.

— De jeito nenhum! Minha amiga precisa descansar. Sei que amanhã ou depois ela vai estar bem melhor. Aí, sim! Voltarei para vê-la e conversaremos um pouco mais.

— E o senhor Rodolfo e todos os outros? — lembrou a enferma.

— Estão bem. Temos boas notícias. A Kássia aceitou fazer um tratamento e vai se internar numa clínica.

— Fico feliz. Gosto muito da Kássia — disse Regina.

— Bem, Regina, preciso ir mesmo. — Curvando-se para beijá-la, ele avisou: — Vou deixar o número do meu celular com a Viviane. Não fiquem constrangidas em me ligar, por favor.

— Obrigada, Ian.

Após despedir-se, Viviane foi acompanhá-lo até o portão, e o rapaz se desculpou:

— Perdoe-me por não ter telefonado antes de vir. Visitas de surpresa nem sempre chegam em boa hora.

— Ian, as portas sempre estão abertas para você.

— Por mais que estejam abertas as portas, devemos bater antes de entrar. E o telefone é um jeito de fazer "toc-toc" de longe — disse ao rir gostosamente.

Ela riu, e logo depois ele perguntou:

— Viviane, percebi algo diferente. Vocês estão precisando de alguma coisa?

— A Regina precisava mesmo era do irmão para resolver algumas coisas para ela.

— Que coisas?

— O Jorge não apareceu nem ligou e... bem, o que ela recebeu não está sendo suficiente para as despesas. Você não imagina como estamos gastando com remédios, táxi e ainda é cedo para dispensar Dorotéia, pois quando vamos ao médico alguém precisa cuidar das crianças; elas ainda não vão à escola sozinhas, e dona Glória não dá conta de tudo.

— A Regina precisa é de um advogado o mais rápido possível. Vou falar com meu tio. Sei que não é a área dele, mas poderá indicar um amigo. Agora, se me permite, gostaria de ajudar.

Pegando a carteira, Ian tirou algumas notas e foi entregar a Viviane, que reagiu:

— Não! Ainda temos com o que nos virarmos.

— Mas e se o advogado demorar e o Jorge não aparecer? Por favor, aceite como um empréstimo.

A moça sabia das dificuldades que passavam e decidiu garantir.

— Está bem, como um empréstimo, eu aceito. Sabe, estamos no limite. Tenho medo de imprevistos. Eu não tenho carro, o Renato foi embora, o Jorge não aparece... Se surgir uma emergência e Regina precisar ir ao médico, nem temos para o táxi. Ela nem sabe, mas ontem, para trazê-la do hospital, eu e dona Glória tivemos de juntar tudo o que tínhamos. Está sendo tão difícil, Ian! Quando chegamos, o motorista teve de pegar Regina no colo; ela quase desmaiou aqui no portão. O homem teve de levá-la lá dentro.

— Deveriam ter-me chamado. Quando é a próxima? Semana que vem?

— Daqui vinte e um dias.

— Estarei aqui. Não marcarei nada para esse dia. Mas fora isso, por favor, me telefone. Mesmo assim vou ligar mais vezes para saber se não precisam de mais nada.

— Obrigada! Obrigada mesmo.

Ian se foi, e Viviane sentia-se mais segura e confiante por ele ter aparecido e oferecido ajuda.

O Pai da Vida age por meio de criaturas abençoadas que se propõem a servir ao próximo.

E, quando servimos alguém, as bênçãos de Deus, antes de chegar ao necessitado, passam por nós.

27

A DOENÇA DA ALMA

O tempo foi passando, e Regina agora parecia bem melhor. As últimas sessões de quimioterapia, por serem compostas de outras drogas diferentes das primeiras, tiveram efeitos menos agressivos. As náuseas foram fracas, e só as dores no corpo incomodavam um pouco mais.

Entretanto, em vista do que já experimentara, Regina não reclamou.

Kássia, Rodolfo e Fernando apareceram para uma visita.

A filha de Rodolfo estava diferente; um pouco apática, na verdade. Ela quase não falava. Aliás, nada relatou sobre qualquer experiência sofrida desde que saíra da companhia dos antigos amigos.

Não ficava mais sozinha e acompanhava o pai em tudo.

— Ah, senhor Rodolfo, quero agradecer por ter-me enviado o doutor Kleber como advogado. Nossa, ele é bem rápido.

— Na verdade, quando o casal decide rápido pelo divórcio, não há por que demorar. Porém, a situação do Jorge é bem complicada.

— É, o doutor Kleber me falou. Vamos perder mesmo esta casa — comentou Regina, parecendo amargurada nesse instante. — Nada podemos fazer. Não me conformo. Lutamos tanto!

— Regina, como você foi assinar uma procuração para o seu marido? — perguntou Fernando.

— Vivíamos bem. O Jorge sempre foi muito bom. Como eu poderia suspeitar? Devido a um monte de documentação lá na empresa, ele me disse que seria mais prático se tivesse a procuração para poder resolver tudo.

— O Jorge perdeu a casa e a sociedade na empresa. Não sei se você sabe, mas os sócios dele estão fechando a companhia e, como era de esperar, não devolverão as cotas dele, alegando questões de imposto, entre outras coisas. Resumindo, Jorge perdeu tudo — comentou Rodolfo.

— Eu me sinto passada — disse Regina. — Já chorei tanto. Estou até conformada. Tive de demitir a Dorotéia e não tenho como pagá-la. E a pobre, quando não tem faxina para fazer, ainda vem aqui para fazer alguns serviços.

— Saindo daqui, para onde você vai, Regina? — interessou-se Fernando.

— Na próxima semana estou me mudando com as crianças para a casa de minha mãe. Um vizinho nosso, que tem um caminhãozinho, vai nos ajudar. Como é bom termos amigos.

— Recebemos o que merecemos, Regina — afirmou Rodolfo.

— O senhor soube que meu irmão foi embora de casa?

— Sim. Eu soube. Mas se ele encontrou um lugar, um caminho de equilíbrio, isso é muito bom.

— O Renato não deu mais notícias. Não sabemos como ele está — disse Regina.

— Se não deu mais notícias, é porque está bem — acreditou Fernando.

Nesse instante, Helder e Denis entraram correndo na sala, e o pequeno filho de Fernando exibiu:

— Olhe, papai! Que bonito ficou!

Todos se assustaram, e Denis exibiu-se orgulhoso ao avisar:

— Fui eu que cortei o cabelo dele, tio! Não ficou legal? Cortei igual ao cabelo da minha mãe.

— Denis! — gritou Regina, que não sabia o que fazer.

— O que foi, mãe?! Ele mandou!

Rodolfo e Fernando começaram a rir, enquanto Regina repreendia o filho.

Helder estava com os cabelos picotados, desalinhados de tal forma que nada poderia ser feito para disfarçar.

Kássia, rindo, pronunciou-se:

— Só vai ter jeito se raspar tudo.

— É mesmo, filho! — reconheceu Fernando. — Vai ficar na moda como os jogadores de futebol.

Regina ficou verdadeiramente constrangida e sem saber o que fazer.

Rodolfo, para amenizar os sentimentos da anfitriã, recordou:

— Todos temos de viver situações interessantes quando pequenos, senão não teremos coisas boas para contar. Lembro-me de que, quando tinha uns nove anos, fiz isso com o cabelo da minha irmã. Nossa! Ficou horrível! A Rebeca chorou por dias. Nem ia à escola. Para se vingar, fez o mesmo comigo enquanto eu dormia. Minha mãe teve de raspar minha cabeça.

— E o senhor ficou muito bravo? — interessou-se Denis.

— Não. Eu nem liguei. Mesmo assim continuei a provocá-la, chamando-a de "Joãozinho".

— E sua irmã, senhor Rodolfo, não vem ao Brasil?

— Não. Ela não gosta daqui. Na verdade, meus irmãos são bem diferentes de mim. Voltam-se excessivamente a valores materiais, ao luxo e não se prendem à família.

Sem pensar muito, Fernando admitiu:

— Às vezes penso que Lorena deveria ser filha da tia Rebeca. Elas são tão parecidas. O Ian é um cara bem diferente. Ele sim pertence à nossa família.

— São as famílias espirituais — afirmou Rodolfo.

Eles conversaram por mais algum tempo, e Regina não demonstrava, mas, devido aos inúmeros acontecimentos, tinha o coração opresso. Às vezes, sentia-se mentalmente extenuada por não conseguir ter melhores perspectivas para os filhos.

Não só o tratamento quimioterápico a castigava. As surpresas desagradáveis e a frieza de Jorge em meio a tanta insegurança com o futuro a faziam sofrer.

Regina passou muitas noites insone; quando não, um sono cheio de sobressaltos não a deixava descansar.

Por estar enferma, recebia uma mísera pensão dos órgãos públicos que mal dava para comprar alguns remédios.

Algumas contas, como água, luz e telefone, bem como as próprias provisões de alimentação, eram feitas com a pequena pensão de dona Glória e de Viviane, que, com o consentimento dos irmãos, trazia os alimentos básicos que estes faziam questão de prover do pequeno armazém que tinham.

Ian, que havia surgido como uma bênção na vida de todos, encarregou-se de levar Regina à clínica todas as vezes em que era preciso. Pagou tratamentos que o plano de saúde não cobria e parte dos medicamentos de que tinha conhecimento pelo receituário que chegava às suas mãos.

Mas Regina, constrangida, escondia como podia suas outras necessidades.

Agora, por irresponsabilidade de Jorge, estava perdendo sua casa.

Seu irmão, decidido a seguir regras rígidas e inamovíveis por conceitos dos homens, acreditava que ela e a mãe serviam ao oposto de Deus e virou-lhes as costas no momento em que elas mais precisavam de sua presença.

Renato julgava erroneamente e não se voltava ao amor e à fraternidade de apoiar o próximo mais próximo que encontramos dentro do lar.

Regina e dona Glória, mesmo sem ter perspectivas, sustentavam-se na fé e na esperança, sabendo que Deus provê de acordo com nosso empenho, merecimento e bom ânimo no bem.

* * *

Enquanto alguns lutam, dedicam-se arduamente em crescer presos por liames de fé, existem aqueles que não valorizam os bens e a abundância ao seu redor, desperdiçando tempo e crescimento quando se voltam a futilidades ou a preocupações mesquinhas, inferiores e egoístas.

Criaturas que ocupam a mente com ninharias ligam-se a irmãos desencarnados de pouca evolução e vão, cada vez mais, obtendo pensamentos contrariados que lhes fustigam os nervos, fazendo crescer, em si, o ódio, a inveja e inúmeros sentimentos inferiores.

É nesse momento que a pessoa sem entendimento vê-se como vítima traída por um ou por muitos. Acreditando-se ser um pobre indefeso ou um coitado infeliz pelo que julga que os outros lhe fizeram, encontram em seus pensamentos devastadores e frenéticos forças para criar motivos de vingança por culpa do próprio fracasso. São essas pessoas que não acreditam em Deus e não confiam em Sua justiça que atraem para junto de si irmãos desencarnados desequilibrados e vorazes por criaturas iguais a eles, para se realizarem e se comprazerem em maldades.

Lorena é esse grande exemplo. Pelo seu desinteresse aos motivos da existência, prendia-se em pensamentos vaidosos e mesquinhos que a levaram a envolver-se com companheiros espirituais sinistros.

Não se forçando a pensamentos tolerantes e construtivos, Lorena isolava-se sombriamente com planos maquiavélicos, criando uma aura negativa pelos seus desejos inferiores.

Estava doente não do corpo, mas da alma.

Segurando pelas pontas de uma delicada mantilha, fazia com que o fino tecido flutuasse no ar com seus vagarosos rodopios.

Lorena ria sozinha enquanto dançava com o fino véu e ainda dizia algumas coisas.

Eunice, que passava na frente da porta do quarto entreaberta, atraiu-se pelo riso e pelas frases soltas que ouviu.

A empregada parou e ficou na espreita enquanto ouvia Lorena dizer ironicamente:

— Venci você, Lídia! Agora sou dona... Faço o que quero... Vem encher a cabeça de seu filho, agora, vem!

A empregada, de olhos arregalados, fez ligeiramente o sinal-da-cruz e saiu a passos rápidos pelo corredor.

Ian, que nesse instante saía de seu quarto, viu Eunice assustada e gesticulando o rito católico. Ficou curioso para saber o que se passava e foi até a porta do quarto de sua irmã.

Detendo-se à porta, observou Lorena, que parecia bailar, e ainda ouviu:

— ... então, Regina, se não é o câncer que vai destruí-la, serei eu.

Lorena cobriu-se com o tecido, abraçou-se, tombou a cabeça para trás e, ao olhar para o teto, gargalhou estranhamente.

Não suportando, o irmão interrompeu:

— O que é isso?

— Ai! Que susto! Você estava aí?

— Você ficou louca?

— Por quê? — perguntou a irmã cinicamente, como se nada tivesse acontecido.

— O que você estava falando da Regina?

Mais séria, Lorena argumentou:

— Você sabe que a Regina é amante do meu marido.

— Lorena, você não sabe o que está dizendo.

— Você é que não tem idéia do que aconteceu nessa casa. Se eu não fosse uma mulher firme, consciente, já teria feito uma besteira. — Depois de breve pausa, explicou: — Minha sogra, que Deus a tenha, confabulava contra mim com meu marido e promovia encontros entre essa Regina e ele.

— Isso não é verdade, Lorena.

— Lídia era boazinha só por fora. Ela sempre se apresentava com aquele verniz elegante e educada só para os outros verem. Convivendo com ela, conhecíamos outra pessoa.

— O que você dizia agora mesmo dançando com esse lenço?

— Eu?! Ora, Ian, nunca brincou ou gargalhou sozinho? Estou alegre. Não posso?

— Claro, mas você disse que...

Helder os interrompeu nesse instante ao entrar correndo à procura da mãe.

Lorena assustou-se ao vê-lo e exigiu num grito:

— O que é isso, menino?!

Ian começou a rir ao ver o sobrinho com os cabelos picotados e disse:

— Toda criança faz suas artes.

Fernando, que entrava no quarto, respondeu:

— E essa eu quero registrar. Eu ia levá-lo para acabar de raspar tudo, mas meu pai lembrou de tirarmos algumas fotos antes. Será bem engraçado mostrarmos a ele quando crescer.

— Que horror! Meu filho, por que fez isso?! — perguntou Lorena.

— Foi o Denis, mamãe.

Confirmando, Fernando explicou:

— Foi o Denis, mas você pediu. Quando vi, o estrago já estava feito.

— Desgraçado!!! — gritou Lorena com toda força de seus pulmões. — Infeliz! Eu mato esse moleque nojento!

— Calma, Lorena. O que é isso? — reclamou Ian. — Cabelo cresce! Admira-me você ser tão ignorante assim. Isso é coisa de criança.

Por um instante Ian percebeu um brilho colérico no olhar de aço que a irmã revelara. Achou estranho, mas Fernando tirou-lhe a atenção.

— É mesmo, Lorena. Não precisa ficar assim. — Abrindo a porta dos armários, perguntou: — Onde está a máquina fotográfica?

Lorena não fez mais nenhum comentário, mas as expressões furiosas reinaram em sua face pálida e nervosa por algum tempo.

Passando a mão pelos cabelos finos, procurando entonação mais branda na voz, falou:

— Venha, meu filho. Vamos achar sua babá que só sabe bater papo com os outros criados.

Ian e Fernando ficaram no quarto procurando a máquina fotográfica, enquanto Helder saía de mãos dadas com a mãe.

Apesar da aparente tranqüilidade, Lorena estava intimamente furiosa.

Ao encontrar Lorena no patamar da escada, senhor Horácio falou quase intimando:

— Preciso falar com você. Vamos até o escritório — disse, virando-se novamente para descer.

— O que o senhor quer comigo? — perguntou ela, detendo-o.

O senhor virou-se e disse:

— Isso!

Abrindo a mão, em sua palma Lorena pôde ver cápsulas vazias de gelatina.

— Encontrei também certa substância que pode incriminá-la, menina.

Lorena ficou nitidamente transtornada. Largou a mão do filho, esfregou o rosto e argumentou:

— Não faço a mínima idéia do que o senhor esteja falando.

— Encontrei em seu quarto uma substância que pode ser uma toxina ou algo assim. Estava dentro da sua mala de viagem e bem escondida. Você sabe que existe uma série de protozoários ou mesmo de fungos que podem levar alguém à morte e a autópsia comum não a detecta, pois é necessário um exame no tecido intestinal, algo muito difícil, para cultura do antígeno. Existem também toxinas letais que provocam vômitos, mal-estar, diarréia e todos os sintomas de uma intoxicação alimentar, mas se não houver um exame... nenhum médico é capaz de adivinhar que houve um assassinato.

Se eu conseguir provar isso, você vai para a cadeia por ter enchido essas cápsulas e misturado aos remédios que minha nora tomava.

Nesse instante, Lorena, num impulso assustador, empurrou o senhor Horácio com ambas as mãos.

Sem esperar, não houve como se defender.

O senhor rolou pelas escadas até cair inerte na sala.

Lorena gritou, e todos correram.

— Meu Deus! Tio! Tio! — chamava de modo a impressionar qualquer um pela frieza, pela mentira.

Ian e Fernando correram para ver o que havia acontecido; logo, Rodolfo também chegou:

— Examinando o avô, Fernando disse:

— Pai, eu acho que...

— Não somos médicos! — quase gritou Rodolfo. — Chame o socorro.

Lorena exibia-se nervosa e agitada como quem realmente estivesse apreensiva e comovida com o que acontecera. Entretanto, sua real preocupação era encontrar as cápsulas que o homem lhe exibira.

A babá havia levado Helder para a copa, pois era desnecessário que o menino acompanhasse tudo.

Logo a ambulância chegou, e foi confirmado que o senhor Horácio quebrara o pescoço e havia falecido.

A noite foi longa. A polícia técnica teve de ser aguardada, e Lorena, chorando muito, contou várias vezes a mesma história:

— Ele me cumprimentou. Falamos sobre o cabelo do Helder... Ele ia se virando para descer e acho que tropeçou. Tudo foi tão rápido.

Não havia motivos para suspeitar de Lorena.

Todos estavam chocados demais com o ocorrido, com a movimentação repentina na casa, e somente Ian percebeu a ausência de Kássia.

Procurando pela prima, ele a encontrou no quarto, encolhida sobre a cama, envolta nas cobertas.

— Kássia, o que foi?

Sentando-se, a moça estendeu-lhe os braços como se implorasse para ser envolvida.

Acomodando-se ao lado dela, Ian a abraçou com carinho, afagando-lhe o rosto e os cabelos curtos.

— Kássia, você sabe o que aconteceu?

— Meu avô... Quando cheguei lá na sala eu o vi no chão.

— Calma. Não fique assim.
— Estou com medo — afirmou a jovem enquanto chorava.
— Kássia, você tem de reagir contra esse medo.
— Não posso.
— Não existe nada que você não consiga fazer.
— Como posso tirá-los de mim?
— Vença um medo de cada vez.
— Não estou falando dos medos, Ian.
— Perdoe-me, não entendi. Do que você está falando?
— Eu os vejo.
— Vê quem?
— É uma longa história.
— Tenho a noite inteira e acho que não vou dormir hoje.

Os olhos de Kássia denunciavam profunda dor. Uma triste amargura calava-lhe nas entranhas da alma. Via-se que a moça procurava manter o controle não comentando sobre seus fantasmas, mas vivia com eles.

Desde quando voltou para casa, humildemente aceitou todas as propostas. Colocou-se em tratamento, acompanhava o pai em todos os lugares, mas em nenhum momento contava a alguém o que realmente havia acontecido para que ficasse daquele jeito.

Ajeitando-se e encarando o primo, ela relatou:

— Eu vivia de um jeito tranqüilo e monótono. Não havia graça ou emoção. De repente, não sei como aconteceu, mas comecei a ter contato com uma turma meio diferente.

Não sei dizer o motivo, mas não foi difícil para eu deixar aquela "vida de dondoca" e me enturmar com eles.

Ian sentiu vontade de interrompê-la para explicar, mas decidiu deixar para depois, e Kássia continuou:

— Deixei os estudos, abandonei minha família e, por mais que meus pais falassem ou explicassem, eu não queria saber.

Curtíamos a vida de um jeito provocante, exagerado.

Realmente era um prazer provocar os outros só com a nossa imagem, com a nossa presença. Eu gostava de um dos caras dessa turma e sempre ficava com ele. Às vezes, quando a saudade batia forte, eu voltava para casa, mas cada vez que ia embora passava mais tempo distante.

Porém, Ian, de certa forma, sempre tive uma raiz fincada aqui, nunca me desliguei totalmente do meu pessoal.

Antes de a minha mãe ficar doente, comecei a sentir uma coisa estranha quando estava com essa minha turma. — Kássia riu e completou: — Acho que eram as preces da minha mãe fazendo efeito.

Sabe, nós, não por crença, mas por uma espécie de desafio, tínhamos alguns ritos incomuns. Tínhamos um lugar.

— Que lugar? — interessou-se o primo.

— Era fora do Rio — explicou Kássia, referindo-se ao município do Rio de Janeiro. — A mãe de um dos caras do grupo é uma mulher viúva e alcoólatra. Ela mora numa chácara que está caindo aos pedaços. Lá, usávamos um galpão e nos reuníamos... sabe como é...

Bem, nós nos curvávamos a alguns ossos de esqueleto humano que alguém encontrou e acendíamos velas para um crânio que adorávamos como entidade, coisas desse tipo.

Ian, apesar de muito surpreso, não a interrompia nem exibia no semblante qualquer feição que pudesse recriminá-la. Kássia, cabisbaixa, prosseguiu:

— No início tudo era brincadeira, mas depois começou a ficar sério. O pessoal passou a dar importância mesmo. Então começamos a nos tatuar, a nos tingir, a cortar os cabelos de modo bem diferente; tinha de ser algo tribal, algo que marcasse o nosso grupo, a nossa tribo.

A princípio eu não via problemas; gostava de ser diferente, mas depois... Passei a sentir que agredia meus pais sem razão.

Bem depois, quando percebi que eles me amavam do jeito que eu era, sentia uma coisa, um arrependimento...

Foi aí que comecei a não gostar mais daquela vida. Principalmente quando o cara que eu gostava começou a me trocar por outra "mina"; quando não, queria ficar com as duas.

Voltei para casa e minha mãe morreu.

Nesse instante Kássia parou e secou algumas lágrimas, e Ian, paciente, aguardou que terminasse.

— Sabe, comecei a achar que minha mãe ficou doente por minha causa e que sua doença se agravou por todo nervoso que continuava a passar comigo. Fiquei atordoada e fui procurar meus amigos.

Quando contei que minha mãe havia morrido, eles começaram a rir e a fazer brincadeiras como se quisessem invocá-la. Quando fiquei triste, pararam. Mas começaram a implicar porque eu estava estranha.

Na verdade, quando eu conseguia dormir, tinha sonhos horríveis. Via nos sonhos criaturas humanas deformadas, monstruosas. Eu caminhava por lugares nojentos, repugnantes e via criaturas espalhadas pelo chão com pedaços do corpo dependurados ou caídos; sei lá, nem dá para descrever.

— Não precisa descrever. Eu entendo — explicou Ian.

Kássia continuou:

— Nesses sonhos, sempre ia alguém ao meu lado, mas eu nunca via quem era.

Aquelas criaturas tortas e rasgadas sofriam, gemiam, gritavam e urravam. Bem revoltadas, xingavam muito. Mas, na minha mente, alguém dizia que elas já haviam vivido como eu e que eu se não mudasse viveria como elas.

Sabe, eu acordava ofegante e às vezes aos gritos.

— Seus amigos sabiam de seus pesadelos?

— Sim. Dormíamos todos juntos no chão desse galpão. Alguns riam, outros me xingavam.

Para ver se eu conseguia dormir melhor, me droguei algumas vezes, mas sempre passava mal, muito mal. Meu organismo parecia rejeitar as drogas.

Numa noite, eles praticavam um jogo. Era um jogo satânico, com espíritos participando como se fossem peças.

A um dos espíritos ou peças eles deram o nome da minha mãe. Foi aí que eu não gostei, falei muito, e a menina que ficava com o cara que eu gostava foi contra a minha opinião. Brigamos feio. Feio mesmo.

— Ninguém separou a briga? — perguntou o primo.

— Claro que não. Fizeram apostas para ver quem vencia. Depois que eu estava bem machucada, nós nos separamos, e fiquei num canto.

Nessa noite chovia e trovejava muito. Eles ficaram jogando, e eu, às vezes, olhava de longe. Eu estava com muita raiva, queria matar aquela "mina".

Foi aí que comecei a ver coisas estranhas. Eu via, como se estivessem transparentes, criaturas feias, diabólicas, que ficavam incentivando aquele pessoal.

— Você havia-se drogado? — interessou-se Ian.

— Eu fumei alguma coisa e havia bebido também. Mas não tanto para delirar. Essas criaturas eram agitadas, briguentas e satânicas.

Fiquei com medo, com muito medo, e aqueles que não jogavam riam de mim, mas os que estavam no jogo ficavam tão fanáticos que pareciam possuídos.

Então eles começaram a seguir as regras à risca e...

— E...?

— Quem estava perdendo tinha de sofrer algum castigo. Eram três pessoas de cada lado. A equipe que perdeu passou a ser torturada pelos outros, que riam e ficavam felizes com o que faziam.

— E os outros?

— Os outros só assistiam e gargalhavam. Estavam insanos. Aquelas criaturas pareciam que não me viam... Meus amigos não me viam...

Fiquei apavorada. Eles cortaram e queimaram um rapaz, furaram os olhos de uma garota... foi horrível.

Kássia caiu num choro compulsivo e abraçou-se a Ian.

Abafando a fala no ombro do primo, ela contou:

— Eles disseram que iam matá-los e sumir com os corpos. Eu não fiquei para ver o resto. Saí correndo. Na estrada, peguei carona com um caminhoneiro que me trouxe para o Rio.

Desde então eu não paro de ouvir gritos. São como gemidos que ecoam na minha cabeça.

— Você falou isso com o psicólogo?

— Não. Não tive coragem. Eu também vejo vultos. Criaturas feias.

Sem perceber, num impulso, Ian perguntou:

— Você vê vultos retorcidos como as suas tatuagens?

— Vejo! Vejo isso mesmo! — Com modos desesperados, pediu: — Quero me livrar disso! Quero ajuda!

— Calma, Kássia. Você pode se livrar disso, sim.

— Por que tudo isso aconteceu?

— Porque somos criaturas milenares. Não temos só essa existência terrena. Certamente isso tudo aconteceu para que você criasse resistência a estilos tribais e inferiores de vida. Veja, não foram seus amigos quem a levaram para aquele mundo; se você não quisesse, não teria ido. A culpa também não é dos seus pais; eles sempre a orientaram, deram-lhe de tudo, mas você sempre foi arredia, sempre procurou uma maneira de hostilizá-los.

— O que me atraiu então?

— Acho que você se viu atraída por algo que já experimentou e gostou. Tanto gostou que até viveu bem com eles por algum tempo. Só que, por ter pais que a aconselhassem para uma existência melhor, orientando-a para a evolução moral, para um estilo de vida mais saudável, você parou para refletir e acabou vendo que aquele modo de viver era infeliz, deplorável, desumano.

Os sonhos que você teve foram experiências em lugares na espiritualidade, onde criaturas como aqueles seus amigos ficam aguardando nova oportunidade de vida.

Acho que amigos espirituais a levaram para ver o seu futuro caso continuasse daquele jeito.

— A Regina me disse um dia que eu estava indo contra o que Deus me deu quando tatuei o meu corpo. Pois esse corpo me foi emprestado para essa existência.

— Veja bem, tudo o que existe foi criado por Deus. Não existe absolutamente nada, material ou espiritual, criado pelo homem. O ser humano só transforma e combina matérias e elementos e "monta" algo diferente.

Assim sendo, esse corpo que usamos hoje é uma morada para o nosso espírito, pois é de uma matéria criada por Deus. É por essa razão que não devemos agredi-lo.

Por exemplo, empresto um carro novo e deixo que você faça uso contínuo dele sem me importar. Se você, depois de muitos anos, me trouxer esse carro velho, mas conservado, bem cuidado, velho, mas sem estar em pedaços, eu não vou achar ruim. Afinal, o tempo tudo faz mudar. Entretanto, se você me trouxer esse carro quando ainda estiver novo, porém mal cuidado, batido, todo amassado, enferrujado e com defeitos nas peças, talvez eu não fique feliz.

Primeiro, porque você me trouxe o carro antes da hora, estragou-o antes do tempo. Segundo, porque estragou algo que não era seu. Lembre-se de que eu lhe emprestei o carro.

Sabendo disso, da próxima vez eu lhe darei um carro com defeito, com curta durabilidade nas peças para você usar. Afinal, você não preservou o carro anterior.

Assim somos nós e o nosso corpo.

Se você tem um corpo perfeito e o maltrata com tatuagens, ou fumando e bebendo, deixa-se ficar nervosa, estressada, fadigada, certamente da próxima vez não terá um corpo tão bom quanto esse.

Cuidar da saúde é importante. Higiene é importante, mas tatuar a pele de modo permanente não o é. É como se você achasse que Deus não foi tão perfeito assim porque lhe faltou aquela florzinha, aquele risquinho, aquele tigre ou sei lá mais o quê.

Veja, Kássia, existem pessoas que nascem com manchas escuras ou claras, grandes ou pequenas, escondidas ou bem à mostra, como no rosto, por exemplo, para todo mundo ver. Já parou para pensar se por acaso essa pigmentação anormal na pele não provém da cobrança da consciência daquela mesma pessoa, quando ela, em outra vida, tingiu a pele ou a tatuou?

É lógico que há outras inúmeras explicações para isso, mas creio que a tatuagem seja uma das mais cabíveis causas dessas anormalidades. Lembremos que ela é milenar.

— E o que eu faço agora?

— Não é fácil, mas há como remover isso. Existem hoje cirurgias plásticas ou remoção de tatuagens com laser. Sua sorte é que seu pai pode pagar. Infeliz daqueles que não têm como adquirir dinheiro para isso, porque o custo é alto.

— Será que me livro desses pensamentos e desses vultos?

— Você tem de se harmonizar para se ver livre disso. Não será a remoção das tatuagens que vai lhe trazer paz. Há muitas pessoas tatuadas que não vêem nada. Pelo menos enquanto estão encarnadas.

— O que tenho de fazer?

— Você já está no caminho certo. Todavia, tem de começar a reverter sua posição, pois suas atitudes tiveram conseqüências. Comece cuidando de você. Procure um psicólogo, de preferência espírita, pois geralmente esse profissional é mais aberto e capacitado para entender esses casos. Depois, comece a fazer-se de exemplo. Vai aparecer oportunidade para ensinar a outros adolescentes e pré-adolescentes o que é certo e o que é errado por meio de sua triste experiência.

Calar-se, depois de aprender sob duras penas, é vaidade e orgulho.

— Mas e se me criticarem?

— Se você errou, também acertou quando decidiu fazer o que era certo. Lembre-se de que aqueles que criticam o que fazemos são incapazes de fazer melhor. Todo aquele que trabalha corretamente para o bem não tece críticas, pois sempre está ocupado criando para o bem.

Kássia riu, mas logo seu sorriso se fechou, e ela admitiu:

— Ainda estou com medo.

— Isso é normal. Mas esse medo não reinará por muito tempo, porque você decidiu mudar.

Eles ainda conversaram por muito tempo. Aquela fora uma noite longa na casa de Rodolfo.

28

Dias conturbados

Regina, após as últimas sessões de quimioterapia, recuperou-se bem.

Sua aparência melhorava a cada dia.

Ela, apesar de triste, decidiu se mudar o quanto antes para a casa de sua mãe, pois Jorge havia perdido o imóvel conquistado com tanta dificuldade.

Regina acreditou que, se não se estressasse tanto com aquele problema, estaria poupando sua saúde. E isso era verdade.

Agora, conforme lhe recomendara o médico, ela procurava, mais do que nunca, experimentar uma vida mais saudável.

Viviane, enquanto lhe aplicava babosa nos cabelos, observava:

— Nossa, Rê, seus cabelos estão crescendo bem rápido.

— Eu também acho.

— E agora estão fortes, veja só!

— Ainda bem. Já pensou eu ficar careca para sempre?

Ambas riram, e a amiga perguntou:

— Rê, você não vai mesmo fazer a reconstituição da mama?

Alegre, porém firme e positiva, Regina afirmou:

— De jeito nenhum!

— E vai ficar assim?

— Vou. Decididamente, só permito que cortem o meu corpo com cirurgias necessárias, jamais por estética, beleza. Sabe, Vivi, quem passou pelo terremoto que eu vivi não quer mais saber de luxo, muito menos de vaidade, e sim quer viver uma vida tranqüila. Não estou julgando as companheiras que opinam pela reconstituição da mama. Se acham necessário, devem fazê-la, sim. Mas com as minhas experiências... cheguei a um ponto que, para mim, é fácil encontrar a beleza nas pequenas coisas da vida.

Sinto-me feliz como estou, aprendi a me amar. Sou resignada, graças a Deus, e não quero ter de levar pontos novamente, alongar o expansor com soro fisiológico para esticar a pele, ir lá para fazer a reconstituição, tomar remédios, alguns cuidados com isso e com aquilo. Não! Chega! Vou optar pelo uso de sutiãs pós-mastec e está muito bom. Quem quiser reparar, que repare.

Regina falava de um jeito quase debochado, quando sacudiu os ombros ao terminar, e Viviane riu.

— Só você mesmo para pensar assim.

— Sabe o que é? — Sem esperar que a amiga respondesse, Regina explicou com ar de riso: — Na outra encarnação devo ter sido uma daquelas mulheres bem fogosas e que vivia com o colo à mostra.

Viviane gargalhou, e Regina continuou:

— É sim! Devo ter usado minha beleza, exibido meus seios, porque era só isso o que as mulheres podiam exibir naquela época. Daí, devo ter roubado o marido de alguém. — Rindo de um jeito gostoso, completou: — Por isso eu não tenho seio e ainda perdi o marido.

Rindo, Viviane perguntou:

— E eu, o que fui?

— Para tomar conta de mim hoje... Ah! — riu a amiga. — Você era a dona da casa onde eu trabalhava e ainda deveria me exibir como uma das suas melhores meninas.

Ambas riram da brincadeira, e Viviane falou:

— É! Devo ter desfeito muitos casais. É por isso que estou sozinha.

Mais séria, Regina perguntou:

— Eu ficaria tão feliz se você e Renato estivessem juntos.

— Sabe Rê, há tempos terminamos e... Acho que não daria certo mesmo.

— Por causa da bebida, não é?

— É sim. É verdade. Se ele não bebesse, seria diferente; poderíamos ter tentado, porque o Renato é muito legal. Creio que não adianta nos unirmos a alguém achando que, depois que estiver com a gente, essa pessoa vai mudar, deixar de beber, deixar de fumar, de usar drogas ou de ser violento.

— Vai deixar o futebol...! — tornou Regina.

— É verdade! Vejo que a maioria das moças se casam ou se unem a alguém esperando que o cara se transforme no príncipe encantado depois do casamento.

— O Jorge foi um bom homem antes e um bom tempo após o casamento, depois mudou completamente.

— Seu caso é outro. Antes de se casar, de certa forma, você escolheu e não foi se casando com qualquer um só para ter o nome de casada. Se um homem é grosseiro, é distante antes do casamento, depois, com mais liberdade, vai ser pior! Se ele é agressivo, a tendência é não perder a agressividade; se bebe, vai beber mais ainda quando o casal e os filhos tiverem dificuldades. É nisso que as mulheres deveriam pensar.

— E você pensa em viver sozinha? Isso não a assusta?

— Não vou dizer que quero sempre viver só. Mas não vou ficar me queixando e caçando um homem só para ter companhia. Existem mulheres que aceitam tudo só para não ficarem solteiras. Não podemos julgar ninguém, mas se pensassem um pouquinho mais... é preferível ficar só do que ter todas as noites uma companhia inadequada à paz. — Após pequena pausa, perguntou: — E se o Jorge quiser voltar para você, Regina, o que vai fazer?

— Não! De jeito algum. Não me sinto preparada para tê-lo sob o mesmo teto. Você sabe muito bem o que passei. Estava disposta a uma reconciliação, a perdoá-lo no dia em que foi embora de casa. Foi ele quem me abandonou.

— Eu a admiro muito. Você enfrentando a separação, o câncer... Que resignação!

Regina sorriu e lembrou:

— Acho que o excesso de queixas traz mais dor. Tive e ainda tenho momentos péssimos. Às vezes, meus pensamentos me torturam com idéias tenebrosas de ter de enfrentar essa doença novamente. São nesses momentos que, apesar do medo, faço preces. Mas não creio que os outros sejam obrigados a ouvir minhas lamentações ou me aturar choramingando.

Coloquei em minha cabeça o seguinte: Fora vaidade! Fora depressão! Isso não vai me ajudar a ser feliz ou crescer. Para evoluir tenho de elevar meus pensamentos. Ajudando os outros, ajudo a mim mesma. Então pensei: O que posso fazer dentro desse meu quadro para ajudar os outros e a mim mesma?

— Foi por isso que resolveu participar mais ativamente do grupo de apoio a mulheres com câncer?

— Exatamente! — afirmou Regina. — Através da lamentação recusamos a vida. Se eu sentar e chorar, só vou atrair para mim energias negativas e criar dor em meus sentimentos. O melhor a fazer é ocupar-me em algo útil. Por isso também peguei essas bijuterias para fazer em casa. Além de criar coisas bonitas, sinto-me útil e ainda ganho algum.

— Regina, e se o Fernando procurá-la?

— O Fernando sempre será um amigo. Ele é um homem casado e vejo que está se esforçando para salvar seu casamento. Não creio que ele iria me procurar, e, se o fizesse, eu não aceitaria. Tenho por ele um respeito e um carinho muito grande e lhe desejo muita felicidade mesmo.

— Ah! O Ian ligou e disse que virá aqui hoje.

— Que bom! Tomara que a Kássia venha com ele.

— Acho que sim. Ele está procurando reabilitar a prima e me contou que ela vai trabalhar com ele.

— O Ian está fazendo tanto mistério nesse negócio, você não acha, Vivi?

— Ah! Esqueci de contar! O Fernando me disse que o Ian comprou uma estância; tem cachoeira, piscina, tudo! Ele está montando todo o lugar para fazer uma espécie de *spa*, um lugar para as pessoas descansarem.

— Um hotel-fazenda! — sugeriu Regina.

— Parece que vai além disso. Terá massagem, nutricionista, banhos terapêuticos, ginásticas...

— Que maravilha!

— Vai ser ótimo.

— Oh, Viviane, onde está o Denis, hein?

— Está andando de bicicleta.

— Eu não gosto quando ele some! Dá uma olhada nele para mim?

Nesse instante, Ian chegou e foi recebido com alegria. Enquanto cumprimentava Regina, Viviane foi ver o garoto.

Após alguns minutos Viviane voltou. Seus olhos estavam arregalados quando informou:

— Regina, o Denis não está no quintal nem na rua.

— Como não?!

— A bicicleta está encostada lá no portãozinho.

— Eu não o vi quando cheguei — avisou Ian.

— Meu Deus! Onde está esse menino? — preocupou-se a mãe. — Será que foi na casa de algum coleguinha?

— O Junior e o Toni estavam lá fora; eu perguntei, e eles disseram que não o viram.

— Será que ele não está com a dona Glória? — lembrou Ian.

— Não. Minha mãe saiu e levou só a Amanda com ela.

Naquele momento dona Glória chegou e o neto não estava com ela.

Todos passaram a procurar Denis por toda parte com a ajuda dos vizinhos e de seus coleguinhas. Conforme as horas corriam, Regina entrava em desespero.

Ian, sempre solícito, foi até a delegacia do bairro com a amiga no início da noite para prestar queixa, mas só poderiam fazê-lo após vinte e quatro horas.

Um desespero passou a tomar conta de Regina, que se abraçou a Viviane e começou a chorar muito.

Não podia ser diferente. Os filhos eram as únicas coisas boas que lhe restaram diante de tantas perdas.

Alguém, no meio de tudo, lembrou-se de Jorge.

Ele poderia ter passado e levado o filho consigo. Afinal, Denis era muito esperto; não iria se aproximar de estranhos, não aceitaria propostas ou convites de quem não conhecesse.

A essa altura, Fernando, que já soubera do fato e havia ido até a casa de dona Glória, propôs-se, junto com Viviane, a ir até onde Jorge morava para saber se o pai havia pegado o garoto.

Ao chegarem na pensão em que Jorge se instalara, informaram que ele não estava no momento.

Viviane, muito apreensiva, decidiu esperar, e Fernando concordou.

Bem tarde, Jorge chegou e ignorava completamente qualquer notícia sobre o filho.

— E a Amanda?! — interessou-se o pai.

— Ela está bem. Está em casa.

— Procuraram na casa dos coleguinhas?

— Procuramos em todos os lugares, só faltava ver com você.

O pai ficou transtornado. Esfregando as mãos nos cabelos e no rosto, exibindo-se muito nervoso enquanto tentava pensar em algo, Jorge ergueu o olhar como se um súbito relampejo passasse por seus pensamentos. Olhou para Fernando e Viviane e murmurou:

— Eu a mato... Mato aquela desgraçada.

Dizendo isso, Jorge saiu praticamente correndo, exasperado.

A surpresa dessa atitude deixou Viviane e Fernando sem ação. Sem mais o que fazer ali, voltaram para casa.

Regina havia parado de chorar, mas parecia estar em choque. Em sua mente formavam-se os piores presságios, e, sem ter outra alternativa, teria de aguardar, mesmo estando aflita.

Um fio de suor invadia-lhe as mãos trêmulas, e em seus olhos brilhantes notava-se um grande sofrimento pelas lágrimas teimosas que às vezes rolavam.

Dona Glória, que não experimentava dor menor, abraçava-se a Amanda, que estava dormindo profundamente.

Ian passou a noite ao lado da família consolando-os, ora com uma palavra, ora com um carinho.

Não havia o que fazer. As horas foram as piores inimigas de Regina. Custavam a passar e sem notícia alguma.

Na manhã seguinte, Fernando teve de ir trabalhar, pois não adiantaria ficar ali e não teria como se desculpar no serviço; afinal, o menino não era seu parente, apesar da grande afinidade que tinham.

Ian cancelou seus compromissos e decidiu ficar.

Os corações de todos se entrelaçavam, agora, em uma angústia indizível.

Os vizinhos voltaram a aparecer e continuaram com as pequenas buscas.

Regina sentia-se fraca, entorpecida.

A chegada de uma viatura da polícia na frente da casa de dona Glória assustou muito, e, Viviane, antes que Regina visse, prontificou-se a atender.

Um policial perguntou se ali alguém conhecia Jorge, e ela afirmou que sim.

— Fomos até o endereço de uma pensão e lá tivemos informação desse endereço. Há algum parente dele aqui?

— Sim. A ex-mulher dele mora aqui.

— Posso falar com ela.

— O senhor pode, sim, mas antes, por favor — pediu Viviane com extrema educação —, daria para me adiantar o que é? É que Regina mal terminou um tratamento de quimioterapia e ontem à tarde o filhinho dela desapareceu. Nós o procuramos por toda parte e estamos muito apreensivos.

O homem pensou, olhou para o companheiro e decidiu:

— Um veículo saiu da estrada, capotou e caiu no mar. Dentro havia dois corpos. O de uma mulher, muito bem trajada, que ainda não foi reconhecida, mas trazia consigo documentos em nome de Selma Dias, e o de um homem com documentos em nome de Jorge Vasconcelos. No momento precisamos de alguém para fazer o reconhecimento dos corpos.

Viviane sentiu-se gelar ao se lembrar do que Jorge havia dito. Provavelmente Jorge pensara que Selma havia seqüestrado seu filho, uma vez que, inescrupulosa, ela não devolveu o que lhe pertencia.

Murmurando, Viviane falou:

— Meu Deus!

Nesse instante Ian e Regina apareceram na porta.

Ela trazia uma palidez que irradiava sua dor. Seus olhos inchados denunciavam muito choro.

Aproximando-se, Viviane contou o ocorrido, finalizando:

— Deve ter sido um acidente.

Regina não disse nada e retornou para dentro de casa sem se importar com os demais. Estava em choque.

Ian, junto com dona Glória, acompanhou os policiais para o reconhecimento necessário.

Sem que a amiga percebesse, Viviane telefonou para Fernando, contou o ocorrido e pediu:

— Fernando, não conte nada sobre o que ouvimos do Jorge antes de ele sair correndo. Isso tem de parecer um acidente.

— Por quê? — perguntou o amigo.

— A Selma tem um irmão, e se ele souber disso... Tenho medo de que o Dalton seja uma pessoa vingativa. Nunca sabemos. Quem poderia imaginar que o Jorge iria reagir. Afinal, também pode ter sido realmente um acidente.

— Bem lembrado, Viviane. Podemos trazer mais desgraça com uma verdade inútil.

— Obrigada, Fernando.

Num pacto de confiança e muito respeito, eles não revelaram as últimas palavras de Jorge. Realmente não adiantaria; tudo já estava consumado.

Quando retornaram, dona Glória e Ian confirmaram tudo. Eram Jorge e Selma.

O amigo da família providenciou o velório e o enterro, onde somente alguns poucos vizinhos e funcionários da loja compareceram.

Regina, esperançosa pela volta do filho, não quis sair de casa.

Deitada no sofá da sala, abraçava-se à pequena filha e não queria que a menina saísse de seu campo de visão.

Naquele mesmo fim de tarde, ela e Ian voltaram à delegacia.

Educado, porém sincero, o delegado avisou:

— Vocês não podem imaginar como é grande o número de crianças desaparecidas. Com essa idade, somente uma porcentagem bem pequena pode ser encontrada ou voltam para casa.

Dificilmente alguém poderia traduzir em palavras o que aquela mãe sentia. Apoiada pelo amigo, chorou ainda mais.

O caminho de volta era todo silêncio.

Angustiada, Regina perdia o olhar no firmamento engastado de belas estrelas brilhantes e tinha os nervos fustigados de muita insegurança e dor.

Ian ficou quieto. Não havia o que dizer.

Com a noite alta, já em casa, Regina sofreu uma crise de nervos. Sem se alimentar, fraca, desmaiou e foi levada ao hospital, onde ficou internada.

Na manhã seguinte, não houve nenhum parente no enterro de Jorge, pois dona Glória ficou com sua filha e sua neta.

* * *

À noite, quando estava em casa, Rodolfo encontrava-se na biblioteca quando Fernando o procurou:

— Ah! que bom você ter vindo aqui, Fernando. Quero mesmo falar com você.

— Vim avisar que liguei para a casa de dona Glória e soube que Regina vai ficar internada até amanhã. O Ian vai passar a noite no hospital, e dona Glória ficará com a neta e com Viviane.

— Estou tão chocado com o desaparecimento desse menino. — Os olhos de Rodolfo ficaram marejados, e, mesmo com a voz embargada, ele perguntou: — Quem teria coragem de fazer isso?

— Alguém muito cruel. O pior é que, quanto mais tempo passa, menos chance há de ele aparecer.

Ambos silenciaram, refletindo e lamentando, mas logo Rodolfo avisou:

— Fernando, pretendo vender esta casa.

O filho surpreendeu-se, mas aguardou que o pai prosseguisse.

— Pretendo comprar um apartamento não muito grande. Algo para mim e para sua irmã. Sei que o Ian deve se mudar em breve. Mas me preocupo com você. Já falei com seus tios e tive a impressão de que eles não viam a hora de isso acontecer.

— Fico admirado de eles nunca virem aqui.

— Nem para o enterro do pai deles vieram! Por que viriam para nos ver?

— Pai, veja, a Lorena e eu voltamos a nos desentender.

— É, eu percebi.

— Ela começou a ficar agressiva, estranha... Às vezes penso que está mentalmente desequilibrada. Já a peguei gargalhando sozinha, falando como se murmurasse com alguém, entre outras coisas. Além disso, ela quer voltar para a Europa, e isso eu não vou fazer mesmo.

— E o que pretende?

— Deixá-la ir.

— E ela vai sem você?

— Não sei, pai. Pretendo dizer que...

— Fernando...

— Já sei o que o senhor vai dizer. Já ouvi tudo isso, lembra? Só que não estou feliz ao lado dela, às vezes sinto-me ameaçado.

— Como ameaçado?!

— Estou inseguro com a Lorena. Nem consigo dormir direito. Várias vezes fingi que estava dormindo e a reparei. Lorena fica insone, falando baixinho, rindo ou brigando. Quando faço que acordo, ela se recompõe e age como se nada estivesse acontecendo.

— E você vai abandoná-la agora? Lorena não tem mais ninguém.

— Ora, pai, todos sabemos que ela se dá melhor com a tia Rebeca do que com o próprio Ian. Nunca vi duas pessoas serem tão parecidas.

— Eu não sei o que dizer. Estou chocado com o sumiço do Denis, preocupado com sua irmã. Quero sair dessa casa e tenho de pensar em você, nos empregados e em tantas outras coisas. Vamos tentar dormir e ver se idéias melhores chegam. Estou exausto.

Fernando, insatisfeito, calou-se, e Rodolfo retirou-se para dormir.

O pai não percebeu, mas o filho tinha a intenção de passar a noite no escritório. Fernando não queria estar ao lado da mulher.

Insone, ele resolveu telefonar para Viviane e saber como estavam as coisas.

Já em seu quarto, deitado, Rodolfo também se inquietava.

A lembrança viva do falecido pai, o austero senhor Horácio, não lhe saía da mente.

Seus pensamentos pareciam ecoar a voz do pai, que lhe advertia quanto ao envenenamento de Lídia.

"Será?", pensava Rodolfo. "Não! Devo estar louco."

Todavia, a nora realmente agia de modo estranho. Ele a viu rir sozinha de forma descontrolada quando todos estavam preocupados com o sumiço de Denis, o amiguinho de seu filho. Além disso, quando souberam da morte de Jorge, Lorena pareceu ter um sorriso no olhar, e ele mesmo a viu murmurar algo.

Rodolfo estava acostumado a pessoas dissimuladas que tramam e atraiçoam, mas assim! Vivendo em sua casa!

Rapidamente ele concluiu:

— Meu pai estava desconfiado de que Lídia poderia ter sido envenenada. Será que Lorena... e se o senhor Horácio conseguiu, de algum modo, reunir provas disso, deve ter ido falar com ela e... Lorena mesmo disse que estava perto dele na escada quando caiu.

E o filho de Regina? Lorena ficou furiosa com o que o garoto fez com o cabelo do Helder, mas... Não! Isso é muito hediondo! Agora o Fernando vem dizendo que não confia na esposa.

Rodolfo fervilhava seus pensamentos com inúmeras comparações e suspeitas.

O cansaço, misto a tantas preocupações, não o deixou conciliar o sono.

Aquela noite parecia interminável. Rodolfo pensava que não podia confiar a Fernando aquelas informações; o filho estava confuso, além do que Lorena era sua mulher.

— Lídia — murmurou —, que falta você me faz. Não tenho ninguém para me ouvir.

29

Orar é importante, mas não é tudo

A manhã seguinte ainda era bem triste.

Sensato, de frente ao filho para fazer o desjejum, Rodolfo nada comentou. Mas Fernando percebeu-o diferente, imerso em profundos pensamentos, pois seu rosto denunciava suave perturbação.

Ao encarar a nora, Rodolfo sem perceber franziu o sobrecenho e fitou-a por longo tempo, enquanto refazia inúmeras questões íntimas quanto à capacidade da moça. Se estivesse certo, tanta sordidez e crueldade o enojavam.

Um silêncio fúnebre pairou no ar.

Envolta em pensamentos sombrios, Lorena pareceu sentir que algo estava errado. Mas tudo se dissipou quando Ian adentrou a sala com seu sorriso bom, que trazia um bálsamo sereno àquele clima pesaroso.

— Bom dia!

— Bom dia, Ian! — retribuiu o tio, após os demais. — E lá no hospital, Regina está bem?

— Ela dormiu a noite toda sob o efeito de sedativos, é lógico. Agora cedo a Viviane chegou lá, e vim para me recompor um pouco.

— A situação não é fácil. Se fosse meu filho, estaria completamente louco — reconheceu Fernando.

— Não está sendo fácil mesmo — concordou Ian. — Não há o que dizer e muito pouco o que fazer. Hoje à tarde ela recebe alta.

— Quem vai levá-la para casa? Você?

— Sim. Vou resolver algumas coisas agora pela manhã e após o almoço estarei lá. Só que nos outros dias tenho de me reunir com o administrador contratado e com outro pessoal; ficarei com o dia cheio. Acho que poderei vê-la só à noite.

— Eu precisava conversar com você, Ian — revelou Rodolfo.

— À noite estarei em casa, tio.

— Certo. Até a noite — decidiu Rodolfo, despedindo-se de todos.

Lorena permaneceu calada, mas pressentindo algo no ar. Seus olhos ávidos denunciavam inquietude.

* * *

Bem mais tarde, quando retornou para sua casa, Regina sentou-se na sala e apertou seu único tesouro de encontro ao coração.

Amanda parecia entender a necessidade daquele longo abraço e acariciava sua mãezinha com suas mãozinhas delicadas ao dizer:

— Não chora, mamãe. Eu tô aqui.

Regina nunca se sentiu tão amargurada e infeliz. Chegava a ficar com a mente vazia, extenuada.

O ambiente era triste e opressivo, algo de muita dor.

Inúmeros amigos e vizinhos iam e vinham prestando apoio e solidariedade.

Regina e sua mãe eram pessoas muito queridas por todos. Elas não ficaram sós.

Foram em momentos de visita que dona Glória, longe da presença da filha e da neta, desabafava sua dor.

Algumas vezes, Regina acreditava ouvir a voz de Denis, o seu riso gostoso e o seu barulho ao brincar no quintal. Mas era sua imaginação desejando intensamente sentir tudo aquilo novamente.

Ian, explicando que tinha negócios a tratar, ia se despedindo de todos quando percebeu a chegada de Renato.

O filho de dona Glória entrou na sala, olhou para todos, cumprimentando-os com jeito tímido, e dirigiu-se à irmã, que estava sentada em um sofá, dizendo-lhe:

— Eu soube o que aconteceu. Você não acha que é hora de buscar Deus? Não acha que é o chamado do Espírito Santo que tem uma obra em sua vida?

Erguendo o olhar melancólico e exausto, Regina, com voz fraca, pediu quase implorando:

— Renato, por favor, me poupe nesse momento.

Calmamente, Ian aproximou-se do rapaz e, com seu jeito bondoso e um tanto alegre, pediu educado:

— Oh, Renato, vamos ali na cozinha conversar um pouquinho. Depois você volta para falar com sua irmã. Vamos lá.

— Eu preciso dizer a verdade. Vim aqui para um último chamado.

— Eu sei — tornou o amigo da família. — Mas vamos ali um pouquinho só para tomarmos um cafezinho que acabaram de preparar.

Conduzindo Renato, Ian fez com que ele o acompanhasse.

Viviane serviu os dois, que se sentavam um em frente ao outro, e logo Ian fez-lhe um discreto sinal para que a moça os deixasse.

— Sabe o que é? — argumento Ian. — A Regina acabou de chegar do hospital. Está exausta, e você sabe que sua irmã acabou de sair de um difícil tratamento de quimio, né?

— Eu sei disso, mas acho que esse é o momento certo para convertê-la.

— Convertê-la para...?

— Para Deus! — exclamou o moço. — Para os milagres que o Espírito Santo pode operar em sua vida. Chega de engano! — Renato estapeou a mesa quase gritando: — Chega de tormentos! É o choro da minha irmã que a fará voltar para a Glória do Senhor! Para a Sua salvação!

— Fico contente em vê-lo interessado na melhora de sua irmã — tornou Ian. — Sim, porque salvação, para mim, significa melhorar, recuperar, isenção de tormentos, e é muito bom desejarmos o bem para alguém. Mas fico preocupado com uma coisa.

— Com o quê?

— Com a forma como você vai dizer a Regina que deseja que ela se erga. Veja, sua irmã está sensível, fraca.

— Mas a verdade do Senhor tem de ser dita!

Com brandura e educação em todo momento, Ian afirmou:

— Concordo com você. Não dizer a verdade é hipocrisia.

— É bom ver que você concorda comigo. Há tempos atrás tive outros pensamentos a seu respeito, quando esteve aqui no dia em que minha mãe me pediu para deixar essa casa.

Quando percebeu que Renato ia se levantar, Ian deteve sua atenção, fazendo-o voltar ao assunto.

— Percebi que você não está falando com sua mãe.

— Minha mãe me colocou para fora dessa casa. Eu não tenho mais nada para dizer a ela. Só voltei aqui porque ainda não havia falado com Regina a respeito de sua conversão, do seu arrependimento.

— E se ela não aceitar se converter?

— Se assim for, não tenho mais nada para fazer aqui.

— Você segue o que Jesus ensinou, Renato?

— Claro!

Com jeito tranqüilo, como se declamasse, Ian falou:

— "Porém vos digo: Amai os vossos inimigos, bendizei os que vos maldizem, fazei o bem aos que vos odeiam e orai pelos que vos maltratam e perseguem ... Pois, se amardes só os que vos amam, que recompensa tereis? Não fazem os publicanos também o mesmo? E, se saudares unicamente os vossos irmãos, que fazei demais? Não fazem os publicanos também assim?"

— Isso é diferente — tentou defender-se Renato.

— Por que é diferente? Jesus, nesses ensinamentos, nos diz para sermos perfeitos como o Pai que está no Céu, "porque faz que o sol se levante sobre maus e bons, e a chuva desça sobre justos e injustos". Jesus ensinou-nos também a amar ao próximo como a nós mesmos. Então, Renato, você precisa refletir: Será que dizer tudo o que pensa, da forma como acredita, é amor? Você vai estar amando sua irmã como nos ensinou o Divino Mestre? O que para uns é correto, dentro dos acontecimentos imediatos na vida de sua irmã, pode ser agressivo e cruel. Você pode estar faltando com esse "amor ao próximo" que Jesus ensinou.

— Mas eu não posso perder esse momento.

— Ela está fragilizada. Aliás, creio que todos nós estamos.

— Minha mãe e Regina sempre viveram em pecado. Sempre se serviram do demônio, dessa maldita religião em que se envolveram. Foi só isso, foi por esses espíritos demoníacos que eu me vi amarrado no álcool por todos esses anos. Hoje eu me libertei! O sangue de Jesus tem poder! Mais poder do que elas pensam! — explicou o moço com ênfase, quase gritando.

Brando, Ian comentou como se refletisse:

— "Não julgueis, para não serdes julgado". É bem interessante essa colocação de Jesus, pois costumamos dizer coisas das outras pessoas que podem não ser verdade e fazemos isso por falta de conhecimento. Jesus ainda nos diz: "Hipócrita, tira primeiro a trave do teu olho e então cuidarás em tirar o argueiro do olho do teu irmão".

— Não estou julgando! É fato que as duas sempre estiveram ligadas a esses espíritos satânicos.

— Sabe, Renato, quando Jesus diz para tirarmos primeiro a trave dos nossos olhos, quer dizer para adquirirmos conhecimento. Sem conhecimento vivemos enganados, ignorantes e cheios de mitos, de medo. Aliás, Jesus diz para adquirirmos conhecimento quando nos fala: "Conheça a verdade, e a verdade vos libertará". Eu creio que, apesar de viver ao lado de sua mãe e de sua irmã todos esses anos, você nunca as conheceu, nunca conheceu o que elas buscam.

— Esse Espiritismo está levando as duas para o inferno.

— Alguns anos atrás eu fazia uma confusão danada com algumas religiões; sabe o que foi que me esclareceu? Uma frase de sua irmã quando disse mais ou menos assim:

"Espiritismo é Jesus". Jesus não usou flores, velas, fitas, cantos, roupas dessa ou daquela cor em determinado dia da semana. Jesus não mistificou nada para nos voltarmos para Deus. Tudo é muito simples, Renato. Somos nós que acreditamos que as coisas têm de ser complicadas e mistificamos tudo.

Jesus não fundou uma única religião sobre a Terra. Ele só deixou ensinamentos aos homens. E um dos maiores deles é: "Bem-aventurados os pacificadores, porque eles são chamados filhos de Deus".

Pense bem, Renato: Será que estou sendo pacificador se falar o que penso? Da maneira como penso?

Se conhecer o Espiritismo, verá que ele é mais uma filosofia do que uma religião.

Muitos criam idéias absurdas de que o Espiritismo é algo sobrenatural, mágico, inatingível pela razão, quando, na verdade, a Doutrina Espírita nos ensina a fé raciocinada, nos mostra que tudo tem uma causa e uma origem cientificamente explicada. Inclusive, lendo *O Livro dos Médiuns*, vamos nos alertar para os espetáculos que alguns criam ou inventam só para aparecer e usando o nome do Espiritismo, ou dos espíritos, acabam por fazer com que muitos fiquem descrentes da Doutrina Espírita, que na verdade nada tem a ver com essas pessoas. O Espiritismo não tem representante encarnado. Essa Doutrina nos faz pensar e repensar nossas atitudes, a fim de analisarmos se estamos agindo como nos ensinou Jesus. Com isso nos reformamos intimamente.

— Eu...

Educado e generoso, Ian pediu com jeitinho:

— Por favor, deixe-me terminar essa linha de raciocínio. Muito me admira você ter uma mãe como dona Glória e possuir idéias como as suas. Eu, há algum tempo, venho estudando sobre diversas religiões e vi no Espiritismo uma proposta para eu refletir, pensar e repensar; isso é filosofar. Para isso, precisamos conhecer, comparar as coisas com razão, sem emoção, só por meio do raciocínio lógico.

Sabe, às vezes creio que os protestantes não gostam do Espiritismo por causa da crença na reencarnação e da lei de causa e efeito, porque normalmente as pessoas não querem acreditar que serão responsáveis pelas conseqüências de seus atos.

— Não! — reagiu Renato. — Não gostamos do Espiritismo porque lida com o diabo.

— Onde foi que você viu o diabo aqui na casa de sua mãe ou no Centro em que ela freqüenta?

— Mas e toda essa desgraça que está acontecendo na vida dela? Isso é obra do maligno.

— São provas ou expiações que todos temos de passar. Veja, Renato, você acha que Deus é tão cruel, injusto ou sádico a ponto de fazer um ou vários de seus filhos ficarem mutilados ou doentes só por acaso? Se assistirmos aos noticiários, veremos muita gente passando fome, vivendo na miséria, na verdadeira desgraça. Enquanto outros, muito poucos, vivem no luxo, são arrogantes, vaidosos e miseráveis. Participam de leilões pagando quantias absurdas por peças e materiais vis que ficarão aqui na Terra quando eles se forem. Pense comigo, Renato. Que Deus é esse que permite a riqueza e a miséria tão extremas e desequilibradas? Agora, se pensarmos no processo da reencarnação, pensaremos num Deus bom e justo, como nos ensinou Jesus. Pois hoje estamos passando, sofrendo ou pagando o que em outra vida fizemos outras pessoas sofrerem.

— Não! Para aquele que sofre hoje, Deus está reservando algo muito especial.

— Mas espera aí! Então esse Deus que você fala é injusto, porque está fazendo sofrer uma pessoa que não fez nada de errado. — Tomando fôlego, Ian continuou: — Renato, você é um cara inteligente, tem nível superior, penso que deveria ser mais racional.

— Jesus nunca falou sobre reencarnação e nunca conversou com espíritos como fazem os espíritas.

Ian, num relampejo de pensamento, recordou-se rápido:

— Ontem mesmo, antes de me deitar, li em Mateus, Cap. 11, v.v. 11 e 12, onde Jesus diz: "Que entre os nascidos de mulher não apareceu alguém maior do que João Batista... Todos os profetas e a lei profetizaram até João... E, se quereis dar crédito, é este o Elias que havia de vir. Quem tem ouvidos para ouvir, ouça". E em Mateus mesmo, no Cap. 17 que fala sobre a transfiguração de Jesus, diz que Elias e Moisés apareceram para Jesus e falaram com Ele. Não estava Jesus, nesse momento, falando com os espíritos? E nesse mesmo capítulo Jesus torna a falar que Elias já veio e não o reconheceram, "então entenderam os discípulos que lhes falara de João Batista".

— Mas Jesus conversava com espíritos bons! — alegou Renato.

— Mas Jesus disse que poderíamos fazer o que Ele fazia. Disse claramente que João Batista era Elias; Ele só não usou o termo reencarnação. Além disso, se formos observar, a lei de causa e efeito foi aplicada a João Batista quando lhe cortaram a cabeça, pois, quando viveu como Elias, o último dos profetas de Israel, defrontou-se com os profetas do deus Baal e após a "prova do fogo" não permitiu que nenhum escapasse com vida, cortando-lhes as cabeças.

Veja, não sou eu quem conta isso, não foi o Espiritismo que inventou essa história, é a própria Bíblia que a conta.

Se Elias pode reencarnar, por que nós não?

Jesus ainda disse que nem tudo poderia falar, mas nos prometeu enviar um Consolador para dizer o que Ele dizia e muito mais, e ainda que esse Consolador ficaria eternamente conosco. Pense: Que Consolador humano ficaria eternamente? Como eu disse, o Espiritismo não tem um representante encarnado; o Espiritismo está nos cinco livros da Codificação Espírita, e os livros podem ficar eternamente aqui, geração após geração.

Veja, Renato, somente a reencarnação explica a desigualdade social, a diferença de personalidade, de aparência, e tudo o mais.

Crendo na reencarnação, cremos em um Deus bom e justo; diferente disso, é impossível.

Terminando de falar, Ian percebeu que Renato, a essa altura, sentia-se nervoso, quase irritado, e Ian completou:

— Religião é religar-se a Deus, e nós nos voltamos e nos ligamos a Ele por meio de atitudes, palavras e pensamentos bons, não pelo grupo religioso que freqüentamos, pois "a boca sempre fala o que temos no coração".

— Nós, evangélicos, oramos e cantamos para saudar o Senhor e para sermos ouvidos.

— ..."Quando orares, não sejas como os hipócritas, que se comprazem em orar em pé nas sinagogas e nas esquinas das ruas para serem vistos pelos homens. Em verdade vos digo que já receberam o seu galardão. Mas tu, quando orares, entra no teu aposento e, fechando a tua porta, ora a teu Pai que está oculto, e teu Pai, que vê secretamente, te recompensará. E orando não useis de vãs repetições, como os gentios, que pensam que por muito falarem serão ouvidos". — Olhando bem nos olhos de Renato, Ian falou: — Meu amigo, se você acredita em um Deus Onipotente, Onisciente e Onipresente, deve acreditar que Ele sabe tudo o que se passa nos seus pensamentos e no seu coração. Não são gritos desvairados ou gemidos de lamentações que dizem a Deus o quanto O amamos, o quanto precisamos Dele ou do que precisamos. Orar é importante, sim, mas não é tudo.

O mais importante não é a religião ou a filosofia de vida; o mais importante são as ações compatíveis com o amor do Pai da Vida.

Quando entendemos que o semelhante precisa da nossa compreensão, que essa compreensão com palavras, atos e pensamentos benevolentes e pacíficos é o verdadeiro amor, então somos realmente filhos de Deus, como Jesus ensinou, independentemente da religião.

Não acredito que, se uma pessoa for prudente e bondosa, ela não será acolhida por Deus por não ter determinada religião.

Por isso, Renato, pense bem: Se Jesus fosse dizer algo para sua irmã nesse momento, o que será que Ele diria? Certamente não diria para que ela se salve porque sua mãe vai para o inferno.

Qual filho, amando seu pai e sua mãe, viveria feliz, confinado no paraíso, se soubesse que um deles sofre no fogo do inferno?

Dentro da sua filosofia de vida, qual mãe viveria em paz no eterno paraíso se soubesse que seu filho querido, por quem sofreu, amou e cuidou, está padecendo em condições horripilantes no doloroso inferno?

Nenhuma mãe deixaria um filho sofrer.

Nenhum pai daria pedra ao filho no lugar de pão. Nenhum pai daria a um filho uma serpente se esse lhe pedisse um peixe. Como nos disse Jesus, se nós, que somos maus, não somos capazes de fazer isso, quanto mais o Pai que está no céu.

Deus não confina ninguém eternamente ao inferno.

Se eu tivesse um filho e soubesse que ele sofre, jamais descansaria no paraíso. Mergulharia nas profundezas do inferno para tirá-lo de lá. E olha que a minha compreensão de amor é bem pequena se comparada ao amor de Deus. Ele não nos deixa sofrer eternamente, mas por amor permite que a nossa consciência nos cobre. Permite que harmonizemos o que fizemos de errado.

Renato se calou diante das reflexões de Ian, que encerrou com uma explicação bem simples:

— Meu amigo, tudo é muito simples. A filosofia da Doutrina Espírita ensina que, se você pisar propositadamente no pé do outro, futuramente o dedo que vai doer será o seu. Essa é a lei de causa e efeito. Mas, quando reconhecemos que erramos e procuramos corrigir esse erro, poderemos não sentir tanta dor quando chutarmos uma pedra.

Renato se levantou, e Ian pediu:

— Pense bem no que vai dizer a Regina. Tenha compaixão. E, se possível, lembre-se de que sua mãe iria ao inferno por você, não importa onde ele seja nem qual a distância.

Confuso, Renato foi até a sala, sentou-se alguns minutos ao lado de Regina e afagou-lhe os cabelos com carinho, sem dizer nada.

A irmã abraçou-o e chorou muito.

Ao decidir ir embora, o rapaz procurou pela mãe, beijou-lhe o rosto como antes e depois se foi.

Ian, logo se despediu novamente e, ao ajoelhar-se perto de Regina, avisou:

— Preciso ir. Mas, por favor, me ligue.

— Obrigada, Ian. Não há como agradecê-lo.

Após se retirar, o amigo foi embora para cuidar de seus negócios e, ao chegar em casa, pelo acúmulo de cansaço dos últimos dias, não resistiu ao sono que o dominou, esquecendo-se até de que seu tio queria falar com ele.

30

Depressão – o câncer da alma

Os dias se arrastavam lentos, enquanto Regina sentia distanciar-se da esperança de encontrar Denis.

Muitos amigos, conhecidos e vizinhos empenharam-se em ajudar a família divulgando o desaparecimento do menino com cartazes e tudo o mais. Porém, agora, com o passar dos dias, o ânimo dessas pessoas diminuíra, e algumas, devido às tarefas cobradas pela vida cotidiana, precisaram afastar-se.

Regina tentava suportar firme o rude golpe. Precisava ser forte, tinha Amanda para cuidar e preocupava-se também com seu futuro, com a vida de todos ao seu redor, pois dona Glória praticamente só tinha a ela e a pequena neta, além de Viviane, que lhe era como filha.

Viviane havia-se mudado para a casa de dona Glória. Seus irmãos não se importaram, e suas cunhadas, muito menos.

Sentada na pequena área da frente da casa, Regina olhava o quintal e o jardim, ansiando ainda ouvir a batida do portão ao abrir-se rápido e os passos apressados do filho querido que sempre chegava afoito para contar mais uma novidade.

Regina, em suas lembranças, era capaz de escutar seu riso gostoso e sua voz ligeira atropelando as palavras.

Lágrimas compridas corriam-lhe pela face, e uma imensa saudade dolorosa palpitava em seu peito. Foi quando se lembrou de Lídia, a amiga a quem tentou confortar quando a conheceu num momento tão difícil como aquele.

Que dor inenarrável! Quanta angústia!

Naquele mesmo instante, sem que Regina pudesse perceber, na espiritualidade, Lídia e Cristiano, junto com alguns outros amigos espirituais, acercavam-se dela com carinho.

Abraçando-a com ternura, Lídia a inspirou como se a amiga pudesse ouvi-la:

— Minha doce Regina, realmente não há palavras que nos confortem num momento como esse. Principalmente no seu caso, onde a incerteza toma conta do seu coração. Não sabe onde está o filho querido. Oh, Regina, como sinto por sua dor... Mas socorra-se em Deus. Lembra-se de quando me disse que meu filho estaria onde os meus pensamentos o colocassem? Que ele receberia todos os sentimentos que eu o enviasse? Então, Regina, vibre amor, que, onde quer que esteja, Denis vai recebê-lo.

Regina ignorava o que acontecia na espiritualidade, mas ouvia em seu íntimo as inspirações da amiga.

Aproximando-se, Cristiano curvou-se e também aconselhou:

— O pensamento é energia, é vida. Por mais que lhe doa, por mais que esteja triste, pense no filho querido com amor, como se ele estivesse viajando e você desejasse que aproveitasse bem essa viagem, com alegria e felicidade.

Cristiano, aproximando-se, beijou-lhe a face pálida e voltou-se para Lídia, argumentando:

— É uma separação difícil por ela não ter certeza da condição do menino.

Um amigo que os acompanhava admitiu:

— Estão aguardando que ela se acalme um pouco mais. Em breve, Regina vai estar com seu filho.

— Isso será muito bom para eles — acreditou Cristiano.

— Regina precisa agora ocupar-se com coisas mais construtivas. Não pode se entregar à tristeza ou deixará de viver — concluiu outro amigo do grupo.

— Mas, Antonio, é muita dor! — acreditou Lídia.

— Eu sei. Não estou exigindo que ela ignore o sofrimento, mas Regina tem Amanda, tem sua vida, e isso ela não pode abandonar — considerou Antonio com bondade.

— Ela tem fé — afirmou Cristiano —, por isso tem certeza de que Deus olha por seu garotinho e o protege.

Sem entender, Regina sentiu como se um bálsamo tranqüilizante a envolvesse.

Suspirando fundo, após consultar o relógio, ergueu-se e, apesar da dor, caminhou poucos passos, entrou na sala e avisou a mãe que iria buscar Amanda na escola.

— Não, Regina. Deixe que eu vou — disse Viviane.

— Pode deixar, Vi. Vou andando devagarzinho, não se preocupe. Preciso sair um pouco.

Dali, Lídia, Cristiano e os amigos que os acompanhavam foram até a casa de Rodolfo.

Naquele dia Rodolfo não havia ido ao escritório, pois precisava resolver alguns assuntos relacionados à venda da casa.

Lídia e Cristiano o encontraram na varanda, em pé, olhando para o belo e bem cuidado jardim.

Aproximando-se, Lídia e Cristiano o abraçaram com carinho.

— Que saudade, meu amor — disse a mulher.

Imediatamente ele se lembrou da esposa, e uma doce saudade envolveu seu coração.

"Se Lídia estivesse aqui...", pensava. "Acho que tudo isso seria bem diferente."

Mesmo sabendo que ele não podia ouvir, ela respondeu:

— Devemos aceitar os desígnios de Deus.

"Sinto-me tão só", tornou ele. "Com Lídia ao lado, eu me sentiria mais seguro, mais confiante."

— Se estamos separados hoje, isso significa aprendizado para ambos. Nada é por acaso. Mas o Pai é misericordioso, e vamos nos encontrar novamente. Estaremos juntos, acredite.

Nesse momento, Lorena surgiu por uma das ruazinhas do jardim, andando distraidamente.

Quando a viu, Rodolfo mostrou um rosto contraído e sisudo. Ele acreditava que precisava fazer alguma coisa e imaginava por onde deveria começar.

A chegada de Eunice tirou-o daquelas reflexões.

— O senhor aceita um café?

— Oh, Eunice, agora não. Depois que os corretores chegarem, aí você nos serve, está bem?

— Como o senhor quiser.

Quando a empregada ia se retirar, o patrão a chamou:

— Eunice, por favor. — Após aguardar sua aproximação, completou: — Sei que você e os outros empregados estavam descontentes com o tratamento que vinham recebendo da minha nora. Gostaria de saber se essa situação está melhor.

Constrangida e algo surpresa, ela respondeu:

— A dona Lorena mudou muito.

— Sei que você observa tudo o que acontece aqui em casa, nós a consideramos muito e, por isso, gostaria que fosse bem sincera. Você tem percebido algo diferente com a Lorena, além daquilo que me contou outro dia?

— Sabe, seu Rodolfo, a gente trabalha aqui e não é bom julgar ninguém.

— Não é questão de julgamento, Eunice. Estou preocupado com a saúde mental da minha nora. — Num desabafo, ele confessou: — Na verdade, estou preocupado com o que ela pode ter feito ou ainda com o que pode fazer.

A moça baixou a cabeça, depois olhou para Lorena, que estava bem distante deles, e voltando-se para Rodolfo admitiu:

— Sabe, nunca achei dona Lorena normal. Mas depois que ela voltou para morar aqui definitivamente penso que ficou pior.

— Por quê, Eunice?

— Ela tem uma coisa muito ruim que não consigo explicar; é algo que sinto. A dona Lorena é vingativa, e isso é muito perigoso.

Perspicaz, Rodolfo perguntou com simplicidade:

— Você acha que ela se vingaria de alguém?

A empregada dissimulou com gestos, mas depois respondeu:

— Sabe, seu Rodolfo, muitas vezes, quando a dona Lídia ficou doente e tinha aquelas crises, vi a dona Lorena rir satisfeita, feliz mesmo, só porque a sogra passava mal. Quando dona Lídia morreu, ela teve a coragem de jantar sozinha, e antes disso, não sei se o senhor sabe, ela abriu até champanhe.

— Você acha que ela teria coragem de fazer algo contra Lídia?

— Ah, teria! — afirmou convicta e mais à vontade.

— E você acha que ela teve oportunidade para isso?

Após pensar bem, Eunice se lembrou:

— Uma vez surpreendi dona Lorena lá no quarto da dona Lídia. Ela ficou brava quando me viu e disse que estava com enxaqueca e procurava um remédio.

Vi que na sua mão tinham vários comprimidos. Ela fechou o vidro e saiu depressa do quarto. Avisei dona Lídia, mas ela não se importou e até riu, dizendo que Lorena havia mexido nas vitaminas.

— Mas, se Lorena retirou os comprimidos, não houve como ela ter feito algo.

Foi então que Eunice, demonstrando-se bem esperta, pensou e supôs:

— É, mas e se ela encheu esses comprimidos com um pozinho de veneno?

— Espera aí! — interferiu Rodolfo, surpreso. — Então não eram comprimidos, mas cápsulas de gelatina que continham medicamentos. Essas cápsulas podem ser abertas e montadas novamente sem que alguém perceba. É isso o que você quer dizer?

— Isso mesmo! Ai, seu Rodolfo, olha eu acusando alguém de um crime sem saber.

Rodolfo procurou manter o semblante tranqüilo a fim de não assustá-la.

— Você acha que isso é possível, Eunice?

— Ah! O doutor Horácio vasculhava todo o quarto de dona Lorena cada vez que ela saía.

— E você sabe dizer se ele achou alguma coisa?

— Olha, seu Rodolfo, acho que já estou falando demais,

mas eu ouvi os dois discutindo na escada antes de o pai do senhor cair. Ele disse que queria falar com ela no escritório. Aí falou o nome de um negócio que tinha encontrado nas coisas dela. Não deu para ouvir direito, pois eu estava na porta da copa.

— Você acha que ela teve chance de empurrá-lo?

— Eu não vi nada, mas quando, naquela noite, levei o Helder para a cozinha, depois de algum tempo a dona Lorena apareceu e pediu para eu sair. Eu me afastei; não pensei que fosse sério. Então ela falou: "Filho, presta atenção, a mamãe tentou segurar o seu bisavô, viu?" Depois o Helder disse que estava com medo, e ela tornou a repetir: "Você está com medo porque viu que a mamãe quase caiu para segurar o seu bisavô, tá bom? Se você disser isso para os outros, vai ficar sem mamãe". Ela disse outras coisas bem baixinho, as quais não ouvi. Pensei em falar para o senhor, mas tive medo.

— E por que está tendo coragem de me contar isso agora?

— Porque o senhor vai vender essa casa, vou ter de arrumar outro emprego e não verei mais dona Lorena. Tenho medo dela. Às vezes, eu a vejo dançando, rindo ou falando sozinha e de jeito estranho.

— Meu Deus! — murmurou Rodolfo. — Nem sei por onde começo.

— Mude-se daqui, seu Rodolfo, afaste-se dessa casa; tudo aqui está muito ruim. O senhor vai ver como a Kássia e tudo na sua vida vão melhorar.

— Vou fazer isso. Já estou com um apartamento em vista. Mas não posso me esquecer do Fernando e do Helder. E... a propósito, Eunice, não procure outro emprego, pois gostaria que continuasse trabalhando para mim.

— Eu já estava preocupada, pois soube que o seu Ian chamou o Américo e a Lúcia para trabalharem para ele.

— Não se preocupe, eu e Kássia vamos precisar de você.

A moça estendeu um largo sorriso de satisfação e, emocionada, agradeceu muito, depois se foi.

Na espiritualidade, todos acompanhavam a conversa, e Lídia argumentou:

— Pobre Lorena. Teve tantas oportunidades.

— Mãe, não sente nada contra ela?

— Cristiano, de alguma forma os ensinamentos de Jesus iluminaram minha consciência. Para dizer a verdade, o que sinto por Lorena é imensa piedade. Tenho muita dó dessa moça. Ela será vítima dela mesma.

— Que bom vê-la pensando assim, mãe. Não é fácil nos elevarmos a esse ponto, eu bem sei.

— Depois que compreendemos e acreditamos que a vida não acaba após a morte e que vamos nos reencontrar, tudo fica mais fácil. Lembro-me de que quando você se foi, Cristiano, fiquei num desespero só.

— É, eu sei.

— Não vou dizer que deixei de sentir aquela dor ou de experimentar a separação sem saudade, mas com os ensinamentos que Regina me propôs consegui reerguer-me na esperança de encontrá-lo algum dia. Consegui enxergar um Deus bondoso e justo. E, sendo Ele o Pai amoroso que Jesus ensinou, Ele não nos separaria eternamente. O mesmo aconteceu quando desencarnei e comecei a sentir falta dos que ficaram. Só que aí, mais preparada, experimentei uma saudade com misto de amor, não uma egoísta ou melancólica.

— Não é fácil aprender isso.

— É que, quando encarnados, esquecemo-nos de cuidar de nós mesmos como espíritos eternos que sofrerão e provarão tudo o que fizeram outros sofrerem. Encarnados, cuidamos normalmente só do que é material, somos egoístas, vaidosos... Quando na verdade saímos da encarnação exatamente como entramos, levamos somente nossas práticas morais.

— Veja a pobre Lorena — interferiu Antonio. — Deixou que se aproximassem dela espíritos compatíveis com seus pensamentos nervosos, egoístas e vingativos. Agora tem o coração envolto por uma névoa sombria e pagará tributo à própria consciência desequilibrada, que lhe cobrará cada centelha de tudo o que praticou.

Lorena já está sendo embalada pelos pesadelos que seu íntimo criará e com a ajuda desses companheiros espirituais que se comprazem em fazer o mal e dos inimigos adquiridos no passado que não vão perdoá-la em breve padecerá sérios tormentos.

Veja — mostrou Antonio, apontando para Lorena —, olhem bem os vultos remontados ao seu redor. São espíritos inferiores, impiedosos e sórdidos que já estão bem afinados com ela.

— Foram eles que a induziram a cometer os crimes? — questionou Cristiano.

— Posso dizer a você: "Pegue uma faca e vá ferir alguém que o magoou". Se você não for uma criatura vingativa, irá imediatamente reverter essa idéia. Se for imprudente, ainda poderá pensar: "Puxa! Eu queria que o fulano morresse". Agora, se você for tão sórdido, tão vil quanto minha idéia, começará a planejar como poderá ferir, matar ou prejudicar quem o magoou.

Assim sendo, meu amigo, os outros podem induzi-lo, mas seu nível moral, espiritual, sempre ecoará mais alto em sua razão, na sua consciência.

Todos refletiam naquele exemplo, e logo Lídia perguntou:

— Esses espíritos sem evolução podem nos ver?

— Não — afirmou Antonio. — Estão em um nível mental e moral bem inferior. — Aproveitando a pausa, Antonio solicitou:
— Bem, pessoal, acho que está na hora de irmos.

— Eu só queria ver minha filha — pediu Lídia com jeitinho.

— Então vamos! — animou o instrutor.

A essa altura, Rodolfo estava inquieto no escritório aguardando os corretores que não haviam chegado.

Kássia, que estava à sua procura, ficou satisfeita ao vê-lo e anunciou:

— Acabei de me matricular no cursinho.

— Que bom, filha! Isso é maravilhoso! A propósito, conversei com o doutor Manoel, e ele nos indicou um colega seu, de muita confiança, que pode remover essas tatuagens.

O rosto de Kássia pareceu iluminar.

— Jura, pai?!

— Marquei uma consulta para a próxima semana.

— Ainda...!

— Não teve jeito, mas está garantido.

Enquanto Kássia, com leve sorriso no rosto, parecia imaginar como seria ficar livre daquelas marcas, o pai observou:

— Você me parece tão bem. Acho que a análise está fazendo efeito.

— Está sim. Sinto-me bem melhor.

— O que pretende fazer na faculdade? — perguntou Rodolfo bem animado.

— Hotelaria.

Ele riu ao dizer:

— Ah! Vejo que quer garantir um emprego junto com seu primo.

— Não posso negar essa idéia. Estou gostando dos planos de Ian. E...

Exatamente nesse instante, ouviram-se os gritos de Lorena.

Rodolfo e Kássia correram até a sala em que a esposa de Fernando gritava ao olhar para Helder.

— Saia! Saia daqui!!!

Lorena colocava as mãos na cabeça e puxava os cabelos enquanto gritava desvairadamente.

— Você morreu! Eu sei que você morreu! Não venha me assombrar. Saia daquiiiiii!!!

Firme, o sogro falou com veemência ao se aproximar:

— Pare com isso, Lorena! Está assustando o menino!

O pequeno Helder estava chorando e estendendo os bracinhos para a mãe como se quisesse seu colo.

— Não... Não... — gritou ela se apossando de um adorno que estava sobre a mesa. Quando ia atirá-lo no menino, Kássia a impediu:

— Você também! Saia daqui! Você está morta, entendeu? Você morreu no hospital!!!

Na espiritualidade, Antonio, amigo e instrutor, explicou:

— Ela está sofrendo verdadeiras alucinações provocadas pelos companheiros com os quais se afinou. Eles simplesmente usam as acusações de sua própria consciência.

— Por que eles fazem isso? — perguntou Cristiano.

— Porque são ignorantes, propensos a maldades, sem responsabilidade, sem amor, egoístas e orgulhosos como Lorena. Vamos nos lembrar de que "todo pensamento que nos for mal sugerido provém de espírito dessa ordem". Ou seja, os espíritos inferiores, impuros e da décima classe[6] normalmente nos sugerem idéias de ciúme, inveja, desconfiança, estimulando-nos a ter sugestões de que somos ofendidos e de que devemos mostrar nossa superioridade aos ofensores; isso é orgulho, vaidade e vingança.

Observando mais o desespero de Lorena, Lídia perguntou comovida:

— Por que a atacam?

— Por prazer. Eles simplesmente têm prazer em vícios e paixões vis, na crueldade, na avareza, na sordidez. Para eles isso não passa de uma brincadeira. Estão fazendo com que Lorena veja Denis no próprio filho, o filho de Regina, e em Kássia ela enxerga você, Lídia.

Vendo que Lídia começava a ficar preocupada com a situação, Antonio decidiu que seria bom que se retirassem; afinal, havia ali na espiritualidade companheiros preparados para ajudar e proteger os encarnados envolvidos naquele drama.

Lorena repentinamente começou a gargalhar e dizer:

— Ah! Vocês estão brincando comigo, não é? Estão querendo me assustar.

Rodolfo tomou Helder em seus braços, enquanto Lorena, proferindo desatinos, descontrolada, correu pelas escadas e foi para o seu quarto.

— "Creio em Deus Pai!", seu Rodolfo! — desabafou Eunice, apavorada. — Parece que a mulher está possuída! Ela estava vendo dona Lídia quando olhava para Kássia ou foi impressão minha?

---

[6] Podemos encontrar a classificação dos espíritos em *O Livro dos Espíritos* – pergunta 102).

Confortando o neto em seu ombro, ele preferiu não opinar.

— Não sei dizer, Eunice.

Kássia e seu pai entreolharam-se sem dizer nada.

Bem mais tarde, aguardando que o filho e o sobrinho chegassem, Rodolfo os reuniu e contou tudo o que houve, mas não falou sobre suas suspeitas de Lorena ter cometido qualquer crime.

— Aconteceu pouco antes de os corretores chegarem. Foi terrível.

— Estou assombrado — confessou Ian. — Não sei o que dizer.

— Há dias acho que minha mulher precisa de um médico, mas se eu fosse dizer isso vocês iriam pensar que eu estava querendo me livrar dela.

— O que vocês acham de irmos conversar com Lorena e sugerirmos um especialista? — propôs Rodolfo.

— Duvido que minha irmã aceite, tio. Mas é nosso dever tentar.

Naquela mesma noite foram conversar com Lorena, que se apresentava totalmente normal, e para a surpresa de todos ela aceitou ir a um psiquiatra.

* * *

Dias se passaram, e em certa noite Regina encolhia-se no sofá, enquanto Amanda brincava sob seu olhar melancólico.

Ian chegou para uma visita, mas antes foi conversar com dona Glória.

— Às vezes, meu filho, acho que não vou agüentar — desabafou a senhora. — Depois que tudo começa a cair na rotina e as pessoas se afastam naturalmente de nós sentimos um vazio, uma falta... Sem contar com a imaginação, que nos leva a um desespero... Será que ele está sendo judiado? Será que está vivo? Será que...? — Sua voz embargou, e poucas lágrimas rolaram tímidas em seu rosto sofrido, mas foram aparadas ligeiras pelas mãos trêmulas. — Acho que meu coração não vai agüentar, Ian. Um neto é a continuação da nossa vida, além de um filho. Penso que estou ainda tendo forças por causa de Amandinha e de Regina. Elas precisam de mim.

— Nem sei o que dizer, dona Glória. Sei que é muita dor — respondeu o moço.

— Agora, fico vendo Regina sempre triste, sem se cuidar, só atirada num canto, e sei que não posso fazer nada, não tenho o que falar. Ela está desinteressada pela vida. Nem as bijuterias vem fazendo; diz que não consegue mais se concentrar e larga tudo. Há momentos em que chora e se sente culpada; acha que, por estar cuidando de si, não cuidou do filho.

— Mas ela passou por uma doença séria. A recuperação da quimio é terrível.

— Mas ela se culpa, diz-se inútil. Estou preocupada porque não quis ir ao psicólogo essa semana. Na semana passada não foi ao encontro daquele grupo de apoio a mulheres mastectomizadas e amanhã falou que também não vai. — Após breve pausa, admitiu: — Não tenho mais forças.

— Eu vou falar com ela, quem sabe...

Após se levantar, afagar levemente as costas da senhora, Ian foi até onde sua amiga deveria estar.

Os brinquedos espalhados mostravam que Amanda estava bem ativa. A garotinha brincava num canto da sala, enquanto Regina encolhia-se no sofá.

Ao ver Ian, ela corrigiu a postura, sentando-se.

Após beijar a menina, o rapaz foi para perto de Regina e a cumprimentou, acomodando-se ao seu lado.

— Você está bem?

— É... estou — respondeu com certo desalento.

Já ciente de seu estado depressivo, Ian observou:

— Sei que não é fácil, Regina. Mas não se deixe vencer pelo desânimo.

— Como posso estar bem se as coisas não estão?

— Creio que sua transformação, a transformação de um rosto sisudo para um com um sorriso já trará um bem pessoal para você mesma; criará uma vibração melhor àqueles que estão à sua volta.

Ian falou com bondade, porém firme, ao dizer a verdade.

Quase indiferente, Regina desabafou amarga:

— Não dá para descrever o que sinto. Só tenho vontade de chorar. Acredito que eu seja culpada pelo que ocorreu ao meu filho...

Um soluço a deteve, enquanto lágrimas banhavam seu rosto.

— Certa vez — disse o amigo —, conversando com minha tia, ela me falou que você a fez mudar de idéia quanto à morte de Cristiano, quando lhe disse: "Seu filho está onde seu pensamento o colocar. Ele vai receber o que seu pensamento enviar".

— Mas a Lídia tinha certeza de o filho estar morto. E eu?

— Você acredita em Deus, Regina, e sabe que Ele não desampara ninguém. Sabe também que seu filho recebe suas vibrações, seus desejos, o carinho de suas preces onde quer que esteja, encarnado ou desencarnado.

Você sabe, Regina, que seu filho é capaz de receber suas vibrações tristes e os sentimentos amargos. Essa sua indiferença pelas coisas boas à sua volta...

Ela o atalhou, perguntando rápido:

— Que coisas boas?

— Regina, você venceu o câncer, apesar de todo sofrimento. Pode ter perdido a casa onde morava, mas não está sem teto, pois sua mãe está com você e do seu lado. Veja a sua filha. A Amanda tem saúde, está bem e é uma criança alegre e normal. Essas não são coisas boas? Coisas boas das quais você não está participando, não está vivendo, porque se larga triste, chorosa e deprimida. Perdoe-me a sinceridade, mas esses sentimentos não vão trazer seu filho de volta.

A depressão é o câncer da alma, tão terrível e até mais do que o câncer no corpo, pois o corpo tem muitas chances de ser curado pela ciência, pela medicina, mas a alma só pode ser tratada por sua própria consciência, pelos seus pensamentos.

Olhando sobre a mesinha central da sala, ele observou a caixa de medicamentos e falou:

— Não adiantam nada os antidepressivos da vida! Existem mais de sessenta versões desses remédios só no mercado brasileiro, e as pessoas começaram a acreditar que essa é a pílula mágica capaz de fazê-las mudar de tristes para felizes. Isso não existe. Esses medicamentos atuam nos neurotransmissores responsáveis pela conexão entre as células cerebrais, a fim de corrigir uma falha química que impede a sensação de bem-estar, só que os médicos acreditam que sua ação, junto à psicoterapia, é a melhor combinação para resultados satisfatórios. Mas eu lhe digo ainda mais: somente um médico psiquiatra deve receitar um antidepressivo, e sei que não foi esse especialista que lhe receitou esse remédio — disse, indicando para a caixa do medicamento. — Além do mais, existem estudos sobre os antidepressivos confirmando que eles funcionam apenas como um anestésico para os sentimentos depressivos, sem tratar as causas do problema.

A sensação de calma ou de alegria aparente quando se toma esse medicamento é falsa, e toda a angústia, todo o desespero, todo o estado depressivo voltarão imediatamente quando você interromper a ingestão do medicamento.

Nervosa, Regina o interrompeu, dizendo:

— Então sou culpada também pela minha depressão, pela minha tristeza?

Talvez ela esperasse ouvir outra coisa, mas o amigo foi fiel ao responder:

— Sim, você é culpada pela sua depressão, sim. Você está se tratando como sendo seu maior inimigo. Só você pode ser a causa da sua felicidade. Apesar dos pesares, a vida é linda! Está lhe faltando a capacidade de ver-se como alguém que merece de você mesma o maior amor e o maior carinho.

O apego excessivo cultivado pelos entes queridos deixa de ser amor quando o sentimento surgido é de desespero, tristeza excessiva, revolta contra tudo e contra Deus.

Contrariada, Regina chorou.

— E o que fazer?! — perguntou ela.

— Não olhar a vida com tanta dureza, com tanta tristeza. Desenvolver o hábito do pensamento positivo, do otimismo. Sabemos que o mundo não é tão perfeito, mas é o que merecemos, e se o olharmos com brandura, separando as coisas boas, sorrindo, a vida será mais agradável e até mais prazerosa.

Faça uma pausa e se avalie. Avalie sua vida. Toda essa tristeza, todas essas lágrimas valem a pena? Resolverão seus problemas ou criarão mais um?

Para mudar, para melhorar, é preciso também melhorar os pensamentos. Quando vier uma idéia triste, depressiva, mude-a imediatamente para outra alegre, otimista, construtiva e cheia de esperança.

Na minha opinião, a depressão, na maioria dos casos, começa com o vício de não sorrir e de ficar triste. Reclamação e ansiedade são o início dessa doença tão corrosiva, é a metástase depressiva instalando-se na alma.

A "pílula mágica" contra a depressão pode não estar nos remédios, mas sim na semente dos pensamentos positivos que germinam conforme sua vontade.

— Talvez eu nunca saiba onde está meu filho.

— Mas, se você acredita em Deus, sabe que vai se encontrar com ele. Deus não nos separa daqueles que amamos. Porém, Regina, hoje, se você está deprimida, inquieta, triste e preocupada, certamente está deixando de viver e de fazer feliz aqueles que estão ao seu lado e precisando de você, da sua alegria. Em palavras mais amargas, porém sinceras, eu diria que você envia sentimentos tristes ao Denis e se nega a Amanda quando se afasta da experiência de contato tão necessária e salutar para sua filha, agora. Com essa atitude, você não está longe só do seu filho, mas da sua filha e da sua mãe também.

Mude a idéia, mude os pensamentos, mude seus hábitos.

Seus pensamentos tristes, seu mau humor, seu estado depressivo não vão trazer soluções. Se a experiência passada foi amarga, ficando assim você só estará repetindo o que passou.

Valorize com amor e carinho o que restou e vai reconhecer

que há vida, há muita vida à sua volta, e onde existe vida existe oportunidade de ser feliz.

— Minha vida ruiu com a tempestade que passou.

— A tempestade nunca é eterna e quando passa sempre há a chance de reconstruir, de reformar e fazer tudo de novo, mais belo, com mais capricho.

Ore. Peça a Deus a serenidade para aceitar as situações que você não pode mudar. Peça forças para reconstruir, o quanto antes, o que precisa ser modificado. Creia que você tem capacidade de fazê-lo. — Após breve pausa, ele acrescentou: — Não quero dizer que os antidepressivos sejam ineficazes ou desnecessários. Quero lembrar, primeiro, que é preciso ter muito critério para administrá-los. Os problemas circunstanciais da existência, como a perda de emprego, o falecimento de uma pessoa querida, o divórcio e outras coisas, são frustrações, sustos que provocam excessiva tristeza e certamente passageira, apesar de tudo. Tristeza não é caso para medicamento antidepressivo. Tristeza e infelicidade fazem parte da vida, da evolução moral, e temos de lidar com isso.

A depressão mesmo afeta intensamente a vida de uma pessoa, comprometendo toda sua rotina diária.

Se você não estiver com essa doença, o medicamento só irá anestesiar seus sentimentos, entorpecendo-os, mas eles virão à tona, com certeza, quando você parar com os remédios.

Além disso, minha amiga, nenhum medicamento surte efeito se você não desejar, não se tratar com amor, respeito e carinho.

Regina estava parada e pensativa. Sabia que Ian estava repleto de razão. Não havia o que contestar. Ela estava triste, sofrida e frágil; no fundo, pensava que necessitava de abrigo, de carinho, mas o amigo fiel oferecia-lhe verdade, conscientização e oportunidade.

Ela sabia que, se existe a vontade de mudar e crescer, tudo pode ser recomeçado. Sabia que, se continuasse com aqueles sentimentos, nada produziria de bom e haveria de se encontrar naquela situação até conseguir superar os obstáculos da vida.

Ian trazia o coração apertado. Sentia imensa vontade de agasalhar nos braços a amiga querida; entretanto, sabia que essa atitude poria a perder a conscientização de Regina. Ela teria de criar forças a partir de então ou seria no futuro bem mais difícil fazê-lo.

— Regina, não é fácil, mas sei que você tem capacidade. Deus não coloca fardos pesados em ombros frágeis.

Ela esboçou um sorriso forçado, mas sorriu.

Ian, por sua vez, sabia que era o momento de deixá-la meditar e decidir sobre como agir.

Despedindo-se, o amigo se foi, enquanto Regina ficou refletindo. Teria muito no que pensar.

31

Durante o sono

Com a saída de Ian, Regina se levantou, tomou um banho demorado e alimentou-se melhor do que das últimas vezes. Antes de dormir, ainda teve tempo de brincar um pouco com a filha, que se animou tanto com a companhia da mãe que nem queria ir se deitar. A custo, Regina a fez dormir. Refletiu muito enquanto via a filha adormecendo e decidiu mudar.

Tudo o que Ian falara era sua última alternativa, e ele estava repleto de razão.

Regina orou como há muito não fazia. Sabia que seu filho estava com Deus onde quer que estivesse. Sabia também que, quando dormimos, com a emancipação, nos são permitidas visitas a entes queridos, encarnados ou desencarnados.

Durante o sono, a alma emancipada do corpo vai ligar-se a seus afins em zonas inferiores ou superiores, de acordo com o nível moral do encarnado.

Ela sabia que seu filho estava amparado por espíritos superiores, pois todas as crianças o são. Decidiu então que haveria de se harmonizar se quisesse estar com Denis durante o sono. Tinha certeza de que, se não estivesse equilibrada e bem, não teria a oportunidade de estar com ele, pois poderia passar-lhe vibrações negativas.

Na maioria das vezes, o encarnado não se recorda exatamente do que ocorreu durante o sono, mas sente as vibrações do que experimentou.

"Nessa existência", pensava, "sei que vou sentir imensa falta do meu filho, mas onde quer que ele esteja receberá de mim os melhores pensamentos e os mais nobres sentimentos. Vou me equilibrar, ter alegria, pois assim tenho certeza de que, por misericórdia de Deus, haverei de me encontrar com Denis e, mesmo que não me lembre, ficarei melhor e ele também. Haverei de acordar tranqüila e saberei que isso aconteceu."

Os dias se passaram, e Regina, a princípio, forçava-se às atividades normais. Passou a fazer caminhadas, cuidar novamente da saúde e procurar ocupações. Voltou aos encontros com o grupo, ao tratamento com o psicólogo e tudo o que era necessário para se sentir bem.

A filha Amanda, em poucos dias, sentiu a diferença e também passou a corresponder com alegria, vivendo mais feliz.

Numa noite, Regina estava deitada ao lado de seu tesouro, que dormia profundamente.

Agora, sem chorar, pensava no filho, enviando-lhe sentimentos de carinho e amor.

"Como será que Denis está?", pensava. "Deus, cuida bem do meu filhinho. É tão difícil aceitar Sua vontade, mas acredito no Seu amor e na Sua justiça. O Senhor não vai nos separar eternamente."

Lentamente, Regina ficava mais tranqüila.

Vendo-se de mãos dadas com a pequena Amanda, caminhando por um vasto campo onde flores delicadas salpicavam com alegria um lindo gramado, ela pôde reconhecer o mesmo rapaz com quem havia conversado naquele misto de sonho e realidade.

Estampando um largo sorriso, o jovem trazia pela mão o pequeno Denis.

Sem soltar a mãozinha da filha, Regina acelerou seus passos ao encontro de ambos, caindo de joelhos perante eles.

Sem aguardar, apertou Denis de encontro ao peito, beijou-o várias vezes, enquanto dizia rindo e chorando:

— Filho! filho, onde você estava?

— Ah! Eu estava passeando!

— Mas onde, Denis? Estou feito louca atrás de você. O que aconteceu?

— Primeiro a tia me chamou e disse que meu amigo queria me ver. Ela falou que já havia telefonado para você. Então entrei no carro e, não sei, dormi e acordei num lugar muito legal.

— Denis, filho, você quase me matou de susto, de saudade...

— Eu também senti sua falta, mas os tios prometeram que você ia vir me ver. Sabe, eu brinco tanto! Tanto! que caio cansado e durmo logo.

— Meu amor, não vejo a hora de levá-lo para casa.

— Mamãe, os tios falaram que aqui eu vou crescer, estudar... Disseram que você vai vir aqui me ver todos os dias ou... quase todos os dias.

Erguendo-se, Regina encarou o jovem e reclamou:

— Não podem ficar com ele! Vou levá-lo comigo! É meu filho.

Ao olhar para o lado, sem saber de onde surgiu, Regina viu a amiga, que lhe estendia os braços para envolvê-la com ternura.

— Lídia! Que saudade!

— Oi, Regina. Como estou feliz em vê-la aqui!

— Lídia, estão querendo ficar com o meu filho aqui! Quero levá-lo comigo.

Já orientada, a amiga não fez rodeios.

— Regina, o lugar de Denis é aqui conosco. Cuidarei dele como meu filho, pode ter certeza.

Quando em desdobramento, durante o sono, o encarnado tem consciência da realidade, mas Regina, pela dolorosa e brusca situação, tinha o desejo de negar a verdade que conhecia.

— Você não entende, Lídia. Eu vou morrer se ficar sem o meu filho.

— Se você morrer, aí sim ficará longe de Denis por mais tempo. Procure viver, Regina, viver mesmo! Viver com amor, com brandura, com tudo de bom que tem na alma. Assim terá condições de vê-lo sempre e de receber nossa visita.

Regina parou, parecendo refletir.

Ao olhar para o lado, reparou que Amanda e Denis brincavam inocentes, como se nada de diferente houvesse, e Lídia aproveitou para apresentar:

— Esse é Cristiano, meu filho.

Regina sorriu e aceitou com carinho o abraço que o rapaz ofereceu.

— Já nos falamos — lembrou ela.

— Sim, Regina. Tive e tenho muito a agradecê-la pelo que fez por mim e pela minha família.

Com olhar melancólico, ela argumentou:

— Não quero deixar meu filho aqui.

— Esse é o lugar ideal para ele, minha amiga. Se passar a sofrer excessivamente por Denis, se implorar por sua presença, sabe que vai atraí-lo para junto de você, e esse não é o lugar adequado para o seu estado. Ame-o, deseje felicidade e alegria. Há criaturas bem especiais cuidando dele.

— Quem?

Imediatamente uma luz delicada como uma claridade celeste se fez e dela surgiu uma figura familiar na feição de uma senhora bem morena, de baixa estatura, usando simples vestido e com os cabelos grisalhos bem presos num coque. Seu sorriso era doce, e dela própria espargia uma vibração elevada de amor verdadeiro, algo sublime.

— Vovó?! É a senhora? — exclamou Regina.

Abraçando-se, trocaram sentimentos inenarráveis.

Docemente, a linda senhorinha argumentou:

— Minha querida, hoje o Denis está muito bem. Aceitou com coragem a mudança, apesar de sentir sua falta. Ele agora precisa se instruir e crescer. O seu protecionismo poderá amargurá-lo. Confie em mim e em seus amigos queridos. Esteja bem com sua consciência para poder vê-lo sempre.

— Vovó, a dor é muito grande.

— E eu lhe digo que sempre vai senti-la, até que estejam no mesmo plano. Porém, minha querida, converta-se ao trabalho, à tarefa de instruir outras pessoas e de alertá-las para tudo. Sirva de exemplo por amor, despojando-se definitivamente da vaidade e do orgulho, pois, quando temos esses terríveis vícios, queremos esconder ou mascarar nossas mazelas, os acontecimentos verdadeiros de nossas vidas.

Parecendo sentir aquela elevada vibração, Regina aceitou com bondade os conselhos daquela criatura benevolente e sábia que fora mãe de dona Glória.

— Vovó, e o Jorge?

— Não é hora de saber dele. Não pense, a fim de não atraí-lo para junto de você. Agora, aproveite o momento; vá e abrace seu filho.

Regina tornou a se abaixar, e assim ela, Amanda e Denis permaneceram por mais algum tempo, até que aquela elevada criatura, por bondade e amor, aproximou-se da neta e, sem que percebessem, cedeu energias calmantes e sedativas.

Cristiano e outro companheiro encarregaram-se de levar Regina e Amanda de volta a seu lar com segurança, até entregá-las suavemente aos seus respectivos leitos. Enquanto isso, Lídia cuidava com todo amor do pequeno Denis.

A claridade que invadia o quarto fez com que Regina tivesse um despertar suave.

Amanda levantou-se esperta e ativa. Ao saltar da cama, virou-se para a mãe e falou:

— Mamãe, eu sonhei com meu irmão.

Atordoada, a mãe também tentava se lembrar de um sonho, mas as imagens e idéias se confundiam. Regina sabia que havia sonhado, mas não sabia dizer o quê.

Quando estavam sentadas à mesa fazendo o desjejum, Amanda tornou a lembrar.

— Eu sonhei com o Denis.

Dona Glória e Viviane olharam para Regina, que acabou afirmando:

— É engraçado, eu também tive um sonho com ele, mas tudo ainda está confuso. Lembro-me de que vi a vovó, depois não era mais ela, era a dona Lídia. Não consigo me lembrar direito...

Nesse instante a voz de Regina embargou, e ela se calou.

Tranqüila, dona Glória levantou-se e não disse nada. Sofria com tudo aquilo.

Virando-se para Amanda, a avó amorosa avisou:

— A vovó já fez seu lanche. Vamos logo para não se atrasar.

— Deixe que eu a levo, dona Glória — pediu Viviane.

— Pode deixar, preciso passar na farmácia; vou medir a pressão e também quero andar um pouco.

Amanda obedeceu, e a avó a seguiu para que acabasse de se arrumar.

Depois de ficar pronta, a menina despediu-se da mãe e de Viviane, a quem chamava de tia, e se foi.

Recompondo-se um pouco da forte emoção, Regina falou:

— Como me dói... Sabe, às vezes fico na expectativa, como se ele fosse entrar por aquela porta a qualquer momento. Na rua, ou na frente da escola, quando vou levar ou buscar Amanda, quando vejo um grupo de meninos da sua idade, tenho a impressão de ver o Denis entre eles. Chego a escutar sua voz.

— Regina, não se entregue à tristeza.

— É difícil, Viviane. Há momentos em que minhas lembranças me cobram...

— Você foi uma boa mãe e...

— Mas me arrependo do que neguei a ele, de quando fiquei brava...

— Lembre-se de que, se você foi enérgica, não era para maltratá-lo, mas sim para ensiná-lo, orientá-lo para a vida.

— Eu sei disso. Mas...

Ante a tristeza manifesta, Regina fechou os olhos sem conseguir deter algumas lágrimas de saudade.

A angústia maior era não ter a certeza de onde estava seu amado filho, o que, encarnada, jamais saberia.

Pouco tempo depois, algumas palmas se fizeram no portão, parecendo-se aproximar.

— Ora! Quem será? — intrigou-se Viviane.

Indo atender, deparou-se com Renato.

— Olá, Viviane. Minha mãe está? — perguntou o moço com jeito humilde.

— Ela foi levar a Amanda na escola. Mas não deve demorar.

— E a Regina?

— Entre. Ela está na cozinha.

Ao deparar com a irmã, Renato a cumprimentou com um beijo, sentou-se à mesa e perguntou:

— Como você está?

— Muito abalada ainda. Para dizer a verdade, tenho de me forçar a tudo, mas encontro forças na fé e vivo um dia de cada vez.

— Você tem a Amanda para cuidar.

— Sim. É verdade.

O rapaz falava de modo simples, como quem reconhecesse ter perdido a razão em outros tempos.

— Sabe, Rê, mudei de emprego.

— Toda mudança é boa.

— Precisei mudar. Comecei a não gostar de algumas coisas, e por isso me demitiram. Mas eu já tinha uns bons contatos e no dia seguinte estava empregado. O bom é que o salário é bem maior.

— Você é capacitado, Renato. Deveria reconhecer isso e valorizar-se mais.

— Estou valorizando aqueles que me sustentaram e me apoiaram tanto nos piores momentos, independentemente do que eu era e do que podia oferecer.

A irmã silenciou, e ele prosseguiu:

— Sabe, foi no emprego que conheci os protestantes que me aliciaram para aquela doutrina. Mas, quando comecei a questionar algumas passagens bíblicas, algumas situações, eles não me explicaram nem me aceitaram mais no grupo. Daí, deixei de ir aos cultos, de pagar o dízimo. Acontece que meu gerente foi quem me levou para a igreja e, bem, acho que por eu não estar conivente com algumas coisas ele me demitiu.

— Veja, Renato, toda religião é importante.

— Mas eles disseram que aconteceria uma “obra de Deus” na minha vida. Que se eu me afastasse do maligno me libertaria e encontraria o que o Espírito Santo reservou para mim.

— O maligno são os nossos pensamentos negativos, é a fofoca, são as conversas inúteis, o rancor, a inveja, o orgulho e tudo o que nos inferioriza moralmente, espiritualmente. A obra libertadora que pode transformar sua vida é a fé, a esperança de que um dia vai ser melhor. Esse dia melhor chegará quando vencer os desafios da existência, amando o seu inimigo, orando por aquele que o odeia, fazendo o bem, praticando a caridade.

Sabe, Renato, as coisas não mudam de fora para dentro. A mudança para melhor tem de ser de dentro para fora. Se os seus sentimentos forem positivos, alegres, tranqüilos, aconteça o que acontecer, você estará de bem com a vida, de consciência tranqüila, liberto.

Não adianta você rezar, pedir ajuda a Deus se ainda tem vícios, como cuidar da vida da vizinha que está chegando tarde, se tem preferências no momento de ajudar alguém, como: “Olha, não vou ajudar esse colega porque ele ontem não me deu bom dia”.

A obra do maligno são os nossos pensamentos de rancor, de inveja, de orgulho e de vaidade que se viram contra nós mesmos.

A obra de Deus são os pensamentos, as palavras e nossas ações benéficas aos outros, as quais se viram em nosso favor.

Ela silenciou, e Renato pediu:

— Regina, desculpe-me por tudo. Por eu ter saído de casa, por não tê-la ajudado no momento em que mais precisava...

— Não tenho pelo que desculpá-lo, meu irmão. Entendo que você tenha saído daqui porque o aprendizado aí fora era mais importante e urgente. Você saiu pelo mundo para aprender, e quem aprende se torna alguém melhor, mais sábio.

Renato levantou-se e a abraçou forte. Beijou-lhe o rosto e, ao afastar-se, sorriu, acariciando-lhe a face, e falou:

— Amo você, Rê.

— Eu também, meu irmão.

Constrangido, ele perguntou:

— Será que a mãe me perdoa?

— Do quê? — disse a irmã ao sorrir. Mas logo perguntou: — Onde você está morando?

— Não se preocupe com isso. Estou morando perto do serviço. Aceitei dividir um apartamento com mais dois colegas.

— Renato, você não está bebendo? — perguntou Regina bem sincera.

— Não. Eu e meus amigos freqüentamos a associação; nós nos apoiamos e superamos os mesmos obstáculos.

— Vocês trabalham juntos?

— Só eu e um deles.

— Estou tão feliz!

Nesse momento dona Glória chegou e ficou surpresa ao ver o filho.

Renato se levantou, cumprimentou-a e começou a conversar. Pediu desculpas por tudo e passou a contar suas novidades.

32

A VIDA É SURPREENDENTE!

Parecia um dia comum, como outro qualquer.

Logo cedo, antes de sair para trabalhar, Rodolfo conversava ao telefone com um promotor, seu amigo. Havia dias ele aguardava que o colega retornasse de uma viagem. Estava ansioso para desabafar suas suspeitas a respeito de Lorena e também para pedir a opinião do companheiro. Afinal, tomar as devidas providências nesse caso seria fácil; entretanto, havia o envolvimento de pessoas muito queridas.

Como acusar a mãe do neto que ele tanto amava?

Cada vez que olhava para Helder, Rodolfo pensava em como o garoto o veria no futuro.

Seria Rodolfo o homem cruel que mandara sua mãe para a cadeia?

Havia também Fernando e Ian, o sobrinho que ele tanto estimava.

O promotor o ouvia com paciência e sigilo, atentando para cada detalhe que o amigo narrava.

— Na verdade, é o meu neto quem me impede de tomar qualquer decisão e...

Nesse momento, alguns gritos e barulhos estridentes de vidro se quebrando chamaram a atenção de Rodolfo.

Pedindo desculpas, o dono da casa avisou:

— Alguma coisa está acontecendo aqui. Tenho de desligar. Voltamos a nos falar depois.

Indo até a sala, Rodolfo encontrou Eunice, com quem trocou um olhar assustado.

Ambos subiram rapidamente as belas escadas curvas da mansão e, ao chegarem no andar de cima, viram Ian ensangüentado, amparando-se nas paredes do corredor.

— Deus! O que é isso?!!! — gritou Rodolfo.

Lorena, também machucada, saiu do quarto gritando e golpeando o ar com uma lasca de espelho, usada como uma faca.

Pareceu não ver o sogro e a empregada, que estavam ajoelhados perto de seu irmão, já caído ao chão.

— Saia! Saia daqui! Você morreu, desgraçado! Estou mandando sair daqui! Eu mando em tudo! Consigo tudo o que quero! — gritava a jovem esposa de Fernando, mantendo os olhos esbugalhados, que traziam um brilho de aço.

Completamente alucinada, Lorena gritava enquanto ia em direção à escadaria que dava para a luxuosa sala.

Agarrando-se e esbarrando aqui e ali, deixava seu sangue nos balaústres brancos de delicados formatos.

Rodolfo e Eunice amparavam Ian.

Chocados com a cena, não sabiam o que fazer.

Chegando no patamar, Lorena gritou:

— É isso? É isso que você quer?!

Após a frase, Lorena cortou um dos pulsos com a lasca de espelho que segurava e atirou-se na escada.

Rodolfo, trêmulo e assustado, levantou-se e foi observar, verificando que sua nora estava inerte no meio da escadaria.

Correndo até o quarto mais próximo, pegou o telefone e chamou pela polícia.

Voltando, viu Américo, o jardineiro, junto com a esposa; ambos estavam horrorizados.

Logo, Rodolfo avisou:

— Não mexam nela. O socorro está vindo.

Ian, mesmo muito ferido, estava consciente.

Ele e a irmã foram levados ao hospital.

Lorena havia quebrado a coluna cervical, passara internada alguns dias, mas não resistira aos ferimentos.

Ian, em dois dias, recebera alta, só que se recusava a voltar para aquela casa e pedira, por telefone, para que dona Glória o recebesse por alguns dias.

Sozinho com o filho, Rodolfo desabafou:

— Foi terrível, Fernando. Nunca passei tanto medo. Graças a Deus nem Helder nem Kássia estavam em casa.

— Pai, até agora estou em choque. Ela poderia ter feito algo terrível com qualquer um de nós.

Rodolfo não revelou suas suspeitas a Fernando. Lorena estava morta e não poderia se defender ou se justificar. Por outro lado, de que adiantaria criar mais repulsa ou qualquer outro sentimento negativo em Fernando?

— Sabe, filho, nenhum dinheiro do mundo compra a paz. Nenhuma mansão nos deixa tranqüilos. Ainda bem que a casa está vendida. Hoje mesmo eu e Kássia estamos indo para o apartamento.

Fernando ficou surpreso, mas não disse nada. Porém, o pai propôs:

— Parece que Ian, na próxima semana, se muda para a "Estância Hoteleira". Veja, o apartamento é pequeno e ainda o estão pintando. Mesmo assim vamos para lá. Se você quiser dividir o quarto comigo e deixar o Helder com a Kássia... Creio que Eunice aceitará tomar conta dele e da casa, porque não temos lugar para mais ninguém. Podemos aumentar o salário dela e... É o que tenho a propor.

— Não posso me separar de vocês agora, pai. O Helder está sentindo a falta da mãe, e com vocês junto creio que será melhor para ele. Vou morar com vocês até me organizar mais.

Com o ocorrido, por orientação de dona Glória, Helder passou a freqüentar sempre sua casa, quase diariamente.

Além de se distrair brincando com Amanda, o que fazia com que o garotinho não se lembrasse tanto da mãe, o riso das crianças traziam novamente alegria àquela casa.

Regina, muitas vezes, flagrava-se pensando no filho Denis, que também poderia estar ali. Mas logo mudava o pensamento, acreditando que Denis estaria em um lugar bem melhor.

Ian percebia que a amiga se recuperava das amarguras experimentadas. Parecia que a cada dia Regina renascia novamente, repleta de esperança e de bom ânimo. Estava conseguindo vencer os desafios da vida.

Na espiritualidade, os mentores e amigos queridos observavam as ocorrências, as dificuldades e as vitórias dos encarnados.

O espírito Amélia, aproximando-se de Lídia, lembrou:

— "O amor é o remédio que cura"; porém, ser enérgico, em muitos casos, significa amar.

— Às vezes, somente quando desencarnamos conseguimos entender as coisas. Recordo-me de que sempre achei Lorena arrogante. Ela, uma moça bela, no vigor da mocidade, possuía uma posição social privilegiada e muito orgulho. Não posso negar que acreditei que suas posses eram injustas. Lorena tinha tudo o que queria; até seus mais fúteis desejos eram atendidos. Eu pensava que alguém que ostentasse tanto orgulho, tanta arrogância, não deveria ter o "mundo a seus pés".

— O pobre espírito Lorena sempre alegou que não evoluía moralmente porque tudo o que conquistava de material era, de certa forma, tomado pelos outros. Ela sempre se revoltou com aqueles que lhe tiravam os bens e nunca os perdoou. Lídia, lembra-se de que sua sogra se suicidou quando os filhos ainda eram jovens?

— Sim. Eu sei dessa história — confirmou Lídia.

— Pois bem. Lorena, em outra existência, teve problemas com uma pessoa. Essa pessoa a acusou e a mandou para os Tribunais da Inquisição. Sem cultivar o perdão, Lorena sofreu penas amargas odiando a quem lhe foi infiel. Anos depois, desencarnada, encontrou quem procurava, quem odiava. Ela se transformou em um obsessor terrível, impregnando de idéias mórbidas aquela que a acusou, levando a pobre encarnada ao suicídio.

— Espere aí. A senhora está dizendo que Lorena, quando desencarnada, obsediou minha sogra até que ela cometesse o suicídio?

— E aí — prosseguiu Amélia — sua sogra, apesar de sofrer penas inenarráveis pelo ato do suicídio, em um estado consciencial tenebroso, perseguiu, em pensamento, aquela que a obsediou até que houvesse uma oportunidade de impregná-la a mente, assim como ela o fez.

Se Lorena não quisesse forçar o destino, se não tivesse seus caprichos, seu orgulho, sua arrogância, se houvesse se interessado por ensinamentos mais elevados, por cultivar uma moral mais cristã, certamente não se ligaria a companheiros espirituais tão inferiores, não cometeria os crimes que cometeu e não estaria só, à disposição de seus vingadores, dos algozes que a fizeram cometer o suicídio.

Ambas estão juntas e muito ligadas mesmo, e ficarão assim até que se perdoem, até que não se odeiem mais, até perceberem que bem-aventurados são os humildes de coração.

Os pensamentos de Lorena só trabalhavam à sombra do orgulho, da vaidade e da arrogância. De que lhe valeram esses sentimentos agora?

A verdadeira felicidade, filha, não está nos bens materiais que nos cercam, mas sim nos pensamentos bons e úteis que cultivamos.

Nesse momento, Regina aproximou-se de Ian, que, sentado à mesa da cozinha da casa de dona Glória, fazia algumas contas e anotações.

— Sente-se bem?

— Sim! — respondeu animado. — Claro. Depois de tanto mimo que venho recebendo, não poderia ser diferente.

— Estou chocada com a morte de Lorena.

— Isso é porque você não viveu aqueles últimos minutos. Sabe, há momentos em que tudo parece estar vivo na minha mente. Estou assombrado.

— O que você disse a ela? — perguntou Regina, que logo se corrigiu: — Oh, Ian, desculpe-me. Não quero invadir sua privacidade.

— Não é invasão nenhuma. É que, quando vim para cá, eu já havia contado tantas vezes que... Foi assim: Há algum tempo, o tio Rodolfo, junto com Fernando e minha aprovação, falou com a Lorena. Ela não parecia bem e achamos melhor que fizesse uma análise.

Acontece que na época ela aceitou, mas depois faltou às consultas e sempre dava uma desculpa esfarrapada.

Naquele dia, pela manhã, eu a escutei falando sozinha e fui até seu quarto, que estava com a porta aberta.

Quando minha irmã se virou, seu olhar parecia não me ver. Comecei a falar e disse que as análises seriam para o seu próprio bem, além de outras coisas, mas falei sempre com calma. Foi quando, de repente, Lorena, sem dizer nada, pegou um vaso e o atirou em mim.

Ela começou a gritar e investiu sobre mim, agarrando meu pescoço. Gritava dizendo que eu estava morto.

Eu a empurrei, e, quando ela viu o espelho estilhaçado, pegou uma lasca do vidro e partiu para cima de mim. Não havia como eu me defender direito; ela me cortou todo, mas quando me atingiu no pescoço fiquei tonto e achei que fosse morrer.

Fui para o corredor e perdi os sentidos por alguns segundos, mas depois me lembro do meu tio me segurando e de ver minha irmã falando, gritando, cortando o próprio pulso e atirando-se da escada. Lembro-me de uma grande movimentação e depois já acordei no hospital.

Os entendidos acham que é um caso de paranóia, mas até agora não me conformo como ela foi chegar nesse estado sem que nós não percebêssemos.

Nossa, Regina, como precisamos vigiar nossos pensamentos.

Aí está a prova de que a riqueza não nos traz felicidade. Uma casa tão bela como aquela, tanto conforto, luxo...

— Sabe, quando vi aquilo tudo pela primeira vez achei que viver ali deveria ser um conto de fadas.

— Aquilo tudo é ilusão. Veja só a harmonia que vocês têm aqui. Não há empregados para me servir, mas digo que nunca fui servido com tanto carinho, com tanta gentileza. Na verdade, minha mãe nunca me serviu, nunca se sentou para me ouvir. Tínhamos empregados para tudo. Ah! e se quiséssemos ser ouvidos os psicólogos estavam à disposição. Não havia esse afeto, essa coisa gostosa que encontrei no meio de vocês. Estou até triste por ter de ir embora.

— É só ficar — brincou a amiga.

— Bem que eu gostaria. Mas descobri uma coisa importante nisso tudo. Vi que, independentemente dos problemas que tenham, não existe ilusão entre vocês, mas sim diálogo, contato, carinho, perdão, e é isso tudo que traz harmonia. É a falta de comentários desairosos que implanta a paz. São os pensamentos repletos de esperança, de bom ânimo que os unem com felicidade.

— É mesmo — concordou a amiga. — Ainda tenho de agradecer por, naquele dia, ter-me alertado pelos meus pensamentos negativos. São eles as razões de todos os males de nossas vidas. Obrigada, Ian.

— Não! Não me agradeça. Aliás, quase me arrependi de ter-lhe dito aquilo tudo. Acho que fui um tanto rude, frio.

— Não. Você foi verdadeiro. Se eu não enxergasse isso... Ah! na próxima semana volto a trabalhar.

Ian olhou-a surpreso e subitamente propôs:

— Que tal pedir demissão?

— Quem, eu?!

— É!

— Mas preciso desse emprego, preciso retomar minha vida e...

— Venha trabalhar comigo. Preciso de alguém com um sorriso sincero, que inspire confiança aos hóspedes, que seja otimista, tenha bom ânimo e...

— Mas candidatei-me em um trabalho voluntário uma vez por semana aqui no Rio, precisamente às quartas-feiras, junto a mulheres com câncer e...

— Ótimo! Continue com esse trabalho às quartas, porque não posso dar folga a ninguém nos finais de semana. São neles que o hotel deve ter mais hóspedes.

— E minha mãe e Amanda?

— Há uma escola na cidade próxima e é muito boa. Dona Glória pode vir conosco e até ser bem útil. Veja, se você não se adaptar, o máximo que poderá acontecer é voltarem para essa casa.

O rosto de Regina iluminou-se com um sorriso.

— Pense por dois dias — pediu. — Mas gostaria de falar com dona Glória primeiro. Está bem?

A amiga não perguntou o motivo e aceitou pensar na proposta, mesmo estando inclinada a aceitar de pronto.

Passados os dias determinados, Regina informou que, se sua mãe aceitasse, ela concordaria em ir trabalhar com ele. Porém Viviane, que era como uma irmã, teria de acompanhá-los.

— Regina, tem certeza de que Viviane quer nos acompanhar?

— Claro, ela sempre ficou conosco e... Os irmãos não vão se importar. Ela não tem com quem ficar.

— Será?

— Como será?

— Sou muito observador e... Olhe, serei bem direto. Você não acha que existe algum sentimento entre Viviane e Fernando?

Regina pareceu surpresa e mesmo assim respondeu:

— Será?

— Percebi isso há algum tempo; minha irmã ainda estava viva quando chamei meu primo e o questionei a respeito.

— E o que ele disse? — perguntou curiosa.

— Fernando me afirmou que nunca havia traído Lorena, mas depois que conheceu melhor a Viviane não a tirou mais dos pensamentos. Disse que tinha vontade de freqüentar mais a sua casa só para vê-la.

— Lá na empresa em que trabalhávamos surgiu um comentário de que o Fernando tinha um caso com uma moça de nome Matilde.

— Pura fofoca — afirmou o amigo. — Estou sabendo dessa história. A moça o assediava e provocava encontros, caronas, e ele não sabia mais o que fazer para se livrar dela. Até que ela foi transferida.

— Puxa! Fiz muito mal tê-lo julgado.

— Regina, antes de acontecer aquilo tudo com Lorena, tenho certeza de que meu primo ia mesmo pedir o divórcio. Ele me contou que percebeu algo diferente com ela e até estava com medo de relaxar ao seu lado. Mesmo assim não teve coragem de dar crédito à idéia de ela estar desequilibrada.

Regina riu e argumentou:

— Creio que, se Fernando não tivesse conhecido Lorena, teria ficado com Viviane.

— Isso é um mistério da vida. Nunca vamos saber.

— Sabe, Ian, agora estou me lembrando. Viviane sempre fala no Fernando com certa empolgação, com certo destaque, entende?

— Regina, creio que eles ainda não estão juntos por tudo ser muito recente. Você não acha?

Ela, com um brilho maroto no olhar, iluminou o rosto com um sorriso e sugeriu:

— Vamos dar um empurrãozinho?

— Deixe comigo!

* * *

No dia seguinte, procurando estar a sós com dona Glória, Ian explicou a situação e argumentou:

— Regina precisa se ocupar. Essa casa lhe traz recordações, lembranças que podem ser amargas. Se a senhora não quiser vir, ela não vai aceitar a minha proposta.

— Estou surpresa, meu filho. No momento nem sei o que dizer. É uma coisa muito diferente para a minha idade. Sair dessa casa...

— Creio que essa mudança vai tirar Regina definitivamente desses momentos de melancolia. Ela vai lidar com gente nova quase todos dias, com pessoas diferentes; terá com o que se preocupar.

— Você sabe que ela precisa de médico, que tem exames

periódicos para fazer... — lembrou a senhora com tranqüilidade.

— Eu sei. E é por isso que a estou convidando. Estou pensando em sua saúde. Lá, Regina terá uma qualidade de vida muito melhor do que aqui no Rio.

A mulher ficou pensativa e até preocupada. Sua vida e a de sua filha mudariam totalmente.

Mas, em seu íntimo, dona Glória sentia que Regina precisava caminhar com os próprios pés. Ela não ficaria ao seu lado pela vida toda. Ian era um bom amigo, alguém em quem ela sentia poder confiar.

Tirando-a da profunda reflexão, Ian admitiu, confessando com humildade:

— Dona Glória, quero muito bem à sua filha. Gostaria que Regina estivesse mais perto de mim. Desculpe-me por pensar assim, mas acho que posso ajudá-la muito.

Experiente e com ampla visão da vida, a senhora perguntou com simplicidade:

— Meu filho, você quer fazer isso só para ajudá-la?

— Também. — Depois de breve pausa, completou um tanto constrangido: — Na verdade, sempre gostei de sua filha. Desde que a vi pela primeira vez na casa do meu tio. Até cheguei a lamentar que ela gostasse do Fernando na época. Fui para a Europa e... Quando voltei, por meu primo estar casado, ainda tive esperanças, mas me decepcionei muito quando soube que Regina havia-se casado também. Como sofri.

— Mas, meu filho, você é um moço jovem, tem muita coisa pela frente.

— Sempre expressei alegria e bom ânimo, mas nunca fui feliz. Sempre me faltou algo. Quem sabe essa "muita coisa" que eu tenha pela frente seja a felicidade ao lado dela. Sou feliz ao lado de sua filha.

— Ian, Regina viveu muito, já passou por poucas e boas.

— E só por isso não tem o direito de ser feliz? A vida acaba aos trinta, caso soframos muito? Não! Caso encontremos um motivo para viver, a vida pode começar aos oitenta, se estivermos nessa idade.

— Se disser a Regina que gosta dela, irá perdê-la.

— Eu sei. Como disse, sou feliz só de estar ao lado dela. Talvez nunca diga nada se perceber que ela pode se entristecer e se afastar de mim. Estou disposto a isso.

Após pensar um pouco, dona Glória afirmou:

— Está bem. Eu vou, mas só se tiver um emprego e com salário! — Afirmou, rindo gostosamente.

Ian a abraçou com carinho, embalando-a de um lado para outro.

* * *

Passado mais de um ano dos últimos acontecimentos, Ian e Regina foram os padrinhos de Fernando e Viviane.

Helder demonstrava-se imensamente feliz, pois gostava muito de Viviane e a queria sempre perto.

Viviane, sempre generosa, dava-lhe toda atenção e carinho.

— É curioso meu sobrinho ficar tão agarrado a Vivi do jeito que fica. Lembro-me de que ele não fazia isso com a mãe — reparava Ian.

— Criança gosta de atenção, de orientação... — Depois de sorrir, Regina lembrou: — Há muitos meios de os filhos verdadeiros nos voltarem aos braços.

Ambos, um pouco distantes dos convidados que ocupavam algumas mesas, distraíram-se, ficando em silêncio por alguns instantes, até que Ian sugeriu:

— Vamos andar um pouco.

— Sim, claro — respondeu Regina, aceitando a mão do amigo que se estendeu para apoiá-la.

A tarde estava maravilhosa. Um perfume de flores espargia no ar, enquanto o cantar alegre dos pássaros anunciava o auge da primavera.

O sol, inclinando-se no horizonte, refletia-se no lago, ofuscando a visão com seu encanto.

Após breve caminhada em absoluto silêncio, Regina lembrou:

— Quantas coisas aconteceram e mudaram nossas vidas.

Ian sorriu e ficou em silêncio.

— Sabe, Ian, às vezes eu me recordo de quando o conheci. — Ela riu e completou: — Eu o achei muito folgado.

Rindo, ele reclamou:

— Folgado?! Eu?!

— É! Você nem me conhecia e pegava no meu braço, me abraçava, ficava muito perto... Nossa! Eu achava isso muita folga, muito atrevimento. Você era bem confiado.

— Eu gostava de você.

— Ah! E agora não gosta mais?

Ian pensou em dizer a verdade, mas se calou, e ela perguntou:

— Por que será que não gostei de você assim que o conheci? Puxa, Ian, você tem sido tão bom... Um amigo tão fiel...

— Acho que no planejamento para essa reencarnação eu disse que reencarnaria para ajudá-la, mas você, como é orgulhosa, disse: "Não! Não quero vê-lo, pode deixar que me cuido sozinha" — disse, remedando-a de um jeito engraçado, tentando imitar sua voz. Ele riu e completou: — Aí, quando me viu à sua frente, simplesmente não gostou quando eu pegava em seu braço; achava que eu não deveria ampará-la. Então, quando viu que eu tinha razão, que eu poderia ser uma boa pessoa, alguém confiável, começou a gostar de mim. Viu como a vida é surpreendente?

Regina riu, quase gargalhando, e entrelaçou seu braço no dele.

Mais alguns passos e os dois se sentaram no gramado às margens do lago, e após alguns minutos ela afirmou:

— Devo muito a você, meu amigo. Você é uma pessoa maravilhosa, Ian. Tem uma alma linda.

— Só a alma — disse brincando.

Tocando-lhe o rosto, forçando-o a encará-la, Regina afirmou:

— Se não fosse por você, não saberia dizer onde eu estaria hoje. Talvez chorando feito louca, desequilibrada. Talvez deprimida e irritando os outros.

— Não diga isso. Eu não fiz nada por você. Há muitas pessoas que recebem incentivo, estímulo, mas não reagem e se arrastam em reclamações e queixas infinitas.

— Obrigada, assim mesmo.

Os olhos de ambos brilhavam fixos um no outro, por alguns instantes, até que lentamente seus lábios se uniram.

Ian a tomou com carinho, aconchegando-a em seus braços como uma relíquia, abraçando-a com amor.

Após breves minutos, ela se recompôs rápido, demonstrando-se constrangida.

Ele pegou em seu queixo com delicado carinho e sorriu-lhe ao dizer:

— Deus sempre dá uma oportunidade àqueles que se amam.

— Eu...

— Não vá dizer que se arrependeu?

— Não — sorriu ela ao afirmar. — Não me arrependi, só acho que...

— Não ache. Viva. Se é salutar, se não vai causar prejuízo a você ou a outrem, esqueça o passado, não fique ansiosa com o futuro e viva feliz o presente.

Abraçando-a novamente, Ian a beijou com carinho e todo seu amor.

Era aquele o começo de uma nova etapa, pois cada um de nós tem o direito de ser feliz.

Leia os romances de Schellida!
Emoção e ensinamento em cada página!
Psicografia de **Eliana Machado Coelho**

Corações sem Destino
Amor ou ilusão? Rubens, Humberto e Lívia tiveram que descobrir a resposta por intermédio de resgates sofridos, mas felizes ao final.

O Brilho da Verdade
Samara viveu meio século no Umbral passando por experiências terríveis. Esgotada, consegue elevar o pensamento a Deus e ser recolhida por abnegados benfeitores, começando uma fase de novos aprendizados na espiritualidade. Depois de muito estudo, com planos de trabalho abençoado na caridade e em obras assistenciais, Samara acredita-se preparada para reencarnar.

Um Diário no Tempo
A ditadura militar não manchou apenas a História do Brasil. Ela interferiu no destino de corações apaixonados.

Despertar para a Vida
Um acidente acontece e Márcia, uma moça bonita, inteligente e decidida, passa a ser envolvida pelo espírito Jonas, um desafeto que inicia um processo de obsessão contra ela.

O Direito de Ser Feliz
Fernando e Regina apaixonam-se. Ele, de família rica, bem posicionada. Ela, de classe média, jovem sensível e espírita. Mas o destino começa a pregar suas peças...

Sem Regras para Amar
Gilda é uma mulher rica, casada com o empresário Adalberto. Arrogante, prepotente e orgulhosa, sempre consegue o que quer graças ao poder de sua posição social. Mas a vida dá muitas voltas.

Um Motivo para Viver
O drama de Raquel começa aos nove anos, quando então passou a sofrer os assédios de Ladislau, um homem sem escrúpulos, mas dissimulado e gozando de boa reputação na cidade.

O Retorno
Uma história de amor começa em 1888, na Inglaterra. Mas é no Brasil atual que esse sentimento puro irá se concretizar para a harmonização de todos aqueles que necessitam resgatar suas dívidas.

Força para Recomeçar
Sérgio e Débora se conhecem e nasce um grande amor entre eles. Mas encarnados e obsessores desaprovam essa união.

Lições que a Vida Oferece
Rafael é um jovem engenheiro e possui dois irmãos: Caio e Jorge. Filhos do milionário Paulo, dono de uma grande construtora, e de dona Augusta, os três sofrem de um mesmo mal: a indiferença e o descaso dos pais, apesar da riqueza e da vida abastada.

Ponte das Lembranças
Ricos, felizes e desfrutando de alta posição social, duas grandes amigas, Belinda e Maria Cândida, reencontram-se e revigoram a amizade que parecia perdida no tempo.

Obras da médium Maria Nazareth Dória

Mais luz em sua vida!

A SAGA DE UMA SINHÁ (espírito Luiz Fernando - Pai Miguel de Angola)
Sinhá Margareth tem um filho proibido com o negro Antônio. A criança escapa da morte ao nascer. Começa a saga de uma mãe em busca de seu menino.

LIÇÕES DA SENZALA (espírito Luiz Fernando - Pai Miguel de Angola)
O negro Miguel viveu a dura experiência do trabalho escravo. O sangue derramado em terras brasileiras virou luz.

AMOR E AMBIÇÃO (espírito Helena)
Loretta era uma jovem nascida e criada na corte de um grande reino europeu entre os séculos XVII e XVIII. Determinada e romântica, desde a adolescência guardava um forte sentimento em seu coração: a paixão por seu primo Raul. Um detalhe apenas os separava: Raul era padre, convicto em sua vocação.

SOB O OLHAR DE DEUS (espírito Helena)
Gilberto é um maestro de renome internacional, compositor famoso e respeitado no mundo todo. Casado com Maria Luiza, é pai de Angélica e Hortência, irmãs gêmeas com personalidades totalmente distintas. Fama, dinheiro e harmonia compõem o cenário daquela bem-sucedida família. Contudo, um segredo guardado na consciência de Gilberto vem modificar a vida de todos.

UM NOVO DESPERTAR (espírito Helena)
Simone é uma moça simples de uma pequena cidade interiorana. Lutadora incansável, ela trabalha em uma casa de família para sustentar a mãe e os irmãos, e sempre manteve acesa a esperança de conseguir um futuro melhor. Poré a história de cada um segue caminhos que desconhecemos.

JÓIA RARA (espírito Helena)
Leitura edificante, uma página por dia. Um roteiro diário para nossas reflexões e para a conquista de um padrão vibratório elevado, com bom ânimo e vontade de progredir. Essa é a proposta deste livro que irá encantar o leitor de todas as idades.

MINHA VIDA EM TUAS MÃOS (espírito Luiz Fernando - Pai Miguel de Angola)
O negro velho Tibúrcio guardou um segredo por toda a vida. Agora, antes de sua morte, tudo seria esclarecido, para a comoção geral de uma família inteira.

A ESPIRITUALIDADE E OS BEBÊS (espírito Irmã Maria)
Livro que acaricia o coração de todos os bebês, papais e mamães, sejam eles de primeira viagem ou não, e ilumina caminhos de cada um rumo à evolução espiritual para o progresso de todos.

Obras de Irmão Ivo: leituras imperdíveis para seu crescimento espiritual
Psicografia da médium Sônia Tozzi

O Preço da Ambição
Três casais ricos desfrutam de um cruzeiro pela costa brasileira. Tudo é requinte e luxo. Até que um deles, chamado pela própria consciência, resolve questionar os verdadeiros valores da vida e a importância do dinheiro.

A Essência da Alma
Ensinamentos e mensagens de Irmão Ivo que orientam a Reforma Íntima e auxiliam no processo de autoconhecimento.

A Vida depois de amanhã
Cássia viveu o trauma da separação de Léo, seu marido. Mas tudo passa e um novo caminho de amor sempre surge ao lado de outro companheiro.

Quando chegam as respostas
Jacira e Josué viveram um casamento tumultuado. Agora, na espiritualidade, Jacira quer respostas para entender o porquê de seu sofrimento.

Somos Todos Aprendizes
Bernadete, uma estudante de Direito, está quase terminando seu curso. Arrogante, lógica e racional, vive em conflito com familiares e amigos de faculdade por causa de seu comportamento rígido.

O Amor Enxuga as Lágrimas
Paulo e Marília, um típico casal classe média brasileiro, levam uma vida tranquila e feliz com os três filhos. Quando tudo parece caminhar em segurança, começam as provações daquela família após a doença do filho Fábio.

O Passado ainda Vive
Constância pede para reencarnar e viver as mesmas experiências de outra vida. Mas será que ela conseguirá vencer os próprios erros?

No Limite da Ilusão
Marília queria ser modelo. Jovem, bonita e atraente, ela conseguiu subir. Mas a vida cobra seu preço.

Renascendo da dor
Raul e Solange são namorados. Ele, médico, sensível e humano. Ela, frívola, egoísta e preconceituosa. Assim, eles acabam por se separar. Solange inicia um romance com Murilo e, tempos depois, descobre ser portadora do vírus HIV. Começa, assim, uma nova fase em sua vida, e ela, amparada por amigos espirituais, desperta para os ensinamentos superiores e aprende que só o verdadeiro amor é o caminho para a felicidade.

Orgrafic
Gráfica e Editora
tel.: 25226368